GUINNESS WORLD RECORDS 2021

EDD'S *Electric* ICES

WHITBY

▶ La camioneta de helados eléctrica más rápida

El 17 de marzo de 2020, el inventor Edd China (R.U.) alcanzó los 118,964 km/h con la *Edd's Electric Ices* en el aeródromo de Elvington, North Yorkshire, R.U., según confirmó la UK Timing Association. El vehículo era una furgoneta Sprinter de Mercedes Benz con motor diésel, construida por Whitby Morrison (R.U.), que Edd transformó en un vehículo eléctrico. Una batería independiente suministra electricidad a la máquina de helados.

Sumario

Bienvenido a la edición de 2021 del **anuario más vendido**, totalmente actualizada para la nueva década con miles de los últimos récords. A lo largo de 12 capítulos repletos de superlativos, descubrirás los logros más sorprendentes, asombrosos e inspiradores... y además tendrás la oportunidad de conseguir tus propios récords.

El capítulo de Animales (págs. 48-67) ofrece datos fascinantes sobre la fauna de todo el mundo. Este año hemos prestado un especial interés al funcionamiento de las capas externas de los animales. ¡Lo cubrimos todo, desde el pelaje y las espinas a la piel y las escamas!

El libro está repleto de imágenes espectaculares de los récords más extraordinarios. También encontrarás fotografías inéditas, realizadas por nuestro equipo internacional de fotógrafos.

El Salón de la Fama de GWR
Este año, hemos incluido a 12 de los artífices de récords más destacados en nuestro particular Salón de la Fama. Algunos de ellos son el explorador Victor Vescovo, la ecologista Jane Goodall y la activista Greta Thunberg, además de la familia más disfuncional del mundo (ver pág. 210).

¡Viaja a años luz de distancia sin levantarte de la silla! GWR te trae los últimos descubrimientos científicos sobre nuestros vecinos del sistema solar.

SISTEMA SOLAR

Júpiter

JÚPITER

SATURNO

¡Planetas en realidad aumentada!
Hemos colaborado con los expertos en realidad aumentada (RA) Peapodicity para infundir vida a nuestro superlativo sistema solar (págs. 12-27) con una aplicación gratuita. Solo tienes que seguir estas sencillas instrucciones:
• Descarga *AugmentifyIt®* gratuitamente de la App Store (iOS), de Google Play (Android) o de la App Store de Amazon.
• Abre la aplicación en tu dispositivo y usa la cámara para escanear las cartas de RA como la de la imagen de la derecha. Podrás identificarlas por el icono azul que se muestra arriba a la izquierda.
• Tras unos segundos, aparecerá el cuerpo celeste, y podrás disfrutarlo en todo su esplendor tridimensional.
¿Tienes ganas de más? Entra en **peapodicity.com**.

A lo largo del libro, encontrarás muchos datos, cifras o estadísticas adicionales en globos como este.

Contra el reloj
Este capítulo especial está repleto de récords conseguidos en un intervalo de tiempo pautado, e incluye consejos y directrices oficiales de GWR. El matrimonio de artistas marciales compuesto por Chris y Lisa Pitman (arriba) ha logrado, por separado, el récord de ▶ **más tablas de pino partidas en un minuto con una mano**. Pero no te preocupes, ¡no esperamos que puedas emularlos! En cambio, te ofrecemos la posibilidad de intentar lograr varios récords en casa. El reloj se pone en marcha en la pág. 86…

La historia continúa en línea…
Siempre que veas este símbolo, visita **guinnessworldrecords.com/2021** para acceder a contenido audiovisual adicional. Nuestro equipo digital te ha preparado una selección de algunos de los vídeos de los récords más inspiradores del mundo. ¡No te pierdas la oportunidad de ver cómo se logra un récord en vivo!

100%

¿Cómo es de grande?
Descubre el tamaño real de algunos de los protagonistas de récord más grandes y más pequeños cuando veas el icono del 100%.

Carta del editor

Bienvenido al *Guinness World Records 2021*, un compendio actualizado de los logros más extraordinarios en las circunstancias más extraordinarias.

A medida que se acercaba el momento de mandar a imprenta la 67.ª edición del **anuario más vendido del mundo**, la pandemia por COVID-19 lo puso todo patas arriba. Si miramos atrás hasta el pasado julio, cuando comenzamos a trabajar en esta edicón, parece que contemplemos otro universo. Hoy rigen rigurosas normas de confinamiento en todo el mundo, y hemos tenido que replantearnos cómo mantener en marcha la maquinaria que alimenta a Guinness World Records. Por suerte, los editores y diseñadores han podido trabajar desde sus casas (yo mismo escribo estas líneas desde la mesa de mi cocina), y todos nos hemos adaptado rápidamente a la «nueva normalidad».

El trabajo del equipo de gestión de récords ha sido el de siempre: investigar y ratificar nuestros récords. En los últimos 12 meses, hemos tenido que procesar 32.986 solicitudes de todo el mundo, tal vez dos o tres mil menos que el año anterior, pero a pesar de eso, supone alrededor de 90 récords diarios. Puede que todos estemos confinados, pero el deseo de batir récords continúa manteniendo ocupados a nuestros jueces e investigadores. Por supuesto, algunos intentos de récord se han abandonado o pospuesto, pero otros simplemente se han trasladado al ámbito digital. Los concursos durante la cuarentena, conciertos *online* y sesiones de fitnes transmitidas en directo han pasado a ser lo habitual, y el equipo de récords ha tenido que adaptarse y actuar en consecuencia.

Para llegar a las personas confinadas en sus casas, hemos intensificado nuestra actividad digital. Así, hemos añadido cientos de vídeos nuevos a nuestros canales *online* e incluido concursos en redes sociales presentados por la

La ración de tostones de plátano frito más grande

El 16 de octubre de 2019 (Día Mundial de la Alimentación), 1.200 plátanos se transformaron en un buñuelo de 3,5 m de ancho y 111,4 kg. El plato, conocido localmente como patacón, se presentó en la Comunidad Ipetí Emberá en Ciudad de Panamá. Impacta (Panamá) se encargó de organizar el evento, que tenía como objetivo poner en valor la cultura emberá y la cocina panameña.

La degustación de cebiche más multitudinaria

La universidad San Ignacio de Loyola, Perú, es conocida por sus récords gastronómicos (ver pág. 102), y el 19 de octubre de 2019, combinó su sed de récords con el plato más conocido del país. Con la ayuda de CMO Group y la Marina de Guerra del Perú, y bajo la mirada experta del chef Adolfo Perret, reunió a 1.000 marineros y miembros del Instituto de Educación Superior Pública en Tecnología Naval para cenar cebiche en los muelles de la base naval del Callao.

estrella de televisión Ben Shires. Nuestros jueces han seguido evaluando intentos de récord, han hecho apariciones por vídeo en directo y entregado certificados virtuales. Hemos conversado con los poseedores de récords a través de Zoom, Skype y Microsoft Teams, y yo mismo he recurrido a la nueva plataforma #EduTok de TikTok.

En lo que se refiere al libro, el inicio de la pandemia por COVID-19 fue lo bastante tardía como para permitir que los editores cerraran la edición de este año con miles de nuevos récords establecidos antes del confinamiento, algunos de los cuales ya parecen algo ajenos,

Se sirvieron tres tipos diferentes de cebiche: charela con lima, cilantro, pimiento picante y cebolla; cachema con limón y ají amarillo; y lengüeta con pimientos rocoto picantes y jengibre.

El servicio más grande de sopaipillas

El 10 de julio de 2019, se ofreció en Santiago, Chile, un servicio de 9.510 sopaipillas con un peso total de 511,25 kg. Un equipo de 63 personas necesitó más de medio día para preparar y freír este tentempié tradicional chileno, que se sirvió cubierto con una salsa dulce. Chancaca Deliciosa y Empresas Demaria (ambas de Chile) se encargaron de hacer realidad esta hazaña culinaria.

como los de participación masiva (págs. 106-07), películas (págs. 194-99) o deportes (págs 212-43).

DESCUBRE TU MUNDO

La selección de capítulos y contenidos de *GWR 2021* se inspira en el lema «Descubre tu mundo», que empieza antes incluso de que abras el libro. Queríamos darle un nuevo enfoque a la portada de esta edición, así que le pedimos al galardonado ilustrador Rod Hunt que expresara lo que le transmitía GWR (ver pág. 256).

En los 12 capítulos del libro late la idea del lema de la presente edición. Comenzamos con 18 páginas dedicadas al sistema solar (págs. 12-29), que este año hemos mejorado con una aplicación gratuita de realidad aumentada para tus dispositivos. Nos hemos asociado con los cerebritos de Peapodicity para dar vida a nuestros planetas vecinos, lo que te permitirá hacer un viaje virtual para descubrir el sistema solar sin moverte de casa. Descubre cómo acceder a la aplicación *AugmentifyIt*® en la pág. 3.

El cóctel de ostras más grande

El Bloody Mary aderezado con marisco tiene fama de ser un buen remedio contra la resaca, pero en este caso tendría que ser de proporciones épicas para precisar este cóctel. Preparado por Municipio de Tamiahua, en Veracruz, México, el 4 de agosto de 2019, este combinado de 1.310,8 l era lo bastante grande como para llenar seis bañeras. Incluía 400 litros de zumo de tomate, 25.000 ostras, 40 litros de salsa picante y 20 litros de zumo de limón.

La silla de montar más grande

En un intento por embellecer el paisaje de Múzquiz, Coahuila, México, la compañía Minera del Norte y el empresario local Enrique Falcón Zepeda (ambos de México) encargaron la madre de todas las sillas de montar, con unas medidas de 3,18 m de altura, 1,31 m de ancho y 2,14 m de largo, según pudo verificarse el 19 de marzo de 2019. Una docena de artesanos del cuero emplearon 20 tipos distintos de piel de vaca en su confección.

El mayor desfile de alpacas

El 14 de junio de 2019, un rebaño de 1.024 lustrosas alpacas se paseó por Juliaca, Perú, para conmemorar la 58 edición de la Feria de Ganadería y Agricultura del Sur. El rebaño, una mezcla de alpacas huacaya (con pelaje de aspecto esponjoso) y alpacas suri (con pelo largo y rizado), procedía de las 13 provincias del departamento de Puno, en el sur de Perú. El desfile hizo añicos el récord anterior, con más del doble de alpacas.

Carta del editor

El tema de los descubrimientos continúa en los capítulos sobre naturaleza (págs. 30-47), cultura y sociedad (págs. 126-43) y en el dedicado a los aventureros (págs. 144-61). No te pierdas el especial dedicado al 500 aniversario de un gran hito de los descubrimientos: la **primera circunnavegación de la Tierra** (págs. 146-47).

GWR 2021 otorga gran importancia a las últimas incorporaciones al Salón de la Fama de Guinness World Records.

La lista incluye a un pionero de los viajes espaciales como Buzz Aldrin (págs. 28-29), los escaladores del Everest Kami Rita Sherpa y Lhakpa Sherpa (págs. 46-47) y el explorador de aguas profundas Victor Vescovo (págs. 160-61). Otros seleccionados son la activista medioambiental Greta Thunberg (págs. 142-43), la mujer más baja, Jyoti Amge (págs. 84-85), y la estrella de la gimnasia deportiva Simone Biles (págs. 242-43).

También hay un capítulo para inspirarte a formar parte de Guinness World Records y otro sobre récords que desafían el reloj (págs. 86-97) presentados según su duración,

El merengue más multitudinario

El 3 de noviembre de 2019, AZ Films Producciones (República Dominicana) reunió a 422 parejas para interpretar el baile nacional de la República Dominicana en la capital, Santo Domingo. Reunidos en la plaza de España, los 844 bailarines llevaron a cabo una versión en directo de «El Merengón». En 2016, la música y el baile del merengue dominicano fueron clasificados patrimonio cultural inmaterial de la humanidad por la UNESCO.

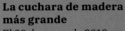

La cuchara de madera más grande

El 30 de mayo de 2019, se midió esta espléndida cuchara de 20 m de largo y 5 m de ancho en la cabeza, en cuya fabricación se empleó madera de 30 sauces. Esta hazaña fue posible gracias a la colaboración entre el Instituto Superior Tecnológico American College y el restaurante Corvel (ambos de Ecuador), y el objetivo fue dar a conocer la ciudad de Cantón Paute, en Azuay, Ecuador.

El mural dibujado a lápiz más grande

Cincuenta destacados artistas y numerosos voluntarios colaboraron en la creación de un mural a lápiz de 149,59 m², como pudo verificarse el 19 de octubre de 2019. Presentado en Posadas, Misiones, Argentina, localidad situada en la frontera con Paraguay, el asunto del mural era la cultura y patrimonio de la región, que ambos países comparten. La Entidad Binacional Yacyreta y la Unión Cultural del Libro (ambos de Argentina) se encargaron de supervisar el proyecto.

El bordado más grande (equipo)

Coordinados por el gobierno regional de Hidalgo, México, 1.270 bordadores sumaron su talento para elaborar un trabajo de costura de 103,96 m² (el equivalente a 80 toallas de playa) que se presentó en la capital del estado, Pachuca de Soto, el 23 de octubre de 2019. Para su confección ¡se utilizaron 75 km de hilo y 3.000 agujas!

es decir, establecidos en 30 segundos, 1 minuto, 1 hora y 1 día. Cada categoría se presenta a través de un protagonista que ha sido el mejor del mundo en hacer algo bajo la presión de un cronómetro.

Si eres un amante de los videojuegos, no te pierdas nuestra sección sobre videojuegos que empieza en la pág. 178. Siete géneros clave y un apartado supervisado por nuestros socios de Speedrun.com deberían mantenerte ocupado si te has quedado atrapado en casa. Y si los adultos se quejan de que pasas todo el tiempo jugando con la consola, ¡solo tienes que mostrarles al adolescente que ganó más de 1 millón de $ jugando a *Fortnite* (págs. 190-91)!

Una última cosa: la preocupación por conservar nuestra fauna nos ha llevado a aliarnos con la fundación Lion's Share (págs. 10-11). Su campaña respaldada por la ONU pretende frenar y revertir la pérdida de fauna salvaje en nuestro planeta. Para lograrlo, la fundación anima a las marcas que vinculan sus campañas de promoción con imágenes de animales a que destinen una pequeña parte de su presupuesto de *marketing* a un fondo que respalde su conservación. Nos enorgullece aportar nuestro granito de arena a esta gran causa.

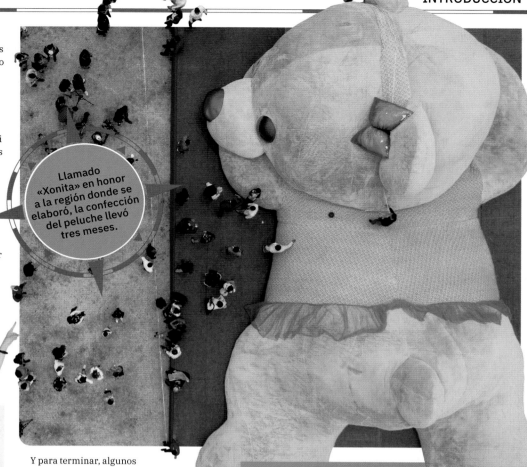

Llamado «Xonita» en honor a la región donde se elaboró, la confección del peluche llevó tres meses.

Más Botones de Diamante de YouTube ganados por una familia
Los hermanos Lesslie Yadid, Ana Karen y Rafael Velázquez Espinoza (México, también conocidos como «los Polinesios», arriba) han alcanzado la cima de YouTube, con tres canales que suman más de 10 millones de suscriptores. Comparten este título con los hermanos Felipe y Luccas Neto de Brasil, también con tres galardones.

Y para terminar, algunos agradecimientos. Muchos de los récords que aparecen en esta edición han sido seleccionados por nuestra vasta red de asesores y consultores. Entre las nuevas incorporaciones, contamos con Stuart Ackland, conservador de mapas en la Biblioteca Bodleian (ver págs. 132-33); el Dr. Christopher Moran, profesor adjunto en la US National Security de la Universidad de Warwick, quien nos ha ayudado con la secretísima sección «Espionaje» (págs. 136-37); y la Dra. Alexandra Jones, de Archaeology in the Community (págs. 128-29), a quien quizá reconozcas del programa de televisión *Time Team America*. Encontrarás más asesores y colaboradores en las págs. 250-51. Gracias a todos.

Es más, gracias a todos y a cada uno de los que habéis ayudado a sacar adelante esta edición, y gracias en especial a nuestros artífices de los récords, quienes a pesar de las dificultades y del confinamiento no han dejado de ser «Officially Amazing!» (¡Oficialmente Asombrosos!).

Craig Glenday
Craig Glenday
Editor jefe

El oso de peluche más grande
El 28 de abril de 2019, como parte de las celebraciones del Día del Niño, un peluche de 19,41 m de largo (lo mismo que una pista de bolos) recibió el reconocimiento como el osito más grande del mundo, en Xonacatlán, México. Este titánico peluche tuvo que colocarse en el campo de fútbol de la ciudad para poder medirlo. Su elaboración fue posible gracias a la colaboración del municipio de Xonacatlán, Ideas por México y la Agrupación de Productores de Peluche (todos de México).

En el dibujo de los paneles de este enorme mural colaboraron artistas no solo de la región de Misiones, sino de toda Argentina, así como algunos de Paraguay, Perú y Bolivia.

 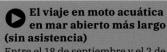

GWR DAY

La persona de más edad en escalar el monte Kilimanjaro

En el Día del GWR publicamos por primera vez la historia de Anne Lorimor (EE.UU., n. el 11 de junio de 1930), que el 18 de julio de 2019 alcanzó la cima de la montaña a más altitud de África con 89 años y 37 días. Anne empezó su aventura el 12 de julio, y escaló el Kilimanjaro (5.895 m) en un recorrido de ida y vuelta entre la base y la cumbre que duró nueve días.

▶ **El viaje en moto acuática en mar abierto más largo (sin asistencia)**

Entre el 18 de septiembre y el 2 de octubre de 2019, Lucas Del Paso Cánovas (España) recorrió en su moto de agua Yamaha VX Deluxe una distancia de 3.602 km desde Sagari, Portugal, hasta Sapri, Italia. A lo largo de su épico viaje, parte de un proyecto llamado Blue4green, Lucas recogió todos los restos de basura que se encontró en el mar. Además, para compensar la huella de carbono de la moto de agua, también se donó dinero para plantar árboles.

Todos los años, miles de personas de todo el mundo intentan una increíble variedad de récords para celebrar el Día del Guinness World Records. En 2019, propusimos por primera vez un tema: «Espíritu de aventura».

Nuestra cita anual arrancó en 2005 para celebrar el aniversario de *Guinness World Records* como el **anuario más vendido**, y te da la oportunidad de conseguir tu propio título oficial de GWR al tiempo que apoyas una buena causa, recaudas dinero para una entidad benéfica, te reúnes con tus amigos o compañeros, o simplemente pasas un rato divertido. El Día del GWR 2019 también aprovechamos la ocasión para entregar certificados a aquellos que batieron récords y que consideramos que habían encarnado el lema «Espíritu de aventura» durante todo el año...

▶ **La circunnavegación más rápida en bicicleta tándem (hombres)**

Del 7 de agosto de 2018 al 16 de mayo de 2019, Lloyd Edward Collier y Louis Paul Snellgrove (ambos de R.U.) dieron la vuelta al mundo en una bicicleta tándem en 281 días, 22 h y 20 min. Comenzaron y terminaron su recorrido en Adelaida, Australia. (Ver págs. 154-55.)

▶ **Los 400 m más rápidos en patines sobre ruedas con los ojos vendados (mujeres)**

El 14 de noviembre de 2019, Ojal Sunil Nalavadi (India) patinó una distancia de 400 m con los ojos vendados en 51,25 s en Hubballi, Karnataka, India.

▶ **El más rápido en nadar 5 km remolcando una canoa**

El exinfante de la marina real Nick Watson (R.U.) celebró su 50 cumpleaños con mucho estilo: nadó 5 km remolcando una canoa cargada con su hijo Rio en 2 h, 42 min y 48 s en Dubái, EAU. Nick forma parte del equipo Angel Wolf, que promueve la inclusión de personas con discapacidades. Tras esa primera hazaña, estableció el récord de los **10 km**: 6 h, 6 min y 52 s.

Los Harlem Globetrotters

Pueden ser sinónimo de EE.UU., pero este equipo de baloncesto espectáculo ha estado a la altura de su nombre: los «Trotamundos». Desde 1926, los Globetrotters han establecido el récord de **más países soberanos en los que juega un equipo de baloncesto**: 101. Con motivo del Día del GWR 2019, Rochell *Wham* Middleton (EE.UU., abajo a la izquierda) estableció el récord de ▶ **más ejercicios de ocho movimientos de bote de balón con los ojos vendados en un minuto**: 63, en Prescott Valley, Arizona, EE.UU. Por su parte, su compañero de equipo Chris *Handles* Franklin (EE.UU., abajo a la derecha) batió el de la ▶ **canasta de espaldas y de rodillas desde más distancia**: 19,39 m.

▶ **El viaje más largo en una escúter eléctrica**

A lo largo de 64 días, Song Jian (China) cubrió con una escúter eléctrica una distancia total de 10.087,2 km en un viaje del este al oeste de China. Comenzó en Fuyuan, Heilongjiang, y llegó a Kashgar, Región Autónoma de Xinjiang, el 7 de septiembre de 2019. Song casi duplicó su propio récord anterior, establecido en 2018.

Aunque su nombre indique otra cosa, los Globetrotters se fundaron en Chicago, Illinois, y no en Harlem, Nueva York.

Más personas apilando vasos (múltiples lugares)

Todos los años, la World Sport Stacking Association (EE.UU.) organiza el evento «STACK UP!» el Día del GWR. En 2019, apiladores de 20 países se unieron a la diversión, con un total de 638.503 participantes, casi 15.000 más que en 2018.

▶ La mayor distancia recorrida en bici con una sola pierna en una hora

El 14 de noviembre de 2019, Mark Newman (R.U.) recorrió 20,345 km en 60 min en el Preston Park Velodrome de Brighton, R.U. Su otro pie no tocó el pedal en ningún momento.

El récord de Mark fue uno de los cuatro que se intentaron en el velódromo de Preston Park el Día del GWR, como el de la **mayor distancia recorrida con un biciclo en una hora (sin manos)**: 26 km, por Neil Laughton (R.U.). Neil y Mark han jugado con el equipo de Inglaterra de bicipolo. Para más información, consulta las págs. 92-93.

Más gente haciendo saltos dobles a la comba por relevos

El saltador a la comba profesional Hijiki Ikuyama y la escuela de primaria Tsukishima Daini (ambos de Japón) se unieron para realizar 188 saltos dobles a la comba por relevos en Tokio, Japón. La escuela Tsukishima Daini aprovechó el Día del GWR para promover el salto a la comba como parte de su programa educativo, mientras que Hijiki quería mostrar a los estudiantes que el trabajo en equipo es la mejor manera de hacer frente a los desafíos.

La persona de más edad en superar el reto de los Siete Mares

El reto de los Siete Mares es un conjunto de maratones de natación en aguas abiertas que se disputan en todo el mundo. El 25 de agosto de 2019, Elizabeth Fry (EE.UU., n. el 28 de octubre de 1958) lo completó con 60 años y 301 días después de nadar 35 km por el canal Norte, entre el norte de Irlanda y Escocia, R.U., en 11 h, 13 min y 11 s. El Día del GWR hicimos entrega a Elizabeth de sus dos títulos: el de la **mujer de más edad** y el **general**.

El viaje en helicóptero más rápido por 48 estados contiguos de EE.UU.

Entre el 25 de septiembre y el 7 de octubre de 2019, Yosuke Chatmaleerat (Tailandia) pilotó su helicóptero por 48 estados contiguos de EE.UU. (todos excepto Hawái y Alaska) en 12 días, 14 h y 59 min. Yosuke tuvo que navegar a través de tormentas eléctricas y con neblina y vientos extremos de cara, ¡y todo en los tres primeros días!

Más flexiones con un brazo en tres minutos (hombres)

El 14 de noviembre de 2019, el monitor de halterofilia Sverre Diesen (Noruega) completó 126 flexiones con un brazo (19 más que el récord anterior) en 180 s en Larvik, Noruega. Sverre ostenta varios GWR, entre ellos el de **más flexiones con un brazo cargado con una mochila de 38,2 kg en un minuto**: 26, que estableció el 10 de diciembre de 2018.

▶ La velocidad más rápida en un traje con motor a reacción autopropulsado

El 14 de noviembre de 2019, el Iron Man Richard Browning (R.U.) surcó el cielo de Brighton Beach en East Sussex, R.U., pilotando su traje a reacción a una velocidad de 136,89 km/h. Browning batía así su propio récord de 51,53 km/h, establecido dos años antes el Día del GWR. Las mejoras tecnológicas y las aletas estabilizadoras en sus piernas le permitieron alcanzar velocidades mucho más altas.

Las chispas que el traje despide son decorativas. Richard instaló un dispositivo pirotécnico en un zapato.

Browning nombró al traje *Daedalus* en honor al personaje de la mitología griega que aprendió a volar usando alas hechas con cuerdas, cera y plumas.

The **Lion's Share**

The Lion's Share

UNDP

Puesto en marcha en junio de 2018, The Lion's Share es un proyecto respaldado por la ONU para que las agencias publicitarias e industrias de los medios de comunicación hagan una aportación a la naturaleza. Para Guinness World Records, es un gran placer figurar entre las numerosas empresas internacionales que se han adherido a la iniciativa y que están comprometidas con esta causa.

«La T de 'tigre'» es una de las muchas expresiones que nos dicen en la escuela o en casa cuando aprendemos a leer. Pero ¿te imaginas vivir en un mundo donde las imágenes de animales ya no existieran, ni tan siquiera en los libros, en los programas televisivos o en las campañas publicitarias? Ese fue el supuesto sobre el que quisieron hacer una llamada de atención los cineastas australianos Christopher Nelius y Rob Galluzzo.

El principio de su iniciativa es que todas las empresas que usen un animal en sus anuncios o en su marca personal destinen al fondo un 0,5 % del presupuesto invertido en la campaña de publicidad. Puede parecer poco, pero lo cierto es que hasta en un 20 % de los anuncios aparecen animales.

Los donativos se administran mediante el Programa de las Naciones Unidas para el Desarrollo (PNUD), que se sirve de su red de ONG y colaboradores para emprender iniciativas (ver a la derecha).

The Lion's Share es un proyecto ambicioso, cuyo principal objetivo es «crear un mundo en el que prospere la naturaleza». Algunos de sus principales objetivos son ayudar a mascotas abandonadas, salvaguardar un millón de hectáreas de espacio natural y proteger a los casi 4.000 tigres que quedan en estado salvaje.

Con el respaldo actual de más de 25 socios, se espera poder contar con todos los animales de la «A» a la «Z», hayan protagonizado algún récord o no, durante muchas generaciones.

1955

2021

The Lion's Share tiene un plan a largo plazo para ayudar a los animales y hábitats más amenazados, aunque algunas especies que baten récords ya se están beneficiando de sus iniciativas.

1. Los guardas forestales de la reserva natural de Niassa, en Mozambique, han recibido nuevos sistemas de vigilancia y detección para luchar contra la caza furtiva. Aunque se introdujeron ante todo para proteger a los elefantes de la reserva, todos los animales se ven beneficiados, como por ejemplo el licaón (*Lycaon pictus*), el **depredador más eficaz**, que a su vez es uno de los más amenazados.

2. Los arrecifes de coral son uno de los ecosistemas más diversos de la Tierra desde el punto de vista biológico. The Lion's Share está investigando las zonas marinas que puede restaurar, tales como el Triángulo de coral, una de las zonas con más biodiversidad marina, situado en el sudeste asiático.

La deuda de GWR con los animales

El libro *Guinness World Records* ha experimentado muchos cambios desde su primera edición (detalle superior), hace 65 años. Ahora bien, hay algo que no ha cambiado: nuestros anuarios siempre han contado con la irremplazable presencia de un gran elenco de animales de récord. En el panel inferior, destacamos tan solo algunas de las especies extraordinarias que están amenazadas actualmente, según la Lista Roja de la Unión Internacional para la Conservación de la Naturaleza (UICN). Para saber más cosas sobre The Lion's Share y la colaboración de GWR, consulta **www.guinnessworldrecords.com/2021**.

ANIMALES DE RÉCORD EN PELIGRO

El oso más primitivo
Panda gigante
(*Ailuropoda melanoleuca*)
Categoría: vulnerable

El animal terrestre más antiguo
Jonathan: tortuga gigante de Seychelles
(*Aldabrachelys gigantea hololissa*)
Categoría: vulnerable

El animal terrestre más grande
Elefante africano
(*Loxodonta africana*)
Categoría: vulnerable

El vertebrado con el hábitat natural más pequeño
Pez del Hoyo del Diablo
(*Cyprinodon diabolis*)
Categoría: en peligro crítico

▶ **El mamífero terrestre más veloz (corta distancia)**
Guepardo (*Acinonyx jubatus*)
Categoría: vulnerable

El loro menos común
Guacamayo de Spix
(*Cyanopsitta spixii*)
Categoría: extinta
en estado silvestre

SIR DAVID ATTENBOROUGH: COMPARTIR ES AYUDAR

El naturalista y activista ambiental sir David Attenborough (R.U.) no necesita presentación. De su mano hemos conocido las maravillas de la naturaleza de todo el mundo durante más de 60 años, lo que le ha valido el récord de la **trayectoria más larga como presentador de televisión**. Debutó en *Animal Disguises* (BBC, R.U.) en 1953 y sigue en activo, 66 años después; su colaboración más reciente ha sido en la serie de la BBC *Siete mundos, un planeta*, de 2019.

Sin duda, la palabra «jubilación» no figura en el vocabulario de Attenborough, de 94 años. En 2020, narró *Wild Karnataka*, un documental sobre la icónica fauna de la India, y también protagonizó el largometraje documental *Una vida en nuestro planeta*, producido con la WWF. Aunque su estreno tuvo que ser pospuesto debido a las medidas de confinamiento durante la pandemia por COVID-19, está previsto que se proyecte en las salas de cine y en Netflix más adelante durante este mismo año.

Sir David también ha brindado su apoyo incondicional a The Lion's Share, del que se ha convertido en su principal embajador especial. Este fue su llamamiento para pasar a la acción: «En 2015, el mundo adoptó una nueva agenda de desarrollo global con 17 ambiciosos objetivos de desarrollo sostenible. En este momento, gracias a The Lion's Share, los anunciantes tienen una oportunidad real para actuar y cumplir con estos objetivos de desarrollo sostenible realizando un pequeño cambio al reconocer a los animales de sus anuncios. Insto a todas las marcas y directores generales a que se unan a nosotros y participen en esta iniciativa profundamente revolucionaria, a fin de proteger los hábitats y la fauna y flora de la Tierra en los albores de este nuevo siglo».

» Insto a todas las marcas y directores generales a que participen en esta iniciativa profundamente revolucionaria. »

▶ El animal más alto
Jirafa (*Giraffa camelopardalis*)
Categoría: vulnerable

3. Se ha adquirido una parte de la selva tropical del ecosistema de Leuser, en Sumatra, Indonesia, para crear una reserva para las especies amenazadas, tales como el rinoceronte de Sumatra (la **especie de rinoceronte más pequeña**; ver pág. 59) y el orangután (ver pág. 50), el **mamífero arbóreo más grande**.

4. En colaboración con el programa del Corredor del Jaguar, The Lion's Share pretende limitar la fragmentación del hábitat en el Pantanal de Sudamérica, que es el **pantano más grande** del planeta. El jaguar (*Panthera onca*) es el tercer gran felino más grande después del tigre (ver abajo) y el león, y los ejemplares que se han encontrado en el Pantanal son las **subespecies de jaguar más grandes**.

▶ El genoma más grande
Ajolote (*Ambystoma mexicanum*)
Categoría: en peligro crítico

El pingüino más septentrional
Pingüino de las Galápagos
(*Spheniscus mendiculus*)
Categoría: en peligro

▶ El felino más grande
Tigre (*Panthera tigris*)
Categoría: en peligro

El primate más grande
Gorila oriental de llanura
(*Gorilla beringei graueri*)
Categoría: en peligro crítico

El sistema solar

El Sol

En el centro de nuestro sistema solar se encuentra una estrella de tipo-G de la secuencia principal (o enana amarilla) a la que llamamos Sol. Aunque como estrella es bastante anodina (la **estrella más grande**, UY Scuti, es al menos 1.500 veces mayor), el Sol es el **objeto más grande del sistema solar**, con una masa 1.000 veces superior a la del planeta Júpiter (págs. 20-21), que es el siguiente objeto más grande. Como es el eje central alrededor del que orbitan todos los planetas, el Sol es el punto de partida idóneo para nuestro viaje de récord por el sistema solar.

El Sol

La estrella en el centro de nuestro sistema solar es una bola de plasma caliente que pesa unas 330.000 veces más que la Tierra. Su masa representa aprox. el 99,86 % de la masa total del sistema solar.

Distancia del centro galáctico
$2,46 \times 10^{17}$ km (25.766 años luz)

Diámetro ecuatorial
1.391.016 km

Masa
$1,98 \times 10^{30}$ kg

Gravedad superficial
274,0 m/s^2

Período de rotación (día)
609 h y 7 min (25,3 días terrestres; varía con la latitud)

Período orbital (año): 230 millones de años terrestres (alrededor del centro galáctico)

EL SOL

Observa los planetas en 3D

Nuestros colaboradores de Peapodicity han creado un modelo animado para cada uno de los planetas del sistema solar, que puede verse en realidad aumentada con un móvil o una tableta. Usa la aplicación gratuita *AugmentifyIt®* (detalles en la pág. 3) para escanear estas cartas. El planeta (o estrella, como en este caso) pasará de 2D a 3D.

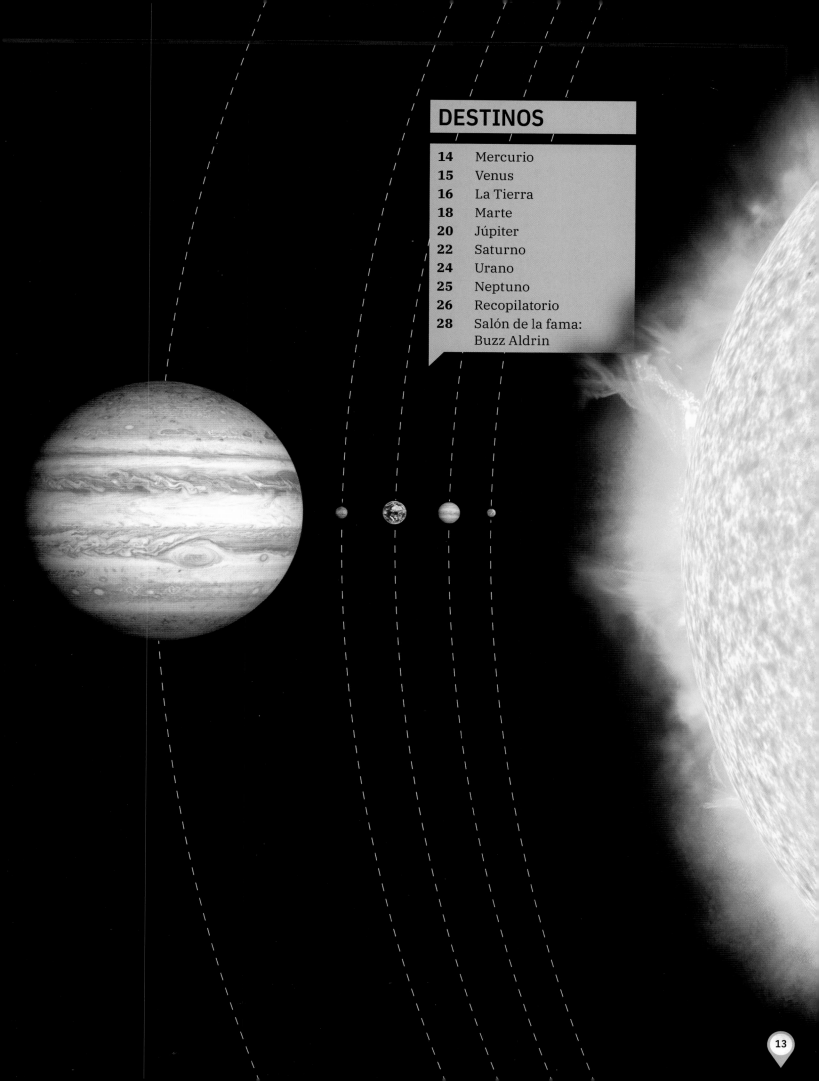

DESTINOS

Mercurio

El planeta más pequeño del sistema solar

Con un diámetro de tan solo 4.879 km (aproximadamente la anchura del océano Atlántico), Mercurio no es solo más pequeño que el resto de planetas, sino que ni siquiera es tan grande como las dos lunas planetarias más grandes (Ganímedes y Titán). A pesar de su tamaño, Mercurio tiene una gan masa y es el segundo cuerpo más denso del sistema solar, después de la Tierra.

El año más corto

Mercurio es tanto el **planeta más próximo al Sol**, que orbita a una distancia de 57,9 millones de km, como el **planeta más rápido**, con una velocidad orbital de 170.496 km/h. Esto significa que completa una órbita alrededor del Sol cada 87 días y 21 horas.

El núcleo planetario más grande

Una investigación publicada en *Geophysical Research Letters* el 15 de marzo de 2019 reveló que el núcleo de Mercurio representa hasta el 85 % del volumen total del planeta, y tiene un diámetro de unos 4.000 km.

El planeta más excéntrico

La excentricidad orbital de Mercurio es de 0,205 en una escala donde 0 es un

La primera sonda espacial que orbitó Mercurio

El 18 de marzo de 2011, la sonda espacial *Messenger* de la NASA se convirtió en la primera nave espacial que orbitó Mercurio. Llegar al planeta fue toda una gesta del diseño de la misión: despegó en 2004, pero tuvo que llevar a cabo seis maniobras asistidas por la gravedad a lo largo de siete años para ponerse en posición. Permaneció activa durante más de cuatro años.

círculo perfecto y 1 es una parábola (la excentricidad de la Tierra es de 0,01). Su órbita lo aproxima a tan solo 46 millones de km de distancia del Sol en su punto más próximo (perihelio) y hasta los 69,81 millones de km de distancia en su punto más distante (afelio).

La mayor amplitud térmica

La temperatura superficial de Mercurio varía entre los 427 °C durante el día y los -173 °C durante la noche.

El primer meteorito procedente de Mercurio

Descubierto en Marruecos en 2012, NWA 7325 es el primer meteorito que se estima originario de Mercurio. Los estudios químicos de las rocas espaciales muestran que su composición coincide con la geología de Mercurio. Se ha calculado que el meteorito tiene unos 4.560 millones de años.

El primer mapa topográfico de Mercurio

El 6 de mayo de 2016, el Planetary Data System de la NASA publicó un mapa tridimensional de la superficie de Mercurio. Lo crearon a partir del análisis de las sombras y de los detalles topográficos de más de 100.000 imágenes tomadas entre 2011 y 2015 por la sonda espacial *Messenger* de la NASA (ver arriba a la derecha). El mapa, en la imagen superior, muestra las cumbres más altas en amarillo.

La mayor cuenca de impacto en Mercurio

La cuenca Caloris se formó hace entre 3.800 y 3.900 millones de años, cuando un cuerpo con un diámetro de al menos 100 km chocó contra el planeta. Se descubrió en las imágenes que tomó la sonda *Mariner 10* (que hizo el **primer sobrevuelo de Mercurio** en 1974), y la sonda *Messenger* la cartografió con detalle y determinó que tenía un diámetro de 1.550 km. La rodean montañas de 2.000 m de altura.

Mercurio	
Abrasado por su proximidad al Sol, Mercurio es un mundo rocoso y sembrado de cráteres, de aproximadamente el tamaño de nuestra Luna y donde el calor y la radiación solar han arrasado con toda posibilidad de vida.	
Distancia promedio desde el Sol	0,38 ua (57,9 millones de km)
Diámetro ecuatorial	4.879.4 km
Masa	$3,301 \times 10^{23}$ kg
Gravedad superficial	3,7 m/s²
Período de rotación (día)	58 días y 15 h terrestres (ver debajo)
Período orbital (año)	87 días y 21 h terrestres
Número de lunas	0

MERCURIO

☿

La rotación de Mercurio y su ciclo de día/noche no encajan. Rota cada 58 días terrestres, pero el ciclo de día/noche dura 176 días terrestres.

Venus

El planeta más caliente del sistema solar

La temperatura promedio en la superficie de Venus es de unos abrasadores 473 °C, lo suficientemente alta para que el plomo se funda y la madera entre en combustión espontánea. La atmósfera del planeta, espesa y rica en dióxido de carbono, crea un potente efecto invernadero que impide que la cara donde es de noche pierda calor.

El planeta más brillante desde la Tierra

Venus es uno de los objetos más brillantes en el cielo nocturno y solo la Luna brilla más que él. Destaca especialmente justo antes del amanecer, lo que le ha valido el nombre popular de «lucero del alba». En términos astronómicos, tiene una magnitud aparente de -4,14, que lo hace tres veces más brillante que Júpiter.

El primer relámpago detectado en Venus

El 26 de octubre de 1975, cuatro días después de lanzar su módulo de aterrizaje, la sonda soviética *Venera* detectó una ráfaga de relámpagos en la cara nocturna de Venus.

Más de tres años después, otra misión soviética oyó el **primer trueno extraterrestre**. El módulo de aterrizaje de la sonda *Venera 11* grabó dos truenos de 82 decibelios el 25 de diciembre de 1978.

La lluvia más ácida

Las nubes que ocupan la atmósfera de Venus están hechas de ácido sulfúrico concentrado (H_2SO_4). La lluvia de estas nubes puede tener un pH de tan solo -1,2.

La primera fotografía desde la superficie de otro planeta

El módulo de aterrizaje de la sonda soviética *Venera 9* hizo la primera panorámica de la superficie de Venus justo después de tocar su superficie el 22 de octubre de 1975. Las imágenes tomadas por la sonda revelaron una visibilidad de unos 100 m y niveles de luz comparables a un día muy nublado en la Tierra, lo que sorprendió a muchos científicos.

Estas precipitaciones hierven y se evaporan en la ardiente atmósfera inferior antes de llegar a la superficie del planeta.

La mayor cobertura nubosa de un planeta terrestre

La superficie de Venus está siempre oculta por una capa de nubes que cubre el 100 % del planeta. Por el contrario, las nubes cubren aproximadamente un 70 % de la superficie de la Tierra... aunque en Londres parezca que sea mucho más.

El período de rotación más largo

Venus tarda 243 días terrestres en girar una vez sobre su propio eje. Sin embargo, rota en dirección opuesta a su órbita, lo que significa que el día solar del planeta (un ciclo de día/noche completo) es más corto, con solo 116 días terrestres.

La montaña más alta de Venus

Skadi Mons es un pico de 11.520 m de altura ubicado en Maxwell Montes, un macizo montañoso en la altiplanicie de Ishtar Terra. Las alturas de los accidentes de Venus se miden en relación con el radio promedio del planeta.

La nave espacial que más tiempo ha resistido en Venus

Dadas las condiciones tan extremas de su atmósfera, se esperaba que el módulo de aterrizaje de la *Venera 13* no resistiera más de 30 minutos. Gracias a su diseño robusto, más parecido a un submarino de grandes profundidades que a un satélite, logró transmitir datos durante 127 minutos desde su aterrizaje, el 1 de marzo de 1982.

Venus

A pesar de haber sido visitado con éxito por 26 misiones tripuladas por robots, nuestro planeta vecino más próximo aún oculta muchos secretos bajo su asfixiante y densa atmósfera.

Distancia promedio desde el Sol	0,72 ua (108,2 millones de km)
Diámetro ecuatorial	12.103 km
Masa	$4,86 \times 10^{24}$ kg
Gravedad superficial	8,87 m/s²
Período de rotación (día)	243 días terrestres
Período orbital (año)	224 días y 13 h terrestres
Número de lunas	0

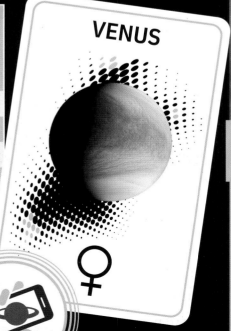

VENUS

♀

El mayor cráter de impacto de Venus

Mead es un cráter de impacto poco profundo y con anillos múltiples en el hemisferio norte de Venus. Mide aproximadamente unos 280 km de diámetro. En la superficie de Venus hay muchos cráteres y ninguno de ellos es inferior a 2 km, porque la espesa atmósfera del planeta desintegra los meteoros más pequeños.

La **Tierra**

El primer supercontinente

Los continentes a la deriva se conectan ocasionalmente a lo largo del tiempo geológico. El primero de estos supercontinentes, Vaalbará, se formó hace unos 3.100 millones de años.

El **supercontinente más reciente**, Pangea, se formó hace unos 300 millones de años, en el período Pérmico. La corteza continental se juntó en el hemisferio norte y creó Pangea, que se empezó a desmembrar hace unos 175 millones de años.

La edad de hielo más larga

Hace entre 2.290 y 2.250 millones de años, la Tierra experimentó su edad de hielo más severa, conocida como glaciación Huroniana. Durante este período, es muy probable que la mayoría del planeta estuviera cubierta de hielo, quizá hasta de 1 km de grosor.

La estación espacial más duradera

La primera configuración habitable de la *Estación Espacial Internacional* (*EEI*) se terminó el 19 de octubre de 2000. A 12 de diciembre de 2019, se mantenía operativa, 19 años y 54 días después. El desarrollo continuado de la *EEI*, así como las operaciones necesarias para mantenerla tripulada y abastecida, significan que, a esa misma fecha, habían pasado 19 años y 42 días con algún miembro a bordo: la **presencia humana ininterrumpida en el espacio más larga**.

El mayor número de eclipses solares vistos desde la umbra de la Luna

Glenn Schneider y John Beattie (ambos de EE.UU.) han presenciado 35 eclipses desde la parte más oscura de la sombra que crea la Luna cuando pasa frente al Sol. Su último viaje al «camino de la totalidad» (el recorrido de la sombra de la Luna sobre la superficie de la Tierra) tuvo lugar el 2 de julio de 2019, a bordo de un vuelo especial a la isla de Pascua.

El planeta rocoso más grande

La Tierra tiene un diámetro de 12.742 km y una masa de unas $5{,}972 \times 10^{21}$ toneladas. También es el **planeta interior con más actividad geológica**, con 1.500 volcanes potencialmente activos. Orbita alrededor del Sol a una distancia promedio de unos 150 millones de km. Como resultado, la luz solar tarda unos ocho minutos en llegar hasta nosotros.

El mayor cráter del sistema solar

La cuenca Aitken es la gigantesca cicatriz de un impacto en la parte inferior del hemisferio sur de la cara oculta de la Luna. La cuenca mide unos 2.500 km de diámetro y, con una profundidad de hasta 13 km, es también el **cráter de impacto más profundo**. A pesar de que existe desde hace unos 3.900 millones de años, los científicos no tuvieron ni la menor idea de la existencia de esta destacada particularidad de nuestro satélite hasta 1959, cuando la sonda espacial soviética *Luna 3* hizo las **primeras fotografías de la cara oculta de la Luna**.

El día más largo en la Tierra

Los bultos de marea de los océanos de la Tierra, causados por el efecto gravitacional de la Luna, transfieren gradualmente impulso de la rotación terrestre a la órbita lunar. Como resultado, la rotación se ralentiza unos 0,0018 segundos cada siglo, y cada día es minúsculamente más largo que el anterior. Por lo tanto, el día más largo en la Tierra es siempre el actual.

La luna más grande en comparación con su planeta

El diámetro de la Luna, 3.474 km, es un 27 % del terrestre. Con aproximadamente 4.510 millones de años, nuestro satélite es el más grande de las tres lunas del sistema solar interior, y el único otro mundo que ha visitado el ser humano. Solo 12 personas han caminado sobre su superficie y el **último hombre que pisó la Luna**, Gene Cernan (EE.UU.), comandante del *Apolo 17*, la abandonó el 14 de diciembre de 1972.

El nombre de nuestro planeta proviene del latín «*terra*», relacionado con el verbo «*torror*», que significa «secar». El resto de planetas del sistema solar tienen nombres de dioses griegos o romanos.

La primera escultura en la Luna

El astronauta caído es una estatuilla de 8,5 cm de longitud, obra del artista belga Paul Van Hoeydonck, que representa a un astronauta. David Scott y James Irwin (misión *Apolo 15*) la dejaron en la Luna el 2 de agosto de 1971 a las 12:18 GMT en el punto de aterrizaje Hadley-Apennine. Junto a ella, una pequeña placa conmemora a 14 astronautas estadounidenses y soviéticos que perdieron la vida estando de servicio.

100 %

Más agua líquida en el sistema solar

Se estima que sobre la Tierra y en su interior, así como en la atmósfera que la rodea, hay unos 1.361.620.510 km³ de agua líquida. Aproximadamente el 92,2 % de ese volumen corresponde al agua salada de los océanos, mares, salinas y acuíferos salados del planeta.

El agua dulce líquida solo representa el 0,8 % del agua líquida del planeta, porque la mayoría está congelada en forma de permafrost, glaciares y casquetes polares. El **mayor cuerpo de agua dulce** es la cubierta de hielo antártica, que contiene unos 24 millones de km³ de agua, aproximadamente el 68 % del total mundial.

El planeta más denso

La densidad promedio de la Tierra es de 5.513 kg/m³, o más de cinco veces la del agua. En la pág. 22 encontrarás el **planeta menos denso**.

El mayor cuerpo líquido sobre la Tierra

El núcleo interno sólido **(1)** de nuestro planeta está rodeado por un núcleo exterior fluido **(2)**, de 2.259 km de grosor y con un volumen de $1,719 \times 10^{11}$ km³. Se compone sobre todo de hierro y de níquel, y representa casi el 29,3 % de la masa de la Tierra y el 16 % de su volumen.

La **región más grande del interior de la Tierra** es el manto **(3)**, que representa el 84 % del volumen del planeta. Tiene 2.900 km de profundidad desde justo debajo de la corteza **(4)** hasta el núcleo exterior.

El mayor cráter de impacto sobre la Tierra

De los 200 cráteres de impacto que se han identificado hasta ahora en la Tierra, el más grande es el cráter de Vredefort (arriba a la izquierda), cerca de Johannesburgo, en Sudáfrica. Su diámetro estimado, de entre 200 y 300 km, equivale a la distancia entre Madrid y Salamanca. La enorme estructura erosionada se formó hace unos 2.000 millones de años, cuando un asteroide o un cometa chocó contra la Tierra.

La Tierra

Nuestro planeta es el quinto más grande del sistema solar y el tercero desde el Sol. También es el único cuerpo celeste conocido con agua líquida (que cubre el 70 % de su superficie) y con vida.

Distancia promedio desde el Sol	1 au ($1,49 \times 10^8$ km)
Diámetro ecuatorial	12.742 km
Masa	$5,972 \times 10^{24}$ kg
Gravedad superficial	9,80665 m/s²
Período de rotación (día)	24 h
Período orbital (año)	365,25 días
Número de lunas	1

LA TIERRA

Los océanos terrestres contienen el 97 % de toda el agua del planeta. Tienen una profundidad promedio de unos 4 km.

Primera imagen del disco completo de la Tierra (tomada por humanos)

La misión Apolo 17 de la NASA fue el último vuelo tripulado a la Luna. La geometría del sistema solar en ese momento permitió que, con el Sol detrás de la nave, toda la Tierra quedara visible por primera vez para personas más allá de la órbita del planeta. De camino a la Luna, la tripulación tomó una imagen ya icónica de la Tierra, conocida como «la canica azul». Se realizó el 7 de diciembre de 1972, a una distancia de unos 45.000 km.

Marte

La luna más próxima a un planeta

Fobos orbita a solo 5.981 km de la superficie de Marte. Se cree que este satélite pequeño, de forma irregular, oscuro y cubierto de cráteres polvorientos, es un asteroide que quedó atrapado por la gravedad marciana. Fobos está en una trayectoria de colisión con el planeta, al que se aproxima a una velocidad de 1,8 m cada 100 años.

La primera nave espacial que orbitó otro planeta

El 14 de noviembre de 1971, la sonda espacial *Mariner 9* entró en la órbita de Marte tras un encendido del motor principal de 15 minutos de duración iniciado a las 00:17:39 UTC. Tanto la NASA como la Unión Soviética habían enviado sondas a otros planetas antes (la primera fue la soviética *Venera 3*), pero el *Mariner 9* fue la primera que logró entrar en una órbita estable.

La **sonda espacial funcional que ha orbitado Marte durante más tiempo** es la *Mars Odyssey* de la NASA, en órbita desde el 24 de octubre de 2001: 18 años y 74 días a 6 de enero de 2020. Una de sus funciones es la de repetidor de comunicaciones para los aterrizadores, como el *Curiosity*.

La primera nave que aterrizó en Marte

El aterrizador soviético *Mars 3* se posó en el planeta rojo el 2 de diciembre de 1971. Aunque se desplegó correctamente, dejó de emitir datos a los 20 segundos.

La **primera nave que aterrizó en Marte y siguió operativa** fue la *Viking 1*, el 20 de julio de 1976. Era un aterrizador estático equipado con cámaras e instrumentos científicos y pudo completar sus objetivos. Permaneció activo en Marte durante 7 años y 85 días.

Las nubes más altas del sistema solar

En agosto de 2006, científicos europeos informaron de la presencia de nubes finas a entre 90 y 100 km de la superficie de Marte. Detectadas por la sonda *Mars Express*, las nubes están compuestas por cristales de dióxido de carbono.

El planeta al que se han enviado más sondas

A 6 de enero de 2020, se habían enviado 25 misiones de exploración a Marte, con éxito completo o parcial. Estas misiones han colocado 14 orbitadores alrededor del planeta rojo, y nueve aterrizadores que han tenido, como mínimo, un éxito parcial sobre la superficie. Otras misiones espaciales llegaron hasta la esfera de influencia gravitatoria de Marte, pero fallaron antes de que pudieran transmitir algún dato.

La mayor cuenca de impacto de Marte

La cuenca Hellas (o Hellas Planitia) se halla en el hemisferio sur del planeta y tiene un diámetro de 2.299 km y una profundidad de 7,15 km, medidos desde una altitud cero sobre Marte. El círculo rojo del mapa en detalle muestra la huella que el impacto del asteroide habría dejado en Norteamérica.

Marte

Es el cuarto planeta desde el Sol y un mundo frío y polvoriento con una atmósfera muy fina. Conocido como el planeta rojo, debe su característico color a los minerales de hierro oxidado que cubren su superficie.

Distancia promedio desde el Sol	1,52 ua (228 millones de km)
Diámetro ecuatorial	6.779 km
Masa	$6,4171 \times 10^{23}$ kg
Gravedad superficial	3,71 m/s²
Período de rotación (día)	24 h, 37 min y 22 s
Período orbital (año)	1,88 años terrestres
Número de lunas	2

MARTE

El *Perseverance*

Con una ventana de lanzamiento del 17 de julio al 5 de agosto de 2020, se prevé que la última misión de la NASA a Marte aterrice en el cráter Jezero del planeta rojo el 18 de febrero de 2021. El nuevo rover marciano, llamado *Perseverance* (un nombre sugerido por Alexander Mather, un estudiante de secundaria de Virginia de 13 años), debería superar al *Curiosity*, de 900 kg de peso y 3 m de longitud, como el **rover planetario más grande**.

Las tormentas de arena más grandes

Marte sufre tormentas de arena regulares que cubren toda su superficie y que se pueden prolongar durante meses. Estos espectaculares acontecimientos climáticos plantean grandes problemas a los ingenieros que diseñan el material para el planeta rojo. En 2018, una tormenta de arena desprendió el extremo posterior del rover *Opportunity* (abajo).

Las primeras cuevas descubiertas en otro planeta

En marzo de 2007, las imágenes de la sonda espacial *Mars Odyssey* de la NASA mostraron lo que parecían siete pozos circulares en los flancos del volcán marciano Arsia Mons. Se cree que estas cavernas se formaron por el desplome de los techos de tubos de lava bajo la superficie.

El meteorito marciano más grande

Un fragmento de Marte de 18 kg de peso, desprendido por el impacto de un asteroide hace unos 3 millones de años, llegó a la Tierra el 3 de octubre de 1962, cerca de Zagami, en Nigeria. Conocido como «meteorito de Zagami», estuvo a punto de caer sobre el agricultor que lo descubrió en un cráter de 0,6 m de profundidad.

El rover operativo más tiempo en Marte

El rover *Opportunity* de la NASA (abajo) tuvo una vida operativa de 14 años y 136 días. Aterrizó en Marte el 25 de enero de 2004 y recorrió 45,15 km, la **mayor distancia recorrida en otro mundo**. Su último contacto fue el 10 de junio de 2018, antes de que una tormenta de arena lo sumiera en un estado de hibernación irreversible. *Spirit*, el rover gemelo del *Opportunity*, también superó su período estimado de duración de 90 días y resistió en Marte hasta el 22 de marzo de 2010.

En 2005, el rover *Spirit* recibió una ayuda inesperada cuando una tormenta de arena limpió sus paneles solares.

Récord de velocidad sobre Marte

El *Spirit* y el *Opportunity*, dos rovers de exploración de la NASA que aterrizaron en Marte el 4 y el 25 de enero de 2004 respectivamente, tenían una velocidad máxima de 5 cm/s. Sin embargo, para poder gestionar el terreno marciano, ambos contaban con un *software* de detección de peligros que hacía que se detuvieran cada pocos segundos para reevaluar el terreno.

La montaña más alta del sistema solar

El Monte Olimpo, en Marte, se alza 25 km sobre su base, casi tres veces la altura del Everest. Es un volcán en escudo que se ha ido formando a partir de las miles de coladas de lava de sus erupciones. El Monte Olimpo tiene una pendiente muy suave y es 20 veces más ancho que alto.

Júpiter

El planeta más grande del sistema solar

El diámetro ecuatorial de Júpiter es de 139.822 km, por lo que es 11 veces más ancho que la Tierra. Su masa duplica con creces la del resto de planetas del sistema solar juntos. Las naves espaciales de la Tierra aprovechan la intensa gravedad de Júpiter para propulsarse más profundamente en el espacio.

Más cráteres en una luna

El 100 % de la superficie helada de Calisto está cubierta por cráteres de impacto. No se han hallado evidencias de ningún otro proceso geológico, lo que significa que el paisaje horadado de esta luna es, posiblemente, la superficie más antigua del sistema solar. Calisto es la luna más exterior de los cuatro satélites galileanos (los otros tres son Ío, Ganímedes y Europa), que Galileo Galilei descubrió en 1610.

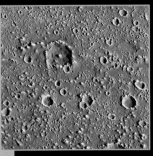

El planeta con el día más corto

Júpiter gira alrededor de su eje una vez cada 9 h, 5 min y 29,69 s, por lo que un día de Júpiter dura menos de la mitad que un día terrestre.

El campo magnético más fuerte

El campo magnético de Júpiter es casi 3.000 veces más fuerte que el de la Tierra, y se extiende varios millones de kilómetros en el espacio desde las nubes más altas. El campo está generado por el **océano de hidrógeno metálico más grande**, que está en el interior de Júpiter y tiene una profundidad de hasta 55.000 km. Con presiones que superan los 4 millones de bares (3.600 veces la presión del **punto más profundo de los océanos terrestres**, el abismo de Challenger), los átomos de hidrógeno se ionizan y otorgan al hidrógeno líquido propiedades metálicas que lo convierten en un conductor eléctrico.

La luna más grande del sistema solar

El diámetro promedio de Ganímedes es de 5.262,4 km. Es más grande que el planeta Mercurio (pág. 14) y el noveno cuerpo más grande del sistema solar. También es la única luna con campo magnético propio.

Júpiter

Júpiter es el quinto planeta desde el Sol, y un gigante gaseoso compuesto fundamentalmente de hidrógeno y de helio. Su entorno extremo no puede albergar vida humana, pero es posible que la situación sea distinta en sus lunas...

Distancia promedio desde el Sol	5,2 ua (778 millones de km)
Diámetro ecuatorial	139.822 km
Masa	$1,8982 \times 10^{27}$ kg
Gravedad superficial	27,79 m/s²
Período de rotación (día)	9 h, 55 min y 29,69 s
Período orbital (año)	11 años y 314 días terrestres
Número de lunas	79

JÚPITER

Las auroras más potentes del sistema solar

Las auroras de Júpiter surgen de potenciales eléctricos de hasta 400 kiloelectronvoltios, entre 10 y 30 veces más potentes que los que se miden en la Tierra. Las auroras se forman cuando el potente campo magnético de Júpiter acelera partículas energizadas. Las partículas chocan con átomos cerca de los polos y generan relámpagos luminosos.

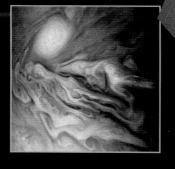

La nave espacial propulsada con energía solar a mayor distancia

Juno, una sonda espacial de la NASA que orbita Júpiter, ha llegado hasta una distancia de 816,62 millones de km del Sol. Los científicos aficionados Gerald Eichstädt y Seán Doran han coloreado las imágenes de Júpiter tomadas por la JunoCam para destacar las nubes en espiral y las tormentas que recorren la superficie del planeta (detalle).

La luna más densa del sistema solar

La densidad promedio de Ío es de 3.530 kg/m^3. Nuestra Luna es la segunda más densa (3.346 kg/m^3).

El planeta con más asteroides troyanos

Los asteroides troyanos son grupos de cuerpos pequeños que orbitan alrededor del Sol con la misma órbita que un planeta. Están en áreas de estabilidad llamadas puntos de Lagrange L$_4$ y L$_5$, donde las fuerzas gravitatorias de Júpiter y del Sol se equilibran. A 10 de diciembre de 2019, se habían descubierto unos 7.284 asteroides troyanos en la órbita de Júpiter, 23 en la de Neptuno y nueve en la de Marte. La Tierra y Urano tienen uno cada uno.

El planeta exterior visitado por más naves espaciales

Júpiter ha sido visitado por nueve naves espaciales no tripuladas. La *Pioneer 10* hizo el **primer sobrevuelo de Júpiter** el 3 de diciembre de 1973, seguido de la *Pioneer 11* en 1974 y de las *Voyager 1* y *2* en 1979. La sonda espacial *Ulysses* llevó a cabo dos sobrevuelos a larga distancia en 1992 y 2004, y la sonda *Galileo* orbitó alrededor del gigante gaseoso desde 1995 hasta 2003. *Cassini-Huygens* y *New Horizons* recurrieron a Júpiter para propulsarse durante sus sobrevuelos en 2000 y 2007, de camino a Saturno y a Plutón, respectivamente. La nave que lo ha visitado más recientemente es *Juno*. Entró en su órbita el 4 de julio de 2016 (ver arriba).

El cuerpo con mayor actividad volcánica del sistema solar

En 1979, las fotografías que la sonda espacial de la NASA *Voyager 1* tomó de Ío, una de las lunas de Júpiter, revelaron penachos de erupciones volcánicas que se alzaban centenares de kilómetros hacia el espacio (arriba, señaladas con un círculo). Su intensa actividad se debe a las interacciones gravitatorias entre Júpiter, Ío y su satélite vecino, Europa.

Ío alberga el **volcán más potente del sistema solar**, Loki Platera, que emite más calor que todos los volcanes activos de la Tierra juntos. Tiene una caldera gigantesca, de más de 10.000 km^2, que se inunda de lava con regularidad.

El 6 de agosto de 2001, mientras sobrevolaba cerca de Ío, la sonda espacial *Galileo* de la NASA atravesó la parte superior de un penacho volcánico de 500 km de altura, la **mayor erupción volcánica registrada**.

El mayor impacto registrado en el sistema solar

Entre el 16 y el 22 de julio de 1994, más de 20 fragmentos del cometa Shoemaker-Levy 9 colisionaron contra Júpiter. El mayor impacto fue el del fragmento «G», que explotó con la energía de aproximadamente 6 millones de megatones de TNT y generó una bola de fuego que se alzó 3.000 km sobre las nubes jovianas ocasionado cicatrices de impacto oscuras en la atmósfera (ver abajo).

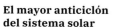

El mayor anticiclón del sistema solar

La Gran Mancha Roja es una tormenta colosal ubicada en el hemisferio sur de Júpiter. Registros del siglo XIX sugieren que antaño alcanzó hasta los 40.000 km de ancho, pero desde entonces se ha ido encogiendo significativamente. Las observaciones detalladas más recientes (llevadas a cabo por el telescopio espacial *Hubble* en 2017) revelaron que se ha reducido hasta solo 16.350 km.

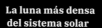

Saturno

El planeta menos denso

Saturno está compuesto fundamentalmente de hidrógeno y de helio, los elementos más ligeros del universo. Como resultado, la densidad promedio del planeta es de solo 687 km/m³ (la densidad habitual del agua es de 997 kg/m³). La baja densidad de Saturno, sumada a su elevada velocidad rotacional, hace que sea el **planeta menos redondo**, con un diámetro polar de solo el 90 % de su diámetro ecuatorial.

La separación oscura de sus anillos es conocida como «división de Cassini», llamada así por el astrónomo Giovanni Cassini.

Saturno

Este coloso de magníficos anillos es el segundo planeta más grande del sistema solar. Lo orbitan una cantidad récord de lunas, incluidas algunas en las que se dan las circunstancias propicias para albergar vida.

Distancia promedio desde el sol
9,53 ua (1.426 millones de km)

Diámetro ecuatorial
116.464 km

Masa
$5{,}68319 \times 10^{26}$ kg

Gravedad superficial
10,44 m/s²

Período de rotación (día)
10 h y 40 min

Período orbital (año)
29,44 años terrestres

Número de lunas
82 (derecha)

SATURNO

♄

El estudio orbital más prolongado de un planeta exterior

La sonda *Cassini-Huygens* despegó el 15 de octubre de 1997, y el 1 de julio de 2004, entró en la órbita de Saturno. La abandonó el 15 de septiembre de 2017, tras 13 años y 76 días estudiando el gigante gaseoso y sus lunas.

Durante esos años, la sonda *Cassini* envió a la Tierra más de 635 gigabytes de datos, que han dado lugar a 3.948 artículos científicos y a muchos descubrimientos. Además, el módulo de descenso *Huygens* aterrizó en Titán el 14 de enero de 2005 y logró el récord del **aterrizaje más distante de una sonda**.

El ojo de tormenta con las paredes más altas

Sobre el punto exacto del Polo Sur de Saturno hay un colosal vórtice de nubes, como el que producen los huracanes. Se observó por primera vez el 11 de octubre de 2006 gracias a la sonda *Cassini*, que midió paredes de nubes de 35 a 70 km de altura. Aunque se sabe que en otros planetas también hay grandes tormentas, ninguna exhibe el ojo despejado de nubes que caracteriza a las tormentas terrestres. Observaciones posteriores han revelado que esa tormenta es el **punto más cálido de Saturno** (ver pág. siguiente), aunque se desconoce la causa.

Más lunas

El 7 de octubre de 2019, el Centro de Planetas Menores de la Unión Astronómica Internacional reconoció 20 satélites nuevos que orbitan alrededor de Saturno, lo que eleva su número total de lunas a 82 (Júpiter solo tiene 79 lunas conocidas). La imagen sobre este texto, creada por el equipo de la Carnegie Institution for Science que descubrió los satélites nuevos, muestra las rutas orbitales de las 82 lunas.

El sistema de anillos más grande del sistema solar

El gran sistema de anillos alrededor de Saturno cuenta con una masa combinada de unos 15,4 trillones de kg. Aunque es superior a los anillos de cualquier otro planeta del sistema solar, estos discos de hielo y rocas solo representan una fracción mínima de la masa que orbita Saturno. Solo la luna Titán (ver a la derecha) ya tiene una masa unas 8.700 veces superior a la del sistema de anillos.

La luna más grande de Saturno

Con un diámetro de 5.149 km, Titán es el satélite más grande de Saturno. Su densa atmósfera (ver pág. anterior) oculta un mundo activo con un ciclo hidrológico parecido al de la Tierra. La diferencia es que, como Titán es tan frío (-176 °C), el fluido funcional en este ciclo es el metano, en lugar del agua. Esto significa que Titán tiene nubes de metano cuya lluvia alimenta ríos, lagos y mares de metano. El **río extraterrestre más largo conocido** es el Vid Flumina, de Titán, que fluye a lo largo de 412 km por cañones profundos y desemboca en un mar de metano, el mar de Ligeia.

La tormenta eléctrica más larga

La sonda *Cassini* observó muchas tormentas de gran intensidad en Saturno. La más larga duró desde mediados de enero de 2009 a septiembre de 2009; durante esos ocho meses cayeron relámpagos casi constantemente.

El anillo planetario más distante

El anillo Febe es un anillo de polvo casi imperceptible a unos 12.950.000 km sobre la superficie de Saturno. El anillo, formado por impactos sobre la luna exterior Febe, se descubrió en 2009.

La luna más próxima a Saturno

La luna menor S2009/S1 orbita Saturno a unos 56.700 km sobre sus nubes más altas. Orbita en el anillo B. Con un diámetro de solo 300 m, es también la **luna más pequeña de Saturno** y su existencia se confirmó en diciembre de 2019.

El satélite con la atmósfera más densa

Titán, la **luna más grande de Saturno** (ver arriba a la derecha), tiene una presión atmosférica superficial de 144 kilopascales (1,42 atm), más de un 40 % que la de la Tierra.

El mayor hexágono del sistema solar

El Polo Norte de Saturno está cubierto por un sistema hexagonal de nubes de 29.000 km de extensión. Se desconoce cómo se formó y los estudios no han hecho más que acrecentar el misterio. En 2005, los investigadores informaron de la **temperatura más alta registrada en Saturno**: -122 °C, sobre el Polo Sur, además de un pico de calor similar en el Norte, donde cabría esperar las temperaturas más bajas (imagen de infrarrojos, arriba a la derecha).

La combinación de su densidad atmosférica y de su escasa gravedad se traduce en que apenas se necesitaría energía para volar a Titán. En 2019, la NASA anunció que, durante la década de 2020, enviará un dron de 450 kg de peso y rotores múltiples llamado *Dragonfly* para explorar su superficie.

El mundo esférico más pequeño

El diámetro de Mimas, la vigésima luna más pequeña del sistema solar, es de solo 396,6 km. Pese a su reducido tamaño, tiene masa suficiente para que la fuerza de la gravedad le haya dado una forma casi esférica. Los objetos menos densos o más pequeños conservan su forma irregular original.

La cordillera más alta del sistema solar

El 31 de diciembre de 2004, las observaciones de Jápeto por la sonda *Cassini* revelaron una colosal cordillera de unos 20 km de altura y de, al menos, 1.300 km de longitud. El diámetro de esta luna de Saturno es de solo 1.400 km.

Más géiseres en una luna

En el Polo Sur de Encélado hay varias grietas (ver a la derecha) sobre su corteza helada. Estas fisuras están salpicadas de géiseres, que lanzan agua desde el océano subterráneo de la luna al espacio. *Cassini* pasó 23 veces sobre Encélado, algunas de ellas entre los penachos de agua (abajo). A partir de los datos recogidos en esas ocasiones, los investigadores han identificado 101 géiseres distintos y es posible que aún haya más.

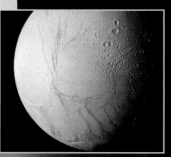
Los cristales de hielo de los penachos de Encélado se han dispersado y forman el tenue anillo E alrededor de Saturno.

Urano

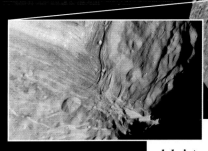

El período más largo entre luz y oscuridad de los planetas del sistema solar

Debido a la pronunciada inclinación axial de Urano (abajo), sus regiones polares apuntan por turnos casi directamente al Sol. A lo largo de la órbita completa del planeta alrededor del Sol, que dura 84 años terrestres, cada polo recibe 42 años de luz solar continuada, seguidos de 42 años de oscuridad ininterrumpida.

El primer sobrevuelo de Urano

El 24 de enero de 1986, la sonda espacial *Voyager 2* llevó a cabo su máxima aproximación a Urano. Se acercó a 81.500 km de la capa de nubes del planeta. Hasta la fecha, la *Voyager 2* ha sido la única sonda robótica que ha llegado a Urano.

La *Voyager 2* despegó el 20 de agosto de 1977, y unas dos semanas después, el 5 de septiembre, se le unió su gemela, la *Voyager 1*. Su misión, de larga duración, consistía en sobrevolar los cuatro gigantescos planetas exteriores: Júpiter, Saturno, Urano y Neptuno. El 25 de agosto de 2012, la *Voyager 1* se convirtió en la **primera sonda espacial en salir del sistema solar**, y actualmente sigue siendo el **objeto artificial más distante**. A 13 de diciembre de 2019, estaba a 22.100 millones de km del Sol.

El planeta con la inclinación axial más elevada

El eje de rotación de Urano tiene una inclinación de 97,77° respecto a su plano orbital; como

El escarpe más alto del sistema solar

La superficie de Miranda, una de las lunas de Urano, presenta una gran variedad de características geológicas únicas. Una de las más destacadas es un enorme escarpe con un relieve vertical de unos 20 km. Se llama Verona Rupes y supera en más de 10 veces la altura de las paredes del Gran Cañón en Arizona, EE.UU.

comparación, la inclinación axial actual de la Tierra es de 23,5°. Los astrónomos han especulado con que la inclinación extrema de Urano sea consecuencia de una colisión con un planeta del tamaño de la Tierra, probablemente cuando empezó a formarse el sistema solar.

El planeta con la temperatura atmosférica más baja

En enero de 1986, la sonda *Voyager 2* registró una temperatura de -224 °C en Urano. A pesar de estar 1.620 millones de km más cerca del Sol que Neptuno, Urano tiene un núcleo más frío, lo que explica que la temperatura promedio en ambos planetas sea aproximadamente la misma. Es posible que Urano perdiera una cantidad importante de calor y de energía en la hipotética colisión mencionada anteriormente.

Urano

Urano es el primero de los dos «gigantes de hielo» del sistema solar: mundos fríos y distantes que se formaron a partir de elementos más pesados que sus vecinos interiores Júpiter y Saturno.

Distancia promedio desde el Sol
19,8 ua (2,87 × 10⁹ km)

Diámetro ecuatorial
50.724 km

Masa
8,68103 x 10²⁵ kg

Gravedad superficial
8,87 m/s²

Período de rotación (día)
17 h y 14 min

Período orbital (año)
84 años y 6 días terrestres

Número de lunas
27

URANO

El primer planeta descubierto con un telescopio

El 13 de marzo de 1871, el astrónomo británico William Herschel observó una «estrella» desde su jardín en Bath, Somerset, R.U. Aunque primero informó de que había descubierto un cometa nuevo, posteriormente se determinó que era un planeta y recibió el nombre de Urano. Visible a simple vista, Urano tuvo que ser visto por innumerables personas antes que Herschel.

La luna de Urano más grande

Titania, la mayor de las 27 lunas de Urano, tiene un diámetro de 1.578 km y orbita el planeta a una distancia promedio de 435.000 km. La descubrió William Herschel en 1878. Las imágenes enviadas por la *Voyager 2* revelaron que tiene una superficie cubierta de cráteres de impacto así como algunas características tectónicas, como el cañón de Messina Chasma, de unos 1.490 km de longitud.

William tenía como ayudante a su hermana Carolina, que fue la primera mujer que recibió la medalla de oro de la Real Sociedad Astronómica británica.

Neptuno

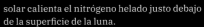

El planeta más lejano del sistema solar

Desde que Plutón perdiera la categoría de planeta en 2006, Neptuno se ha convertido en el planeta principal más lejano del Sol. A 4.498 millones de km del centro del sistema solar, orbita alrededor del Sol a una velocidad de 19.566 km/h y tarda 164 años y 288 días terrestres en completar una órbita. Aunque fue descubierto en 1846, la existencia de Neptuno se había predicho matemáticamente con anterioridad.

El primer sobrevuelo de Neptuno

El 25 de agosto de 1989, la sonda espacial *Voyager 2* llevó a cabo su máxima aproximación a Neptuno, después de viajar durante tres años y medio desde Urano. La sonda llegó a 4.800 km de las nubes sobre el Polo Norte del planeta. Es lo más cerca que la *Voyager 2* ha estado de ningún planeta desde que abandonó la Tierra en 1977.

La luna más distante de su planeta

Neso, la decimotercera luna de Neptuno, fue observada por primera vez el 14 de agosto de 2002 y se reconoció oficialmente en 2003. Orbita Neptuno a una distancia promedio de 48.370.000 km y tarda 9.374 días terrestres en completar una órbita. Neso tiene unos 60 km de diámetro.

Los géiseres de nitrógeno más altos

Cuando en 1989 la sonda *Voyager 2* pasó junto a Tritón, la gran luna de Neptuno, sus cámaras descubrieron actividad criovolcánica en forma de géiseres de gas nitrógeno y de nieve. Estas erupciones alcanzan alturas de hasta 8 km en la delgada atmósfera de Tritón, que se cree que son debidas a que la débil luz

Los vientos más veloces del sistema solar

En 1989, la sonda espacial de la NASA *Voyager 2* registró en Neptuno vientos de unos 2.400 km/h, que propulsaban nubes de metano sobre la superficie del planeta. Esta velocidad quintuplica el **viento estimado más veloz en la Tierra**, una ráfaga de aproximadamente 486 km/h registrada durante un tornado en Oklahoma, EE.UU. en 1999 (ver pág. 39).

El satélite retrógrado más grande

Cuando una luna orbita en dirección opuesta a la rotación de su planeta, se dice que tiene una órbita retrógrada. Tritón, la luna más grande de Neptuno, mide 2.706 km de diámetro. Su inusual órbita retrógrada indica que, antaño, fue un objeto del cinturón de Kuiper hasta que quedó «atrapado» por la gravedad de Neptuno.

solar calienta el nitrógeno helado justo debajo de la superficie de la luna.

Estas proyecciones de gas nitrógeno helado son también la **actividad geológica observada más fría**. Con una temperatura superficial de -235 °C, en Tritón hace tanto frío que sus lagos de agua helada son duros como el acero y conservan cráteres de impacto de millones de años de antigüedad.

Las lunas que se aproximan más entre sí

La máxima aproximación entre dos satélites ocurre aproximadamente cada cinco días, entre Náyade y Talasa, dos pequeñas lunas de Neptuno. Náyade, la más interior de las dos, orbita Neptuno a una velocidad ligeramente superior a la de Talasa. Cada vez que la avanza, quedan a 3.540 km de distancia.

El satélite más excéntrico

En este contexto, el término «excéntrico» describe el grado en que la órbita de un cuerpo se desvía de un círculo perfecto. Nereida, la tercera luna de Neptuno más grande, tiene una excentricidad media de 0,7507. Su órbita, extraordinariamente elíptica, la lleva a 1.372.000 km de Neptuno antes de alejarla hasta 9.655.000 km. El astrónomo neerlandés nacionalizado estadounidense Gerard Kuiper descubrió Nereida el 1 de mayo de 1949.

Más planetas visitados por una nave espacial

La sonda espacial de la NASA *Voyager 2*, que despegó en 1977, visitó los cuatro gigantes gaseosos exteriores (Júpiter, Saturno, Urano y Neptuno) entre 1979 y 1989. En noviembre de 2018, abandonó el sistema solar y se adentró en el espacio interestelar, una región más allá de la influencia del Sol. Su compañera, la *Voyager 1*, ya lo había hecho en agosto de 2012.

Neptuno

Neptuno es el planeta conocido más distante, y un gigante de hielo unas 30 veces más alejado del Sol que la Tierra. Su atmósfera es una combinación de metano (que le da la tonalidad azul), hidrógeno y helio.

Distancia promedio desde el Sol	30 ua (4,498 × 10⁹ km)
Diámetro ecuatorial	49.244 km
Masa	1,0241 x 10²⁶ kg
Gravedad superficial	11,15 m/s²
Período de rotación (día)	16 h
Período orbital (año)	164 años y 314 días terrestres
Número de lunas	14

NEPTUNO

Recopilatorio

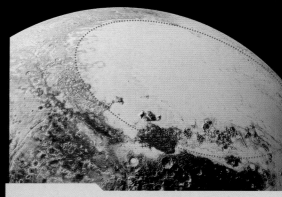

NASA sobrevoló el asteroide IDA. El 17 de febrero de 1994, el análisis de las imágenes tomadas durante el sobrevuelo reveló que 243 Ida, cuyo eje más largo mide 59,8 km de longitud, tiene su propio satélite natural. Este ha recibido el nombre de Dactyl y su diámetro promedio es de solo 1,6 km.

La mayor fuente de cometas

La nube de Oort es una nube esférica helada compuesta por billones de núcleos de cometas. Comienza a más de

El cráter más grande de Plutón

Marcado en la imagen superior, Sputnik Planitia, en el hemisferio norte de Plutón, mide aprox. 1.050 × 800 km. Se formó por el impacto de un cuerpo de 10 km de diámetro, unas 90 veces más grande que un campo de fútbol americano. La superficie, en la que predomina el nitrógeno helado, es muy brillante y lisa, lo que sugiere que tiene menos de 10 millones de años de antigüedad.

Las primeras imágenes tomadas sobre la superficie de un asteroide

A las 02:44 UTC del 22 de septiembre de 2018, el rover japonés *HIBOU* empezó a tomar imágenes desde el asteroide 162173 Ryugu, después de que la sonda *Hayabusa 2* de la Agencia Espacial Japonesa lo hubiera lanzado el día anterior. La fotografía principal es un primer plano de la superficie rocosa de Ryugu. Las manchas blancas de la imagen en detalle son luz solar.

El primer aterrizaje en un asteroide

La sonda espacial *NEAR-Shoemaker* aterrizó en el asteroide 433 Eros el 12 de febrero de 2001, poco antes de finalizar su misión.
La sonda tomó imágenes durante su descenso, pero como la única cámara de la *NEAR* apuntaba hacia Eros (es decir, hacia abajo), no pudo enviar ninguna imagen de la superficie.

Eros fue el **primer asteroide próximo a la Tierra descubierto**.

Los astrónomos Carl Gustav Witt (Alemania) y Auguste Charlois (Francia) detectaron su presencia, cada uno por su cuenta, en 1898. La peculiar trayectoria de 433 Eros lo lleva a entrar en la órbita de Marte y a aproximarse a la Tierra más que ningún otro planeta o asteroide. Lleva el nombre del dios griego del amor.

El primer asteroide descubierto con luna

En 1993 y de camino a Júpiter, la sonda espacial *Galileo* de la

300 mil millones de km del Sol y se extiende hacia las profundidades del espacio interestelar. Se cree que es el origen de la mayoría de los cometas que llegan al sistema solar interior. La sonda de la NASA *Voyager 1*, que ahora viaja a 62.140 km/h, tardará unos 300 años en llegar al borde interior de la nube de Oort.

El cuasisatélite de la Tierra más pequeño

Los cuasisatélites orbitan el Sol en una trayectoria que nunca los aleja demasiado de un planeta concreto, pero que tampoco los acerca lo suficiente para que puedan quedar atrapados en su órbita. El 27 de abril de 2016, el telescopio de sondeo panorámico *Pan-STARRS 1* en Haleakala, Hawái, EE.UU., descubrió un pequeño asteroide con un tamaño estimado de entre 40 a 100 m de largo aproximadamente. Llamado 469219 Kamoʻoalewa, es el quinto cuasisatélite de la Tierra descubierto hasta la fecha. Completa la órbita alrededor del Sol en exactamente un año terrestre y sigue a nuestro planeta durante la mitad de su órbita y lo precede durante la otra mitad. Se estima que, durante este baile orbital con la Tierra, el asteroide jamás se aproxima a más de 14,5 millones de km ni se aleja a más de 38,6 millones de kilómetros.

La primera imagen tomada sobre la superficie de un cometa

El 12 de noviembre de 2014, el aterrizador *Philae* se posó sobre el cometa 67P/Churyumov-Gerasimenko. Sin embargo, al aterrizar, quedó en la sombra e inclinado, por lo que no pudo tomar una imagen panorámica de 360° del punto de aterrizaje. La primera imagen distribuida, el 13 de noviembre de 2014, era un mosaico de dos cámaras del *Philae*, que mostraba el acantilado junto al que había aterrizado y parte del aterrizador.

El primer paseo espacial íntegramente femenino

El 18 de octubre de 2019, las astronautas de la NASA Jessica Meir (izquierda) y Christina Koch (ambas de EE.UU.) llevaron a cabo un paseo espacial para cambiar una unidad de carga de batería estropeada en el exterior de la *Estación Espacial Internacional* (*EEI*). Iniciaron la actividad extravehicular a las 11:32 UTC y regresaron a la cámara de descompresión con la pieza averiada 7 h y 23 min después.

La **primera mujer que dio un paseo espacial** fue la cosmonauta soviética Svetlana Savitskaya, desde la estación espacial *Salyut 7*, el 25 de julio de 1984.

Mientras estuvieron fuera de la *EEI*, Meir y Koch homenajearon a Alekséi Leónov, quien llevó a cabo el **primer paseo espacial** el 18 de marzo de 1965 y que había fallecido la semana anterior.

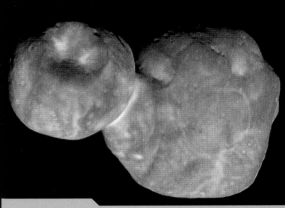

vieron que un objeto bloqueaba la luz de la estrella, pero también detectaron dos disminuciones muy cortas de su magnitud aparente que luego se identificaron como los dos anillos que orbitan Chariklo.

El objeto más pequeño orbitado por una nave espacial

A las 19:44 UTC del 31 de diciembre de 2018, la sonda espacial de la NASA *OSIRIS-Rex* encendió los propulsores durante 8 segundos para entrar en órbita alrededor del asteroide 101955 Bennu, que tiene una masa de 73,2 millones de toneladas y un diámetro de 510 m.

El objeto más distante explorado en el sistema solar

El 1 de enero de 2019, a las 05:33 UTC, la sonda espacial *New Horizons* visitó un asteroide en el cinturón de Kuiper al que, en una primera instancia, se apodó Ultima Thule, pero que luego recibió el nombre de Arrokoth, que significa «cielo» en una lengua nativa americana. La sonda recogió unos 50 Gb de datos sobre el asteroide, y la primera tanda de imágenes descargadas ha revelado que se trata de un binario de contacto que consta de dos esferas conectadas de unos 31 km de longitud.

El objeto astronómico más pequeño con anillos

El remoto asteroide 10199 Chariklo tiene un diámetro de 248 km. El Observatorio Europeo Austral (OEA) descubrió que lo orbitan dos anillos y publicó sus hallazgos en *Nature* el 26 de marzo de 2014. El 3 de junio de 2013, el OEA había orientado sus telescopios hacia la estrella UCAC4 248-108672, al predecirse que un objeto astronómico pasaría por delante de ella. Astrónomos de siete ubicaciones distintas

ARROKOTH

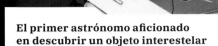

El primer astrónomo aficionado en descubrir un objeto interestelar

El 30 de agosto de 2019, Gennady Borisov (Ucrania/Rusia) descubrió el **primer cometa interestelar conocido**, 21/Borisov (detalle). Usó un telescopio de 65 cm de diámetro que diseñó para MARGO, su propio observatorio en Nauchny, Crimea. Borisov es ingeniero en la Estación Astronómica de Crimea.

El asteroide de metal más grande

Ubicado en el cinturón de asteroides principal que orbita el Sol, 16 Psyche mide unos 279 × 232 × 189 km. Las observaciones por radar indican que, probablemente, se compone de hierro en un 90 %. En enero de 2017, la NASA aprobó una misión a este cuerpo celeste, que podría ser un candidato para futuras explotaciones mineras.

El planeta extrasolar más cercano

El 24 de agosto de 2016, se anunció el descubrimiento de un planeta que orbita Proxima Centauri, fuera de nuestro sistema solar. A unos 4,224 años luz (39,9 billones de km), Proxima Centauri b tiene un tamaño similar al de la Tierra. Su presencia se confirmó desde varios dispositivos, como el telescopio de 3,6 m de diámetro del Observatorio Europeo Austral en La Silla, Chile.

A parte del Sol, Proxima Centauri es la **estrella más cercana**, aunque una nave como la *Voyager 1* tardaría unos 73.000 años en llegar hasta ella.

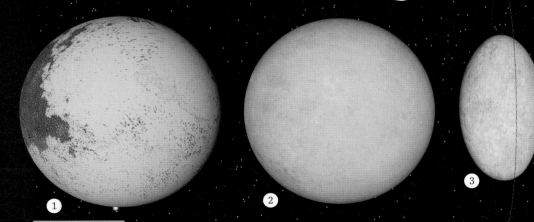

Planetas enanos

En el sistema solar hay cinco objetos astronómicos de este tipo. Plutón **(1)** es el **planeta enano más grande**, con un diámetro medio de aprox. 2.376 km. También es el **planeta enano con más lunas**: cinco. Son Caronte, Hidra, Cerbero, Nix y Estigia. Aunque tiene un diámetro inferior a Plutón, Eris **(2)** es el **planeta enano con más masa**, con 1,66 × 10²² kg. Haumea **(3)**, que gira a tal velocidad que ha adoptado forma de óvalo, es el **primer planeta enano con anillo**, en este caso de partículas heladas. Los tres, al igual que Makemake **(4)**, se hallan en el cinturón de Kuiper, una región más allá de Neptuno que alberga miles de cuerpos cósmicos helados cuya formación se remonta a los orígenes del sistema solar. Finalmente, y con un diámetro medio de 941 km, Ceres **(5)** es el **planeta enano más pequeño**, pero también el **cuerpo más grande en el cinturón de asteroides principal** entre Marte y Júpiter.

Un planeta enano es un cuerpo lo bastante grande para que los efectos de su gravedad lo hayan redondeado, pero no lo suficiente para limpiar de escombros su órbita.

○ SALÓN DE LA FAMA

Buzz Aldrin

Buzz Aldrin. La exploración humana, muy pocos han llevado más lejos los límites del descubrimiento que la tripulación del *Apolo 11*. En 1969, dos astronautas estadounidenses se convirtieron en los primeros seres humanos que pisaron otro mundo: el comandante Neil Armstrong y el piloto del módulo lunar ⦿ **Buzz Aldrin.**

En toda la historia de la exploración humana, muy pocos han llevado más lejos los límites del descubrimiento que la tripulación del *Apolo 11*. En 1969, dos astronautas estadounidenses se convirtieron en los primeros seres humanos que pisaron otro mundo: el comandante Neil Armstrong y el piloto del módulo lunar ⦿ **Buzz Aldrin.**

Antes de incorporarse a la NASA, Buzz había doctorado en dinámica orbital. En 1966, voló a estadounidense y se había pilotado cazas en la Fuerza Aérea espacio por Michael Collins, despegó en dirección a la Luna. Neil Armstrong y, en la misión Gemini 12. Tres años después, junto a

El 20 de julio de 1969, a las 20:18 UTC (tiempo universal del *Apolo*, sobre el mar de la Tranquilidad, en la Luna, los dos astronautas pasaron más de dos horas a las 02:56 UTC del 21 de julio. los astronautas pasaron más desolado: el cielo negro, recogiendo muestras. «No hubiera podido ser más desolado: el cielo negro, el terreno iluminado por el Sol... Todo muy claro y sin atmósfera. Sin vida», recuerda Aldrin.

Los astronautas regresaron sanos y salvos a la Tierra el 24 de julio, y se les recibió como a héroes. Sin embargo, el anhelo de Buzz por explorar el mundo (y el universo) aún distaba mucho de haberse saciado. También se convirtió en Buceó para rastrear los restos del *Titanic* y viajó al Polo Norte y al Polo Sur. También se convirtió en un apasionado defensor de Buzz: «O exploramos, Marte. En palabras de Buzz: «O exploramos, o expiramos».

Quizá, la carrera de Buzz ya estaba escrita en las estrellas: ¡el apellido de soltera de su madre, Marion Aldrin, era Moon («luna»)!

The first crewed mission to land on the Moon was Apollo 11, which touched down on 20 July 1969 (EDT). On board the *Eagle* Lunar Module were Neil Armstrong and Buzz Aldrin, who subsequently became the first humans to walk on the Moon, while Michael Collins remained in orbit in the Command Module

OFFICIALLY AMAZING

Buzz debe su apodo a su hermana, quien pronunciaba mal la palabra «brother», en inglés («hermano», en inglés) y decía «buzzer».

En aras de la siguiente generación de pioneros del espacio, Buzz ha pasado años diseñando un sistema de transporte entre la Tierra y Marte. Cree que la mejor opción es un sistema de «ciclos». Consistiría en una flota de naves espaciales que viajar gravedad de Marte y de la Tierra, sin apenas en bucle entre los dos planetas, para viajar consumo de combustible.

En 1998, Buzz se unió a la tripulación de un rompehielos ruso para visitar el Polo Norte. Comió sobre el hielo e incluso participó en un partido de sóftbol improvisado. Dos años antes, Buzz descendió 3.810 m en el *Nautile*, un minisubmarino francés, para explorar los restos del *Titanic* en el norte del océano Atlántico.

1: Buzz sobre la superficie de la Luna, fotografiado por Neil Armstrong.

2: Un holograma de Buzz ejerce de guía virtual para explicar su visión sobre Marte.

3: El 13 de noviembre de 1966, durante un paseo espacial con cable en la misión Gemini 12, Buzz se hizo el **primer selfi en el espacio abierto**. posible asentamiento humano en Marte.

4: La tripulación del *Apolo 11*: de izquierda a derecha, Neil Armstrong, Michael Collins y Buzz Aldrin.

5: En 2016, con 86 años, Buzz se convirtió en la **persona de más edad en visitar el Polo Sur** y en la **persona de más edad en visitar los dos polos**.

Descubre más cosas sobre Buzz en la sección del Salón de la Fama en **www.guinnessworldrecords.com/2021**.

El tripulante del Apolo 11 Michael Collins (centro) pilotó el módulo de mando y servicio Columbia y no pisó la Luna.

Naturaleza

La mayor concentración de pilares pétreos de arenisca

Situado en el noroeste de Hunan, China, el Parque Forestal
Nacional de Zhangjiajie contiene más de 3.100 columnas y
pilares pétreos de cuarzo y arenisca, con una densidad media
de 37,5 picos por kilómetro cuadrado. Más de 1.000 de estos
pilares superan los 120 m de altura, y 45 de ellos se elevan hasta
los 300 m. Se cree que esta topografía se debe, principalmente,
a los efectos de la erosión causada por la expansión del hielo en
invierno y el crecimiento de plantas en primavera.

Además de sus asombrosas maravillas naturales, el parque
alberga el puente colgante de cristal del Gran Cañón de
Zhangjiajie, el **puente peatonal a mayor altura**, suspendido a
260 m, y el ascensor de Bailong (derecha), que con sus 326 m
es el ❍ **ascensor exterior más alto**, superando a The Shard,
en Londres.

Zhangjiajie
es uno de los
147 Geoparques
Mundiales de
la Unesco. Fue
reconocido en
2004.

DESTINOS

El paisaje de Zhangjiajie inspiró las montañas Aleluya de Pandora que aparecen en la exitosa película *Avatar* (EE.UU., 2009).

Agua

El lago más salado

La laguna Gaet'ale se encuentra en la depresión de Danakil, en la región de Afar, Etiopía. Tiene una salinidad del 43,3 %, casi el doble que la del mar Muerto.

La depresión de Danakil es uno de los lugares más calurosos y secos del mundo. También es el centro del **océano en formación más reciente**. En 2005, se abrió una grieta de 56 km, y los cambios tectónicos bajo la superficie indican que algún día el agua inundará la región.

El río más profundo

El río Congo recorre 10 países de África y tiene una profundidad máxima de al menos 220 m según las mediciones realizadas en julio de 2008.

África también alberga el río más largo. El Nilo serpentea hacia el norte a lo largo de 6.695 km, desde Burundi hasta la costa egipcia del mar Mediterráneo.

Más lagos alcalinos

El valle del Rift de Kenia y Tanzania contiene masas de agua salina que alcanzan los 50 °C y niveles de pH de 10 a 12, suficiente como para quemar la piel. Su fuerza corrosiva está causada por las altas concentraciones de carbonato de sodio, cloro y fósforo que producen los volcanes locales. El color rojo intenso del lago Natron (abajo) es fruto de los pigmentos producidos por las algas que crecen en este entorno hipersalino.

El lago hiperácido más grande

Situado en la isla indonesia de Java, el lago de cráter del volcán Kawah Ijen tiene un área de 0,6 km², una profundidad máxima de 200 m y un volumen de 27,5 millones de m³. El pH de su agua es inferior a 0, lo bastante corrosivo como para comerse el metal. Al exponerse al aire rico en oxígeno, los gases sulfúricos se queman formando una llama azul eléctrica, y parte del gas se condensa en azufre fundido (detalle).

El río a menor altitud

La desembocadura del río Jordán se encuentra a unos 430 m por debajo del nivel del mar. Es el único curso de agua importante que desemboca en el mar Muerto, la **masa de agua a menor altitud**. El calor evapora el agua que fluye desde el Jordán antes de que el lago pueda desbordarse. Para el **río a más altitud**, ver a la derecha.

La mayor concentración de géiseres

El parque nacional de Yellowstone, principalmente ubicado en el territorio de Wyoming, EE.UU., alberga más de 10.000 fuentes termales, incluidos 500 géiseres, dos tercios del total del planeta.

Uno de los más destacados es el géiser Steamboat, cuyos chorros alcanzan una altura de más de 91,4 m: el **géiser activo que alcanza mayor altura**. En 2019, el Steamboat batió su récord de erupciones en un año natural: 48.

La fuente termal más grande (área)

La Frying Pan Lake (también conocida como Waimangu Cauldron) es una fuente termal natural de unos 38.000 m². La temperatura media de su agua es de entre 50 y 60 ºC. Se encuentra en el cráter Echo del valle volcánico de Waimangu, Nueva Zelanda.

El río a mayor altitud

Conocido como el «Everest de los ríos», el Yarlung Tsangpo tiene una fuente situada a unos 6.020 m sobre el nivel del mar, al pie del glaciar Angsi, en la Región Autónoma del Tíbet, China. Fluye hacia el este a través de la meseta tibetana y del **cañón más profundo** (ver pag. 35) antes de cruzar a la India, donde pasa a ser conocido como el río Brahmaputra.

Las cataratas más anchas

La anchura total de las cataratas de Khône en el río Mekong a su paso por Laos es de 10,78 km, casi la misma distancia que la profundidad del abismo de Challenger, el **punto más profundo del mar** (ver págs. 160-61). Las cataratas comprenden una serie de rápidos y cascadas, la más alta de las cuales alcanza unos 21 m de altura, que serpentean entre numerosas islas pequeñas y afloramientos rocosos.

EL SISTEMA DE CUEVAS SUBMARINAS EXPLORADO MÁS LARGO

En 2019, el naturalista Steve Backshall dirigió a un equipo de buzos de élite a través de las cuevas inundadas del sistema Sac Actun en la península de Yucatán, México, para el programa de la BBC *Mundos inexplorados*. A julio de 2019, había 371,95 km de túneles documentados. Steve habló con GWR sobre su experiencia.

¿En qué se diferencian estas cuevas de las que has explorado anteriormente?

En el pasado, había entrenado y hecho muchas inmersiones en cuevas, pero explorar nuevos sistemas es mucho mejor.

Describe las condiciones, por favor.

No hay luz. La temperatura del agua es constante y bastante llevadera si no tienes que hacer una inmersión larga o no dejas de moverte. En caso contrario, ¡empiezas a sentir frío de verdad!

¿Qué te pasó por la cabeza cuando te quedaste atascado temporalmente en un pasaje estrecho?

¡Mantener la calma! Solo tenía que fijarme en mis indicadores y moverme lentamente adelante y atrás hasta que la cueva me soltara.

¿Con qué fauna te encontraste?

Con mucha más de lo que esperaba: cocodrilos, tortugas, sábalos, camarones e isópodos en la oscuridad. No encontramos ninguna especie nueva, pero ¡en una cueva encontramos miles de peces ciegos, tantos que mi colega experto no podía creer lo que veía!

¿Cómo calificarías las cuevas submarinas mexicanas en comparación con otros «mundos inexplorados»?

Teníamos muy cerca una playa con cientos de turistas y, sin embargo, estábamos en lugares donde ningún humano había estado antes. Eso lo dice todo...

La primera «ola gigante» confirmada

Consideradas durante mucho tiempo un mito marítimo, las olas gigantes o vagabundas son olas impredecibles más grandes que aquellas que las anteceden y preceden. El 1 de enero de 1995, se confirmó este extraño fenómeno cuando una ola de 25,6 m de altura golpeó la plataforma petrolera Draupner en el mar del Norte.

La cascada de varios saltos más alta

La cascada Tugela es la segunda más alta de la Tierra. Ubicada en los montes Drakensberg («montañas del Dragón»), Sudáfrica, cae 948 m en cinco saltos.

La **cascada más alta** es la Kerepakupai Merú, también conocida como Salto del Ángel, en Venezuela. Su altura total es de 979 m.

La mayor reducción de un lago

Situado en la frontera entre Uzbekistán y Kazajistán, el mar de Aral fue en el pasado el cuarto lago de agua dulce más grande de la Tierra. Pero cuando las autoridades soviéticas desviaron los ríos que lo alimentaban para el riego de tierras, su superficie se redujo en un 85 % entre 1960 y 2011, de 67.499 a 10.317 km². El fondo marino ahora es en gran parte desierto, aunque la ayuda del Banco Mundial ha permitido a Kazajistán construir la presa Kok-Aral, y el nivel del agua ha aumentado en la sección norte del mar.

1960   **2011**

El océano más cálido

El océano Índico tiene una temperatura mínima en su superficie que ronda los 22 °C y puede alcanzar hasta 28 °C en las regiones más al este. Con 73.556.000 km², cubre aproximadamente el 20 % de la superficie total de la Tierra, pero no tiene contacto con el helado océano Ártico, lo que le permite mantener sus temperaturas cálidas durante todo el año.

La catarata submarina más grande (en volumen)

La catarata del estrecho de Dinamarca tiene 3,5 km de altura y transporta unos 5 millones de m³ de agua por segundo. Se forma donde se encuentra el mar helado de Groenlandia con el más cálido mar de Irminger. Las moléculas de agua más frías, menos activas y más densas, se deslizan por debajo de las más cálidas y generan una gran caída hasta el fondo del océano.

El agujero azul más profundo

Los agujeros azules son sumideros o cavernas marinas circulares que destacan por el color azul oscuro de sus aguas. Dragon Hole, situado junto a las islas Paracelso en el mar de la China Meridional, tiene una profundidad de 301 m, la misma altura que la Torre Eiffel.

LAS LLUVIAS MÁS INTENSAS EN...*

96 h

4.936 mm
24-27 de febrero de 2007
Reunión
Océano Índico

72 h

3.930 mm
24-26 de febrero de 2007
Reunión
Océano Índico

48 h

2.493 mm
15-16 de junio de 1995
Cherrapunji (Sohra)
India

24 h

1.825 mm
7-8 de enero de 1966
Reunión
Océano Índico

1 min

31,2 mm
4 de julio de 1956
Unionville
Maryland,
EE.UU.

Los récords de lluvias se supervisan para asegurar que las mediciones de precipitaciones y tiempos son correctas. Tres de los récords de arriba se establecieron en Reunión, una isla en el océano Índico de valles y montañas escarpadas que dan lugar a altos niveles de precipitaciones y tormentas torrenciales conocidas como *avalasses*.

Durante la temporada de los monzones, la crecida del río hace desaparecer las cataratas de Khône.

Rocas y cristales

La montaña tabular más alta

El monte Roraima, en la frontera entre Venezuela, Guyana y Brasil es una meseta de piedra arenisca de 2.810 m de altura que se alza sobre el nivel del mar. Es el ejemplo más elevado de tepuy, una forma de montaña tabular única del norte de Sudamérica. Según la tradición de los indios pemones, los tepuyes son la morada de los dioses.

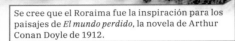

Se cree que el Roraima fue la inspiración para los paisajes de *El mundo perdido*, la novela de Arthur Conan Doyle de 1912.

La geoda de amatista más grande

Esta gigantesca roca revestida de amatista pesa unas 13 toneladas (lo mismo que dos autobuses escolares estadounidenses) y es más larga que un sofá de tres plazas. La descubrieron en Uruguay y ahora está expuesta en el Museo de Historia Natural Shandong Tianyu, en Shandong, China. La institución también alberga la **turquesa más grande**, una piedra de 225 kg y 1,03 m de longitud.

La roca más antigua

Datar minerales es muy difícil, porque no hay una manera universalmente aceptada de hacerlo y, además, es complicado saber si se está datando la roca o el material a partir del que esta se formó (el «precursor»).

Unos fragmentos de circonio encontrados en la región de Jack Hills, en Australia Occidental, se han datado en entre 4.300 y 4.400 millones de años. Sin embargo, no superan el grosor de un cabello humano, por lo que no pueden considerarse «rocas», sino esquirlas de bloques más antiguos, lo que los convierte en los **fragmentos más antiguos de la Tierra**. Aunque se sigue debatiendo su antigüedad exacta, un estudio de 2014 en el que se empleó la tomografía de sonda atómica para intentar zanjar la discusión determinó que tenían 4.374 millones de años (con un margen de error de unos 6 millones); esto significaría que solo son 160 millones de años más recientes que la propia Tierra.

Si hablamos estrictamente de la **roca más antigua**, una firme candidata es una roca madre extraída del Cinturón de rocas verdes de Nuvvuagittuq, en la orilla de la bahía de Hudson, en Quebec, Canadá, datada en 4.280 millones de años a partir de técnicas isotópicas. Otro candidato es un gneis de una isla en el río Acasta, en los Territorios del Noroeste, Canadá, que se estima que tiene una antigüedad máxima de 4.030 millones de años, calculada por datación radiométrica.

La **roca terrestre más antigua hallada en la Luna** salió a la luz en marzo de 2019. El estudio, publicado en *Earth and Planetary Science Letters*, se centra en un fragmento de felsita de 4.011 millones de años de antigüedad recogido durante la misión Apolo 14 en 1971. Su composición de cuarzo, circonio y feldespato (todos ellos minerales muy infrecuentes en la Luna) y su elevado contenido en oxígeno indican que lo más probable es que se formara en la Tierra. Se cree que la roca salió disparada hacia el satélite terrestre como consecuencia de un potente impacto.

Más arcos naturales en una misma región

El Parque Nacional de los Arcos en Utah, EE.UU., debe su nombre a los más de 2.000 arcos de arenisca con una luz superior a los 0,9 m que contiene. El más grande (que es también el más grande de su clase en Norteamérica) es el arco del Paisaje, con una luz de 88,3 m que lo sitúan en el quinto lugar del mundo, por detrás de los cuatro más grandes, localizados en China.

El bloque errático glaciar más grande

Los bloques erráticos son rocas desplazadas por el movimiento de glaciares. El bloque errático Okotoks, situado actualmente en las praderas de Alberta, Canadá, mide unos 41 m de longitud y 18 m de anchura, y pesa unas 16.500 toneladas, lo mismo que 29 Airbus A380 cargados.

La sala subterránea más grande (superficie)

La sala o gruta de Sarawak, en Malasia, tiene una superficie de unos 154.530 m², aproximadamente el doble que la del palacio de Buckingham, en Londres, R.U. Además, es la segunda de mayor volumen (pág. siguiente).

El cuello volcánico más alto

La Torre del Diablo (o Aposento del Oso) en Wyoming, EE.UU., se eleva 178 m sobre las llanuras circundantes. El monolito se formó tras una erupción subterránea de magma que se solidificó. La erosión desgastó la roca sedimentaria más blanda que la rodeaba y dejó al descubierto la roca ígnea, más dura. Su altura es como casi tres veces la de la Estatua de la Libertad.

Las concreciones de balas de cañón más grandes

Las masas esféricas de roca conocidas como concreciones de balas de cañón se formaron hace millones de años, cuando la calcita diluida de conchas o fósiles enterrados cimentó sedimentos de roca. Las rocas más blandas, como la arenisca, se erosionan con el tiempo y dejan expuestos los minerales más sólidos del interior. Los ejemplos de mayor tamaño, que llegan hasta los 6 m de altura, se pueden ver en el Rock City Park (imagen), en Mineápolis, Kansas, EE.UU.

El Apolo 17, la **misión tripulada a la Luna más larga**, trajo a la Tierra 110,4 kg de material lunar, la **mayor cantidad de roca lunar transportada** de una sola vez.

En octubre de 2019, se informó del descubrimiento de una gema inédita en Rusia: el **primer diamante en el interior de un diamante**. Ver págs. 44-45.

El mineral más duro

Según la escala de Mohs, no hay mineral más duro que el diamante, una forma de carbono con una dureza de 10. Como la escala de Mohs es relativa, no proporcional, el diamante es unas 700 veces más duro que el **mineral más blando**, el talco, con una dureza de 1. Los diamantes se formaron hace más de 1.000 millones de años en el manto de la Tierra, sometidos a una presión y un calor inmensos, antes de que la actividad volcánica los hiciera ascender hasta la superficie.

El cañón más profundo

La profundidad media del Gran Cañón Yarlung Tsangpo, localizado en el extremo oriental del Himalaya, en la Región Autónoma del Tíbet, China, se hunde hasta los 5.382 m en su punto más extremo. Triplica con creces la profundidad de las zonas más hondas del Gran Cañón de Arizona, en EE.UU. El río Yarlung Tsangpo, el **río a mayor altitud** (pág. 32), fluye por la base del valle.

Las piezas más grandes en bruto de...

• **Jade**: en julio de 1992, se descubrió en el Territorio del Yukón, Canadá, una lente de nefrita (un tipo de jade) de 577 toneladas. Es propiedad de Yukon Jade (Canadá).
• **Rubí**: un corindón propiedad de Rajiv Golcha (India) pesó 21,95 kg y midió 31 × 16,5 × 14 cm tal y como se confirmó el 3 de junio de 2009.
• **Fragmento de ámbar**: propiedad de Joseph Fam (Singapur), pesó 50,5 kg cuando lo evaluaron miembros de la International Amber Association el 26 de febrero de 2017.
• **Goshenita**: un berilo blanco propiedad de Wing Kiat Cheong (Singapur) pesó 1,3 kg el 13 de marzo de 2018.

Si el Nanga Parbat y el Everest siguen creciendo al ritmo actual, el primero superará al segundo como la **montaña más alta de la Tierra sobre el nivel del mar** dentro de unos 200.000 años.

La montaña que crece más rápido

El Nanga Parbat (la Montaña Desnuda), situada en Pakistán y que establece el punto más occidental de la cordillera del Himalaya, mide 8.126 de altura y crece unos 7 mm anuales. Esto sucede porque la colisión entre las placas continentales Eurasiática y de la India que dio lugar al Himalaya hace unos 50 millones de años sigue activa. La **montaña más alta sobre el nivel del mar**, el Everest (págs. 46-47), a unos 1.450 km al este, también sigue creciendo, pero solo unos 4 mm anuales.

La sala subterránea más grande (volumen)

La sala Miao, que forma parte del sistema de cuevas de Gebihe, en el Parque Nacional Ziyun Getu He situado en la provincia de Guizhou, China, tiene un volumen de 10,78 millones de m³, unas 10 veces la capacidad del estadio de Wembley, en R.U. Un equipo de geólogos británicos la cartografió en 2013 con escáneres láser tridimensionales. La sala Miao también contiene algunas de las estalagmitas más altas del mundo, con hasta 45 m de altura.

El monolito de granito más alto

El Capitán, en el Parque Nacional Yosemite, en California, EE.UU. se eleva 1.095 m, el doble que la CN Tower de Toronto, sobre el valle en el que se encuentra. La cima está a 2.307 m sobre el nivel del mar. Es un imán para los escaladores extremos y se estima que tiene unos 100 millones de años.

Hielo

El testigo de hielo que tenía el récord anterior (740.000 años de antigüedad) se extrajo en el domo C de la Antártida (2004). Sigue siendo el **testigo de hielo continuo más antiguo**.

El hielo más grueso

Una medición del casquete glaciar antártico registró un grosor de 4.897 metros en la región conocida como cuenca subglacial Astrolabio, al sur de la Tierra Adelia. Es más grueso que el monte Vinson, la **montaña antártica más alta**, con 4.892 metros. La cuenca lleva el nombre del *Astrolabio*, el barco insignia de la Expedición Antártica Francesa (1837-40).

La mayor inundación de agua de deshielo glacial

Entre finales de septiembre y mediados de octubre de 1996, el volcán Grímsvötn entró en erupción bajo el glaciar Vatnajökull. Como resultado, el agua de deshielo fluyó a un ritmo máximo de unos 45.000 m³ (o unas 18 piscinas olímpicas) por segundo. En 1918, una erupción bajo un glaciar mucho más pequeño llamado Mýrdalsjökull, en Islandia, pudo generar un flujo de hasta 400.000 m³ por segundo.

El hielo de glaciar más antiguo

Los testigos de hielo son tubos de hielo que se extraen de los glaciares y que aportan mucha información sobre el cambio climático. El 15 de agosto de 2017, se anunció el descubrimiento de fragmentos de «hielo azul» en la Antártida que contenían burbujas de gas de 2,7 millones de años de antigüedad. El hielo azul se forma a partir de la nieve que cae sobre un glaciar y se comprime, proceso durante el que adquiere un matiz azulado. Este hielo se encuentra normalmente a poca profundidad, justo bajo la superficie nevada.

El glaciar tropical más grande

En 2017, el campo de hielo Coropuna tenía un área de 44 km², suficiente para contener cien Ciudades del Vaticano. Coropuna está en los Andes peruanos junto al glaciar al que arrebató el récord: el campo de hielo Quelccaya. Aunque ambos están menguando, Coropuna lo hace más lentamente.

El iceberg más grande documentado

El 12 de noviembre de 1956, la tripulación del USS *Glacier* avistó un iceberg tabular con un área estimada de más de 31.000 km², por lo que superaría la superficie de Bélgica. El iceberg medía 335 km de longitud y 97 km de anchura. Lo avistaron al oeste de la isla Scott, en el océano Antártico.

El glaciar que se desplaza a más velocidad

El glaciar Jakobshavn Isbræ alcanzó una velocidad de 45 m por día, tal y como se constató en agosto de 2004. La velocidad se atribuyó a un influjo de agua marina templada en la bahía de Disko, en la costa oeste de Groenlandia. Desde entonces, el glaciar ha disminuido considerablemente su velocidad, especialmente después de un período extremadamente frío en 2013. Es posible que el *Titanic* se hundiera al chocar con un iceberg desprendido del Jakobshavn Isbræ.

El lago supraglacial más grande

Cada año, durante los meses de verano, se forma un lago sobre la barrera de hielo Amery cuando la nieve y el hielo superficiales se funden y el agua se acumula en una gran depresión. Este lago alcanzó su mayor extensión en enero de 2017, en el punto álgido del verano antártico, con 71,5 km².

El **lago subglacial más grande** está a más de 3,7 km de profundidad bajo la placa de hielo de la Antártida Oriental. El lago subglacial Vostok abarca un área de unos 14.000 km² y tiene una profundidad de al menos 100 m.

El glaciar más alto

La parte más alta del glaciar Khumbu, en el noreste de Nepal, se encuentra a una altitud de unos 8.000 m sobre el nivel del mar. El glaciar, de 17 km de longitud, se alimenta del hielo y de la nieve del valle Cwm Occidental, entre el monte Everest y la cresta que enlaza las cumbres del Lhotse y del Nuptse.

1. Iceberg A68A
2. Mar de Weddell
3. Hielo marino
4. Península Antártica

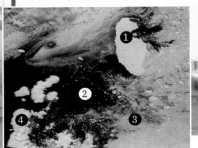

El iceberg más grande medido por satélite

En julio de 2017, un trozo de hielo siete veces más grande que la ciudad de Nueva York se desprendió de la plataforma de hielo Larsen C en la península Antártica. Poco después, el iceberg A68 se escindió en dos grandes fragmentos: A68A y A68B. A 7 de febrero de 2020, A68A (el más grande de los dos) medía 82 km de largo y 26 km de ancho según el Centro Nacional de Datos sobre Nieve y Hielo de la Administración Nacional Oceánica y Atmosférica (NOAA) de EE.UU.

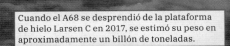

Cuando el A68 se desprendió de la plataforma de hielo Larsen C en 2017, se estimó su peso en aproximadamente un billón de toneladas.

LA PRIMERA ESCALADA POR LAS CATARATAS DEL NIÁGARA HELADAS

El 27 de enero de 2015, el aventurero extremo Will Gadd (Canadá) escaló la semicongelada catarata de la Herradura, en la frontera entre EE.UU. y Canadá. Poco después, le siguió su compañera Sarah Hueniken (Canadá), que obtuvo el récord femenino.

¿Qué te llevó a escalar en el hielo?
Crecí escalando en las Rocosas (Norteamérica) con mi padre y empecé a escalar paredes de hielo cuando tenía dieciséis años. Me encantó ver que el hielo (algo que normalmente es peligroso y sobre lo que es difícil incluso caminar) podía ser tan divertido.

¿Qué dificultades entrañó la escalada de las cataratas del Niágara?
Tardamos dos años en obtener todos los permisos y organizar las cuestiones de seguridad y de logística. Luego, tampoco sabíamos cómo sería la ascensión: cómo fluctuaría el agua, de qué calidad sería el hielo... Fue un salto cualitativo enorme para nosotros y tuvimos que invertir mucho tiempo en reflexionar sobre cómo llevarlo a cabo con la mayor seguridad. El hielo era muy frágil, porque se forma fundamentalmente a partir de las salpicaduras de agua, así que tuvimos que ser muy cuidadosos.

¿Qué sentiste al hacer historia junto a tu pareja, Sarah?
¡Fue genial! Compartir un sueño tan extraordinario con tu pareja es algo muy especial.

Además del Niágara, ¿cuál es la escalada en hielo más difícil que has llevado a cabo?
Probablemente la de las cascadas de Helmcken, en la Columbia Británica, Canadá, ya que la pared de hielo también se forma a partir de las salpicaduras de agua. Allí fue donde aprendimos a escalar [este tipo de hielo] con seguridad.

¿Cualquiera puede aprender a escalar en hielo?
Si puedes subir un par de pisos por la escalera, puedes escalar en hielo. Lo que yo hago es extremo, pero a un nivel básico no es tan difícil... y ¡es muy divertido!

¿Cuál es el siguiente reto?
En un par de meses regresaré a África para escalar los últimos hielos del Kilimanjaro. Siempre hay nuevos proyectos y lugares que explorar. Tengo muchas ganas de afrontar nuevos retos.

Las piedras de granizo más pesadas

El 14 de abril de 1986, una granizada con piedras de hasta 1,02 kg de peso azotó el distrito de Gopalganj de Bangladés, según la Organización Meteorológica Mundial. Se informó de 92 muertes como consecuencia de esta granizada.

En la imagen superior aparece representada a escala la piedra de granizo más pesada registrada en el hemisferio occidental. Cayó el 23 de julio de 2010 en Vivian, Dakota del Sur, EE.UU. y pesó 0,88 kg.

El permafrost más profundo

El permafrost, o suelo permanentemente congelado, cubre aproximadamente el 15 % de la superficie continental terrestre. La mayor extensión de permafrost se encuentra en Siberia, Rusia, donde el suelo está siempre congelado hasta una profundidad de aproximadamente un kilómetro.

Este suelo helado mantiene «ultracongelados» organismos antiguos. En junio de 2018, se extrajo la **sangre líquida más antigua** de un potro de Lenskaya desenterrado del permafrost de la depresión de Batagai en Yakutia, Rusia. Su antigüedad es de entre 41.000 y 42.000 años.

En esa misma región y datados con la misma antigüedad, se encontraron dos especies de nematodos (gusanos redondos) en 2015: *Panagrolaimus aff. detritophagus* y *Plectus aff. parvus*. Increíblemente, estos nematodos volvieron a la vida (reanimados) y constituyen el ejemplo de **criobiosis animal más prolongada**, según se informó en *Doklady Biological Sciences* en mayo de 2018.

El granizo se forma cuando agua muy fría (gotas microscópicas a menos de 0 ºC) se congela sobre cristales de hielo suspendidos en las nubes, hasta alcanzar un tamaño y un peso que los precipita.

100 %

La primera formación de un *brinicle*

En 2011, el equipo de *Frozen Planet* de la BBC filmó la formación de un *brinicle* o brazo de la muerte bajo el hielo del océano Antártico en el estrecho de McMurdo. Los *brinicles* son estalactitas de hielo que se forman cuando agua de mar supersalina y muy fría se hunde y se congela. Si un *brinicle* llega al suelo oceánico a poca profundidad, el agua fría se extiende por el lecho marino y mata toda forma de vida.

El volcán activo más austral

El segundo volcán más alto de la Antártida, el monte Erebus, a 3.794 m de altura sobre el nivel del mar, está en la isla de Ross a una latitud de 77,5° S. El cráter principal de este estratovolcán tiene 500 m de anchura y en su interior se encuentra el **lago de lava más austral**. Se trata de una ardiente piscina de lava con un diámetro estimado de 40 m.

Técnicamente, la cubierta de hielo antártica es un desierto: solo recibe 50 mm de precipitaciones al año.

Aire y luz

El fenómeno atmosférico a mayor altitud

Las auroras, también conocidas como luces del norte y del sur, se originan a unos 400 km de la superficie de la Tierra. Estos espectáculos luminiscentes, que solo se ven cerca de los polos, se producen cuando el viento solar, cargado de partículas solares, interacciona con la capa superior de la atmósfera terrestre.

Los anillos de vapor más grandes

El volcán Etna, en Sicilia, Italia, puede expulsar unos anillos de vapor de un diámetro aproximado de 200 m. Los anillos pueden durar hasta 10 minutos y se elevan a una altura de 1.000 m desde la chimenea del volcán. Se desconocen las causas exactas de este fenómeno tan insólito.

Las nubes de solitón más largas

Las «morning glory» son unas nubes en forma de rollo que pueden observarse especialmente en el golfo de Carpentaria, Australia. Pueden alcanzar una longitud de hasta 1.000 km, que es la distancia que separa Londres, R.U., de Mónaco.

Las **nubes más altas** son los cumulonimbos. En los trópicos, se ha observado que pueden alcanzar una altura de unos 20.000 m, que equivale a más del doble de la altura del Everest.

Las nubes noctilucentes o mesosféricas son las **nubes a mayor altitud**, ya que se forman a unos 80 km por encima del 99,9 % de la atmósfera terrestre.

La ciudad con mayor contaminación atmosférica por $PM_{2,5}$

En 2016, se registró una media de 173 µg de $PM_{2,5}$ por m³, en Kanpur, India, según un informe publicado en 2018 por la Organización Mundial de la Salud (OMS). Esta cifra supera en más de 17 veces el máximo permitido por la OMS. Las emisiones industriales y de vehículos contribuyen a contaminar el aire de Kanpur.

Los topes nubosos más fríos

A las 04:21 UTC (tiempo universal coordinado) del 30 de noviembre de 2019, el Radiómetro de Imágenes en el Infrarrojo Visible del satélite en órbita polar *NOAA-20*, registró una temperatura en el canal infrarrojo de -109,35 °C en un sistema de tormentas de categoría 1 en el océano Pacífico occidental. La nube a mayor altitud estaba vinculada al tifón Kammuri. Según los científicos, los topes nubosos se encontraban a unos 19.500 m de la superficie de la Tierra en su punto más frío.

El agujero más pequeño de la capa de ozono

El 8 de septiembre de 2019, científicos de la Administración Nacional Oceánica y Atmosférica (NOAA) y de la NASA anunciaron que el agujero de la capa de ozono en la Antártida ocupaba una superficie de 16,4 millones de km², la extensión más reducida desde 1982. Durante los dos meses siguientes, siguió disminuyendo hasta alcanzar una superficie de apenas 10 millones de km².

El 9 de septiembre de 2000, se verificó que el **agujero más grande de la capa de ozono** tenía 29,9 millones de km², lo que equivale aprox. al triple de la superficie de los EE.UU.

La mayor concentración anual de CO_2 en la atmósfera

En 2018, las concentraciones medias de dióxido de carbono (CO_2) en la atmósfera subieron a 407,8 ppm (partes por millón), según el *Greenhouse Gas Bulletin* de la Organización Meteorológica Mundial (OMM). Esto supone un incremento del 0,57 % con respecto al nivel más alto anterior (2017), y del 147 % con respecto a los niveles preindustriales de 1750. Informes preliminares indican que los niveles eran de 409,5 ppm en 2019.

La corriente en chorro más rápida de la Tierra

Una corriente en chorro es un flujo de aire muy rápido y estrecho que suele encontrarse en las capas altas de la atmósfera, provocado, en gran medida, por la diferencia de temperatura entre el ecuador y los polos. A partir de datos recopilados por el Integrated Global Radiosonde Archive desde 1905, la corriente en chorro más rápida que ha detectado un globo sonda alcanzó los 115,7 m/s (416,5 km/h). Realizó la lectura a una presión de 250 milibares, equivalente a una altitud de unos 10.400 m, cerca de Yonago, Japón, desde donde se lanzó el 5 de febrero de 2004. Puede que el cambio climático esté aumentando la intensidad de las corriente en chorro, lo que aprovechan los pilotos para recortar la duración de los vuelos de larga distancia (ver pág.169).

(ver pág.169).

El meteorólogo James McFadden (EE.UU.), de 86 años, ha trabajado en la NOAA como «cazador de huracanes» durante 52 años y 352 días, hasta su vuelo por el ojo de la tormenta tropical Jerry, el 22 de septiembre de 2019.

Cuéntenos cómo fue su vuelo por el ojo del huracán Dorian en 2019.
Dorian fue el huracán más devastador de la temporada, ya que arrasó totalmente las islas situadas al este de la costa de Florida. El último vuelo que efectué por su interior fue muy agitado, con unos vientos de entre 209 y 251 km/h. Era fácil imaginar los estragos que podía causar en tierra.

¿Cuál es el huracán más violento por el que ha volado?
El más aterrador fue el huracán Hugo, en 1989. Fue una tormenta de categoría 5, la más violenta en la escala Saffir-Simpson. Entramos en la pared del ojo a 457 m y encontramos vientos que superaban los 321 km/h, además de fuertes turbulencias. Nos falló un motor en un momento crucial y hubo unos instantes de angustia hasta que los pilotos retomaron el control.

¿Cuál es la situación más peligrosa que ha vivido durante un vuelo?
En febrero de 2007, durante un vuelo nocturno sobre el Atlántico, se pararon tres motores durante cuatro minutos, pero la tripulación logró ponerlos en marcha y llevarnos de vuelta a la base.

¿Los huracanes son cada vez más virulentos? ¿Se trata de un efecto derivado del cambio climático?
Es un fenómeno complejo y creo que no podemos atribuirlo por completo al cambio climático, aunque a medida que suba la temperatura global, es probable que haya tormentas más fuertes.

¿Qué se requiere para ser un cazador de huracanes?
Tienes que ser listo y prudente a la vez. Ambas cosas deben ir siempre de la mano para no tener problemas.

¿Cree que volverá a participar en alguna misión en los próximos años?
En 2022 se incorporará al programa de huracanes un nuevo avión capaz de volar a gran altura, un Gulfstream 550. Tal vez merezca la pena esperar para verlo.

Las partículas $PM_{2,5}$ tienen un diámetro inferior a 2,5 micras (µm es la millonésima parte de un metro), como por ejemplo el hollín fino, mientras que las PM_{10} incluyen contaminantes de hasta 10 µm de diámetro, como el polvo o el polen.

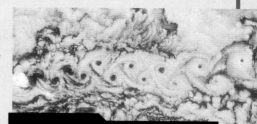

El mayor fenómeno de halos solares

El 11 de enero de 1999, se observaron al menos 24 tipos de halos solares en el Polo Sur geográfico. Los halos solares se generan por la reflexión y la refracción de los rayos solares en los cristales de hielo de la atmósfera, lo que da lugar a unos anillos alrededor del Sol y a unas manchas brillantes y coloridas en el cielo. Suelen tener un radio de 22° alrededor del Sol, por lo que los científicos los conocen como «halos de 22°».

La mayor ráfaga de viento registrada

El 10 de abril de 1996, una estación meteorológica de la isla de Barrow, frente a Australia Occidental, registró una ráfaga de viento de 408 km/h durante el ciclón tropical Olivia. Es la mayor ráfaga de viento en superficie registrada no asociada a un huracán realizada por un anemómetro.

El 3 de mayo de 1999, científicos de la Universidad de Oklahoma registraron la **mayor ráfaga de viento estimada**. Un tornado cerca de Bridge Creek en Oklahoma, EE.UU., alcanzó una velocidad máxima de 486 km/h (con 32 km/h de margen) según un observatorio meteorológico móvil con radar Doppler.

El mayor número de tornados en 24 horas

Durante una sucesión de tormentas que durante cuatro días devastaron el sur de EE.UU., la OMM registró 207 tornados distintos durante un período de 24 h entre el 27 y el 28 de abril de 2011. Murieron más de 300 personas y causó destrozos valorados en 11.000 millones de $.

El **mayor número de tornados que ha causado un huracán** es 119; los desató el huracán Ivan del 15 al 17 de septiembre de 2004 en el mar Caribe.

El **tornado más grande**, con un diámetro de 4,18 km, se registró el 31 de mayo de 2013 con un radar Doppler en El Reno, Oklahoma, EE.UU.

La tolvanera más mortífera

Las tolvaneras son corrientes de aire de poca duración, normalmente ascendentes, que suelen formarse en superficies calientes y secas. Solo se tiene constancia de dos víctimas mortales causadas por tolvaneras, ambas de EE.UU. El 19 de mayo de 2003, una casa se vino abajo y mató a un hombre en Lebanon, Maine; y el 18 de junio de 2008, una mujer murió al derrumbarse una cabaña en Casper, Wyoming.

La «calle de remolinos» más larga

En junio de 2001, una sucesión de nubes-remolino sobre la isla noruega de Jan Mayen se extendió a lo largo de 300 km. Estos vórtices son una característica de las «calles de remolinos», unas hileras paralelas de estratocúmulos marinos que pueden formarse cuando las corrientes de aire topan con islas o montañas aisladas.

El arcoíris de mayor duración

El 30 de noviembre de 2017, miembros del departamento de Ciencias Atmosféricas de la Universidad Cultural China pudieron observar un arcoíris sobre Yangmingshan, China Taipéi, de forma ininterrumpida durante 8 h y 58 min. Se cree que fue causado por la llegada de un viento de la estación de los monzones cargado de vapor de agua procedente del mar.

La fuente más grande de tormentas de polvo

La depresión de Bodele es el lecho de un lago seco en el extremo meridional del desierto del Sáhara, enclavado entre dos regiones montañosas. Los vientos que azotan esta zona alteran los sedimentos de la superficie y, cada año, provocan un centenar de tormentas de polvo que arrojan unas 700.000 toneladas de polvo diarias a la atmósfera. Esta imagen corresponde a una tormenta de polvo en Erg Chebbi, en el Sáhara marroquí.

Las tormentas eléctricas no tropicales más duraderas

Las superceldas son unas poderosas tormentas eléctricas que se forman alrededor de los mesociclones, corrientes ascendentes en rotación. Pueden medir kilómetros de diámetro y durar varias horas, lo que provoca lluvias torrenciales, granizo y fuertes vientos. Casi un 30 % de las superceldas ocasionan tornados. Suelen producirse en las Grandes Llanuras de EE.UU., en la zona conocida como «callejón de los tornados».

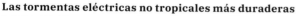

¡Un cumulonimbo medio pesa más o menos como un Airbus A380 comercial!

Fuego y electricidad

La mayor distancia recorrida por un relámpago

La distancia confirmada más larga recorrida por un relámpago es de 321 km. El relámpago avanzó horizontalmente de este a oeste en el centro de Oklahoma, EE.UU., el 20 de enero de 2007 a las 06:07:22 UTC. Un comité de la Organización Meteorológica Mundial (OMM) determinó que la descarga, detectada por receptores de radio VHF, duró 5,7 segundos.

En septiembre de 2016, la OMM anunció un nuevo récord: el **relámpago de mayor duración**. El 30 de agosto de 2012, se registró una descarga eléctrica de nube a nube con un recorrido en horizontal de 200 km en el sudeste de Francia, que duró 7,74 s. La duración media de un relámpago es de apenas 0,2 s.

En agosto de 2019, se informó de dos descargas, pendientes de ratificación que podrían duplicar tanto el récord de distancia como el de duración.

El tipo de relámpago más habitual

Los relámpagos intranube ocurren dentro de una misma nube y no llegan al suelo. Representan hasta el 90 % de los relámpagos.

El lago de lava más grande

El volcán en escudo Nyiragongo, en la República Democrática del Congo, alberga en su cráter un lago de lava activo de aproximadamente 250 m de anchura. El volcán ha entrado en erupción como mínimo 34 veces desde 1882. Cuando lo hizo el 10 de enero de 1977, la lava (que es muy fluida por su elevado contenido en silicio) bajó por la ladera del volcán a velocidades de entre 60 y 100 km/h: el **flujo de lava más rápido**.

El volcán activo más grande

Mauna Loa, en Hawái, EE.UU., es un domo ancho y de pendiente suave de 120 km de longitud y 50 km de anchura, con flujos de lava solidificada que cubren más de 5.125 km² (más que el área metropolitana de Los Ángeles). Tiene un volumen de 42.500 km², de los que el 84,2 % están bajo el nivel del mar. Entró en erupción por última vez en 1984.

La mayor emisión de calor volcánica

El 28 de enero de 2015, *Geophysical Research Letters* publicó un artículo en el que se analizaban 95 de los volcanes terrestres más activos. Obtuvieron datos de lecturas del flujo térmico tomadas entre 2000 y 2014 por los espectrorradiómetros de los satélites de la NASA *Terra* y *Aqua*. En ese período, el volcán Kilauea hawaiano emitió $9,8 \times 10^{16}$ J de energía térmica, que bastarían para abastecer de electricidad a la ciudad de Nueva York durante seis meses.

El lugar más caliente de la Tierra

Durante una fracción de segundo, el aire que rodea a un relámpago se calienta hasta alcanzar aproximadamente 30.000 °C, unas cinco veces más que la superficie visible del Sol o el núcleo interno de la Tierra.

El cráter de metano que arde desde hace más tiempo

El cráter de Darvaza, que arde desde 1971, se encuentra en un yacimiento natural de gas en el desierto de Karakum, Turkmenistán. Se cree que se formó por el hundimiento del suelo cuando un equipo de perforación alcanzó una cueva subterránea. Para impedir una gran fuga de gas metano, los geólogos prendieron fuego al cráter, pensando que el combustible se agotaría pronto. Sin embargo, sigue ardiendo desde entonces. Tiene unos 69 m de diámetro y 30 metros de profundidad y ha recibido el nombre de «Puerta del Infierno»... aunque un valiente se ha atrevido a cruzarlo (ver pág. siguiente).

El incendio más duradero

Las vetas de carbón arden muy lentamente en el subsuelo. Se estima que una de estas vetas, que se encuentra bajo el monte Wingen (también llamado Montaña Ardiente, arriba) en Nueva Gales del Sur, Australia, empezó a arder hace aprox. 6.000 años. Se cree que se originó cuando un relámpago cayó sobre una veta de carbón que se encontraba expuesta.

El relámpago más septentrional

Entre el 9 y el 13 de agosto de 2019, el Servicio Meteorológico Nacional estadounidense registró una serie de tormentas eléctricas inusualmente septentrionales en el círculo polar ártico. La descarga eléctrica más extrema ocurrió a una latitud de 89.53° N, a solo 52 km del Polo Norte geográfico, a las 09:26 UTC del 13 de agosto. Las descargas fueron detectadas por la Red Nacional de Detección de Relámpagos GLD360, creada y gestionada por la empresa de control medioambiental finlandesa Vaisala.

El primer tornado de fuego confirmado

Los incendios forestales pueden generar nubes de pirocumulonimbos (pág. siguiente), de las que emergen penachos de fuego giratorios conocidos como tornados de fuego. Son más potentes que los torbellinos de fuego, que duran muy poco y no llegan del suelo a las nubes, como los tornados.

A principios de 2003, una serie de incendios forestales se desataron cerca de Canberra, la capital de Australia. Los datos de radar y las imágenes confirmaron la presencia de un tornado de fuego cerca de McIntyres Hut, en el Parque Nacional de Brindabella, el 18 de enero de 2003. Avanzó a unos 30 km/h y, en su punto máximo, alcanzó aprox. 0,5 km de anchura en su base. El tornado fue lo bastante potente para mover automóviles y arrancar tejados de casas.

El incendio forestal más grande (mega-complejo)

A mediados de 2019, la combinación de temperaturas inusualmente elevadas y una sequía prolongada provocó una serie de incendios forestales devastadores en el sudeste de Australia, que marcaron récords estatales y nacionales. Sin embargo, es muy probable que el mayor incendio forestal mega-complejo (múltiples incendios forestales simultáneos en una misma región) de la historia ocurriera en las temporadas de verano de 1974-75 (izquierda). Quemó un área de aproximadamente 117 millones de hectáreas en el centro de Australia. El área forestal incendiada representó un 15 % del continente entero, equivalente a casi el tamaño de R.U., Francia e Italia juntos.

La *Estación Espacial Internacional* detectó que el humo alcanzó una altura de 23.000 m dos meses después del PNE, algo sin precedentes en un incendio forestal.

El incendio forestal más antiguo conocido

El incendio forestal más antiguo confirmado ardió hace aprox. 419 millones de años, en el período Silúrico, cuando los niveles de oxígeno quizá eran superiores a los actuales. Científicos de la Facultad de Ciencias de la Tierra y Oceánicas de la Universidad de Cardiff (R.U.) encontraron una brasa de carbón de combustión lenta, que pudo haber prendido por un rayo, mientras estudiaban fósiles carbonizados tridimensionales de pequeñas plantas cerca de Ludlow, en Shropshire, R.U., en abril de 2004.

El incendio forestal más grande (incendio único)

Los incendios forestales se pueden medir de varias maneras y compararlos es una tarea muy compleja, pero hay dos candidatos al título de incendio forestal más grande. El incendio de Chinchaga comenzó el 1 de junio de 1950 en residuos forestales en la Columbia Británica, Canadá y se extendió hasta Alberta, donde la lluvia y el clima más frío lo extinguieron el 31 de octubre de ese mismo año. Se quemaron 1,2 millones de hectáreas de bosque aproximadamente.

El incendio de Daxing (también conocido como el del Gran Dragón Negro) de 1987 quemó un área de tamaño similar de bosques de pino. Arrasó la cadena de montañas de Gran Khingan en el noreste de China, cruzó la frontera y llegó hasta la Siberia soviética (actual Rusia) entre el 6 de mayo y el 2 de junio de 1987. Según los informes, causó más de 200 víctimas mortales, más de 250 heridos y decenas de miles de desplazados.

La fuente de fuego volcánica más alta

Una fuente de fuego es un violento chorro de lava incandescente, como un géiser, diferente a las columnas eruptivas. En noviembre de 1986, el volcán japonés Izu-Ōshima entró en erupción y la lava llegó a 1,6 km sobre la caldera. Es aprox. dos veces la altura del **edifico más alto**, el Burj Khalifa, en los EAU (ver págs. 170-171).

La mayor inyección de aerosoles de azufre estratosférico procedente de un incendio forestal

El 12 de agosto de 2017, varios incendios forestales arrasaron gran parte de la Columbia Británica, en Canadá, y del estado de Washington, en EE.UU. Bautizados como Pacific Northwest Event (PNE), inyectó entre 100.000 y 300.000 toneladas de aerosoles de azufre en la parte inferior de la estratosfera. Produjo cinco pirocumulonimbos concurrentes en el cielo sobre los incendios, a hasta 12.000 m de altura.

El relámpago más potente

Menos del 5 % de todos los relámpagos son «positivos», donde los protones de la parte superior de una nube de tormenta caen al suelo. Estas descargas son hasta 10 veces más potentes que las más habituales descargas «negativas». Los relámpagos positivos pueden llegar a producir una corriente eléctrica de 300.000 amperios y descargas de hasta 1.000 millones de voltios.

La expresión «como un rayo caído del cielo» alude a los relámpagos positivos, que pueden caer a varios kilómetros de la nube original, en terrenos cubiertos por cielos despejados.

Las nubes más altas formadas por incendios forestales

El intenso calor que generan los incendios forestales puede causar sus propios fenómenos meteorológicos. Las potentes columnas de aire caliente ascendente crean un tipo de nube especial, llamada pirocúmulo. Estas nubes pueden llegar a la parte inferior de la estratosfera, a unos 10.000 m sobre el suelo. Aún más potentes son los pirocumulonimbos (en la imagen superior), que pueden alcanzar alturas superiores a los 16.000 m.

La primera persona que exploró el fondo del cráter de Darvaza

El 6 de octubre de 2013, el aventurero canadiense George Kourounis llegó a la base del ardiente cráter de Darvaza (ver pág. anterior). Protegido por un traje de aluminio ignífugo aislante y un arnés de Kevlar, Kourounis descendió por el cráter de gas para recoger muestras de rocas. Los análisis de laboratorio posteriores revelaron que en las rocas había bacterias vivas, lo que demostró que hay organismos que pueden soportar condiciones extremas, como temperaturas superiores a los 1.000 °C.

La imagen de fondo de esta doble página se tomó mientras los incendios arrasaban Australia en 2019-20.

A enero de 2020, los incendios en Australia habían arrasado al menos 10,3 millones de hectáreas (un área del tamaño de Corea del Sur).

Flora y hongos

100 %

La semilla más pequeña

Las orquídeas epífitas, unas plantas no parásitas que crecen sobre otras, producen unas semillas del tamaño de una mota de polvo, con cerca de 992 millones de simientes por gramo. Al no contener tejido nutritivo, las semillas deben almacenarse en un determinado tipo de hongo para poder germinar. Esto puede implicar que tengan que llegar a volar centenares de kilómetros, pero son tan ligeras que se dispersan fácilmente con el viento.

La planta con flor más pequeña

Los especímenes del género *Wolffia*, una planta acuática, miden menos de un 1 mm de largo y 0,3 mm de ancho. Emparentada con la lenteja de agua (género *Lemna*), no tienen raíces y forman esteras en estanques y corrientes tranquilas.

Estas plantas acuáticas producen una flor diminuta que se convierte en el **fruto más pequeño**, el cual ocupa casi todo el cuerpo de la planta madre. Este fruto mide apenas 0,25 mm y pesa unos 70 microgramos, solo un poco más que un grano de arena.

El organismo vivo más grande (por superficie)

Un ejemplar de hongo de miel (*Armillaria ostoyae*) que crece en el bosque nacional de Malheur, en las Montañas Azules del este de Oregón, EE.UU., ocupa 965 ha, el equivalente a unos 1.350 campos de fútbol. Se cree que este hongo tiene entre 2.400 y 8.650 años de antigüedad. Un dato curioso es que esta especie es uno de los cerca de 80 hongos capaces de producir su propia luz (es decir, bioluminiscentes), aunque su resplandor verde suele ser tan tenue que el ojo humano no lo detecta.

El nenúfar más grande

Originario de los lagos dulces de poca profundidad y de las marismas de la cuenca del Amazonas, el nenúfar victoria regia (*Victoria amazonica*) tiene unas hojas flotantes que pueden alcanzar los 3 m de diámetro, ancladas por unos tallos sumergidos de entre 7 y 8 m de largo. El nenúfar está reforzado por un envés acostillado.

100 %

El nenúfar más pequeño

Las hojas del nenúfar enano (*Nymphaea thermarum*) miden solamente entre 10 y 20 mm de ancho. Actualmente se cree que ya no crece en estado silvestre. En noviembre de 2009, el horticultor Carlos Magdalena logró salvar esta planta acuática extinta haciendo germinar unas semillas que tenía almacenadas en Kew Gardens, Londres, R.U.

La planta de crecimiento más rápido

Algunas de las cerca de 1.400 especies de gramíneas de la subfamilia de bambú (*Bambusoideae*) crecen a un ritmo de 91 cm al día (0,00003 km/h); es decir, más de 1.800 veces más rápido que el pelo a los humanos.

El árbol con el diámetro del tronco más grande

El tronco del árbol del Tule en Oaxaca, México, tenía un diámetro de unos 36,2 m cuando fue medido por el naturalista Robert Van Pelt en 2005. En esa misma fecha, este ciprés de Montezuma (*Taxodium mucronatum*) de 2.000 años medía 35,4 m de alto. El árbol se ha convertido en todo un emblema en la localidad de Santa María del Tule.

El alga marina que crece más rápido

La macroalga parda *Macrocystis pyrifera* puede llegar a crecer hasta 50 cm al día cuando sus frondas se acercan a la superficie del mar donde hay más luz solar. También es el **alga más larga**, con un ejemplar documentado de 60 m. Esta alga gigante crece cerca de las costas rocosas del océano Pacífico.

Esta alga filamentosa no tiene raíces; absorbe los nutrientes del agua de su alrededor y se adhiere a las rocas con los hapterios, unas prolongaciones a modo de raíces.

¡QUÉ FORMA DE CRECER!

▼ La flor más grande (individual)

En enero de 2020, se descubrió un ejemplar de *Rafflesia arnoldii* con una flor de 111 cm de diámetro en una selva tropical de Sumatra Occidental, Indonesia. Esta especie carece de hojas, tallo y raíces, y vive de forma parasitaria entre las enredaderas de la selva. Debido a su olor nauseabundo, es conocida como la «flor cadáver», un epíteto que comparte con otra planta gigante (ver abajo).

▶ La semilla más grande

Las semillas del coco de mar (*Lodoicea maldivica*) pueden alcanzar los 50 cm de largo y pesar 25 kg, como aproximadamente 16 cocos. Esta palmera crece muy despacio y sus frutos pueden tardar hasta seis años en desarrollarse.

▲ El pedo de lobo más grande

Endémico de las zonas templadas, el pedo de lobo gigante (*Calvatia gigantea*) tiene un sombrero esferoidal que puede alcanzar 1,5 m de diámetro y 20 kg de peso. Las esporas del hongo se desarrollan dentro de este receptáculo, que crece a finales del verano y durante el otoño, y prolifera en los prados y los bosques caducifolios.

▶ ◉ La flor más alta

Louis Ricciardiello (EE.UU.) cultivó un aro gigante (*Amorphophallus titanum*) de 3,1 m de alto, como se confirmó el 18 de junio de 2010. La medición se hizo cuando estaba expuesta en el Winnipesaukee Orchids de Gilford, Nuevo Hampshire, EE.UU.

A. titanum también es considerada la ◉ **planta más apestosa**, por lo que se la conoce como la «flor cadáver». Cuando florece, desprende un hedor parecido al de la carne putrefacta, que se percibe hasta a 0,8 km de distancia.

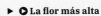

No hay ningún antídoto para la intoxicación por esta seta, aunque pruebas realizadas con un fármaco a partir de un tipo de cardo son esperanzadoras.

Tras un estudio genético de cinco años de duración, en abril de 2019 se anunció que la secuoya roja posee el **genoma vegetal más grande** (por genoma se entiende el conjunto de material genético de una especie). La especie cuenta con 26,5 gigabases, 265.000 millones de pares de bases, que son los bloques que construyen el ADN; es decir, unas nueve veces el tamaño del genoma humano.

El **árbol tropical más alto** del mundo se descubrió en abril de 2019, al verificarse que un meranti amarillo (*Shorea faguetiana*) de Sabah, Malasia, medía 100,8 m, el doble de alto que la Columna de Nelson de Londres, R.U. Se calcula que hasta un 95% de la masa del árbol está en su tronco.

La corteza de árbol más gruesa

Con la edad, la corteza de la secuoya gigante (*Sequoiadendron giganteum*) puede variar entre 25 y 121 cm. Estos grandiosos árboles crecen en la cordillera de Sierra Nevada, California, EE.UU.

Las frondas de helecho más grandes

Los helechos gigantes australianos (*Angiopteris evecta*) pueden alcanzar los 3 m de alto, y sus enormes frondas superan los 8 m de largo, la longitud de un autobús escolar. Aunque crecen en el sudeste de Asia, los ejemplares de mayor tamaño están en Queensland, Australia.

La presa más grande de las plantas carnívoras

Se sabe que las plantas carnívoras de jarra *Nepenthes rajah* y *N. rafflesiana* capturan e ingieren grandes ranas, pájaros e incluso ratas. Se suelen encontrar en las selvas tropicales de Asia, especialmente en Borneo, Indonesia y Malasia.

El hongo más venenoso

Al hongo de la muerte (*Amanita phalloides*), que se extiende por todo el planeta, se le atribuyen un 90% de las intoxicaciones letales por hongos. Tiene un contenido de toxinas de 7 a 9 mg por cada gramo de hongo seco, mientras que la cantidad de amatoxinas (grupo de toxinas hepatotóxicas) considerada mortal para los humanos es tan solo de entre 5 a 7 mg. La cocción no neutraliza el veneno. En caso de ingesta, puede provocar un fallo hepático o renal.

El árbol más alto

Una secuoya roja (*Sequoia sempervirens*) llamada «Hyperion» medía 115,85 m según una medición realizada en 2017. Este árbol gigante fue descubierto el 25 de agosto de 2006 por Chris Atkins y Michael Taylor (ambos de EE.UU.) en el Parque Nacional de Redwood, California, EE.UU. Estimaron su altura en 115,24 m, aunque una medición posterior realizada en 2017 la estableció en 115,85 m, dos veces la altura de la torre inclinada de Pisa, Italia. Registros posteriores han confirmado que esta imponente secuoya continúa creciendo.

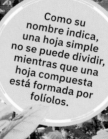

La planta carnívora más veloz

Las utricularias acuáticas (del género *Utricularia*) usan unas trampas de succión para capturar insectos, pequeños crustáceos e incluso renacuajos jóvenes. Se ha documentado que una especie (*U. australis*, o utricularia austral) atrapa a sus víctimas en tan solo 5,2 milisegundos (ms), aunque normalmente lo hace en 9 ms. En cambio, las hojas parecidas a conchas de almeja de la venus atrapamoscas (*Dionaea muscipula*) se cierran en 100 ms desde el momento en que son estimuladas.

La **planta carnívora terrestre más veloz** es el rocío del Sol (*Drosera glanduligera*, ver detalle), del sur de Australia. Sus «tentáculos trampa» le permiten atrapar pequeños insectos, como moscas y hormigas, en 75 ms. Los veloces apéndices catapultan a sus presas a unos tentáculos más cortos recubiertos de una sustancia pegajosa, que los acercan al centro de la planta para ser digeridos.

Como su nombre indica, una hoja simple no se puede dividir, mientras que una hoja compuesta está formada por folíolos.

La hoja simple más grande

Un ejemplar de *Alocasia macrorrhiza* (en la imagen) hallada en 1966 en Sabah, Malasia, tenía una hoja de 3,02 m de largo, con una superficie de 3,17 m², lo que equivale aproximadamente a una cama de matrimonio extragrande.

Las **hojas más grandes** en conjunto son las de la palmera de la rafia (*Raphia farinifera*) de las islas Mascareñas, en el océano Índico, y del bambú del Amazonas (*R. taedigera*), en Sudamérica y África. Su follaje compuesto puede alcanzar los 20 m de largo en total, con pecíolos (los tallos con que las frondas de la palmera se sujetan al tronco) de 4 m.

Recopilatorio

Las dunas de arena más altas (estacionarias)

Las megadunas del desierto de Badain Jaran, en el norte de China, han llegado a medir hasta 480 m de altura (más que el Empire State Building de Nueva York). La geología del lecho de roca que subyace debajo y el elevado contenido de agua de la arena, que facilita la adhesión de los granos, contribuyen a su majestuosa altura. En diciembre de 2018, la temperatura se desplomó hasta los -25 °C y dio lugar a la poco habitual imagen de un paisaje desértico nevado.

El polvo cósmico más antiguo

En enero de 2020, un estudio reveló el hallazgo de gránulos (o polvo cósmico) de 7.000 millones de años de antigüedad, previo a la formación de nuestro sistema solar. Los investigadores habían analizado raros gránulos «presolares» del meteorito de Murchison, que había caído en Australia en 1969, para calcular el tiempo que habían estado expuestos a rayos cósmicos de alta energía en el espacio. Cuando estos rayos entran en contacto con materia crean elementos nuevos y, a mayor exposición, más elementos se crean. Se pudo determinar la edad del polvo cósmico a partir de los elementos nuevos que contenía.

El bosque fosilizado más antiguo

En 2009, se encontraron cerca de Cairo, Nueva York, EE.UU., raíces de árbol petrificadas datadas en aprox. 386 millones de años de antigüedad (Devónico Medio). Este período representa una fase de transición en la historia de la Tierra en la que los bosques se extendieron por el planeta, unos 150 millones de años antes de que aparecieran los dinosaurios. Las conclusiones se publicaron en *Current Biology* el 19 de diciembre de 2019.

Las plantas más termogénicas

La termogénesis es la capacidad de un organismo para generar calor y es muy rara en la flora. En las plantas, la producción de calor se puede medir de varias maneras:
- En términos de la tasa máxima de producción de calor en toda la flor, el aro gigante (*Amorphophallus titanum*) puede generar 34,53 vatios de energía. En la pág. 42 encontrarás más información sobre esta gigantesca flor.
- Los flósculos macho del *Arum concinnatum* producen hasta 0,43 w/g por la noche; es la tasa de calor más elevada en relación con la masa.
- En base a la diferencia entre la temperatura ambiente y la de la flor, se ha determinado que, en estado silvestre, la col de mofeta (*Symplocarpus foetidus*, abajo) está 25,6 °C más caliente que el aire de su alrededor, lo suficiente para fundir la nieve que llegue a cubrirla.

En la pág. 42 encontrarás más información sobre esta gigantesca flor.

La perla no nacarada más grande

El nácar (también conocido como madreperla) es una sustancia que segregan algunos moluscos y que otorga a las «auténticas perlas» su iridiscencia. Sin embargo, hay perlas no nacaradas que se forman a partir del menos lustroso carbonato cálcico, aunque igualmente se trata de gemas muy valoradas. El ejemplo más pesado es la «Giga Pearl», de 27,65 kg de peso. Pertenece a Abraham Reyes (Canadá), que decidió engarzarla en un pulpo de oro. El peso de la perla se determinó el 20 de agosto de 2019.

Los hongos más antiguos

Unas muestras de hongos microfósiles en rocas de esquisto y dolomita de la República Democrática del Congo se dataron en aprox. 715-810 millones de años de antigüedad. Son finos filamentos carbonáceos de menos de 5 μm de anchura, y el descubrimiento se anunció en febrero de 2020.

La temperatura oceánica global promedio más elevada

En 2019, la capacidad térmica de los 2.000 m superiores de los

EL ASCENSO CONSTANTE DE LA TEMPERATURA GLOBAL

La temperatura media global ha aumentado de forma constante durante la última década, y en 2019 se vivió el **mes más caluroso** de la historia (abajo). En ese año, los seis países que se referencian en este apartado experimentaron los días más calurosos registrados en su historia. Incluso los puntos más gélidos del planeta están empezando a notar las consecuencias del calor. Los datos preliminares sugieren que, el 6 de febrero de 2020, una base de investigación en el norte de la Antártida registró una temperatura de 18,3 °C, aunque aún está pendiente de ratificación. El récord antártico anterior, alcanzado en marzo de 2015, fue de 17,5 °C.

India
51,0 °C
en Phalodi, Rajastán,
el 30 de mayo

Francia
46,0 °C
en Vérargues, Hérault,
el 28 de junio

Alemania
42,6 °C
en Lingen, Baja Sajonia,
el 25 de julio

Bélgica
41,8 °C
en Begijnendijk, Brabante Flamenco,
el 25 de julio

Países Bajos
40,7 °C
en Gilze en Rijen, Brabante Septentrional,
el 25 de julio

R.U.
38,7 °C
en Cambridge, Cambridgeshire,
el 25 de julio

El mes más caluroso

El análisis de las temperaturas llevado a cabo por la Administración Nacional Oceánica y Atmosférica (NOAA) concluyó que julio de 2019 fue el mes más caluroso de la historia, según informaron sus Centros Nacionales para la Información Medioambiental el 15 de agosto de 2019. La temperatura global media en julio de 2019 fue 0,95 °C superior a la del promedio del siglo xx (15,7 °C), por lo que fue el julio más caluroso desde 1880, año en el que se iniciaron los registros meteorológicos.

La **década más calurosa** registrada es la de 2010-2019, que tuvo una anomalía térmica de 0,80 °C con respecto al promedio del siglo xx.

«Barnum» (derecha) forma parte de la **colección de coprolitos más grande**. Según el último recuento oficial en 2015, estaba formada por 1.277 heces prehistóricas, pero ¡ahora alcanza las 7.000!

La cueva de Malham se formó hace unos 7.000 años, cuando la lluvia se filtró desde la superficie por las grietas y horadó en la sal de roca túneles que llegan al mar Muerto.

Para que se formara esta gema, el proceso de cristalización tuvo que verse interrumpido. Quizá la gema más pequeña estuviera cubierta de un mineral más débil que luego se desintegró, una vez que el diamante más grande cristalizara a su alrededor.

100 %

El primer diamante en el interior de un diamante

En octubre de 2019, salieron a la luz informes acerca de un diamante doble único que se había encontrado en el este de Rusia. La gema más grande pesa 0,62 quilates y mide 4,9 mm de ancho (como un grano de arroz). Su compañero, de 0,02 quilates, solo mide 2,1 mm. La pareja es conocida como el «diamante matrioska», por las muñecas tradicionales rusas.

La cueva de sal más larga

Ubicada bajo el monte Sodoma en Israel, la cueva de Malham, de aproximadamente 10 km de longitud, fue reconocida como la cueva de sal más larga del mundo el 28 de marzo de 2019. La Universidad Hebrea de Jerusalén (Israel) hizo el anuncio después de un estudio que se prolongó durante dos años. La cámara más larga que se encuentra en el interior de la cueva mide 5,6 km de longitud.

océanos terrestres fue 0,075 °C superior que el promedio de 1981-2010, según la NOAA. Tal aumento es el resultado de absorber 228 zettajulios de energía por el calentamiento global; para entender esta cifra, el consumo anual de energía humana en todo el mundo es de unos 0,5 zettajulios.

El calentamiento de los océanos es la principal causa del blanqueamiento del coral, debido a que las algas que colorean los arrecifes pierden pigmento o son expulsadas. En 2019, se informó de que incluso afectaba al **arrecife de coral más meridional**. El arrecife se halla a 31,53 °S frente a la isla australiana de Lord Howe, en el mar de Tasmania, donde las aguas más frías suelen protegerlo. Sin embargo, cerca de la costa, hasta el 90 % del coral estaba afectado.

El punto más bajo en tierra firme

El proyecto «BedMachine Antarctica» de la NASA está cartografiando mapas de alta precisión del lecho de roca bajo el inlandsis de la Antártida. Según se informó en diciembre de 2019, bajo el glaciar Denman, en la Antártida Oriental, hay una fosa llena de hielo que alcanza los 3.500 m bajo el nivel del mar, unos 2.000 m más de lo estimado. Esto equivale a más de ocho veces la profundidad de la **tierra expuesta a menor altitud**, la costa del mar Muerto (derecha).

Sin embargo, el **punto más profundo del mar** es el abismo de Challenger, en el fondo del océano Pacífico. El explorador estadounidense Victor Vescovo se sumergió en él en 2019 (en las págs. 160-61 podrás leer la historia completa).

El lago hipersalino más profundo

El mar Muerto, en la frontera entre Israel y Jordania, alcanza profundidades de hasta 306 m. También es la **masa de agua a menor altitud**, a unos 430 m bajo el nivel del mar. La salinidad promedio es casi diez veces superior a la del agua de mar normal.

Su tamaño, el lugar donde se halló y su elevado contenido en hueso sugieren que «Barnum» procede de un *T. rex*.

El coprolito más grande de un carnívoro

El coprolito (heces fosilizadas) de un animal carnívoro más grande mide 67,5 cm a lo largo de la curva central y hasta 15,7 cm de ancho, según se confirmó el 2 de marzo de 2020. El enorme excremento se descubrió en un rancho privado cerca de la ciudad de Búfalo, Dakota del Sur, EE.UU., en el verano de 2019. Conocido como «Barnum», por el paleontólogo Barnum Brown, que descubrió los primeros restos de un *Tyrannosaurus rex* en 1902, es propiedad del orgulloso coleccionista de coprolitos George Frandsen (EE.UU., derecha). Los excrementos petrificados de criaturas prehistóricas nos ofrecen información sobre el alcance y el hábitat de animales que se extinguieron hace muchos años. Los restos de comida sin digerir, conocidos como «inclusiones», también ofrecen información valiosísima acerca de su dieta.

100 %

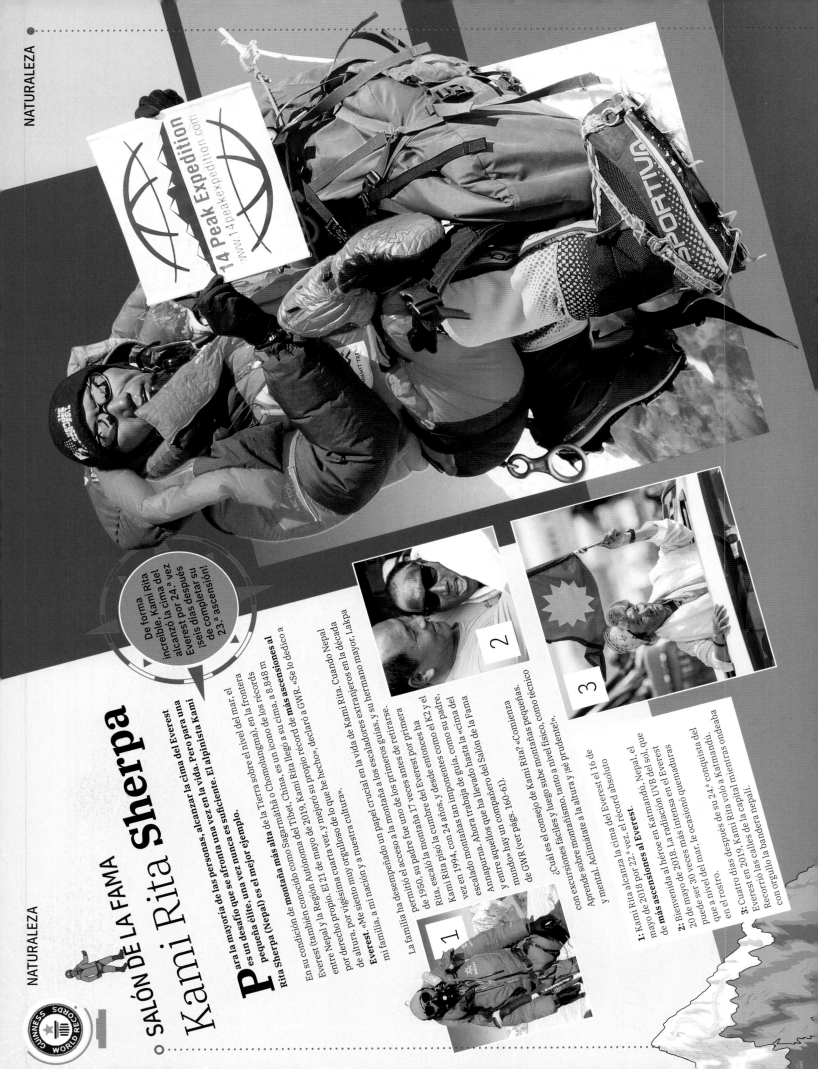

NATURALEZA

o SALÓN DE LA FAMA

Kami Rita Sherpa

Para la mayoría de las personas, alcanzar la cima del Everest es un desafío que se afronta una vez en la vida. Pero para una pequeña élite, una vez nunca es suficiente. El alpinista Kami Rita Sherpa (Nepal) es el mejor ejemplo.

De forma increíble, Kami Rita alcanzó la cima del Everest por 24.ª vez ¡seis días después de completar su 23.ª ascensión!

En su condición de **montaña más alta** de la Tierra sobre el nivel del mar, el Everest (también conocido como Sagarmāthā o Chomolungma), en la frontera entre Nepal y la Región Autónoma del Tíbet, China, es un icono de los récords de altura. El 21 de mayo de 2019, Kami Rita llegó a su cima, a 8.848 m por vigésima cuarta vez, y mejoró su propio récord de GWR. «Se lo dedico a mi familia, a mi nación y a nuestra cultura», declaró a GWR. «Me siento muy orgulloso de lo que he hecho».

La familia ha desempeñado un papel crucial en la vida de Kami Rita. Cuando Nepal permitió el acceso a la montaña a los escaladores extranjeros mayor, Lakpa de 1950, su padre fue uno de los primeros guías, y su hermano Rita, escaló la cumbre del Everest por primera vez en 1994, con 24 años, y desde entonces ha Kami escalado montañas tan imponentes como el K2 y el Annapurna. Ahora trabaja de guía, como su padre, y entre aquellos que ha llevado hasta la «cima del vez mundo» hay un compañero del Salón de la Fama de GWR (ver págs. 160-61).

¿Cuál es el consejo de Kami Rita? «Comienza con excursiones fáciles y luego sube montañas pequeñas, como técnico y sé prudente».

Aprende sobre montañismo, tanto a nivel físico, como a la altura y mental. Aclimátate a la altura y sé prudente».

1: Kami Rita alcanza la cima del Everest el 16 de mayo de 2018 por 22.ª vez, el récord absoluto de **más ascensiones al Everest**.

2: Bienvenida al héroe en Katmandú, Nepal, el 20 de mayo de 2018. La radiación UVB del sol, que puede ser 30 veces más intensa en el Everest que a nivel del mar, le ocasionó quemaduras en el rostro.

3: Cuatro días después de su 24.ª conquista del Everest en 2019, Kami Rita voló a Katmandú. Recorrió las calles de la capital mientras ondeaba con orgullo la bandera nepalí.

1

2

3

Descubre más cosas sobre Kami Rita y Lhakpa en la sección del Salón de la Fama en www.guinnessworldrecords.com/2021.

Lhakpa Sherpa

Esta inspiradora alpinista nepalí llegó por primera vez a la cima del Everest en 2000. «Pude cumplirlo a pesar de que la gente no había dejado de repetirme toda la vida que era imposible».

«Para mí fue todo un triunfo llegar a la cumbre», dice entusiasmada. Esa ascensión la «me sentía como si fuera hija de las montañas». Ese ascenso del Everest la convirtió en la primera mujer de Nepal en regresar con vida en 1993. Hoy ostenta el récord de **más ascensiones al Everest (mujeres)** con nueve, la última lograda el 16 de mayo de 2018. (Pasang Lhamu Sherpa murió durante el descenso en 1993).

En la actualidad, Lhakpa planea una décima ascensión y, como en 2019 fundó su propia empresa de guías, Cloudscape Climbing, podría llevar a clientes con ella.

Lhakpa nació en 1973, dos años antes de que Junko Tabei (Japón) se convirtiera en la **primera mujer del Everest**. Aunque está decidida a volver a escalar **ascender hasta la cumbre del Everest**. la **montaña más alta** sobre el nivel del mar, admite que: «Cada vez que por mi edad». poco más difícil, supongo que una madera especial: subió al Everest solo ocho meses Pero Lhakpa está hecha de una madera después del nacimiento de su primera hija, y también lo hizo embarazada de dos meses de la segunda! Además, quiere demostrar que las alpinistas pueden competir con sus homólogos masculinos: «Quiero batir más récords intentar superar todas las marcas masculinas que pueda. Lo vivo como un juego».

«Mi amigos y mi familia me apoyan. También se preocupan, pero saben que no pueden alejarme del montañismo».

1: Lhakpa conquista el Everest por séptima vez, el 20 de mayo 10 años antes, después de su sexta ascensión. pero la atracción del Everest del montañismo. pero la atracción del Everest era demasiado fuerte.

2: El 29 de mayo se encuentran con Kami Rita Sherpa en el Everest (Sagarmāthā). El evento conmemora el aniversario de la Rita International con la montaña (Nueva Zelanda) y Tenzing Norgay (India/Tíbet) en 1953. El evento conmemora la **primera ascensión** por Edmund Percival Hillary (izquierda) y Tenzing Norgay con sus hijas Shiny (izquierda) de entrega y Tenzing Norgay sus hijas Shiny (izquierda), en abril de

3: Lhakpa con sus hijas Shiny (izquierda) y Sunny (centro) en una ceremonia de entrega de premios en Connecticut, EE.UU., en abril de 2019. También tiene un hijo llamado Nima.

Cuando no está con la «cabeza en las nubes», Lhakpa, que reside en EE.UU., trabaja de cualquier cosa que le ayude a financiar futuras expediciones. En su tiempo de ocio, le gusta caminar, cocinar y cantar; y recientemente ha aprendido a nadar.

CERTIFICATE

The most ascents of Everest by a woman was achieved by Lakpa Sherpa (Nepal), who successfully climbed the 8,848-m-high (29,029-ft) summit of Everest on for the sixth time on 11 May 2006

OFFICIALLY AMAZING

Animales

La jirafa más alta

Una jirafa (*Giraffa camelopardalis*) de 12 años llamada *Forest* mide 5,7 m hasta el extremo superior de sus osiconos, que son las protuberancias huesudas de la cabeza, tal y como se verificó el 4 de diciembre de 2019 en el Zoo de Australia, en Queensland. Originarias de la árida sabana del África subsahariana, las jirafas son los **animales más altos** del mundo. Los machos adultos suelen alcanzar entre 4,6 y 5,5 m, y al nacer, las crías ya miden lo mismo que un hombre adulto: ¡alrededor de 1,8 m!

Para hacerte una idea, *Forest* aparece en la imagen junto a su compañera *Kebibi* y junto a la máxima responsable de la sección africana del parque, Kat Hansen. El Zoo de Australia es propiedad de la familia Irwin. El fallecido Steve Irwin fue la estrella del programa televisivo *Crocodile Hunter* y su familia ha heredado su pasión por la fauna salvaje. Su hija, Bindi, es la **ecologista de televisión más seguida en Instagram**, con 3.334.904 seguidores a 4 de marzo de 2020.

A pesar de su altura, las jirafas tienen solo siete vértebras en el cuello, ¡igual que los humanos!

Pelaje y espinas

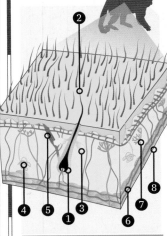

El murciélago más longevo

En 2005, se encontró un murciélago de Brandt (*Myotis brandtii*) en una cueva en la Siberia rusa que tenía, por lo menos, 41 años: lo habían anillado en 1964. El tamaño de este pequeño murciélago, que solo pesa entre 5 y 7 g, y su larga esperanza de vida ponen en entredicho la creencia de que las especies más pequeñas de mamíferos tienden a morir jóvenes. Según su cociente de longevidad, ¡vivió casi 10 veces más de lo esperado!

El pelo más largo

Hay varios candidatos al título del pelo más largo del reino animal, como las colas de los caballos domésticos, el pelaje del buey almizclero (*Ovibos moschatus*, página siguiente) y el mechón de la cola de la jirafa (*Giraffa*), que utiliza como defensa contra los insectos. Sin embargo, los animales con el pelo más largo de los que se tiene constancia son, de hecho, los humanos (*Homo sapiens*). El 8 de mayo de 2004, el pelo de la cabeza de Xie Qiuping (China) alcanzaba los 5,627 m, ¡tanto como la altura de una jirafa adulta! Incluso es posible que un monje indio llamado Swami Pandarasannadhi hubiera lucido una melena todavía más larga, de 7,9 m, en 1949. Los indicios sugieren que tenía una alteración conocida como *plica caudiformis,* que hace que el cabello se junte para formar una sola masa.

El puercoespín más grande

Los puercoespines crestados del norte de África (*Hystrix cristata*) miden alrededor de 90 cm de largo sin contar la cola. Sus plumas de rayas blancas y negras son pelos modificados que cuentan con una capa externa dura de queratina y unas puntas afiladas; el más largo de ellos mide más que este libro abierto. Cuando se siente amenazado, el puercoespín levanta sus espinas y forma una cresta defensiva.

El pelo animal más fino

El chiru (*Pantholops hodgsonii*), un antílope endémico de la meseta tibetana, disfruta de las hebras de pelo animal más finas, con un suave pelaje de 7 a 10 μm de diámetro; una décima parte del grosor de un pelo humano. El comercio de la lana de este animal de las montañas, conocida como *shahtoosh,* ha provocado una drástica disminución de su población.

Los bigotes más largos

Los pinnípedos (focas, leones marinos y morsas) tienen los bigotes, o vibrisas, más largos de todos los mamíferos. Entre ellos, ninguno supera los del lobo marino antártico (*Arctocephalus gazella*). La longitud habitual entre los machos es de 35 cm (en las hembras, entre 13 y 22 cm). Un macho excepcional de las islas Georgias del Sur, descrito en el *British Antarctic Survey Scientific Reports* en 1968, tenía un bigote de 48 cm de largo. La envergadura total de su titánico mostacho alcanzaba los 106,5 cm.

El gran simio menos común

El orangután de Tapanuli (*Pongo tapanuliensis*), que no fue reconocido formalmente como una nueva especie hasta 2017, está clasificado «en peligro crítico de extinción». Su única población, localizada en el noroeste de Sumatra, Indonesia, comprende menos de 800 ejemplares. Además de las pruebas de ADN, su pelaje más rizado y su bigote más prominente ayudaron a distinguir esta especie del orangután de Sumatra (*P. abelii*).

Más pelos en los bigotes de un pinnípedo

Las vibrisas son pelos especiales que han evolucionado para funcionar como órganos sensoriales. Se encuentran en cierto número en todos los mamíferos (con excepción de los monotremas y los humanos). La morsa (*Odobenus rosmarus*) cuenta con 400-700 pelos con forma de pluma que presentan el aspecto de un bigote espeso. La longitud de cada uno de ellos es de apenas 8 cm de media, pero su grosor alcanza los 3 mm, 30 veces el diámetro de un cabello humano.

Anatomía del... pelaje

Junto con las glándulas mamarias, el pelaje (o pelo) es una característica definitoria de la mayoría de mamíferos. Aunque suele estar hecho de un tipo de proteína denominada queratina (al igual que las plumas y los cuernos), el cabello se presenta de muchas formas, incluidas las espinas.

1. **Folículo:** parte viva del pelo de la que crece el tallo.

2. **Tallo del pelo:** cuenta con tres capas; la médula, la corteza y la cutícula externa.

3. **Glándula sebácea:** produce sebo graso para mantener la piel húmeda.

4. **Glándula sudorípara:** regula la temperatura corporal en algunos mamíferos; otros jadean, retozan en el lodo o irradian calor corporal.

5. **Arrectores pili:** músculos que erizan el cabello cuando hace frío (piel de gallina) o se está en tensión.

6. Vasos sanguíneos

7. Nervios

8. Grasa subcutánea

Las morsas usan sus bigotes para detectar bivalvos, por ejemplo almejas, en el turbio fondo marino. Son lo bastante sensibles como para diferenciar conchas cuyo tamaño difiere en milímetros.

El primate más pequeño

Descubierto en los bosques caducifolios del oeste de Madagascar en 1992, el lémur ratón de Berthe (*Microcebus berthae*) es el primate más pequeño. Tiene una longitud total de unos 21 cm, más del 50 % de la cual corresponde a la cola. Con 30,6 g, los adultos pesan aproximadamente la mitad que una ciruela.

PELAJES FALSOS

▶ **El crustáceo «más peludo»**
El cangrejo yeti (*Kiwa hirsuta*) vive en respiraderos hidrotermales del océano Pacífico Sur. Sus largas pinzas y sus extremidades torácicas más cortas están cubiertas de unas cerdas rubias llamadas sedas. Estos filamentos albergan una colonia de bacterias que el crustáceo puede criar como fuente de alimento.

◀ **La rana «más peluda»**
Lo que parece ser pelo en las patas traseras y el estómago de los machos de rana peluda (*Trichobatrachus robustus*) en realidad es una masa de pequeños filamentos de piel regados con sangre. Los científicos creen que ayudan a las ranas a respirar como si fueran branquias.

▶ **El pez «más peludo»**
Los peces a veces también tienen un aspecto peludo, aunque hasta la fecha no se ha visto a ninguno con cabello real. Un contendiente para el título de «más peludo» es el pejesapo rayado (*Antennarius striatus*), cuyas espinas dérmicas lo ayudan a camuflarse entre los corales y las algas.

LOS MÁS SEPTENTRIONALES...

Ungulado

En los climas más fríos que se experimentan en latitudes más extremas, el pelaje es esencial para la supervivencia. Entre los animales con pezuñas, ninguno se aventura más al norte que el buey almizclero (*Ovibos moschatus*), al que puede encontrarse a 83 ºN en los territorios árticos de Canadá y Groenlandia. El buey almizclero tiene una doble capa de pelaje para mantener a raya las temperaturas de -40 ºC. Se dice que la capa subyacente de lana, conocida como *qiviut* y que renueva anualmente, es ocho veces más cálida que la lana de oveja, mientras que los pelos protectores exteriores se encuentran entre los más largos del reino animal: alrededor de la falda, pueden alcanzar unos 60 cm.

Oso

Los osos polares (*Ursus maritimus*) viven en el cada vez más escaso hielo marino ártico, a 65-85 ºN, aunque el 5 de agosto de 2001 se vio un ejemplar adulto nadando a 89,775 ºN, a unos 24 km del Polo Norte. Se trata del avistamiento más septentrional de un oso de todos los tiempos.

Estos grandes carnívoros están equipados para soportar condiciones bajo cero, con el **aislamiento más eficiente** de su clase. Además de una capa de grasa de 10 cm de grosor bajo la piel, fruto de la **dieta más grasa**, basada en la caza de focas, su pelaje de dos capas les mantiene abrigados.

A pesar de las apariencias, su pelaje no es blanco, sino básicamente transparente. Parece blanco porque cuando se expone a la luz solar, algunos fotones quedan atrapados en los folículos pilosos y los hacen brillar. El color blanquecino por naturaleza de la queratina del cabello también contribuye a percibir de este color a los osos polares.

El lagomorfo más septentrional

De las aproximadamente 90 especies de conejos, liebres y pikas (orden de los lagomorfos), la liebre ártica (*Lepus arcticus*) es la que se encuentra más al norte. Su rango boreal se extiende hasta 89 ºN, en el extremo de Groenlandia. A lo largo del año, en la tundra emplea como camuflaje un pelaje blanco en invierno y otro gris y marrón en verano (detalle).

El pelaje más denso

Para resistir las frías aguas del Pacífico Norte, la nutria marina (*Enhydra lutris*) tiene hasta 160.000 pelos por cm², aunque su grosor varía en todo su cuerpo. El contraste es muy significativo si se compara con los aproximadamente 18.500 pelos por cm² de la barriga de un gato doméstico. El pelaje atrapa una capa de aire aislante cerca de su cuerpo que equivale a la conocida como «grasa de ballena», que las nutrias marinas no tienen.

Además de sus gruesos abrigos, ¡las nutrias marinas tienen que comer hasta el 25 % de su peso corporal al día para conservar la temperatura!

Plumas

De las cinco aves restantes en 1980, *Old Blue* era la única hembra. Todas las petroicas que hay en las isla Chatham son sus descendientes.

100 %

El primer animal con plumas

En junio de 2000, los científicos anunciaron el descubrimiento de un animal fosilizado con «protoplumas» de 220 millones de años de antigüedad. Llamado *Longisquama insignis*, tenía apéndices huecos en la espalda junto con otras características compatibles con el plumaje de los pájaros actuales. Esta criatura probablemente usó sus primitivas plumas para deslizarse entre los árboles 75 millones de años antes de que las primeras aves evolucionaran.

El **animal con plumas más grande de la historia** fue el dinosaurio *Yutyrannus huali*. Este antepasado del *Tyrannosaurus rex* estaba cubierto de suaves plumas filamentosas, medía 9,1 m de largo y pesaba unos 1.400 kg. Se describió oficialmente en abril de 2012 tras ser descubierto en el noreste del depósito de fósiles de la formación de Yixian, China, que data de hace unos 125 millones de años.

La primera cola de dinosaurio encontrada en ámbar

El 8 de diciembre de 2016, científicos de la Universidad de Geociencias de China publicaron el análisis de una muestra de ámbar desenterrada en 2015 con plumas del Cretácico medio, de unos 99 millones de años de antigüedad. Contiene parte de una cola cubierta de pequeñas plumas de color castaño con un borde inferior blanquecino que pudo pertenecer a un joven celurosaurio.

Un artículo de *Nature Communications* del 10 de diciembre de 2019 presentó a un nuevo aspirante al título de las **plumas más antiguas conservadas en ámbar**. Se trata de dos piezas de ámbar de Myanmar de unos 100 millones de años con plumas de dinosaurio y un insecto desconocido parecido a un piojo llamado *Mesophthirus engeli*. Sus piezas bucales fuertes y adaptadas para masticar, junto con las marcas encontradas en las plumas, los convierten en los **insectos que se alimentaban de plumas más antiguos**.

La mayor recuperación de una especie de ave

En 1980, la población de petroicas de Chatham (*Petroica traversi*), un ave endémica del Pacífico Sur, contaba con solo cinco individuos. En noviembre de 2015, la cifra de adultos ascendía a 289. Su sorprendente recuperación contó con la ayuda de una innovadora técnica de crianza cruzada en la que se dieron huevos y pollos a especies similares para que los criaran.

El pico más largo en relación con la longitud total del cuerpo

El colibrí picoespada (*Ensifera ensifera*), que puede encontrarse en los Andes desde Venezuela hasta Bolivia, tiene un pico de 10,2 cm, más largo que su cuerpo si se excluye la cola.

Con más de 25 cm desde el final de su cola hasta la punta de su prodigioso pico, también es el **colibrí más largo**.

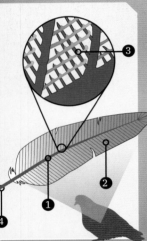

Anatomía de... las plumas

Al igual que sus picos y garras, las plumas de los pájaros están hechas de queratina, un componente ligero y resistente a la vez. El plumaje más suave proporciona abrigo a los pájaros, y las plumas más duras y largas les sirven para volar.

1. Raquis: es el eje central del que surgen ramificaciones paralelas.

2. Barbas: pequeñas ramas paralelas que salen de los raquis; juntas forman el «estandarte» de las plumas.

3. Barbillas: ramificaciones de las barbas. Algunas tienen ganchillos que les permiten unirse a las barbillas adyacentes.

4. Cálamo: tallo hueco, también conocido como cañón, que conecta la pluma con el cuerpo del pájaro.

La mayor envergadura alar de un búho

Las hembras adultas del búho real euroasiático (*Bubo bubo*, en la foto) y de los búhos pescadores de Blakiston (*B. blakistoni*) puede alcanzar una envergadura total de 2 m.

El búho real euroasiático también es el **búho más grande del mundo**, con una longitud media de 66 a 71 cm y un peso de hasta 4 kg, 40 veces más que el peso de un mirlo (*Turdus merula*). Es conocido por cazar pequeños gatos domésticos.

La supercolonia de frailecillos más grande

Durante la temporada de anidación, de abril a agosto, 830.000 parejas reproductoras de frailecillos atlánticos (*Fratercula arctica*) se concentran en el archipiélago de Vestmannaeyjar (o islas Vestman), en la costa sudoeste de Islandia. Esta cifra representa casi el 20% de la población global de la especie, y se basa en «madrigueras aparentemente ocupadas» (AOB por sus siglas en inglés), la unidad de medida para calcular las poblaciones de frailecillos.

Cuando se acicalan, los frailecillos cubren sus plumas con un aceite secretado por una glándula situada cerca de su cola que las mantiene impermeables.

El loro más pesado

El kakapo (*Strigops habroptila*), cuyo nombre significa «loro nocturno», actualmente solo se encuentra en estado salvaje en tres pequeños islotes frente a las costas de Nueva Zelanda. Los machos son más grandes que las hembras, con un peso de hasta 4 kg en la edad adulta.

El **loro más pesado de todos los tiempos**, identificado en 2008 a partir de los fósiles de dos huesos de las patas desenterrados en la Isla Sur de Nueva Zelanda, fue el *Heracles inexpectatus*. Según la descripción aparecida en la revista *Biology Letters* en agosto de 2019, se estima que pesaba 6,96 kg, alrededor del doble que el kakapo, y que medía cerca de 1 m de alto. Las siluetas de arriba muestran ambas aves en comparación con un hombre adulto.

Las plumas más largas de un pájaro

En 1972, la plumas coberteras de la cola de un fénix, también conocido como pollo de Yokohama, una variedad doméstica del gallo salvaje rojo (*Gallus gallus*), medían 10,6 m. Su propietario era Masasha Kubota (Japón).

Las plumas centrales de la cola del faisán venerado (*Syrmaticus reevesii*) pueden superar los 2,4 m: las **plumas más largas de un pájaro en estado salvaje**. Si las despliega en vuelo, actúan como un freno que le permite alterar rápidamente su trayectoria.

Una pluma de la cola de este pájaro sería 30 veces más larga que la altura del **loro más pequeño**. Los microloros pusio (*Micropsitta pusio*), con caras de color del ante, ¡pueden medir apenas 8 cm y pesar la mitad que una pila AA!

La mayor densidad de plumas

Este récord se ha atribuido durante mucho tiempo al pingüino emperador (*Aptenodytes forsteri*), con entre 11 y 12 plumas por cm². En tierra, estas aves mantienen las plumas levantadas para atrapar el aire que les sirve de aislamiento, algo vital en su Antártida nativa, con temperaturas por debajo de -40 °C. En el agua, cuya temperatura mínima alcanza los -1,8 °C, aplanan las plumas y forman una barrera estanca. Sin embargo, algunos científicos creen que se ha sobreestimado la densidad, y entre los nuevos aspirantes al título se encuentra el mirlo acuático europeo (*Cinclus cinclus*). La investigación seguía en curso cuando se publicó este libro.

La especie de pavo real más grande

El pavo real cuelliverde (*Pavo muticus*) es un ave nativa del sudeste asiático. Los machos pueden alcanzar 3 m de largo, incluyendo su espectacular tren o cola cobertera, que por sí sola puede medir 1,6 m. Los machos más grandes son unas de las aves voladoras vivas más grandes.

El ave rapaz más fuerte

Las águilas arpías hembras (*Harpia harpyja*) son capaces de cazar animales de un tamaño igual o superior al suyo (hasta 9 kg). Entre sus presas se cuentan los perezosos y los monos aulladores, algunas de las **presas de águila más grandes**. La base de las patas de las hembras puede tener un diámetro tan grande como la muñeca de un niño, y cada una de las garras alcanzar los 12,5 cm de longitud. Las águilas arpías hembras son mucho más grandes que los machos.

El pájaro volador más alto

Las grullas pertenecen a la familia Gruidae. Los especímenes más grandes, como la grulla sarus (*Antigone Antigone*, en la foto), miden hasta 1,8 m de alto, tanto como la altura media de un hombre. Se encuentran en el subcontinente indio, en el norte de Australia y en el sudeste de Asia.

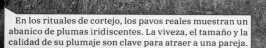

En los rituales de cortejo, los pavos reales muestran un abanico de plumas iridiscentes. La viveza, el tamaño y la calidad de su plumaje son clave para atraer a una pareja.

Escamas (terrestres)

Además de servir de coraza dérmica, los osteodermos de los cocodrilos les ayudan a regular la temperatura corporal.

Las garras más grandes de un animal vivo

Las garras anteriores del tercer dígito del armadillo gigante (*Priodontes maximus*) pueden medir hasta 20,3 cm de largo. Natural de Sudamérica, usa sus garras para escarbar y abrir hormigueros de termitas. Su duro caparazón tiene unas placas óseas denominadas osteodermos (o «escudos»).

El primer pez que caminó sobre la Tierra

Las escamas son un rasgo distintivo de los primeros reptiles y de todos sus descendientes actuales: los tetrápodos (animales con dos pares de extremidades) que evolucionaron a partir de un pez huesudo que pasó de un entorno acuático a uno terrestre.

El primer pez que salió del agua y caminó sobre la Tierra fue un *Tiktaalik roseae*, una especie de sarcopterigio que vivió hace unos 375 millones de años en el actual Ártico canadiense. Sus aletas pectorales tenían unos prototipos de muñeca que no presentan los peces, pero sí los tetrápodos; muy musculosas, con omoplatos muy desarrollados y con codos funcionales. Todas estas características le permitieron sostenerse en aguas poco profundas, y tal vez en zonas de tierra firme como barras costeras, durante períodos cortos.

El lagarto más grande

Los dragones de Komodo (*Varanus komodoensis*) viven en un conjunto de islas de Indonesia, la mayoría de ellos en Komodo. De media, los machos miden 2,59 m y pesan entre 79 y 91 kg.

La especie de cocodrilo más reciente

El cocodrilo de Nueva Guinea (*Crocodylus novaeguineae*) fue descrito oficialmente en 1928, aunque algunos biólogos sostenían que englobaba a dos especies. A partir del estudio de factores como la constitución corporal, los hábitos de puesta de huevos y su distribución, finalmente se confirmó que el cocodrilo de Nueva Guinea de Hall (*C. halli*) era una especie distinta en un artículo del número de septiembre de 2019 de la revista *Copeia*.

El reptil más largo

La pitón reticulada (*Malayopython reticulatus*) del sudeste asiático, Indonesia y Filipinas puede superar los 6,25 m de largo.

Los **reptiles más pequeños** son las tres especies de camaleón enano de Madagascar: *Brookesia minima*, *B. micra* y *B. tuberculata*. Los machos adultos pueden medir hasta 14 mm desde el hocico hasta la abertura cloacal.

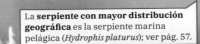

La **serpiente con mayor distribución geográfica** es la serpiente marina pelágica (*Hydrophis platurus*); ver pág. 57.

La serpiente terrestre con mayor distribución geográfica

La serpiente terrestre con el mayor hábitat natural es la víbora europea (*Vipera berus*). Su distribución de este a oeste es de unos 8.000 km, desde el R.U. hasta la isla de Sajalín, frente a la costa este de Rusia. Esta serpiente venenosa vive en zonas tan septentrionales como Escandinavia y la península de Kola, en Rusia, a 200 km al norte del círculo ártico, y en una zona tan meridional como los Balcanes.

Los mamíferos salvajes con los que más se trafica

Las escamas de los pangolines, unos mamíferos de la familia de los *Manidae*, están hechas de queratina, igual que el pelo y los cuernos. Las escamas son un eficaz método de defensa contra los depredadores; cuando se sienten amenazados, se enrollan sobre su vientre de modo que quedan protegidos con su armadura.

Lamentablemente, su defensa también ha sido la causa de su perdición. Según la Unión Internacional para la Conservación de la Naturaleza, más de un millón de pangolines fueron víctimas del comercio ilegal entre los años 2000 y 2013. En algunas culturas, sus escamas son apreciadas por la medicina tradicional, y estos inofensivos animales también se cazan por su carne.

Anatomía de... la piel reptiliana

La piel cubierta de escamas ofrece una armadura y una capa impermeable que permite a los reptiles sobrevivir en condiciones áridas. No obstante, no solo los reptiles tienen escamas; varios mamíferos, anfibios e insectos también han desarrollado estos rasgos de distintas formas.

1. **Escama**: es la rígida placa exterior que ofrece protección y ayuda al animal a conservar la humedad.

2. **Charnela**: región flexible entre las escamas de la epidermis

3. **Cromatóforos**: células con pigmentos que confieren a los reptiles su variada coloración.

4. **Osteodermos**: depósitos óseos que refuerzan las escamas queratinizadas en lagartos, tortugas y cocodrilos.

5. **Dermis**: capa muscular de la piel situada debajo de las escamas provista de nervios y vasos sanguíneos.

El término «pangolín» deriva de la palabra malaya *pengguling*, que significa 'rodillo'.

El insecto con el aleteo más lento

Las alas del macaón o mariposa rey (*Papilio machaon*) se mueven 300 veces por minuto (cinco veces por segundo). El «polvo» que cubre las alas de las mariposas y polillas es, de hecho, un entramado de escamas diminutas (detalle) compuestas mayormente por quitina, el segundo polímero natural más abundante después de la celulosa.

El **reptil más pesado** es el cocodrilo marino o poroso (*Crocodylus porosus*) del sudeste asiático y el norte de Australia. Los machos grandes pueden pesar hasta 1.200 kg.

La mayor familia de polillas

Con una distribución mundial, actualmente hay más de 35.000 especies del lepidóptero *Spirama retorta* (familia de los *Noctuidae*) descritas por la ciencia. Sin embargo, debido tanto a su coloración críptica como al patrón de dibujo de sus alas delanteras superiores, que dificultan su detección, es probable que haya muchas más especies (hasta 65.000) aún por descubrir.

Según investigaciones recientes, las escamas que forman las alas de las polillas pueden servir como mecanismo de defensa al absorber las frecuencias de sonido que usan los murciélagos para localizarlas.

El geco más grande

El geco forestal gigante de Nueva Caledonia (*Rhacodactylus leachianus*) puede alcanzar los 36 cm de largo incluyendo la cola.

Los **gecos más pequeños** son los gecos enanos del género *Sphaerodactylus*. Se han registrado ejemplares de geco enano de Jaragua de la República Dominicana (*S. ariasae*) y de geco enano de las Islas Vírgenes (*S. parthenopion*) con una longitud de entre 16 y 18 mm desde el hocico hasta la cloaca.

El lagarto con una capacidad termorreguladora más eficiente

El pequeño lagarto *Liolaemus multiformis* es una especie de escamas negras que vive en los Andes peruanos. Tras una hora de exposición al sol a una temperatura exterior de tan solo 1,5 °C, es capaz de elevar su temperatura corporal a 33 °C.

100 %

El quelonio más pequeño

La tortuga manchada (*Chersobius signatus*) de Sudáfrica tiene un caparazón de entre 6 y 9,6 cm de largo, pudiéndose así esconder entre las grietas de las rocas. Como todos los quelonios, esta tortuga enana presenta dos tipos de escamas: unas pequeñas escamas epidérmicas y unas láminas duras cubiertas de queratina que revisten su caparazón.

El cascabel de esta serpiente es un conjunto de segmentos de queratina entrelazados y huecos formados con piel muerta.

El género de lagartos más extenso

A 8 de febrero de 2020, se conocían 436 especies del género *Anolis*. Originarios de América, los anolis son lagartos arbóreos (viven en los árboles). Los machos tienen una especie de papada, cuyo color varía según la especie, para atraer a las hembras.

Con 143 especies registradas a la misma fecha, el **género de serpiente más extenso** es el *Atractus*, o serpientes sabaneras. Su hábitat se extiende desde Panamá hasta Argentina.

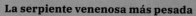

La serpiente venenosa más pesada

El crótalo adamantino (*Crotalus adamanteus*, en la imagen superior) del sudeste de EE.UU. puede pesar hasta 6,8 kg y alcanzar 1,83 m de longitud. El ejemplar más pesado del que se tiene constancia alcanzaba los 15 kg (lo que equivale aproximadamente al peso de cuatro bebés humanos) y medía 2,36 m. Le sigue de cerca la víbora de Gabón (*Bitis gabonica*), del África subsahariana, ya que en 1973 se registró un ejemplar de 11,3 kg.

La **serpiente venenosa más larga** es la cobra real (*Ophiophagus hannah*), oriunda de la India y del sudeste asiático. Los ejemplares adultos suelen medir entre 3,7 y 4 m de largo.

Escamas (acuáticos)

Históricamente, puede que el siluro (*Silurus glanis*) haya sido **el pez de agua dulce más grande**, aunque otro aspirante al título se extinguió en 2020 (ver págs. 64-65).

Las robustas escamas, parecidas a una armadura, del arapaima ¡resisten incluso los ataques de las pirañas!

anuales, tal como se hace con los árboles. Una muestra de 386 búfalos de boca grande reveló que, hasta el 90 % de muchas poblaciones de peces tenían al menos 80 años, lo que superaba con creces la supuesta edad máxima de esta especie, fijada en 26 años. Se ha confirmado la existencia de cinco especímenes centenarios, el más longevo de ellos con 112 años.

El pez de agua dulce más grande

Existen varias especies que aspiran a este título, dependiendo de los criterios. El arapaima (*Arapaima gigas*, arriba) de la cuenca del Amazonas, en Sudamérica, puede medir hasta 4,5 m de largo y alcanzar los 200 kg. El pez gato gigante del Mekong (*Pangasianodon gigas*, ver detalle) y el tiburón tailandés (*Pangasius sanitwongsei*) de Indochina pesan alrededor de 300 kg, pero no superan los 3 m de largo.

El tiburón vivo más reciente

Como se publicó en *Zootaxa* el 18 de junio de 2019, la especie de tiburón más reciente que se ha descrito es el tiburón de bolsillo americano (*Mollisquama mississippiensis*), un tipo de tiburón de la familia del carocho. Capturado en el golfo de México en febrero de 2010, el joven macho de 14,2 cm de largo es solo la segunda especie de su género descubierta hasta la fecha. Como todos los tiburones, su piel está casi totalmente recubierta de unas escamas placoideas en forma de «V» denominadas dentículos (ver abajo a la izquierda).

El mosasaurio más grande

Los mosasaurios fueron unos reptiles acuáticos prehistóricos que se encontraban en la cima de la cadena alimentaria oceánica al final del Cretácico (hace entre 94 y 66 millones de años). Se calcula que los ejemplares de mayor tamaño oscilaban entre los 15 m de largo, en el caso del *Hainosaurus bernardi*, y los 18 m, en el del *Mosasaurus hoffmanni*. Como las serpientes de agua actuales, se cree que todos los mosasaurios tenían la piel escamosa; es posible que sus pequeñas escamas córneas apenas ofrecieran resistencia al agua y también mitigaran el brillo, lo que los ayudaba a camuflarse cuando cazaban.

Los vertebrados bioluminiscentes más diversos

Hasta un 80 % de los peces óseos con aletas radiadas (clase de los *Actinopterygii*) que viven en aguas abiertas pueden generar luz. Aunque parezca increíble, ¡esta capacidad ha evolucionado de forma independiente en este grupo al menos 27 veces! Muchos de estos peces, incluyendo el pez hacha (familia de los *Sternoptychidae*) que aparece en la imagen, viven en la zona mesopelágica («de penumbra») del océano, a unas profundidades de 200 a 1.500 m.

El pez de agua dulce más longevo

Como divulgó *Communications Biology* en mayo de 2019, el pez de agua dulce más longevo del que se tiene constancia es el búfalo de boca grande (*Ictiobus cyprinellus*), un miembro de la familia de los peces ventosa, endémico de las aguas de drenaje de la cuenca del Misisipi y la bahía de Hudson, en el centro de EE.UU. y el sur de Canadá. Para calcular la edad de un ejemplar, se extraen sus otolitos (estructuras calcáreas) y se cuenta el número de anillos de crecimiento

Las escamas del pez hacha dispersan luz en vez de reflejarla, por lo que a sus depredadores les cuesta localizarlos en el oscuro fondo marino.

Anatomía de... los dentículos

La piel de los tiburones, de las mantas y de las rayas tiene unas pequeñas escamas placoideas (parecidas a placas), que le confiere una textura similar al papel de lija. Conocidas como «dentículos dérmicos», estas estructuras protectoras también ayudan a reducir la resistencia al agua en muchos casos.

1. **Dentículos dérmicos:** escamas en forma de «V», parecidas a dientes

2. **Esmalte:** una dura capa exterior

3. **Dentina:** un resistente tejido calcificado, debajo del esmalte

4. **Cavidad pulpar:** es el centro de la escama, que contiene los vasos sanguíneos, los nervios y el tejido.

5. **Placa basal:** estructura ósea que fija el dentículo a la piel con fibras de colágeno.

La inmersión más prolongada de un quelonio

En febrero de 2003, una hembra adulta de tortuga boba (*Caretta caretta*, en la imagen) se sumergió durante 10 h y 14 min en el mar Mediterráneo, frente a las costas de Turquía. Un grupo de investigadores de la Universidad de Exeter (R.U.) registró el tiempo.

Las tortugas marinas tienen una piel resistente y escamosa, y sus caparazones están cubiertos por unas duras escamas córneas llamadas «escudos».

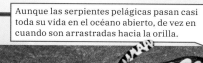

Aunque las serpientes pelágicas pasan casi toda su vida en el océano abierto, de vez en cuando son arrastradas hacia la orilla.

La serpiente con mayor distribución geográfica

La serpiente pelágica (*Hydrophis platurus*), también conocida como serpiente marina amarilla («pelágica» se refiere a la superficie del mar), vive en zonas tropicales de los océanos Pacífico e Índico, desde el sudeste asiático y Australia hasta California, EE.UU. y Ecuador, en Sudamérica. Sus escamas no están superpuestas, de modo que se reducen los puntos en que pueden adherirse los ectoparásitos marinos. También muda la piel más a menudo que las serpientes terrestres, otro método para ahuyentar a esos huéspedes indeseables.

El pez depredador más grande

El gran tiburón blanco (*Carcharodon carcharias*) mide entre 4,3 y 4,6 m de largo y suele pesar entre 520 y 770 kg. Pruebas circunstanciales sugieren que algunos ejemplares pueden superar los 6 m, una longitud superior a la de una camioneta.

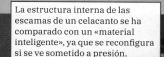

La estructura interna de las escamas de un celacanto se ha comparado con un «material inteligente», ya que se reconfigura si se ve sometido a presión.

La especie de celacanto vivo descrita más recientemente

La especie *Latimeria menadoensis* fue reconocida oficialmente en 1999. Hasta entonces, el único celacanto vivo que se conocía era *L. chalumnae*, especie descrita en 1938. Anteriormente, se creía que este pez primitivo se había extinguido hacía más de 65 millones de años. Se calcula que las escamas óseas de los celacantos son 10 veces más duras que el cristal de una ventana.

El pez anádromo más grande

Los peces anádromos nacen en agua dulce, migran al mar cuando son jóvenes y luego regresan a su lugar de origen para desovar. El esturión beluga (*Huso huso*) es el más grande que se conoce y suele medir unos 2,3 m de largo y pesar entre 65 y 130 kg. Los esturiones poseen unas escamas ganoideas con forma de rombo y recubiertas de un brillo de esmalte.

El salmón más grande

Originario de los océanos Pacífico Norte y Ártico, el salmón chinook (*Oncorhynchus tshawytscha*) puede alcanzar 1,5 m de largo. Como la mayoría de los peces de aletas radiadas, tiene unas finas escamas cicloides superpuestas, lo que le permite una mayor flexibilidad de movimiento.

El pez óseo más pesado

Un pez luna adulto (del género *Mola*) puede llegar a pesar alrededor de 1.000 kg y alcanzar una longitud media de 1,8 m. El ejemplar más pesado registrado fue un pez luna de cabeza prominente (*M. alexandrini*) capturado en 1996 frente a Kamogawa, en Chiba, Japón. Pesó 2.300 kg y midió 2,72 m entre los extremos de las aletas. Los peces luna presentan unas escamas ctenoideas (con un borde serrado).

El vuelo más largo de un pez volador

En mayo de 2008, un equipo de rodaje que viajaba entre Honshu y la isla de Yakushima en Kagoshima, Japón, registró un vuelo de 45 s de un pez volador (familia de los *Exocoetidae*).

El pez loro más grande

El pez loro cototo verde (*Bolbometopon muricatum*) alcanza 1,5 m de largo y puede llegar a pesar hasta 75 kg. Único miembro de su género, habita en los arrecifes de los océanos Índico y Pacífico, donde es el pez herbívoro de mayor tamaño. Los peces loro se conocen por sus colores vivos y una boca llena de dientes cuya apariencia es muy similar a la del pico de un loro.

El pez más grande

El tiburón ballena (*Rhincodon typus*) vive en las zonas más cálidas de los océanos Atlántico, Pacífico e Índico y se alimenta de plancton. Los ejemplares que se han registrado hasta la fecha suelen medir entre 4 y 12 m de largo, y por lo general se acepta que cuando llegan a la madurez sexual alcanzan los 9 m. Sin embargo, las evaluaciones de este pez escurridizo varían de forma espectacular de un estudio a otro. El ejemplar más grande del que se tiene constancia es una hembra que fue capturada el 8 de mayo de 2001 en el mar Arábigo, frente a Gujarat, India, y que midió 18,8 m, ¡lo mismo que una pista de bolos!

El patrón de rayas y motas blancas que el tiburón blanco luce en la parte superior de su cuerpo es diferente en cada ejemplar.

Piel

A pesar de su nombre, las ratas topo no están «desnudas», ya que tienen bigotes y diminutas vellosidades sensoriales por todo el cuerpo.

El cefalópodo más venenoso

Algunas especies de pulpo de anillos azules (género *Hapalochlaena*) disponen de una potente neurotoxina llamada tetrodotoxina (TTX). Cada ejemplar tiene suficiente veneno únicamente en sus glándulas salivales para paralizar, o incluso matar, a 10 humanos adultos. Aunque pueden morder, no son agresivos y prefieren ahuyentar a los depredadores haciendo que los dibujos de la piel se intensifiquen. Viven en las costas de Australia, Japón y en zonas del sudeste Asiático.

La piel más gruesa

La piel del dorso del tiburón ballena (*Rhincodon typus*) puede alcanzar los 10 cm de grosor y, debajo de las escamas (pág. 57), tiene una textura semejante a la goma, para disuadir a depredadores como las orcas. Si tensan los músculos dorsales, pueden hacer que la piel sea aún más dura.

Algunos mamíferos marinos tienen la piel todavía más gruesa, pero en esos casos se incluye el tejido adiposo de debajo de la dermis. El animal con la **capa de grasa más gruesa** es la ballena boreal (*Balaena mysticetus*), que en algunos puntos, puede alcanzar los 40 cm de grosor.

Los anfibios más transparentes

Algunas ranas de cristal (familia Centrolenidae), que viven en las selvas de Centroamérica y de Sudamérica, tienen abdómenes parcialmente transparentes que dejan ver el corazón y el aparato digestivo. La piel translúcida y el verde lima habitual de su dorso son un camuflaje efectivo mientras descansan sobre las hojas. Muchas especies de rana de cristal también tienen huesos verdes.

La rana más grande

La piel es una de las diferencias clave entre las ranas y los sapos. Las ranas suelen tener una piel húmeda y lisa, mientras que la de los sapos es abultada y seca. La rana goliat africana (*Conraua goliath*) alcanza una longitud promedio de 30 cm y es la especie de rana más grande.

El sapo marino o de caña (*Rhinella marina*) de Sudamérica y de Australia (introducido) es el **sapo más grande**. En 1991, un ejemplar midió 38 cm de hocico a cloaca.

El roedor más longevo

La rata topo desnuda (*Heterocephalus glaber*) puede llegar hasta los 31 años en cautividad. En estado salvaje, vive en sistemas de madrigueras subterráneos bajo las áridas praderas del este de África. Como es un hábitat tan cálido, los roedores no necesitan pelo. Si tienen frío, se acurrucan juntos para darse calor.

El pez más venenoso

Todos los peces globo (familia Tetraodontidae) tienen tetrodotoxina (ver también arriba a la derecha), aunque la potencia varía de una especie a otra. Si se ingiere, bastan 16 mg para matar a un humano de 70 kg, y menos de 2 mg si se inyecta. Cuando se siente amenazado, el pez se hincha y eriza las espinas para espantar a los depredadores.

El **pez globo más pequeño** es el *Carinotetraodon travancoricus* (detalle) del sudoeste de India, que no supera los 3,5 cm de longitud.

100 %

Anatomía de... la piel de la rana

Todos los vertebrados tienen piel, que puede estar cubierta de pelo, espinas, plumas o escamas. Protege, ayuda a regular la temperatura corporal y actúa como órgano sensorial. En los anfibios, como las ranas, la piel está descubierta y es semipermeable, para permitir el intercambio de aire y agua. Algunos anfibios son tóxicos porque absorben las toxinas de los invertebrados de los que se alimentan.

1. Epidermis: la capa exterior de la piel es muy permeable y permite el paso de agua y de electrolitos.

2. Cromatóforos: células con pigmentos que reflejan la luz.

3. Capilares: pequeños vasos sanguíneos que llevan oxígeno y nutrientes a los tejidos del cuerpo.

4. Glándulas venenosas: presentes en todas las ranas, su toxicidad no siempre disuade a los depredadores.

5. Glándulas mucosas: la mucosidad retiene humedad y ayuda a la rana a absorber oxígeno.

La rana más venenosa

La tóxica piel de la rana dorada venenosa (*Phyllobates terribilis*) tiene una DL$_{50}$ (dosis letal media) de 0,2 microgramos (μg) por kg. Solo 14 μg de su veneno (batracotoxina) pueden resultar letales para un humano de 70 kg de peso. Es endémica de la selva de la región occidental del Pacífico de Colombia y mide entre 4 y 6 cm de largo, por lo que también es la **rana venenosa más grande**.

100 %

Los científicos usan guantes quirúrgicos para manipular ranas y sapos, de forma que no dañen su piel con ningún producto químico.

La salamandra más pegajosa

La salamandra viscosa del norte (*Plethodon glutinosus*), nativa de los bosques de gran parte de EE.UU., debe su nombre a la mucosidad, pegajosa como la cola, que secreta su piel. Se trata de una sustancia tan adhesiva que, muchas veces, los depredadores se arrepienten de haberla mordido, al verse con la boca sellada por completo.

100 %

Pese a su nombre, las anguilas eléctricas son, de hecho un tipo de pez cuchillo, más próximas a los siluros, una familia de peces sin escamas.

La mayor diferencia de tamaño entre un renacuajo y una rana de la misma especie

Las siete especies de *Pseudis*, nativas de Sudamérica, reciben el nombre de ranas paradójicas por un buen motivo: los renacuajos triplican o incluso cuadriplican el tamaño de los adultos. Por ejemplo, en la *P. paradoxa*, los renacuajos alcanzan una longitud máxima de 16,8 cm, pero se encogen drásticamente durante la metamorfosis, y las ranas plenamente desarrolladas no miden más de 6,5 cm, incluso es frecuente que menos.

El delfín de río más grande

Aunque los delfines recién nacidos tienen bigotes durante su primera semana de vida, el cuerpo de estos mamíferos acuáticos (como el de todos los cetáceos) es liso y de piel suave, y una capa de grasa bajo la dermis les proporciona aislamiento.

Los anfibios que planean más distancia

Algunas especies de rana voladora han planeado hasta 15 m de un árbol a otro valiéndose de sus pies palmeados de gran tamaño. La rana voladora de Wallace (*Rhacophorus nigropalmatus*), en la imagen, presenta también almohadillas muy grandes en los dedos, que la ayudan a escalar y a aterrizar con suavidad.

El animal más eléctrico

La anguila eléctrica (género *Electrophorus*) es nativa de los sistemas fluviales de los trópicos de Sudamérica y Centroamérica. Según un estudio publicado en *Nature Communications* en septiembre de 2019, de las tres especies vivas conocidas, *E. voltai* es la que genera más electricidad, con hasta 860 voltios en el caso de una hembra de 1,2 m de longitud (arriba). El pez produce electricidad con tres pares de órganos a lo largo del cuerpo. El doctor William Crampton (imagen), uno de los directores del artículo, declaró a GWR que el tamaño y el potencial eléctrico no están relacionados. «Las anguilas eléctricas pueden alcanzar tamaños enormes, de hasta 2 m, pero con frecuencia, esos monstruos tienen menos voltaje que otros ejemplares más pequeños».

El delfín de agua dulce más grande es el delfín rosa (*Inia geoffrensis*) de los ríos Orinoco y Amazonas de Sudamérica. Su característico tono rosado se debe a la proximidad de los vasos sanguíneos con la superficie de la piel.

El buitre del Nuevo Mundo más común

Algunos animales han desarrollado calvas como estrategia. En el mundo hay aprox. 4,5 millones de buitres pavo (*Cathartes aura*). La cabeza y el cuello sin plumas impiden que estas se ensucien al comer carcasas sangrientas y también los ayuda a controlar la temperatura corporal.

El gelada (*Theropithecus gelada*) de Etiopía, pariente cercano del babuino, tiene calva una zona de piel del pecho, conocida como «corazón sangrante». Cuando se vuelve de un rojo intenso, señala receptividad sexual en las hembras y dominancia en los machos. El gelada tiene unos caninos superiores enormes, pero es herbívoro y la hierba supone hasta el 90 % de su dieta, por lo que es el **mono con una dieta más herbívora**.

El animal planeador más grande

Las ardillas voladoras gigantes (género *Petaurista*) que viven en los bosques de Asia pueden creer hasta 1,1 m de longitud, incluyendo la cola. Planean usando la piel cubierta de pelo que hace las veces de paracaídas y que se extiende entre las extremidades y el cuerpo. Un ejemplar logró sobrevolar 450 m, ¡aproximadamente la longitud de cuatro campos de fútbol!

El pulpo que vive a mayor profundidad

Los pulpos Dumbo (género *Grimpoteuthis*) viven cerca del lecho oceánico, a unos 4.865 m bajo el nivel del mar, más de dos veces y media la profundidad del Gran Cañón. El cuerpo, de unos 20 cm de largo, es blando y semigelatinoso, y su nombre común se debe a sus características aletas con forma de oreja. Las ocho extremidades están unidas por una red de piel, que puede dar a estos pulpos el aspecto de un paraguas.

El rinoceronte más pequeño

El rinoceronte de Sumatra (*Dicerorhinus sumatrensis*) tiene una longitud de 2,3 a 3,2 m (incluyendo la cabeza y el cuerpo), una altura hasta la cruz de entre 1,1 y 1,5 m y un peso de hasta dos toneladas. En 2019, se extinguió en Malasia como consecuencia de la deforestación para plantar palma aceitera. Junto a los elefantes y los hipopótamos, los rinocerontes se clasificaban antes como paquidermos (del griego *pachydermos*, que significa «piel gruesa»). Sus arrugas atrapan la humedad y les ayudan a regular la temperatura corporal en los trópicos.

En esta imagen se compara un rinoceronte de Sumatra con un rinoceronte blanco (*Ceratotherium simum simum*), el **rinoceronte más grande**, con 4,2 m de longitud y 1,84 m de altura hasta la cruz. Pesa unas 3,6 toneladas.

Exoesqueletos

La mayoría de las conchas de los gasterópodos se enroscan en espiral, con una disposición dextral (hacia la derecha).

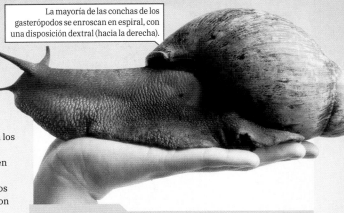

Los exoesqueletos más antiguos

Los animales más antiguos que testimonian los fósiles datan de hace unos 558 millones de años y fueron organismos marinos de cuerpo blando, como los *Dickinsonia*. Los primeros seres que empezaron a desarrollar un exterior duro como protección adicional no aparecieron hasta unos 8 millones de años después.

Los primeros animales conocidos que desarrollaron esta ventaja evolutiva fueron los *Cloudina*, habitantes marinos de finales del período Ediacárico. La parte exterior de sus cuerpos, descrita de forma general como exoesqueleto o caparazón, era como un alto nido de conos de calcita, uno dentro de otro. Se desconoce la forma del cuerpo blando de los *Cloudina*, porque los tejidos blandos no se fosilizan con facilidad. Se han encontrado restos de *Cloudina* en muchas partes del mundo, como en España, Namibia, Uruguay, EE.UU., China, la Antártida y Rusia.

Los primeros trilobites

La evolución de los exoesqueletos siguió con los artrópodos. Este filo incluye a los insectos, los arácnidos y los crustáceos, y todos tienen exoesqueletos de un tipo u otro.

Uno de los primeros grupos de artrópodos fueron los trilobites (*Trilobita*), que existieron hace entre 520 y 540 millones de años. Actualmente extinguidos, sus parientes más próximos son los cangrejos herradura. En comparación, el **primer arácnido**, fue el escorpión *Parioscorpio venator*, que apareció hace aproximadamente 436 millones de años. Descrito en *Scientific Reports* en enero de 2020, se desconoce si este escorpión era terrestre, marino o anfibio.

El caracol terrestre más grande

Un ejemplar de caracol tigre gigante africano (*Achatina achatina*) encontrado en Sierra Leona en junio de 1976 midió 39,3 cm de morro a cola completamente estirado, con una concha de 27,3 cm de longitud. Pesó exactamente 900 g. Este coloso de los caracoles, bautizado como *Gee Geronimo*, fue propiedad de Christopher Hudson, de East Sussex, R.U.

El escorpión más pequeño

El escorpión es uno de los animales con exoesqueleto más conocido en la actualidad. El más pequeño es el *Microbuthus pusillus*, con una longitud total de unos 1,3 cm. Vive en la costa del mar Rojo.

100%

El **escorpión más pesado** es el escorpión emperador (*Pandinus imperator*), de África Occidental, que puede pesar hasta 60 g, más que una pelota de tenis, y mide entre 13 y 18 cm de longitud. Los escorpiones emiten una luz verde azulada si se los coloca bajo luz ultravioleta, debido a que la capa exterior de su exoesqueleto contiene

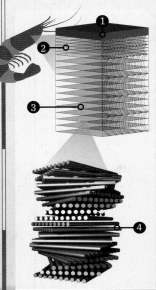

La anatomía de un... exoesqueleto

Los animales pueden tener exoesqueletos completos o parciales. En el segundo caso, como sucede con los artrópodos, suelen recibir el nombre de «caparazón» o «concha». Los exoesqueletos se forman a partir de un polímero fibroso natural llamado quitina.

1. **Epicutícula:** capa exterior cerosa de protección

2. **Exocutícula:** capa intermedia

3. **Endocutícula:** capa interior con un elevado contenido en quitina

4. **Nanofibras helicoidales:** los exoesqueletos deben su resistencia a su estructura interna, una serie de capas de quitina y proteína entrelazadas que recuerda a la estructura de la madera contrachapada.

El erizo de mar más peligroso

El erizo de flores (*Toxopneustes pileolus*) vive en el Indo-Pacífico y, a pesar de lo delicado de su aspecto, es muy peligroso. Su duro caparazón está cubierto de espinas y de pedicelarios (órganos semejantes a pinzas) que contienen un veneno llamado Contractin A. Además de provocar un dolor intenso, parece que la toxina afecta a la musculatura lisa, lo que puede provocar dificultades respiratorias e incluso parálisis.

La mayor densidad de cangrejos

En 2015, cuando se practicó el último recuento, había un total de 38 millones de cangrejos rojos de la isla de Navidad (*Gecarcoidea natalis*) en esta isla, que tiene una superficie de 135 km², y en las cercanas islas Cocos, en el océano Índico. Eso equivale a unos 280.000 cangrejos por km². La cifra se ha desplomado desde la invasión de la hormiga loca (*Anoplolepis gracilipes*). En 2017, los investigadores intentaron frenar el declive introduciendo un «agente de control biológico»: las avispas de Malasia, que se comen el principal alimento de las hormigas locas.

Una vez al año, los cangrejos rojos de la isla de Navidad se embarcan en una espectacular migración a la playa para aparearse.

El dragón marino más reciente

Tal y como se informó en la revista *Royal Society Open Science*, el dragón marino rojo (*Phyllopteryx dewysea*) se describió formalmente en 2015. Aunque su cuerpo es similar al del dragón marino común (ver a la izquierda), los ejemplares vivos se distinguen sobre todo por su coloración: son de color rojo, con líneas verticales rosas. Solo se han hallado dragones marinos rojos en Australia Occidental.

El dragón marino más grande

El dragón marino común o dragón de agua (*Phyllopteryx taeniolatus*) puede crecer hasta los 45 cm de longitud. A diferencia de muchos otros peces, los dragones y los caballitos de mar carecen de escamas y están cubiertos de un exoesqueleto óseo compuesto de anillos duros.

El cangrejo de herradura más pequeño

El diámetro de la concha exterior, o caparazón, del cangrejo de herradura de manglar (*Carcinoscorpius rotundicauda*) puede alcanzar los 15 cm. Este cangrejo vive en los bosques

La araña más acuática

La araña de agua (*Argyroneta aquatica*) pasa casi toda su vida sumergida. Construye una «campana de buceo» acumulando en el vello hidrofóbico (repelente al agua) de las patas burbujas de agua que luego deposita sobre los hilos de la tela, sumergida en el agua, hasta que es lo bastante grande para poder meterse dentro.

sustancias químicas fluorescentes. Los científicos desconocen la utilidad exacta de esta luminiscencia. Algunas de las teorías son que atrae o confunde a las presas o que facilita encontrar a otros escorpiones en la oscuridad.

costeros, marismas y costas de la India y de todo el sudeste asiático. Los cangrejos de herradura son los últimos supervivientes descendientes de los xifosuros, muy próximos a los escorpiones marinos prehistóricos (euriptéridos).

La araña más grande

Aunque las arañas están cubiertas de unas vellosidades alargadas llamadas tricobotrios, también tienen exoesqueleto. Cuando crecen y superan el tamaño de su exoesqueleto, se desprenden de él en un proceso llamado «muda».

La araña más grande es la tarántula Goliat gigante o pajarera (*Theraphosa bondi*). Caza tendiendo emboscadas y sus patas tienen una envergadura de hasta 28 cm. Vive sobre todo en las selvas costeras de Surinam, Guyana y Guayana Francesa y, a pesar de su nombre, se alimenta fundamentalmente de insectos y de ranas.

El animal con más patas

A pesar de su nombre, los milpiés no tienen 1.000 patas, sino que acostumbran a tener unos 300 pares, aunque la especie *Illacme plenipes*, que vive en California, EE.UU., puede tener 375 (750 patas). Los milpiés tienen un exoesqueleto segmentado y, ante una amenaza, algunas especies se protegen enrollándose sobre sí mismas y adoptando forma de bola.

El mayor dimorfismo sexual en un escarabajo

Los escarabajos trilobites (género *Platerodrilus*) de India y del sudeste Asiático presentan una enorme diferencia de tamaño en función del sexo. Los machos, que tienen aspecto de escarabajo común, miden unos escasos 5 mm, mientras que las hembras pueden medir hasta 60 mm, unas increíbles 12 veces más. Las hembras son neoténicas y tienen aspecto de larva de escarabajo (parecida a un gusano) durante toda su vida, incluso de adultas. También, y a diferencia de los machos, las hembras tienen placas óseas con pinchos, sobre todo en la cabeza, que les dan un aspecto parecido al de los trilobites prehistóricos (página anterior) y al que deben su nombre común.

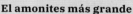

El amonites más grande

En 1895, se descubrió en Alemania el fósil incompleto de un amonites *Parapuzosia seppenradensis* que medía 1,95 cm de ancho y cuya concha completa se estimó que debía alcanzar unos 2,55 m. Los amonites estaban emparentados con los calamares y los pulpos, pero vivían en el interior de conchas espirales. En la actualidad, sus parientes de aspecto más parecido son los nautilos (familia *Nautilidae*, ver detalle), también llamados «fósiles vivientes».

El molusco más antiguo (no colonial)

Se estimó que una almeja de Islandia (*Arctica islandica*) hallada en Islandia en 2006 tenía entre 405 y 410 años de edad. Los expertos en esclerocronología de la Universidad de Bangor, en Gales, R.U., estudiaron los anillos de crecimiento en la concha para determinar su longevidad; en 2013, un nuevo estudio con técnicas de envejecimiento más avanzadas aumentó su edad a 507 años.

100 %

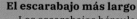

El escarabajo más largo

Los escarabajos hércules (*Dynastes hercules*) pueden llegar a medir entre 44 y 172 mm, aunque buena parte de su tamaño corresponde a las pinzas, que tienen forma de cuerno. Este escarabajo es extraordinariamente fuerte, haciendo honor a su nombre: durante los experimentos de resistencia, se ha comprobado que son capaces de soportar una fuerza de 850 veces su propio peso.

Los élitros (alas anteriores endurecidas) de los escarabajos hércules cambian de color del amarillo/verde al negro cuando aumenta la humedad del ambiente, que absorben.

Mascotas y ganado

El túnel humano más largo que ha atravesado un perro en monopatín

Un bulldog de cinco años llamado *Dai-chan*, cuya dueña es Marie Saito (Japón), pasó en monopatín entre las piernas de 33 personas el 17 de septiembre de 2017 en Tokio, Japón.

El récord de un **gato** es de 13 personas. Lo logró *Boomer*, un gato de Bengala cuyo dueño es Robert Dollwet (EE.UU./Australia), el 9 de febrero de 2017 en Coolangatta, Queensland, Australia.

El perro más rápido en dar 10 saltos impulsándose en un humano

El 12 de mayo de 2019, el jack russell *Little Joe* saltó 10 veces tras impulsarse en Rachael Grylls (R.U.) en 9,843 s en el festival canino DogFest de Knebworth, Hertfordshire, R.U. *Nala*, cuya dueña es Nicci Hindson (R.U.), logró el récord del **mayor número de veces que un perro se ha sentado en 1 min** (35).

El caballo más bajo (macho)

Bombel mide 56,7 cm hasta la cruz, como se verificó el 24 de abril de 2018 en el Kaskada Stable de Łódź, Polonia. La dueña de este apalusa enano es Katarzyna Zielińska (Polonia), que lo bautizó en polaco como 'burbuja' por la forma tan redondeada de su cuerpo.

El gato doméstico más largo

Barivel, un maine coon que vive con Cinzia Tinnirello y Edgar Scandurra (ambos de Italia), medía 120 cm desde el hocico hasta el extremo de la cola el 22 de mayo de 2018. Como se ratificó el 28 de agosto de 2010, el **gato doméstico más largo de todos los tiempos** fue también un main coon: *Stewie*, medía 123 cm de largo, y sus dueños eran Robin Hendrickson y Erik Brandsness (ambos de EE.UU.).

El salto al agua más largo de un perro

El 22 de septiembre de 2019, el galgo inglés de 4 años *Sounders*, cuya dueña es Laurel Behnke (EE.UU.), saltó 11,02 m a una piscina desde una plataforma en la Michael Ellis School de Santa Rosa, California, EE.UU. Con esta marca batió su propio récord por 21 cm, y ¡superó en más de 2 m el salto más largo realizado por una persona! North America Diving Dogs verificó la hazaña.

El caballo más alto

En 2020 se cumple una década desde que GWR conoció a *Big Jake*. El 19 de enero de 2010, este caballo de tiro belga castrado, que entonces tenía 9 años, medía 210 cm sin herraduras, como se comprobó en Smokey Hollow Farm de Poynette, Wisconsin, EE.UU. *Big Jake* consumía una bala de heno y dos cubos llenos de grano al día. Actualmente disfruta de su «jubilación».

El mayor número de movimientos de baile ejecutados por un ave

Investigadores que han analizado vídeos de *Snowball*, una cacatúa de cresta amarilla que se mueve al ritmo del pop, han identificado 14 «movimientos de baile» distintos, como sacudidas fuertes o movimientos de cabeza y levantamientos de patas (arriba). *Snowball*, cuya dueña es Irena Schulz (EE.UU.), ha bailado éxitos como *Girls Just Want To Have Fun*, de Cyndi Lauper, o *Another One Bites the Dust*, de Queen.

Más choques de manos ejecutados por una rata en 30 segundos

El 5 de octubre de 2019, la rata siamesa *Frankie* (detalle de la derecha) chocó la mano con Luke Roberts (R.U.) 28 veces en 30 s alternando ambas patas en Watford, Hertfordshire, R.U. Para no ser menos, *Freddie*, el hermano de *Frankie* (una rata rex de color trigo, detalle de la izquierda) completó el ⊙ **mayor número de saltos a través de un aro realizados por una rata en 30 s** (8) el 5 de enero de 2020. Como 2020 es el año de la rata, Luke, que también ostenta su propio récord, prevé lograr nuevos récords con sus roedores.

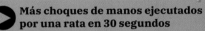

El mayor número de perros haciendo la conga

El 8 de diciembre de 2019, Alexa Lauenburger (Alemania) consiguió que ocho de sus amigos de cuatro patas (*Emma, Jennifer, Katy, Maya, Nala, Sabrina, Sally* y *Specki*) hicieran la conga en Todenbüttel, Alemania. Ese fue uno de los cinco récords que ese día batieron Alexa y su padre Wolfgang con sus perros (ver abajo). Con tan solo 12 años, la experta adiestradora Alexa ha salido en televisión en Alemania, R.U. y EE.UU., donde debutó en *America's Got Talent* en 2020. Empezó a trabajar con perros a los 5 años. «Es muy importante encontrar un truco que sea apropiado para el perro», aconseja.

No satisfechos con dominar únicamente la conga canina, Alexa y su padre Wolfgang Lauenburger, que había trabajado en el circo con anterioridad, consiguieron otros cuatro récords con sus talentosos perros el 8 de diciembre de 2019:
- **Los 10 m más rápidos recorridos sobre las patas traseras por un perro**: 3,05 s, por *Emma*, con Wolfgang.
- **Los 5 m más rápidos caminando hacia atrás por un perro**: 6,73 s, por *Jennifer*, con Alexa.
- **Más giros de un perro en 30 s**: 43, logrado por *Maya*, con Wolfgang.
- **El menor tiempo en que un perro ha superado 5 vallas sobre sus patas traseras**: 5,66 s, por *Emma*, con Alexa.

La clase de yoga con más cabras

El 14 de septiembre de 2019, Debbie y Rob Canton (ambos de EE.UU.) dieron una clase de yoga a 501 personas, con la presencia de los habitantes caprinos de la granja Grady Goat en Thonotosassa, Florida, EE.UU. El intento de récord pretendía recaudar fondos contra la trata de niños.

La **clase de yoga para perros más multitudinaria** contó con 270 participantes y fue organizada por Link Asset Management Limited (Hong Kong) el 17 de enero de 2016 en Hong Kong, China.

El mayor desfile de alpacas

El 14 de junio de 2019, una manada de 1.048 alpacas tomaron las calles de la ciudad peruana de Juliaca para celebrar el 58.º aniversario de la Feria Ganadera del Sur de la región de Puno. Desfilaron las dos razas de alpaca existentes: la huacaya (fácil de identificar por su pelo esponjoso) y la suri (famosa por su pelo largo y brillante).

El mayor salto realizado por una llama

Caspa superó un listón situado a 1,13 m de altura el 14 de junio de 2015 en el «DogFest» celebrado en Arley Hall, Cheshire, R.U. Su dueña es Sue Williams (R.U.).

El mayor número de tapones de botella quitados por un papagayo en 1 minuto

El guacamayo jacinto *Gordon* fue el claro ganador del «reto de los tapones de botella» que se hizo viral en 2019. El 1 de noviembre de 2014, retiró 12 tapones de refrescos en Los Altos, California, EE.UU., bajo la supervisión de su adiestradora, Julie Cardoza (EE.UU.).

El conejo más veloz en saltar cinco vallas

El 18 de enero de 2020, *Penelope* logró saltar cinco vallas en un tiempo récord de 4,816 s. De esta forma, logró derrotar a sus dos principales contrincantes, *Bullseye* y *Big Ben*, todos ellos propiedad de Nicole Barrett (R.U.), en el Bradford Premier Small Animal Show de Doncaster, Yorkshire del Sur, R.U.

El buey con la mayor envergadura de cuernos

Un ejemplar de 7 años de la raza Texas longhorn llamado *Poncho Via* luce unos cuernos que miden 3,23 m de un extremo a otro. *Poncho Via* vive en un rancho en Goodwater, Alabama, EE.UU., donde ha sido criado por la familia Pope. Conocido por su carácter afable, le encantan las manzanas, las zanahorias y los malvaviscos.

A 2019, la vaca con la mayor envergadura de cuernos era *3S Danica*, con 2,65 m, que reside en Texas, EE.UU.

El yak con los cuernos más largos

La cornamenta retorcida de *Jericho*, un yak tibetano de 20 años, tenía una longitud combinada de 3,23 m, como se comprobó el 23 de diciembre de 2018. Los dueños de *Jericho* son Hugh y Melodee Smith (ambos de EE.UU.) y viven en Welch, Minesota, EE.UU. Melodee (en la imagen) lo describe como un animal bondadoso y fácil de montar. Sus cuernos no han dejado de crecer durante toda su vida, y debido a su enorme peso, primero se le curvaron hacia delante y luego, hacia atrás, alrededor del cuello.

Recopilatorio

La extinción de un pez más reciente

El pez espátula del Yangtsé (*Psephurus gladius*) era uno de los peces de agua dulce más grandes (pág. 56) con un mínimo de 3 m de longitud y 300 kg de peso. La especie se caracterizaba por su hocico alargado, semejante a una espada. En enero de 2020, la Academia China de Ciencias Pesqueras y expertos de la Unión Internacional para la Conservación de la Naturaleza lo declararon extinto formalmente. Es probable que desapareciera entre 2005 y 2010 debido a la sobrepesca y a la pérdida de hábitat. GWR quiere evitar que proliferen este tipo de récords, por lo que se ha unido al proyecto The Lion's Share (págs. 10-11).

Los perros pastores, el ganado y los caballos purasangre aún se venden en guineas en muchas subastas rurales tradicionales del R.U.

El perro pastor más caro

Megan, una border collie de dos años y medio de edad entrenada por la pastora Emma Gray (R.U.) se vendió por un precio sin precedentes: 18.000 guineas (24.361 dólares) en el Skipton Auction Mart en North Yorkshire, R.U., el 21 de febrero de 2020. El comprador fue Brian Stamps, un ranchero de Oklahoma, EE.UU.

▶ El perezoso en cautividad más longevo

Una perezosa de dos dedos de Linnaeus (*Choloepus didactylus*) llamada *Paula* ha vivido en el zoológico de Hale, Alemania, desde el 25 de septiembre de 1971: 48 años y 16 días a 11 de octubre de 2019. Se cree que tenía al menos dos años de edad cuando llegó, por lo que el zoológico estableció que el 14 de junio de 2019 fuera su 50.º aniversario. La especie tiene una esperanza de vida de 20 años en estado salvaje.

La hormiga más veloz

La hormiga plateada del Sáhara (*Cataglyphis bombycina*), del norte de África, alcanza velocidades de hasta 85,5 cm/s, que equivalen a 108 veces su longitud corporal, cuando corre a su velocidad máxima. Como comparación, Usain Bolt (Jamaica) «solo» recorrió 5,35 veces por segundo su altura cuando logró los **100 m más rápidos** (9,58 s) en Berlín, Alemania, en 2009.

El músculo más rápido en un mamífero

Un estudio sobre murciélagos ribereños (*Myotis daubentonii*) reveló que los músculos superrápidos de sus gargantas se contraen y se relajan 200 veces por segundo (200 Hz). Es unas 20 veces más rápido que el parpadeo del ojo humano, controlado por el orbicular de los ojos, el **músculo humano más rápido**. La elevada oscilación de la laringe del murciélago produce una variedad de llamadas, conocidas como «llamadas de fase terminal», que los ayudan a localizar a sus presas mediante la ecolocación.

El gorila en cautividad más longevo

Fatou, una gorila occidental de planicie (*Gorilla gorilla gorilla*) vive en el zoológico de Berlín, Alemania, desde mayo de 1959. Celebró su 63 aniversario el 13 de abril de 2020, la fecha que el zoológico asignó a su cumpleaños. Rivalizaba por el título con *Trudy*, otra gorila occidental de planicie (que se estima que nació en junio de 1956) del zoológico Little Rock en Arkansas, EE.UU. *Trudy* falleció el 3 de julio de 2019.

El delfín solitario más longevo registrado

Un delfín nariz de botella del Atlántico (*Tursiops truncatus*) llamado *Fungie* ha vivido solo en Dingle, Irlanda, durante al menos 37 años. Según un informe que la organización sin ánimo de lucro Marine Connection llevó a cabo en 2019 para estudiar la peculiar conducta de las ballenas y los delfines solitarios documentados en el mundo, fue avistado por primera vez en 1983. *Fungie* se ha convertido en un símbolo muy querido de la región tanto entre los lugareños como entre los turistas.

El gorila más longevo cuya edad se ha podido establecer con precisión fue *Colo*, nacida en el zoológico de Columbus, Ohio, EE.UU., el 22 de diciembre de 1956. Falleció el 17 de enero de 2017, a los 60 años y 26 días de edad. Fue la **primera gorila nacida en cautividad**.

El atronador grito del campanero blanco se puede oír a 1,6 km de distancia, y su nivel acústico es prácticamente el mismo que el de un martinete.

El esqueleto de *Tyrannosaurus rex* más grande

En marzo de 2019, apareció otro aspirante a este título, los huesos de *Scotty* (arriba, y en silueta, abajo). Es posible que este *T. rex* alcanzara los 13 m de longitud y pesara unos 8.870 kg, según el doctor W. Scott Persons, de la Universidad de Alberta (también en la imagen). Sin embargo, solo se dispone del 65 % de *Scotty*. El **esqueleto de *T. rex* más completo** es el de *Sue*, hallado en 1990 y de proporciones similares al de *Scotty*. Como el debate acerca de sus dimensiones relativas aún no se ha cerrado, GWR ha otorgado el título a ambos ejemplares.

La tortuga de agua dulce más grande de todos los tiempos

La *Stupendemys geographicus* vivió en el Mioceno, hace entre 13 y 7 millones de años. Los especímenes más grandes tenían el tamaño de una berlina: alcanzaban los 4 m de longitud y pesaban 1,25 t. Eso equivale a cinco veces el peso de la que hoy es la **tortuga de agua dulce más grande**, la tortuga de caparazón blando del Yangtsé (*Rafetus swinhoei*), en grave peligro de extinción. La *S. geographicus* habitó en lagos y ríos de las actuales Colombia y Venezuela.

El primate con más dígitos

El ayeaye es un lémur nocturno endémico de Madagascar que presenta un par de «pseudopulgares» adicionales, por lo que tiene 12 dedos en las manos. Antes se creía que eran protrusiones carnosas, pero análisis más profundos han revelado que se componen de hueso y cartílago. Los resultados del estudio se publicaron en el *American Journal of Physical Anthropology* el 21 de octubre de 2019.

La paloma más cara

El 17 de marzo de 2019, una paloma llamada *Armando*, conocida como el «Lewis Hamilton de las palomas», se vendió por 1.252.000 euros a través de la casa de subastas en línea PIPA. Formaba parte de un grupo puesto a la venta por el colombófilo belga Joël Verschoot. Aunque se había jubilado recientemente, *Armando*, de cinco años de edad, tenía un pedigrí competitivo impecable, después de haber ganado los tres últimos eventos en los que participó.

El canto de pájaro más potente

Se ha grabado al campanero blanco (*Procnias albus*) macho, nativo de las Guayanas, Venezuela y el norte de Brasil, emitiendo llamadas de 125,4 dBA a una distancia de 1 m en sus paradas de exhibición. Cuanto más fuerte es la llamada, más breve tiende a ser, algo que seguramente agradecen las hembras, que permanecen junto a los machos durante la exhibición. Las conclusiones aparecieron en la revista *Current Biology* el 21 de octubre de 2019.

▶ Los primeros pandas gemelos nacidos de una madre en cautividad y un padre en libertad

El 25 de julio de 2018, *Cao Cao*, de 16 años de edad, dio a luz a *He He* («Armonía») y *Mei Mei* («Bella») en la reserva de Hetaoping del Parque de Investigación y Conservación del Panda Gigante Jiawuhai, Sichuan, China. El padre de los gemelos fue un panda gigante silvestre (*Ailuropoda melanoleuca*) al que *Cao Cao* conoció durante una suelta temporal, una práctica cuyo objetivo es promover el enriquecimiento genético de los pandas.

Más trucos llevados a cabo por un perro en un minuto

Daiquiri, un pastor australiano, hizo 60 trucos en 60 s con la ayuda de su propietaria, Jennifer Fraser (Canadá), en Calgary, Alberta, Canadá, el 12 de diciembre de 2019. La hazaña fue igualada por la también canadiense Sara Carson Devine y su Super collie *Hero* en Lancaster, California, EE.UU., el 11 de abril de 2020.

El mayor estudio de animales en estado salvaje con cámara trampa

En 2018-19, se llevó a cabo la cuarta iteración de un estudio nacional de tigres (*Panthera tigris tigris*) en India. Se colocaron cámaras en 26.838 ubicaciones de 141 regiones que cubrían un área efectiva de 121.337 km² (tres veces el tamaño de Suiza) y que captaron un total de 34.858.626 imágenes de fauna salvaje, 76.651 de las cuales eran de tigres. El proyecto estuvo supervisado por la National Tiger Conservation Authority, el Wildlife Institute de India y ONG conservacionistas.

He He y *Mei Mei* viven en la reserva de Shenshuping, que forma parte del Parque de Investigación y Conservación del Panda Gigante Jiawuhai. En la imagen, aparecen en la guardería de las instalaciones junto a Feng Li, la directora de gestión animal.

El recuento del censo de tigres de 2018 fue de 2.967, un aumento del 33 % respecto a 2014. No obstante, los expertos advirtieron de que esto podría deberse en parte a la mejora de los métodos de recuento.

○ SALÓN DE LA FAMA

Jane Goodall

La primatóloga y conservacionista Jane Goodall (R.U.) ha dedicado toda su vida al estudio de los chimpancés (Pan troglodytes), sigue siendo toda una referente mundial en ecología.

La primatóloga y conservacionista Jane Goodall (R.U.) ha dedicado toda su vida al estudio de los chimpancés de las Naciones Unidas, sigue siendo toda una referente mundial en ecología. Mensajera de la Paz de las Naciones Unidas, sigue siendo toda una referente mundial en ecología.

El 14 de julio de 2020, el proyecto que Jane inició en la Reserva Nacional Gombe), celebró su 60.° aniversario, lo que le convierte en el ▶ estudio más largo sobre primates salvajes. Jane tenía solo 26 años cuando estableció su primer campamento entre Gombe Stream, en Tanzania (lo que ahora es el Parque Nacional Gombe), celebró su 60.° aniversario, lo que le convierte en el ▶ estudio más largo sobre primates salvajes. Jane tenía solo 26 años cuando estableció su primer campamento entre las abruptas montañas y los valles boscosos próximos al lago Tanganica. Afirma que «vino al mundo como Tarzán y El doctor Dolittle. Gracias a sus ahorros, Jane hizo realidad su sueño de viajar a Kenia para visitar a un antiguo amigo del colegio; allí conoció al antropólogo Louis Leakey, y se convirtió en su ayudante. Entonces ideó un plan para estudiar a los chimpancés en su entorno natural de los humanos primitivos. de profundizar en el conocimiento sobre el comportamiento de los humanos primitivos.

Una vez instalada en la reserva de Gombe, Jane tardó meses en ganarse la confianza de profundizar en el conocimiento sobre el comportamiento de los animales conocen de tu los chimpancés y no se muestran preocupados, puedes tener la seguridad de que provocó presencia natural», explica. Les puso nombres, como Goliath y Flo (una práctica que provocó de forma natural», explica. Les puso nombres, como Goliath y Flo (una práctica que provocó cierta irritación en la comunidad científica) y estudió con detenimiento la personalidad de cada uno de los chimpancés. Jane se quedó asombrada al ver que se valían de tallos de hierba y pequeñas ramas para cazar termitas, con lo que desterró la idea de que solo los humanos sabían fabricar y usar herramientas. Nos demostró que aún tenemos mucho que aprender sobre los chimpancés, especialmente de sus relaciones paternales, de sus relaciones paternales, cierta irritación en la comunidad científica; un grave amenaza para los chimpancés; un que aumento de la población humana supone una grave amenaza para los chimpancés, si humanos sabían fabricar y usar herramientas. Nos demostró que aún tenemos mucho

El aumento de la población humana supone una grave amenaza para los chimpancés; si tanto por la deforestación como por la transmisión de enfermedades infecciosas; si claro ejemplo de esto último es la pandemia por COVID-19. Como subraya Jane, si queremos preservar el futuro de estos simios, algunos de los cuales son nuestros parientes más cercanos, debemos hacer todo lo posible para entenderlos mejor, así como satisfacer las necesidades de las comunidades humanas que comparten su territorio.

Mr. H es el fiel compañero de Jane y ha viajado con ella a más de 60 países. Su amigo Gary Haun le regaló el muñeco de peluche original (ver abajo) hace casi 30 años. Si quieres tener con ella a más de 60 países. Su amigo Gary puedes hacer una aportación al tu propio Mr. H, o bien hacer una aportación al Haun le regaló el muñeco de peluche original valioso trabajo del Instituto Jane Goodall, puedes informarte y consultar todos los detalles en **janegoodall.org**.

Las hermanas Golden y Glitter (nacidas el 13 y el 14 de julio de 1998, que junto a su madre, Gremlin) viven en Gombe el 14 de julio de 1998, que junto a su madre, Gremlin) viven en Gombe crías junto las **chimpancés gemelas más longevas**: y son las **chimpancés gemelas más longevas**: y son las **chimpancés más longevas** de 2018. 20 años y 117 días a 8 de noviembre de 2018.

Descubre más cosas sobre Jane en la sección del Salón de la Fama en www.guinnessworldrecords.com/2021.

1: El programa Raíces y Brotes del Instituto Jane Goodall educa a los jóvenes, desde la etapa preescolar hasta la universidad, en la protección del medio ambiente. Instaurado por Jane junto con la colaboración de 12 adolescentes, la iniciativa está en Tanzania, actualmente está en casi 100 países.

2: El 23 de julio de 2019, el príncipe Harry, duque de Sussex, se reunió con Jane y varios miembros de Raíces y Brotes en el castillo de Windsor. La revista *Vogue* entrevistó a Jane para el número de septiembre de *Vogue* y la describió como «una mujer llena de bondad y cariño, con un inmenso conocimiento».

3: La interacción de Jane con los chimpancés de Gombe ha demostrado que humanos y chimpancés tienen mucho más en común que la genética.

Al llegar a Gombe, Jane tuvo que realizar las observaciones desde un lugar apartado y elevado con vistas al lago Tanganica, que con sus 673 km es el **lago más largo** del mundo. Describe la primera vez que se acercó a un grupo de simios que se acicalaban mutuamente como «el momento de mi vida del que estoy más orgullosa».

Seres humanos

La mayor apertura bucal

PAC-Man nada tiene que hacer contra Isaac Johnson (EE.UU.), quien puede abrir la boca hasta 9,34 cm, suficiente como para acomodar una pelota de béisbol. Su apertura bucal (la distancia entre los incisivos superiores e inferiores) se midió en Bloomington, Minesota, EE.UU., el 15 de abril de 2019. Solo tenía 14 años cuando Isaac estableció este récord asombroso que superaba la marca de 8,8 cm lograda por Bernd Schmidt (Alemania) en 2015. Descubre más sobre Isaac y otros récords que te dejarán boquiabierto en las págs. 74-75.

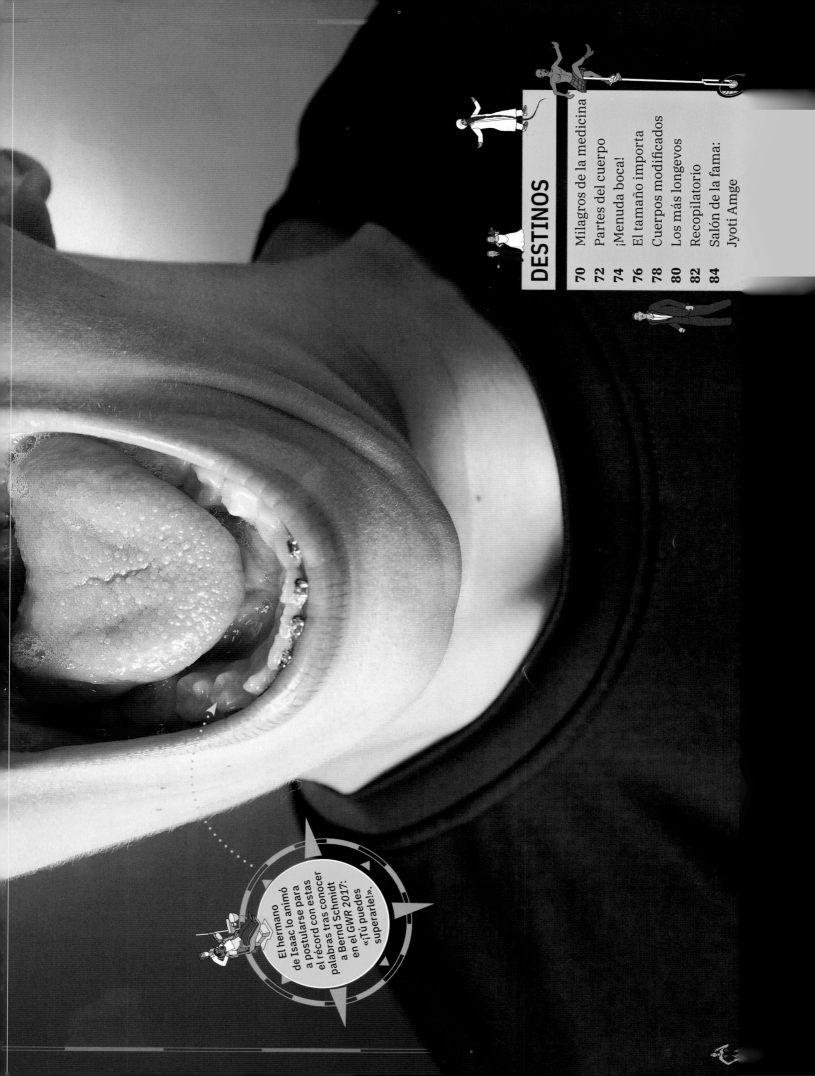

El hermano de Isaac lo animó a postularse para el récord con estas palabras tras conocer a Bernd Schmidt en el GWR 2017: «¡Tú puedes superarle!».

Milagros de la medicina

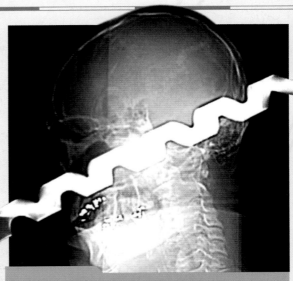

La mujer más baja que da a luz

El 21 de octubre de 2006, Stacey Herald (EE.UU.), de 72,39 cm de altura, dio a luz a su primer hijo en Dry Ridge, Kentucky, EE.UU.

La persona sometida a más operaciones

Entre 1954 y 1994, Charles Jensen (EE.UU.) fue intervenido en 970 ocasiones para extirparle una serie de tumores asociados con el síndrome del nevo de células basales, una rara afección genética que aumenta el riesgo de cáncer.

La persona más joven sometida a un trasplante

El 8 de noviembre de 1996, con solo 1 hora de edad, se le trasplantó un corazón a Cheyenne Pyle (EE.UU.) en el Jackson Children's Hospital de Miami, Florida, EE.UU.

El paciente sometido a un cuádruple baipás coronario que ha sobrevivido más tiempo

A 19 de septiembre de 2019, habían pasado 42 años y 284 días desde que se le practicara un

El objeto más grande extraído de un cráneo humano

El 15 de agosto de 2003, el albañil estadounidense Ron Hunt cayó de una escalera de bruces sobre una broca de 46 cm que pasó por su ojo derecho, le atravesó el cráneo y salió por encima de su oreja derecha. La broca desplazó el cerebro de Hunt en lugar de penetrarlo, lo que le salvó la vida.

cuádruple baipás a Tom E. Diffenbach (EE.UU.) el 9 de diciembre de 1976 en Cleveland, Ohio, EE.UU.

El **paciente sometido a un trasplante de corazón que ha sobrevivido más tiempo** fue Ted Nowakowski (EE.UU.): falleció el 11 de enero de 2018, 34 años y 261 días después de ser operado.

El objeto más pesado extraído de un estómago

En noviembre de 2007, se extirpó un tricobezoar (bola de pelo) de 4,5 kg del estómago de una mujer de 18 años en el Rush University Medical Center de Chicago, Illinois, EE.UU. El síndrome de Rapunzel que padecía es el resultado de la tricofagia, el impulso compulsivo a ingerir cabello.

La persona más joven a la que le extirpan cálculos biliares y la vesícula biliar

Ishani Choudhary (India, n. el 9 de febrero de 2019) tenía 217 días cuando fue operado el 14 de septiembre de 2019 en Rajastán, India.

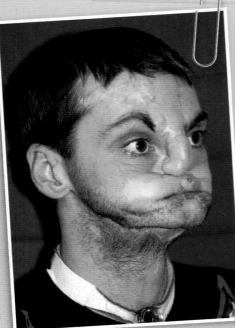

La mujer más pesada que da a luz

Donna Simpson, de Nueva Jersey, EE.UU., pesaba 241 kg cuando dio a luz a su hija Jacqueline en febrero de 2007. Con sus 3,8 kg, el peso de Jacqueline era alrededor de una sesentava parte del de su madre. Nació en el Akron City Hospital, Ohio, EE.UU., asistida por un equipo de 30 profesionales médicos.

El trasplante facial más extenso

Richard Lee Norris (EE.UU.) se sometió a 36 horas de cirugía, completadas el 20 de marzo de 2012 en el University of Maryland Medical Center, Baltimore, Maryland, EE.UU. La operación le cambió el rostro por completo, desde el cuero cabelludo hasta la base del cuello, incluyendo mandíbulas, dientes y parte de la lengua. Richard había quedado desfigurado tras un accidente con un arma de fuego en 1997 en el que perdió los labios, la nariz y gran parte de las mandíbulas inferior y superior. El 16 de octubre de 2012, el hospital informó que podía sonreír, comer, oler y saborear.

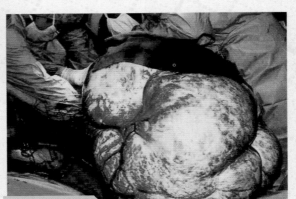

El tumor más grande extirpado intacto

En octubre de 1991, se extrajo una masa multiquística de 138,7 kg del ovario derecho a una mujer no identificada en el Stanford University Medical Center, California, EE.UU. El tumor, tan pesado como un oso panda gigante, medía 91 cm de ancho. La operación se prolongó durante más de seis horas.

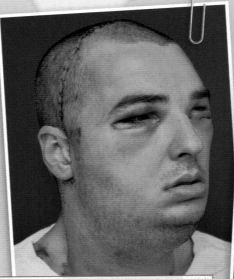

Después de su operación, Norris tenía alrededor del 80% de la función motora normal en el lado derecho de su cara, y alrededor del 40% en el izquierdo.

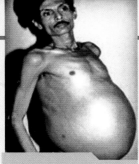

Más gusanos extirpados

En mayo de 1990, se extrajeron un total de 56 gusanos blancos con forma de hilo del estómago de una mujer de 58 años de edad en la Clínica de Gastroenterología Isogaki, en Shizuoka, Japón. Se trataba de larvas de *Anisakis simplex*, que medían hasta 17,27 mm de largo.

El accidente automovilístico a más velocidad al que se logra sobrevivir

El 17 de noviembre de 1966, el piloto estadounidense de carreras de aceleración Art Arfons conducía su coche a reacción *Green Monster* a unos 981 km/h cuando los rodamientos de una rueda griparon. Dio vueltas de campana a lo largo de 1,6 km en el salar de Bonneville, cerca de Salt Lake City, Utah, EE.UU., pero solo sufrió cortes, contusiones y quemaduras por fricción.

En 2008, Jason McVicar (Canadá) iba a 391 km/h con su moto Suzuki Hayabusa 1300, también en Bonneville, cuando perdió el control y sufrió el **accidente de moto a más velocidad al que se logra sobrevivir**. Solo sufrió una fractura de rodilla y quemaduras por fricción.

El gemelo parásito más longevo (sin descubrir)

Sanju Bhagat (India) vivió 36 años con distensión abdominal. En junio de 1999, el estómago comenzó a aplastar su diafragma y a dejarlo sin aliento. Una operación reveló la existencia del cuerpo de 4 kg de su hermano gemelo nonato, que había crecido dentro de él.

El primer trasplante de cráneo y cuero cabelludo

El tratamiento para una forma rara de cáncer conocida como leiomiosarcoma izquierdo dejó a James Boysen (EE.UU.) sin la parte superior de su cráneo. El 22 de mayo de 2015, recibió unos injertos parciales de cráneo y cuero cabelludo en una operación de 15 horas en el Hospital Metodista de Houston, Texas, EE.UU., con ayuda del MD Anderson Cancer Center.

Sin paracaídas
El 26 de enero de 1972, la azafata yugoslava Vesna Vulović cayó desde 10.160 m de altura sobre Srbská Kamenice, Checoslovaquia (actual República Checa). Según el informe oficial del accidente, una explosión hizo pedazos el DC-9 en el que trabajaba.

En una competición de esquí
En abril de 1997, en los Campeonatos Mundiales de Esquí Extremo en Valdez, Alaska, EE.UU., Bridget Mead (Nueva Zelanda) cayó una distancia vertical de casi 400 m. Solo sufrió contusiones y una conmoción cerebral.

La mayor colección de cuerpos extraños extirpados quirúrgicamente

A lo largo de 75 años de profesión, Chevalier Quixote Jackson (EE.UU.) extrajo 2.374 objetos de las gargantas, esófagos y pulmones de sus pacientes, que se almacenan en la Colección de Cuerpos Extraños Chevalier Jackson del Museo Mütter del Colegio de Médicos de Filadelfia, Pensilvania, EE.UU. Además de lo aquí mostrado, la colección también incluye unos binoculares de teatro de un niño, un candado y una trompeta en miniatura.

La mayor cantidad de picaduras de abeja a las que se ha sobrevivido

El 28 de enero de 1962, Johannes Relleke (Zimbabue) sufrió 2.443 picaduras de abeja en la mina de estaño Kamativi, en el río Gwaii, distrito de Wankie, Zimbabue (entonces Rodesia). Todas las picaduras fueron sanadas y contadas.

La persona que ha sobrevivido más tiempo con una bala en la cabeza

En octubre de 1917, William Lawlis Pace (EE.UU.) tenía ocho años cuando le alcanzó accidentalmente un disparo en Wheeler, Texas, EE.UU. El impacto le causó una desfiguración facial, la pérdida total de la audición en el oído derecho y una ceguera parcial en el ojo derecho. El día de su muerte, el 23 de abril de 2012, a la edad de 103 años, la bala llevaba alojada en su cabeza 94 años y (al menos) 175 días.

El primer uso de la respiración boca a boca del que se tiene constancia

El primer caso documentado de una persona reanimada mediante la respiración boca a boca tuvo lugar el 3 de diciembre de 1732 en la villa de Alloa, Clackmannanshire, Escocia, R.U. El incidente fue descrito por el cirujano William Trossach en el *Medical Essays and Observations*, publicado en 1744.

El **primer uso de la respiración boca a boca para reanimar a una víctima de una descarga eléctrica** del que se tiene constancia tuvo lugar en 1749 en Filadelfia, EE.UU. El inventor y científico estadounidense Benjamin Franklin usó una potente descarga eléctrica para matar un pollo, que luego reanimó «soplando repetidamente en sus pulmones». Describió este experimento en una carta dirigida a la British Royal Society publicada al año siguiente.

En un ascensor
El 28 de julio de 1945, Betty Lou Oliver (EE.UU.) cayó 75 pisos (más de 300 m) tras la colisión de un bombardero B-25 en medio de la niebla contra el Empire State Building, en Nueva York, EE.UU.

Por el hueco de un ascensor
En mayo de 1998, Stuart Jones (Nueva Zelanda) cayó 23 pisos, o 70 m, por el hueco de un ascensor en el edificio Midland Park de Wellington, Nueva Zelanda.

Un niño
El 27 de marzo de 1971, Garry Augur (Canadá, cuyo nombre al nacer era Garry O'Neil) solo tenía 21 meses cuando cayó por una ventana desde un octavo piso (25,44 m) en Toronto, Ontario, Canadá. Aterrizó sobre una superficie de hierba y losas, y sobrevivió.

La cadera implantada más duradera

A 28 de junio de 2019, Norman Sharp (R.U.) conservaba la misma cadera izquierda implantada tras 70 años y 209 días. En 1930, lo ingresaron en el hospital con artritis séptica, y allí pasó cinco años mientras se le fusionaban las caderas y aprendía a caminar de nuevo. El 1 de diciembre de 1948, le reemplazaron la cadera izquierda y 21 días después se le practicó la misma operación en la derecha.

Anualmente se realizan más de 300.000 operaciones de reemplazo de cadera en EE.UU. La duración de estas articulaciones es de al menos 15 años.

Partes del cuerpo

▶ Más dedos en las manos y en los pies

El 11 de noviembre de 2014, se confirmó que Devendra Suthar (India) tenía un total de 28 dedos (14 en las manos y 14 en los pies) en Himatnagar, Gujarat, India. Devendra afirma que la polidactilia no interfiere en su trabajo como carpintero, aunque presta especial atención cuando ha de serrar.

A principios de 2020, apareció otra aspirante india al mismo título: Kumari Nayak tiene, al parecer, un mínimo de 17 dedos en los pies y 12 en las manos, pero aún ha de someterse a un examen médico.

▶ Las uñas más largas en ambas manos (mujeres)

La manicurista profesional Ayanna Williams (EE.UU.) se ha dejado crecer las uñas hasta una longitud combinada de 576,4 cm, corroborada el 7 de febrero de 2017. Ayanna tarda 20 h en pintárselas y usa dos botes de esmalte. Para dormir, protege sus uñas apoyándolas sobre una almohada.

Los lóbulos de orejas más largos (estirados)

Monte Pierce (EE.UU.) puede estirarse el lóbulo de la oreja izquierda hasta una longitud de 12,7 cm, y el de la derecha hasta los 11,4 cm. Cuando no están estirados, apenas alcanzan los 2,5 cm.

La barba más larga (mujeres)

Vivian Wheeler (EE.UU., arriba a la derecha) se dejó crecer la barba hasta los 25,5 cm de longitud desde el folículo a la punta, como se verificó el 8 de abril de 2011 en Milán, Italia. No obstante, no iguala a la **barba más larga de todos los tiempos (mujeres)**, de 36 cm de longitud, que lució *Madame Devere*, alias de Janice Devere, (EE.UU., arriba a la izquierda), en 1884.

La ▶ **mujer más joven con una barba completa** es Harnaam Kaur (R.U., abajo, n. el 29 de noviembre de 1990). Tenía 24 años y 282 días cuando se verificó su vello facial el 7 de septiembre de 2015.

La nariz más larga

La nariz de Mehmet Özyürek (Turquía) mide 8,8 cm desde el puente hasta la punta, como se comprobó el 18 de marzo de 2010.

Se cree que la **nariz más larga de la historia** fue la de Thomas Wedders (R.U.), un artista circense del siglo XVIII cuya prominente probóscide alcanzaba los 19 cm de longitud.

El 19 de marzo de 2008, Lloyd's of London (R.U.) informó de que Ilja Gort (Países Bajos) tenía la **nariz asegurada por más valor**. Ilja, propietario de un viñedo en Burdeos, Francia, aseguró su nariz por 5 millones de euros para salvaguardar su sustento como productor de vino.

Los ojos más saltones

Kim Goodman (EE.UU.) puede hacer que los ojos se le salgan de las órbitas 12 mm, como se verificó en Estambul, Turquía, el 2 de noviembre de 2007. Un optometrista midió la longitud de la protrusión con un aparato llamado exoftalmómetro.

▶ La rotación de pies más grande

Maxwell Day (R.U.) puede rotar el pie derecho 157°, como se verificó en Londres, R.U., el 23 de septiembre de 2015. También puede girar el pie izquierdo 143°. Maxwell dio un paso adelante para optar al récord en 2015 al ver una imagen de Moses Lanham, el anterior titular, en la convención Minecon de *Minecraft*. Posteriormente, se puso en contacto con GWR para informar de que él podía superarlo. No siente dolor cuando rota los pies.

Las uñas de los pies crecen un promedio de 1,6 mm al mes; las de las manos crecen unos 3,5 mm.

Las uñas de los pies más largas

Entre 1982 y 1991, Louise Hollis (EE.UU.) se dejó crecer las uñas de los pies hasta que alcanzaron una longitud combinada de 220,98 cm. Louise se embarcó en su inusual plan de belleza tras ver un programa de televisión sobre uñas largas. Para que las uñas no se arrastraran por el suelo, solo podía llevar zapatos abiertos con plataformas de 7 cm.

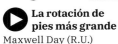

▶ Las piernas más largas (mujeres)

A 21 de febrero de 2020, la pierna izquierda de Maci Currin, de Cedar Park, Texas, EE.UU., medía 135,2 cm, mientras que la pierna derecha llegaba a los 134,3 cm. Maci mide 205,7 cm y espera seguir los pasos de su predecesora, Ekaterina Lisina (Rusia), que con 205,16 cm continúa siendo por ahora la ▶ **modelo más alta**.

El tórax más grande de la historia (hombres)

Robert Earl Hughes (EE.UU.) tenía un perímetro torácico de 315 cm. Durante un período de su vida (1926-58) fue la **persona más pesada del mundo**, con 484 kg.

La **cintura más ancha de la historia** fue la de Walter Hudson (EE.UU., detalle). En su amplitud máxima de 302 cm, la cintura de Walter triplicaba con creces la circunferencia promedio de un varón estadounidense de mediana edad.

▶ Los pies más grandes (mujeres)

A 23 de marzo de 2019, los pies de Julie Felton (R.U.) medían 32,9 cm (pie derecho) y 32,73 cm (pie izquierdo), tal y como se pudo comprobar en Ellesmere, Shropshire, R.U. Julie mide 195 cm de altura y afirma que sus pies alcanzaron su longitud actual cuando tenía entre 16 y 17 años de edad. En el pie derecho lleva tatuada una margarita, su flor preferida.

En su boda, celebrada en 2019, Julie llevó unos zapatos del número 49,5 hechos a medida.

ANATOMÍA ASOMBROSA: LOS RÉCORDS DEL CUERPO HUMANO

Los seis músculos oculares realizan más de 100.000 movimientos diarios, siendo los **músculos más activos**; el músculo orbicular de los ojos es el **músculo más rápido** (cierra el párpado en 0,1 s).

El estribo, o estapedio, en el oído medio, es el **hueso más pequeño**, con una longitud promedio de solo 3 mm.

La vena cava inferior es la **vena más grande** y transporta al corazón la sangre desoxigenada de la parte inferior del cuerpo. Su diámetro promedio en un adulto es de unos 2 cm.

El **órgano interno más grande** es el hígado, que puede alcanzar 1,5 kg de peso y 22 cm de longitud. La piel es el **órgano más grande**. Un varón adulto promedio puede llegar a tener entre 1,5 y 2 m² de piel.

El **reemplazo celular más rápido** ocurre en el revestimiento del tracto digestivo, donde las células se renuevan cada 3 o 4 días.

Las yemas de los dedos son la **parte del cuerpo más sensible al tacto**. Pueden distinguir entre dos puntos de contacto a solo 2 mm de distancia.

El músculo sartorio, que va de la cadera hasta debajo de la rodilla y tiene hasta 60 cm de longitud, es el **músculo más largo**.

El fémur es el **hueso más largo**. Puede llegar a los 50 cm de longitud en un humano de 180 cm de estatura.

La pantorrilla es la **parte del cuerpo menos sensible al tacto**. Es 22,5 veces menos sensible que las yemas de los dedos (arriba).

El ADN es la **molécula más grande de las células humanas**. Desenredado, llega a los 2 m de longitud.

El **grupo sanguíneo más raro** solo se ha encontrado en tres personas. Es un subtipo (hh) del fenotipo Bombay.

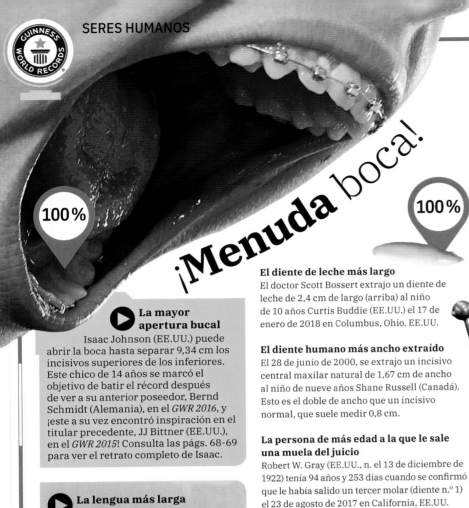

¡Menuda boca!

100 %

100 %

La mayor apertura bucal
Isaac Johnson (EE.UU.) puede abrir la boca hasta separar 9,34 cm los incisivos superiores de los inferiores. Este chico de 14 años se marcó el objetivo de batir el récord después de ver a su anterior poseedor, Bernd Schmidt (Alemania), en el *GWR 2016*, y ¡este a su vez encontró inspiración en el titular precedente, JJ Bittner (EE.UU.), en el *GWR 2015*! Consulta las págs. 68-69 para ver el retrato completo de Isaac.

La lengua más larga
La lengua de Nick Stoeberl (EE.UU.) mide 10,1 cm desde la punta hasta la mitad de su labio superior cerrado. Stoeberl, que es artista, declaró: «No solo soy capaz de lamerme la nariz, ¡también el codo!». El único inconveniente es el tiempo extra que tiene que pasar cepillándose la lengua todos los días.

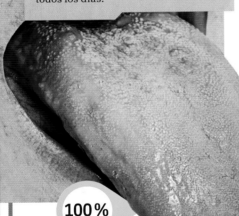

100 %

El diente de leche más largo
El doctor Scott Bossert extrajo un diente de leche de 2,4 cm de largo (arriba) al niño de 10 años Curtis Buddie (EE.UU.) el 17 de enero de 2018 en Columbus, Ohio, EE.UU.

El diente humano más ancho extraído
El 28 de junio de 2000, se extrajo un incisivo central maxilar natural de 1,67 cm de ancho al niño de nueve años Shane Russell (Canadá). Esto es el doble de ancho que un incisivo normal, que suele medir 0,8 cm.

La persona de más edad a la que le sale una muela del juicio
Robert W. Gray (EE.UU., n. el 13 de diciembre de 1922) tenía 94 años y 253 días cuando se confirmó que se le había salido un tercer molar (diente n.º 1) el 23 de agosto de 2017 en California, EE.UU.

La **persona más joven a la que se le ha extraído una muela del juicio** es Matthew Adams (EE.UU., n. el 19 de noviembre de 1992), a quien le quitaron las dos muelas del juicio inferiores (n.º 17 y n.º 32) en Midland, Michigan, EE.UU., el 24 de octubre de 2002 a los 9 años y 339 días.

La mordedura humana más fuerte
En agosto de 1986, Richard Hofmann (EE.UU.) alcanzó una potencia de mordida de 442 kg durante dos segundos en una prueba de investigación realizada en la Universidad de Florida, EE.UU., en la que se empleó un gnatodinamómetro (un instrumento que mide la fuerza de mordida). Esto es más de seis veces la fuerza de mordida normal.

El primer uso de la odontología forense
El primer caso del que se tiene constancia de un cadáver identificado a partir de sus dientes se dio en el año 66 d.C. Tras ordenar la muerte de su rival Lollia Paulina, a la emperatriz romana Agripina le trajeron su cabeza. Los rasgos de Lollia se habían descompuesto hasta resultar irreconocibles, pero Agripina la identificó por sus característicos dientes.

INTERVENCIONES DENTALES

▶ **Los dientes postizos más caros vendidos en una subasta**
La dentadura postiza usada en tiempos de guerra por el primer ministro británico Winston Churchill se vendió por 23.703 dólares, el triple del precio estimado, a un postor anónimo el 29 de julio de 2010.

◀ **La dentadura postiza con la póliza de seguro más cara**
Un conjunto de dientes postizos del presidente de EE.UU. George Washington (1732-99) está asegurado en 10 millones de dólares. Actualmente se expone en Mount Vernon, la antigua vivienda de Washington, en Virginia, EE.UU.

▶ **Los dientes postizos más antiguos**
Hallazgos en tumbas etruscas sugieren que ya en el año 700 a.C. se usaban dentaduras postizas parciales en el territorio de la actual Toscana, Italia. Algunas estaban unidas permanentemente a los dientes existentes, y otras eran extraíbles.

◀ **La persona más joven en usar una dentadura postiza completa**
Una enfermedad llamada displasia ectodérmica hipohidrótica dejó a Daniel Sanchez-Ruiz (R.U.) con anodoncia completa, es decir, sin dientes. Le pusieron una dentadura postiza completa con 3 años y 301 días, el 25 de febrero de 2005.

▲ **La joyería dental más valiosa**
El 11 de octubre de 2017, la megaestrella del pop Katy Perry lució una joyería dental valorada en 1 millón de dólares en el vídeo musical de «Dark Horse», grabado en Los Ángeles, California, EE.UU. El odontólogo estético William Dorfman, con ayuda de DaVinci Labs y los joyeros de XIV Karat (todos de EE.UU.), se encargó de crear esta prótesis repleta de gemas.

HISTORIA BUCAL

2600 a.C.
El primer dentista
Una inscripción en la tumba del médico Hesy-Re incluye el título «el más grande de los que tratan con dientes».

1700-1500 a.C.
El primer tratado sobre Odontología
El *papiro Ebers* es la descripción más antigua que se conoce de enfermedades dentales y remedios para el dolor de muelas.

700 a.C.
Los primeros dientes postizos
Los etruscos, una antigua civilización que vivió en el territorio de la actual Italia, hacían dientes postizos con restos humanos y animales (ver arriba a la derecha).

1530
El primer libro de Odontología
Artzney Büchlein escribe *Little Medicinal Book for All Kinds of Diseases and Infirmities of the Teeth*.

1780
El primer cepillo de dientes
William Addis (R.U.) fabrica el primer cepillo de dientes moderno. Hizo el primer prototipo con cerdas y hueso de cerdo mientras estaba en prisión por amotinamiento.

1790
La primera silla de dentista
Josiah Flagg (EE.UU.) construye la primera silla pensada para consultas odontológicas; la silla Wilkerson, la primera silla de dentista hidráulica, aparece en 1877.

1880
El primer tubo de pasta de dientes
El cirujano maxilofacial Washington Sheffield (EE.UU.) inventa el tubo de metal plegable.

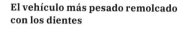

La lengua más ancha (hombres)

Medida el 30 de julio de 2018 en La Cañada, California, EE.UU., la lengua de Brian Thompson (EE.UU.) tiene un ancho máximo de 8,88 cm. «Mi lengua ha sido motivo de diversión para mis amigos y familia durante años», dice Brian.

La **lengua más ancha (mujeres)** alcanza los 7,33 cm en su punto más ancho y pertenece a Emily Schlenker, de Nueva York, EE.UU.

La maqueta más grande de un diente

El 3 de febrero de 2019, se presentó al público una maqueta gigante de un diente de 10,13 m de alto y 5,86 m de ancho en Pudukkottai, Tamil Nadu, India. Este molar mandibular hecho con yeso de París fue obra del Dr. G. Rajesh Kannan (en la foto), Dental Primary y Thank You Dentist (todos de la India).

Más personas cepillándose los dientes (en un único lugar)

El 7 de noviembre de 2019, 26.382 personas se cepillaron los dientes simultáneamente en Bhubaneswar, Odisha, India. El evento fue organizado por la Indian Association of Public Health Dentistry, el Instituto de Ciencias Sociales Kalinga y Colgate-Palmolive India (todos de la India) para promover la higiene dental.

El mayor peso en equilibrio sobre los dientes

El 17 de mayo de 2007, Frank Simon (EE.UU.) sostuvo sobre sus dientes una nevera de 63,5 kg durante 10 s en Roma, Italia.

El diente más caro vendido en una subasta

El 5 de noviembre de 2011, el dentista canadiense Michael Zuk compró un molar perteneciente al exbeatle John Lennon por 36.857 dólares. Al parecer, Lennon le había regalado el diente (descrito como «marrón con una caries») a su empleada doméstica.

Más dientes en la boca

Vijay Kumar VA (India) tiene 37 dientes en la boca, según pudo comprobarse el 20 de septiembre de 2014 en Bangalore, India. La cifra supone cinco dientes más que la media humana. Vijay está orgulloso de su título GWR, aunque admite que hay algunas desventajas, como morderse la lengua más a menudo...

El vehículo más pesado remolcado con los dientes

El 7 de enero de 2015, Igor Zaripov (Rusia) utilizó sus mandíbulas de acero para desplazar 5 m un autobús de 13,71 t en Jiangsu, China.

La mayor colección de dientes humanos

En 1903, Giovanni Battista Orsenigo (1837-1904), un monje y dentista italiano, había acumulado 2.000.744 dientes humanos tras 36 años de carrera. La elevada cifra hace poco probable que todos los dientes fueran extraídos por el hermano Orsenigo personalmente.

A 5 de noviembre de 2008, Grigori Fleicher (Rusia) había cumulado la **mayor colección de cepillos de dientes**: 1.320.

La boca más ancha

Chiquinho, alias de Francisco Domingo Joaquim (Angola), tiene una boca de 17 cm de ancho, ¡lo suficiente como para albergar una lata de refresco colocada de lado! GWR lo descubrió en internet, y fueron necesarios otros dos años para lograr encontrarlo en un mercado de Angola.

Chiquinho, la «asombrosa mandíbula angoleña», puede estirar tanto sus labios debido a un trastorno del tejido conectivo.

1885
La primera asistente dental
C. Edmund Kells, un prominente dentista en Nueva Orleans, Luisiana, EE.UU., contrata a Malvina Cueria (EE.UU.) para que lo ayude en su trabajo.

1896
La primera radiografía dental
Kells se convierte también en el primer dentista en tomar una radiografía dental (rayos X) de un paciente vivo.

1927
El primero cepillo de dientes eléctrico
La Electro Massage Tooth Brush Company fabrica su primer modelo; en 1961 lo seguirían versiones sin cable y recargables.

El tamaño importa: Los más altos...

Político

Jon Godfread (EE.UU.) mide 210,76 cm, como se verificó el 4 de octubre de 2019 en Bismarck, Dakota del Norte, EE.UU. Después de terminar la universidad, fue jugador de baloncesto profesional en Alemania durante seis meses antes de regresar a Dakota del Norte. En 2016, fue nombrado comisionado estatal de seguros.

▶ Persona

El turco Sultan Kösen mide 251 cm, tal y como se comprobó el 8 de febrero de 2011 en Ankara, Turquía. Su enorme estatura se debe a un tumor en la glándula pituitaria, que se logró controlar gracias a una operación a la que fue sometido en 2008. Sultan es la tercera persona más alta de todos los tiempos (ver a la derecha).

La **mujer más alta** es Siddiqa Parveen (India). No puede mantenerse en pie, pero en diciembre de 2012, un médico calculó que su altura era de por lo menos 233,6 cm.

Familia

La familia Zegwaard, formada por Sjoerd, el padre, Janneke van Loo, la madre, y su tres hijos, Dirk, Rinze y Sjoerd H. (todos de los Países Bajos), tienen una estatura media de 201,18 cm. Todos los miembros, que en su mayoría deben agachar la cabeza para pasar por una puerta, fueron medidos en Weesp, Países Bajos, el 13 de octubre de 2019.

Mujer (de todos los tiempos)

En el momento de su muerte, Zeng Jinlian (China, 1964-82) medía 246,3 cm. Ninguno de sus progenitores era especialmente alto, pero su crecimiento se aceleró a partir de los cuatro meses y, a los 13 años, ya medía 217 cm. Residió en el pueblo de Yujiang, en la comuna de la Luna Brillante, provincia de Hunan.

▶ Matrimonio

Sun Mingming y su esposa Xu Yan (ambos de China) miden 236,17 y 187,3 cm, respectivamente, lo que representa una altura combinada de 423,47 cm. Sun, jugador de baloncesto, conoció a Xu, jugadora de balonmano, en los Juegos Nacionales de China 2009, y posteriormente se casaron en Pekín, China, el 4 de agosto de 2013.

Gemelos (de todos los tiempos; hombres)

Los gemelos Lanier (EE.UU., n. en 1969): Michael (que murió en 2018) y James, medían cada uno 223,5 cm. Michael hizo una breve pero escalofriante aparición como gigante en la película de terror *Está detrás de ti* (EE.UU., 2015).

Adolescente (de todos los tiempos; mujeres)

Anna Haining Swan (Canadá, 1846-88) alcanzó los 241,3 cm de altura cuando tenía 17 años. A los seis años, era supuestamente más alta que su madre, que medía 165,1 cm.

El 17 de junio de 1871, Anna se casó con Martin van Buren Bates, conocido como el Gigante de Kentucky (EE.UU., 1837-1919), de 236,22 cm de estatura. Formaron el **matrimonio más alto de todos los tiempos**, con una altura combinada de 477,52 cm.

Persona (de todos los tiempos)

Robert Pershing Wadlow (EE.UU., 1918-40) medía 272 cm, tal y como se constató la última vez que se registró, el 27 de junio de 1940. Su estatura sin precedentes respondía a una hipertrofia de la glándula pituitaria. Robert necesitaba consumir hasta 8.000 calorías diarias y, a los 21 años, llegó a alcazar un extraordinario peso de 222,71 kg.

Con 17 años, Robert ya medía 245 cm, y se convirtió en el adolescente más alto de todos los tiempos.

A los 9 años, Robert podía levantar a su padre, cuya estatura era de 180 cm y pesaba 77 kg, y subirlo por la escalera de su casa.

Nacionalidades

Según la revista *eLife* del 26 de julio de 2016, la estatura media de las guatemaltecas era de 149,4 cm. Los hombres de Timor Oriental median un promedio de aproximadamente 160 cm.

Especialista

Kiran Shah (R.U., n. en Kenia) ha aparecido en más de 50 películas desde 1976. Debido a su corta estatura, mide 126,3 cm tal y como se comprobó el 20 de octubre de 2003, Kiran recibe a menudo ofertas para hacer de doble de niños. También hizo de doble de Elijah Wood en la trilogía de *El Señor de los Anillos* (Nueva Zelanda/EE.UU., 2001-03).

Pianista profesional (de todos los tiempos)

Michel Petrucciani (Francia, 1962-99) fue un célebre pianista de jazz de 91 cm de estatura. A pesar de la multitud de fracturas de huesos que le provocó su osteogénesis imperfecta, Michel se convirtió en un artista muy solicitado y se negó a que la enfermedad limitara sus ambiciones. Fue galardonado con el prestigioso premio francés Django Reinhardt, entre otros.

La estatura de Frank se debe a una acondroplasia, a una causa más común del enanismo.

◢ Conductor de autobús

El 5 de febrero de 2018, Frank Faeek Hachem (R.U., n. en Irak) media 136,2 cm, tal y como se comprobó en Chichester, Sussex Occidental, R.U. Se trasladó a vivir al R.U. hace más de 20 años y desde 2017 trabaja como conductor. Frank conduce un autobús estándar, aunque debe asegurarse de tener el asiento echado bien hacia delante y de colocar el volante a su medida.

Los más bajos...

Persona (de todos los tiempos)

Chandra Bahadur Dangi (Nepal, 1939-2015) media 54,6 cm, como se constató el 26 de febrero de 2012 en la Clínica CIWEC de Lainchaur, Katmandú, Nepal.

◢ Mujer

Jyoti Amge (India) media 62,8 cm tal y como se comprobó el 16 de diciembre de 2011 en Nagpur, India. Para conocer más cosas sobre Jyoti, consulta la pág. 84.

La **mujer más baja de todos los tiempos** es Pauline Musters, conocida como la *Princesa Pauline* (Países Bajos, 1876-95). Midió 30 cm al nacer, y a los 9 años su estatura era de 55 cm y pesaba tan solo 1,5 kg. Murió de una neumonía complicada con meningitis en la ciudad de Nueva York, EE.UU., a los 19 años. Cuando se le hizo la autopsia, se comprobó que media exactamente 61 cm.

Gemelos (de todos los tiempos)

Nacidos en 1901 en Budapest, Hungría, los gemelos Matyus (que murió en 1954) y Béla Matina (hacia 1957) median 76 cm. Se convirtieron en ciudadanos estadounidenses en 1924 y trabajaron en circos como Mike y Ike Rogers. También aparecieron como *munchkins* en *El mago de Oz* (EE.UU., 1939).

Matrimonio

◢ Cuando fueron medidos en Itapeva, São Paulo, Brasil, el 3 de noviembre de 2016, Paulo Gabriel da Silva Barros y Katyucia Lie Hoshino (ambos de Brasil) tenían una altura combinada de 181,41 cm. La pareja se conoció en una red social en diciembre de 2008. En un primer momento, Katyucia bloqueó a Paulo, pero este finalmente logró conquistarla y se casaron el 17 de septiembre de 2016.

● Hombre (con movilidad)

Edward Niño Hernández (Colombia, a la derecha) midió 72,1 cm el 29 de febrero de 2020 en Bogotá, Colombia.

A sus 33 años, y tras la muerte de Khagendra Thapa Magar (Nepal, ver detalle arriba) el 17 de enero de 2020, reclamó de nuevo el título que ya había ostentado en 2010. Khagendra falleció víctima de una neumonía a los 27 años.

Actualmente, el ● **hombre más bajo (sin movilidad)** es Junrey Balawing (Filipinas, n. el 12 de junio de 1993), que midió 59,93 cm el 12 de junio de 2011 en Sindangan, Filipinas.

Cuerpos modificados

Conocida como la «Dama Vampiro Mexicana», Maria José Cristerna (México) es madre de cuatro hijos y exabogada convertida en tatuadora que viaja por todo el mundo para contar la historia de su metamorfosis.

Maria se hizo su primer tatuaje a los 14 años y hoy luce la **mayor cantidad de modificaciones corporales (mujeres)**: 49. Maria se embarcó en una campaña de autotransformación para presentarse como una guerrera y un modelo de fortaleza femenina. Se refiere a su piel como un «tapiz», y usa sus tatuajes como una especie de autobiografía gráfica; las estrellas en su rostro, por ejemplo, hacen referencia a su difunta madre.

Implantes subdérmicos en la frente. Según Maria, representan la corona de una reina.

Cuernos de titanio implantados

Cuatro barras en la nariz

Nueve *piercings* en la ceja derecha

10 *piercings* en la ceja izquierda

Ojos coloreados de azul celeste

Anillo en la nariz unido al aro de la oreja izquierda

Expansores en los lóbulos de ambas orejas

Colmillos para completar una apariencia vampírica

Tres *piercings* en el labio inferior

96 % del cuerpo cubierto con tatuajes

Implantes subdérmicos (es decir, debajo de la piel)

Implantes subdérmicos
con forma de cuerno

Un total de 37 *piercings*
en ambas cejas

111 *piercings* alrededor
de los labios y de la boca

Rolf Buchholz (Alemania) es el rey de las
modificaciones corporales, a pesar de que
este asesor en tecnología de la información
empezó su transformación relativamente tarde:
se hizo su primer tatuaje y su primer *piercing* el
mismo día, con 40 años. A continuación, se fue
transformando de la cabeza a los pies.

Rolf ahora tiene 481 *piercings*, 35 implantes y otras
modificaciones: el **mayor número modificaciones
corporales (hombres)**, con 516, tal y como se verificó
el 12 de diciembre de 2012.

Tras dos décadas de incesantes transformaciones
corporales, Rolf sigue buscando nuevos desafíos y formas
de reinventarse a sí mismo. Últimamente ha adoptado
un estricto programa de mantenimiento físico y ha
completado cuatro maratones en dos años.

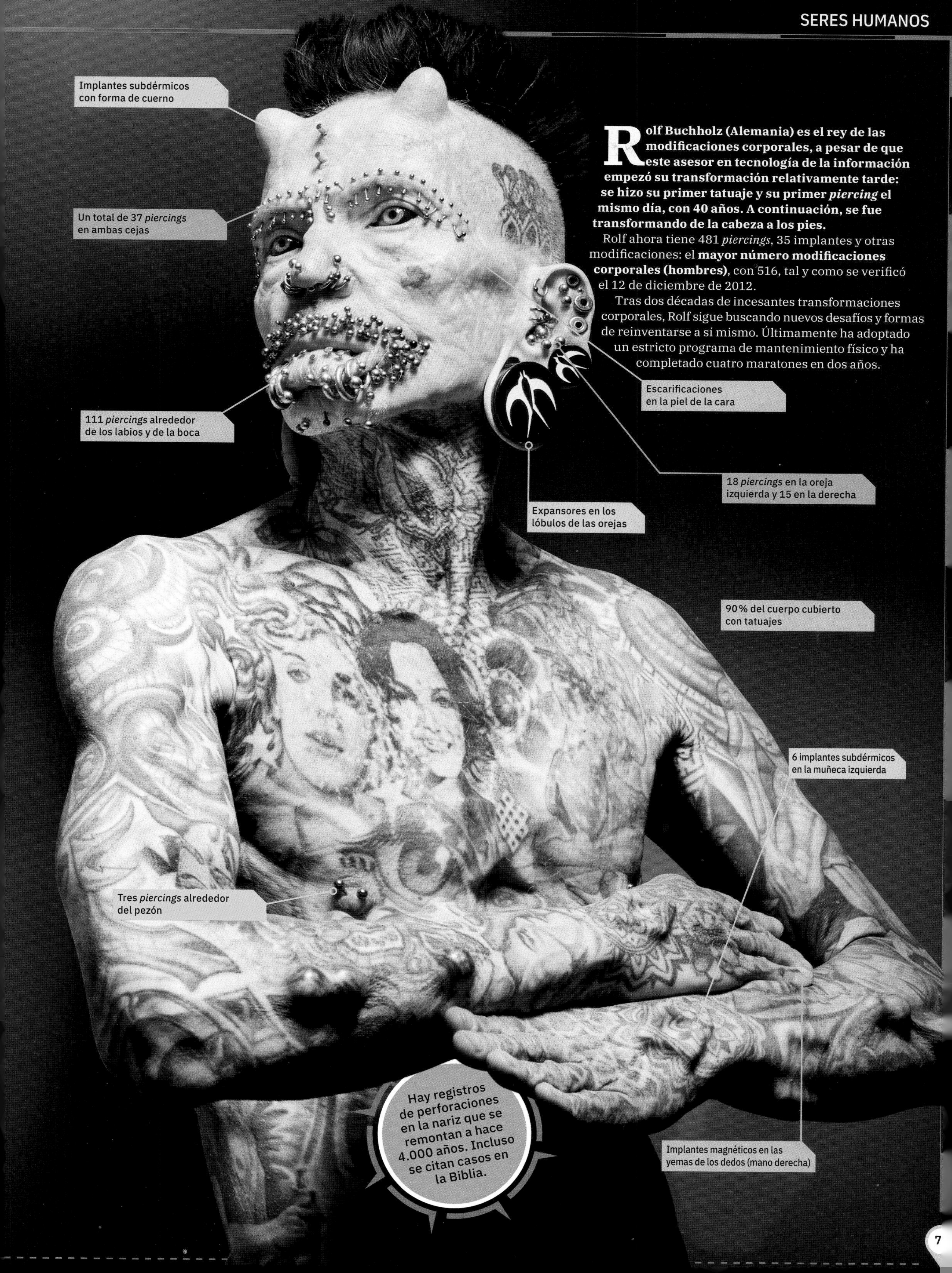

Escarificaciones
en la piel de la cara

18 *piercings* en la oreja
izquierda y 15 en la derecha

Expansores en los
lóbulos de las orejas

90 % del cuerpo cubierto
con tatuajes

6 implantes subdérmicos
en la muñeca izquierda

Tres *piercings* alrededor
del pezón

Hay registros
de perforaciones
en la nariz que se
remontan a hace
4.000 años. Incluso
se citan casos en
la Biblia.

Implantes magnéticos en las
yemas de los dedos (mano derecha)

Los más longevos...

Persona en lanzar un álbum de debut
Colin Thackery (R.U., n. el 9 de marzo de 1930) tenía 89 años y 195 días cuando sacó su primer álbum, *Love Changes Everything*, el 20 de septiembre de 2019. La octogenaria cantante ganó la 13.ª edición del programa televisivo *Britain's Got Talent* (ITV, R.U.).

Persona en cruzar a remo un océano en solitario
Graham Walters (R.U., n. el 17 de julio de 1947) tenía 72 años y 192 días cuando salió de las islas Canarias para cruzar a remo el Atlántico, y el 29 de abril de 2020 llegó a Antigua. Navegó en el *George Geary*, que lleva el nombre de su abuelo. Era la quinta vez que Graham cruzaba el Atlántico y su tercera hazaña en solitario.

Youtuber de videojuegos
A 25 de noviembre de 2019, Hamako Mori (Japón, n. el 18 de febrero de 1930) mantenía activo su canal de YouTube «Gamer Grandma» con 89 años y 280 días. Hamako, que juega al *Call of Duty*, al *Resident Evil* y al *Grand Theft Auto*, entre otros, cuenta con más de 150.000 suscriptores y 8 millones de visualizaciones.

Monarca reinante
Su Majestad la reina Isabel II (R.U., n. el 21 de abril de 1926) celebró su 94.º cumpleaños en 2020. Subió al trono el 6 de febrero de 1952, por lo que es la **monarca reinante más longeva**, después de cumplir 68 años y 75 días de mandato el día de su cumpleaños. Se convirtió en la monarca más longeva el 23 de enero de 2015, a los 88 años y 277 días, tras la muerte del rey Abdullah de Arabia Saudí.

Persona en encabezar la lista oficial de sencillos del R.U.
El 30 de abril de 2020, el conocido popularmente como «Capitán Tom» Moore (R.U., n. el 30 de abril de 1920) debutó como n.º 1 exactamente a los 100 años de edad con *You'll Never Walk Alone*, que interpreta junto a Michael Ball y el coro de NHS Voices of Care (ambos de R.U.). Este veterano de guerra del ejército británico saltó a la fama al dar 100 vueltas a su jardín de 25 m de largo durante la pandemia por COVID-19. Su campaña generó más de 32,79 millones de libras para el Servicio Nacional de Salud británico (NHS): la **mayor cantidad de dinero que ha recaudado una caminata benéfica (individual)**.

Mujer en saltar con paracaídas en tándem
El 15 de agosto de 2019, Kathryn *Kitty* Hodges (EE.UU., n. el 9 de abril de 1916) saltó de un avión a 3.048 m sobre Snohomish en Washington, EE.UU., a los 103 años y 128 días de edad. La intrépida centenaria se inspiró en su hijo Walter, un apasionado del paracaidismo acrobático. Kitty aseguró no estar nerviosa antes de que la amarraran al instructor de vuelo. «Es divertido», declaró, «¿qué hay de malo en divertirse? ¡Aleluya!».

Director de orquesta
Frank Emond (EE.UU., n. el 21 de mayo de 1918) tenía 101 años y 6 días cuando se puso al frente de la Pensacola Civic Band en la interpretación de «The Stars and Stripes Forever» en el concierto del Memorial Day celebrado el 27 de mayo de 2019 en Florida, EE.UU. Corneta de la banda de la Marina y director de orquesta entre 1938 y 1968, Frank iba a bordo del USS *Pennsylvania* durante el ataque a Pearl Harbor en 1941. Empezó a dirigir la Pensacola Civic Band en 2011.

Asesora de belleza
A 18 de septiembre de 2019, Kikue Fukuhara (Japón, n. el 31 de marzo de 1920), responsable de belleza de la tienda Rijyo en Hiroshima, Japón, permanecía en activo con 99 años y 171 días. Kikue sobrevivió a la bomba atómica lanzada en la ciudad el 6 de agosto de 1945, y en 1960 entró en la empresa de cosméticos POLA. «No hay un solo día del año en que no me maquille. Nunca hay que descuidar el aspecto personal».

«¡Es normal que Kitty haga cosas fuera de lo común!», exclamó un amigo que presenció el salto.

Mujer en ir en bicicleta de Land's End hasta John o' Groats
Mavis Margaret Paterson (R.U., n. el 24 de mayo de 1938; izquierda) tenía 81 años y 29 días cuando llegó a John o' Groats, en el norte de Escocia, el 22 de junio de 2019. Había salido de la costa de Cornualles, en el sudoeste de Inglaterra, el 30 de mayo. Su amiga Heather Curley la acompañó en el trayecto.

Jugador de *footbag* en competir
Ken Moller (EE.UU., n. el 14 de julio de 1947) compitió a los 72 años y 34 días en los Open Footbag Championships de 2019 disputados en Boston, Massachusetts, EE.UU. Se inició en este deporte alrededor de los 40, cuando su hijo lo descubrió en la universidad, y participó en su primera competición de *footbag* en 2009 a los 61 años. Ken entrena una hora casi cada día.

Mujer

Kane Tanaka (Japón, n. el 2 de enero de 1903) tenía 117 años y 131 días a 12 de mayo de 2020 en Fukuoka, Japón. En enero de 2020, celebró su 117.º cumpleaños en una residencia de la tercera edad. Actualmente, es también la **persona viva más longeva**. La **persona más longeva de todos los tiempos**, Jeanne Louise Calment (Francia, n. el 21 de febrero de 1875), murió el 4 de agosto de 1997, a los 122 años y 164 días.

Banda de música

A fecha del concierto ofrecido el 27 de octubre de 2019, el Golden Senior Trio (Japón, formado en 2008) tenía una edad media de 87 años y 132 días: Naoteru Nabeshima al vibráfono (93 años y 166 días), Zensho Otsuka al piano (85 años y 254 días) y Naosuke Miyamoto al bajo (82 años y 348 días).

Modelo de una portada de *Vogue*

La actriz Judi Dench (R.U., n. el 9 de diciembre de 1934) apareció en la portada de junio de 2020 de la edición británica de *Vogue*, el 7 de mayo, a los 85 años y 150 días de edad. Dench también ostenta el récord del **mayor número de premios Laurence Olivier ganados** (8).

Heliesquiador

Los practicantes del heliesquí son trasladados a las cimas de las montañas en helicóptero y luego las descienden esquiando. El 28 de marzo de 2019, Gordon Precious (Canadá, n. el 26 de mayo de 1924) descendió el Monte Cariboo en la Columbia Británica, Canadá, a los 94 años y 306 días de edad.

Dentista

A 26 de febrero de 2020, Seiji Sakanashi (Japón, n. el 24 de mayo de 1923) seguía en activo cinco días por semana a los 96 años y 278 días de edad en Suginami, Tokio, Japón. Todavía le falta bastante para superar a la **doctora más longeva de todos los tiempos**, la pediatra Leila Denmark (EE.UU., 1898-2012), que se jubiló en mayo de 2001 ¡a los 103 años!

A fecha de cierre de la presente edición, Maria Branyas, de 113 años (n. el 4 de marzo de 1907), de Girona, España, era la paciente más longeva conocida en sobrevivir a la COVID-19.

En clasificarse para una ronda eliminatoria de la National Hot Rod Association (NHRA)

El piloto de aceleración Chris Karamesines (EE.UU., n. el 11 de noviembre de 1931) tenía 87 años y 335 días cuando se clasificó para la ronda eliminatoria de los Carolina Nationals de la NHRA el 12 de octubre de 2019. La velocidad máxima que alcanzó en una carrera fue de 504,54 km/h, lograda en 2015 a los 83 años.

Pareja de hermanos (hombres)

Los hermanos Albano Andrade (n. el 14 de diciembre de 1909) y Alberto Andrade (n. el 2 de diciembre de 1911, ambos de Portugal) tenían una edad combinada de 216 años y 230 días (verificada el 2 de abril de 2019 en Santa Maria da Feira, Aveiro, Portugal). Albano es el hombre vivo más anciano de Portugal.

Matrimonio

A 27 de diciembre de 2019, John Henderson (n. el 24 de diciembre de 1912) y su esposa Charlotte (n. el 8 de noviembre de 1914) de Austin, Texas, EE.UU., tenían una edad combinada de 212 años y 52 días. Se conocieron en 1934 y se casaron en 1939. El 22 de diciembre de 2019, Charlotte y John celebraron sus bodas de roble (80 años de matrimonio), con 105 y 106 años, respectivamente.

Hombre

Al cierre de la presente edición, recibimos la triste noticia del fallecimiento de Robert Weighton (R.U., 29 de marzo de 1908-28 de mayo de 2020), nacido en Alton, Hampshire, Reino Unido. Robert, quien alcanzó la edad de 112 años y 60 días, se convirtió en el hombre más anciano tras la muerte de Chitetsu Watanabe (Japón, n. el 5 de marzo de 1907, abajo) el 26 de febrero de 2020, pero solo disfrutó del récord tres meses.

El **hombre más longevo de todos los tiempos**, Jiroemon Kimura (Japón, n. el 19 de abril de 1897), falleció el 12 de junio de 2013 a los 116 años y 54 días de edad.

Las 10 personas vivas de más edad

#	Nombre	Nacimiento	Edad
1	Kane Tanaka (Japón)	2 ene 1903	117 años y 131 días
2	Lucile Randon (Francia)	22 feb 1904	116 años y 91 días
3	Jeanne Bot (Francia)	14 ene 1905	115 años y 119 días
4	Shigeyo Nakachi (Japón)	1 feb 1905	115 años y 101 días
5	Hester Ford (EE.UU.)	15 ago 1905	114 años y 271 días
6	Iris Westman (EE.UU.)	28 ago 1905	114 años y 258 días
7	Mina Kitagawa (Japón)	3 nov 1905	114 años y 191 días
8	Tekla Juniewicz (Ucrania)	10 jun 1906	113 años y 337 días
=9	Anne Brasz-Later (Países Bajos)	16 jul 1906	113 años y 301 días
=9	Irene Dutton (EE.UU.)	16 jul 1906	113 años y 301 días

Fuente: Grupo de Investigación Gerontológica, a 12 de mayo de 2020; todo mujeres

Robert nació el mismo día que Joan Hocquard, de 112 años, actualmente la mujer más anciana de Gran Bretaña.

Recopilatorio

La primera separación con éxito de siameses

El cirujano suizo Johannes Fatio separó a dos siamesas en Basilea, Suiza, en una operación de tres etapas que finalizó el 3 de diciembre de 1689. Las pacientes eran dos niñas, Elisabet y Catherina, unidas por el esternón. Las dos se recuperaron completamente tras la intervención y pudieron ser alimentadas con normalidad.

El bebé más prematuro

James Elgin Gill, hijo de Brenda y James Gill (todos de Canadá), nació el 20 de mayo de 1987 en Ottawa, Ontario, Canadá. El parto se adelantó 128 días y James solo pesó 624 g, casi seis veces menos que el peso medio de un bebé recién nacido.

Los gemelos más prematuros

Kambry y Keeley Ewoldt (de izquierda a derecha, ambos de EE.UU.) nacieron el 24 de noviembre de 2018 en la University of Iowa Hospitals & Clinics de la ciudad de Iowa, EE.UU. Los gemelos tenían una edad gestacional de 22 semanas y 1 día, o 155 días, lo que significa que nacieron con 125 días de antelación. La fecha aproximada del parto habría sido el 29 de marzo de 2019.

Más generaciones nacidas en el mismo día

Seis familias formadas por miembros de cuatro generaciones cumplen años el mismo día. La persona más joven que batió el récord en esta categoría es Lori Peeler (EE.UU.), que nació el 13 de agosto de 2017. Su cumpleaños coincide con el de su madre (1980), su abuelo (1950) y su bisabuela (1926), en la imagen.

Más nacimientos consecutivos de niño/niña en una familia

En la familia Ewers de Chicago, Illinois, EE.UU., hubo una sucesión de 11 nacimientos de niño y niña alternativamente entre 1955 y 1975. La serie se verificó el 23 de febrero de 2018.

Las primeras madre e hija supercentenarias

Las personas supercentenarias son aquellas que han alcanzado o superado la edad de 110 años. Mary P. Romero Zielke Cota (EE.UU., n. en 1870) murió en 1982 a los 112 años y 17 días. Su hija, Rosabell Zielke Champion Fenstermaker (EE.UU., n. en 1893), tuvo una vida casi igual de longeva, y murió en 2005 a los 111 años y 344 días.

El culturista profesional más bajo

Vince Brasco (EE.UU.) mide 127 cm. Nació con acondroplasia, una enfermedad que se caracteriza por provocar una limitación en el desarrollo de las extremidades. Tras someterse a 15 operaciones durante su infancia, Vince empezó a practicar halterofilia para fortalecer sus músculos. Conocido como Mini Hulk, debutó en la categoría de peso gallo en los campeonatos NPC (National Physique Committe) de Pittsburgh de 2014 en Pensilvania, EE.UU.

Vince a veces trabaja de voluntario en el parque de bomberos de su localidad en Greensburg, Pensilvania, lo que lo convierte también en el **bombero más bajo**.

El eructo más ruidoso

Paul Hunn (R.U.), que desde hace 20 años es el «rey de los eructos», fijó por primera vez un récord por sus atronadores eructos en mayo de 2000. Su último eructo oficial, registrado el 23 de agosto de 2009 en Bognor Regis, Sussex Occidental, R.U., alcanzó los 109,9 decibelios.

La sesión de tatuaje más larga

El tatuador Aleksandr Pakostin (Rusia) realizó una sesión de 60 h y 30 min en su estudio de Vologda, Rusia, que finalizó el 12 de septiembre de 2019. Hizo 15 tatuajes a 12 personas.

El mayor número de tatuajes del mismo personaje de dibujos animados

Nikolay Belyanskiy (Rusia) se tatuó 52 veces a Rick, de *Rick and Morty* (Adult Swim, EE.UU.) por todo el cuerpo en una única sesión de 9 h y 30 min en Moscú, Rusia. El recuento se confirmó el 31 de agosto de 2019.

El recién nacido más pequeño

Como ratificó el Registro de Bebés más Pequeños, el peso más bajo que se conoce de un recién nacido vivo es de 245 g, y se atribuyó a «Saybie» (EE.UU.; se ha protegido su nombre real por razones de privacidad). Con un peso similar al de una manzana, nació por cesárea de urgencia en diciembre de 2018 en el Sharp Mary Birch Hospital de San Diego, California, EE.UU. El embarazo solo duró 23 semanas y 3 días.

Vince empezó a hacer culturismo en parte para controlar su masa corporal. Un exceso de peso puede causar problemas articulares y de espalda a las personas que padecen enanismo.

El tetrapléjico más longevo

En 1959, Walter Lewis (EE.UU., n. el 17 de septiembre de 1940) sufrió un accidente de coche a los 19 años cuando regresaba a casa tras celebrar el Día de Acción de Gracias que le causó una parálisis. En 2019, Lewis, que actualmente reside en Gautier, Misisipi, EE.UU., celebró su 79.º cumpleaños, y el 23 de marzo de 2020 fue declarado el tetrapléjico más longevo, 60 años y 115 días después del accidente.

El jugador más alto de la NBA

Tacko Fall (Senegal, abajo) debutó en la NBA con los Boston Celtics el 26 de octubre de 2019. Mide 226 cm y alcanza los 311 cm con los brazos estirados, ¡lo que significa que puede hacer un mate sin saltar!

El título del **jugador más alto de la NBA de todos los tiempos** lo comparten Gheorghe Mureșan (Rumanía) y Manute Bol (EE.UU., n. en Sudán). Ambos miden 231 cm.

El adolescente con las manos más grandes

Cada una de las manos enormes de Lars Motza (Alemania), de 17 años, mide 23,3 cm desde la muñeca hasta el extremo del dedo corazón, tal y como se comprobó en Berlín, Alemania, el 12 de diciembre de 2019. Lars también presume de ser el **adolescente con los pies más grandes**. Su pie izquierdo mide 35,05 cm de largo y el derecho, 34,9 cm, tal y como se verificó el 19 de noviembre de 2018. Calza un número 57.

La secuencia de colores más larga memorizada

Subhash Mogili (India) memorizó una serie de 170 colores en Hyderabad, India, el 12 de junio de 2019. La prueba consiste en que el concursante recuerde una secuencia de cuatro colores, generados por un programa informático, que se muestran al azar por un espacio de tiempo determinado. Si quieres conocer más hitos «memorables», consulta la tabla de la derecha.

El cabello más largo

Los rizos de Xie Qiuping (China) alcanzaban los 5,627 m el 8 de mayo de 2004. Se ha dejado crecer el pelo desde 1973, cuando tenía 13 años. Pero, aparte del cuero cabelludo, hay pelos de otras partes del cuerpo que merecen ser mencionados a título individual, como:

• **Oreja**: 18,1 cm, Anthony Victor (India) a 26 de agosto de 2007.
• **Pierna**: 22,5 cm, Jason Allen (EE.UU.) a 25 de mayo de 2015.
• **Pecho**: 28,2 cm, Vittorio Lullo (Italia) a 6 de septiembre de 2019.

▶ El peinado afro más largo (mujer)

El 31 de marzo de 2012, el peinado afro de Aevin Dugas (EE.UU.) medía 16 cm de alto desde la coronilla, con una circunferencia total de 1,39 m. Puedes ver a Aevin en la página 84, junto con la **mujer más baja**.

World Memory Sports Council

Desde 1991, el WMSC ha supervisado el Campeonato Mundial de Memoria. Los participantes ponen a prueba su capacidad para memorizar varias categorías de datos en un período de tiempo limitado.

Más números memorizados dictados a un ritmo de uno por segundo	547	Ryu Song I (Corea del Norte)
Más dígitos decimales memorizados en 5 minutos	616	Wei Qinru (China)
Más dígitos decimales memorizados en una hora	4.620	Ryu Song I
Más dígitos binarios memorizados en 30 minutos	7.485	Ryu Song I
Más números de naipes memorizados en una hora	2.530	Kim Surim (Corea del Norte)
El menor tiempo en memorizar una baraja de cartas	13,96 s	Zou Lujian (China)
Más fechas históricas memorizadas en 5 minutos	154	Prateek Yadav Imm Igm (India)
Más nombres y rostros memorizados en 15 minutos	187	Yanjindulam Altansuh (Suecia)
Más imágenes abstractas memorizadas en 15 minutos	804	Hu Jiabao (China)
Más palabras al azar memorizadas en 15 minutos	335	Prateek Yadav Imm Igm

La cresta mohicana más alta

Joseph Grisamore (EE.UU.) luce una cresta mohicana de 108,2 cm de alto, como se verificó el 20 de septiembre de 2019 en el salón Family Hair Affair de Park Rapids, Minesota, EE.UU. Esta proeza fue obra de la peluquera Kay Jettman (segunda por la derecha), ayudada por la madre de Joseph, Kay (primera por la derecha), y su mujer, Laura. ¡Necesitaron un bote de su laca favorita!

Fall tiene un contrato dual con los Boston Celtics y los Maine Red Claws. En la imagen, con su compañero de los Red Claws Tremont Waters, de 178 cm.

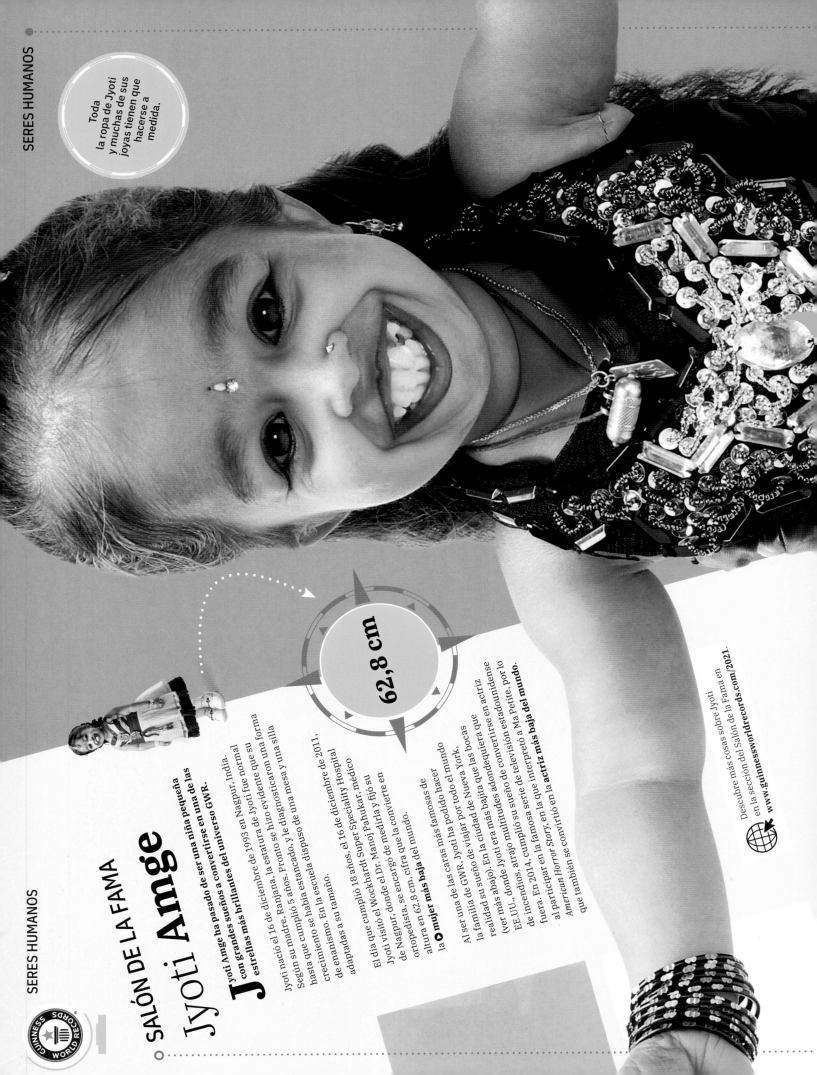

Toda la ropa de Jyoti y muchas de sus joyas tienen que hacerse a medida.

SALÓN DE LA FAMA

Jyoti Amge

Jyoti Amge ha pasado de ser una niña pequeña con grandes sueños a convertirse en una de las estrellas más brillantes del universo GWR.

Jyoti nació el 16 de diciembre de 1993 en Nagpur, India. Según su madre, Ranjana, la estatura de Jyoti fue normal hasta que cumplió 5 años. Pronto se hizo evidente que su crecimiento se había estancado, y le diagnosticaron una forma de enanismo. En la escuela dispuso de una mesa y una silla adaptadas a su tamaño.

El día que cumplió 18 años, el 16 diciembre de 2011, Jyoti visitó el Wockhardt Super Speciality Hospital de Nagpur, donde el Dr. Manoj Pahukar, médico ortopedista, se encargó de medirla y fijó su altura en 62,8 cm, cifra que la convierte en la ⊙ **mujer más baja del mundo**.

Al ser una de las caras más famosas de GWR, Jyoti ha podido hacer realidad su sueño de viajar por todo el mundo. En la ciudad de Nueva York, la familia de Jyoti era más bajita que las bocas de incendios, atrajo multitudes adondequiera que fuera. En 2014, cumplió su sueño de convertirse en actriz estadounidense (ver página abajo), donde su sueño de televisión americana se convirtió en la **actriz más baja del mundo**.

al participar en la famosa serie de televisión *American Horror Story*, en la que interpretó a Ma Petite, por lo que también se convirtió en la **actriz más baja del mundo**.

62,8 cm

Descubre más cosas sobre Jyoti en la sección del Salón de la Fama en
www.guinnessworldrecords.com/2021.

1: Un encuentro que puso los pelos de punta, con Aevin Dugas (EE. UU.), quien ostenta el récord de la ▶ **cabellera afro más voluminosa.**

2: Saludando a la cámara junto al entonces ▶ **hombre (con movilidad) más bajo:** de Khagendra Thapa Magar (Nepal), de 67,08 cm de altura.

3: Visitando las pirámides de Giza, Egipto, con el ▶ **hombre más alto:** Sultan Kösen (Turquía), de 251 cm de altura.

4: Comparando su tamaño con los pies de Jeison Orlando Rodríguez Hernández (Venezuela), la persona con los ▶ **pies más grandes.**

Jyoti Amge mide casi exactamente cuatro veces menos que el titán turco Sultan Kösen (ver **3**). ¡Y es solo 1,5 veces más alta que el pie derecho de Jeison Hernández (40,55 cm) **(4)**! Duplica solo por un poco la altura de un libro *GWR* como el que estás leyendo ahora mismo.

100 %

CONTRA EL **RELOJ**

**El mayor número de
conos impactados con discos voladores en un minuto**
El 11 de octubre de 2017, el maestro lanzador Brodie Smith (EE.UU.)
impactó a 13 conos con discos voladores en 60 s en Brooklyn, ciudad
de Nueva York, EE.UU. En el mismo evento, la estrella de YouTube
(su canal cuenta con más de 2,2 millones de suscriptores) también
logró el **mayor número de latas de refrescos impactadas con discos
voladores en un minuto** (31) y se aseguró el récord del **lanzamiento
al blanco a más distancia con un disco volador**, al meterlo en una
canasta a 46,33 m de distancia.

Por supuesto, contar con unos buenos bíceps y cierta habilidad para
calcular las distancias resultará fundamental para quien pretenda
superar las proezas de Brodie. Ahora bien, competir contra el reloj
añade una dosis de tensión extra. En este capítulo, conocerás a muchas
personas que han logrado un récord y saben cómo mantener la cabeza
fría mientras corre el tiempo. También conocerás a nuestros jueces,
que se han encargado de elegir cinco retos para intentar desde casa.
¿Lograrás ser uno de los elegidos? Pon en marcha el crono y averígualo...

> *Prefiero ser pobre y hacer lo que me gusta, que rico y hacer algo que no soporto.*

EN **30 SEGUNDOS**

El italiano Silvio Sabba es toda una figura destrozando récords (¡tiene tatuado Guinness World Records en el brazo para demostrarlo!) y no hay nada que le guste más que un reto contra el crono. Ostenta varios récords en 30 segundos, como el de **más dados apilados en una torre** (38) o **más lápices puestos en pie por su base** (23). Reflejos como un rayo y una mano firme han ayudado a Silvio, que es entrenador personal, a convertirse en un rostro habitual de los libros *GWR*. Si quieres igualar sus récords, tienes mucho camino por delante. Puedes empezar con el de **más latas apiladas en 30 segundos** (en la página siguiente averiguarás cómo intentarlo).

> " Para mí, lograr récords significa ser el mejor del mundo en aquello que intente. No lo considero una afición, es mi trabajo. "

Más fichas de dominó apiladas en 30 segundos

El 28 de abril de 2013, Silvio apiló 48 fichas de dominó en medio minuto en Milán, Italia. El 25 de febrero de 2019, Rocco Mercurio (Italia) igualó esta marca. Silvio también es el artífice del récord de **menos tiempo para construir una pirámide de cinco niveles con fichas de dominó** (imagen), 18,40 s, el 11 de diciembre de 2012 en Pioltello, Italia.

Más notas adhesivas pegadas en el rostro en 30 segundos

El 18 de abril de 2018, Silvio se pegó 38 notas adhesivas en el rostro en medio minuto. Tuvo que pegarse cada nota una a una, con la tira adhesiva directamente sobre la piel. Además, las notas tuvieron que permanecer adheridas durante 10 segundos tras agotar los 30 segundos para pegarlas.

00:30

MÁS LATAS APILADAS FORMANDO UNA PIRÁMIDE EN 30 SEGUNDOS

Tienes medio minuto para construir la pirámide de latas más alta posible. ¿Puedes mantener la calma (y el pulso) a medida que avanza el cronómetro? Si quieres que tu esfuerzo sea válido, asegúrate de que sigues las siguientes indicaciones del juez Adam. Con la actitud adecuada, ¡un GWR puede ser tuyo!

• Una pirámide de latas es una formación en la que las latas se apilan en hileras superpuestas, cada una con menos latas que la inferior (por ejemplo, 4, 3, 2, 1) de modo que formen una estructura con lados pendientes y una sola lata en el vértice superior.

• Para poder aspirar al récord, tienes que emplear latas disponibles en tiendas y que tengan las tapas intactas. El diámetro ha de ser igual o superior a 12 cm, y la altura, igual o superior a 16 cm.

• Puedes utilizar tantas latas como desees.

• Para este récord, solo se puede usar una mano. La otra ha de permanecer a la espalda durante todo el intento.

• Antes de empezar, todas las latas han de estar puestas de lado, o bien en el suelo o bien en la mesa en la que se vaya a construir la pirámide.

• Empieza con la mano que vayas a usar apoyada palma abajo junto a las latas. Has de apilar las latas de una en una.

• Todas las latas se han de apilar correctamente, es decir, con la base de la primera lata sobre la superficie, y la base de cada lata posterior tocando la parte superior de la lata que tenga debajo.

• La pirámide se ha de construir de forma que, tras 30 segundos, en la última hilera solo haya una lata.

• La pirámide ha de ser lo suficientemente estable para permanecer en pie durante al menos 5 segundos después de que el cronómetro se detenga. Si se cayera alguna lata durante ese tiempo, el intento de récord se considerará nulo.

• Puedes descansar durante el intento, pero el cronómetro no puede detenerse bajo ninguna circunstancia.

Puedes encontrar la normativa GWR oficial completa en **guinnessworldrecords.com/2021**.

Rápido, pero seguro

Aunque para batir el récord tienes que apilar las latas tan rápido como puedas, recuerda que la torre ha de mantenerse en pie al menos 5 s una vez que el cronómetro se detenga. Con práctica y preparación, podrás determinar la mejor manera de dotar de estabilidad a la estructura. Recuerda que solo tienes medio minuto, así que asegúrate de que cada segundo cuente.

Más calcetines puestos en un mismo pie

El 10 de octubre de 2017, el eslovaco Pavol Durdik se puso 28 calcetines en el pie derecho en 30 segundos en Púchov, Eslovaquia. Batió el récord anterior, que compartía con Cherry Yoshitake (Japón), conocido como *Mr. Cherry*, por dos calcetines. Para ser contabilizados, todos los calcetines debían estar estirados por encima del tobillo.

Más saltos a la comba con patines

El 19 de mayo de 2019, Zorawar Singh (India) dio 135 saltos a la comba con patines en medio minuto en Delhi, India. Batió por tres saltos su propio récord, que había logrado el año anterior. El mismo día, Zorawar sumó otro GWR, el de **más saltos dobles a la rana en 30 segundos** (14).

Más veces en pasarse una pelota de baloncesto alrededor de una pierna

El 16 de mayo de 2018, Luis Diego Soto Villa (México) se pasó una pelota de baloncesto alrededor de su pierna 70 veces en 30 segundos en Nicolás Romero, México. Luis ostenta varios GWR de baloncesto estilo libre, como el de **más tiempo haciendo girar tres pelotas de baloncesto** (17,8 segundos).

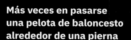

Más palomitas de maíz movidas con una pajita

El 24 de julio de 2019, Ruby Fothergill (R.U., a la izquierda junto a Anna Orford, de GWR) se sirvió únicamente de una pajita y su potencia pulmonar parar pasar 24 palomitas de maíz por un orificio de 3 cm de diámetro y meterlas en un recipiente. Dos días después, Taya Frearson (R.U.) igualó el récord también en Blackpool, Lancashire, R.U.

Más mostaza ingerida de un tubo

André Ortolf (Alemania) ingirió 416 g de mostaza de un tubo en 30 segundos el 5 de enero de 2015 en Schwarzach, Alemania. A este engullidor de récords le van los sabores fuertes, ya que el 8 de agosto de 2019 logró el **menor tiempo en beber 200 ml de mostaza**: 11,79 s.

EN UN **MINUTO**

Un minuto puede dar para mucho. Un buen ejemplo es Eli Bishop (EE.UU.), que puede aplaudir 1.103 veces. Otro ejemplo es Daisuke Mimura (Japón), que dio 348 saltos a la comba, mientras que Gaber Kahlwai Gaber Ali (Egipto) hizo la rueda 67 veces. Los profesores de taekwondo Chris y Lisa Pitman (ambos de R.U., en la foto) prefieren aplastar cosas con sus puños de acero. Para batir los récords que se presentan más abajo partiendo tablas de pino solo necesitaron 60 s, pero antes tuvieron que entrenar duro durante años. Si quieres intentar un récord algo menos exigente físicamente, ¿qué te parece el de **más palillos rotos en un minuto**? Consulta la página siguiente para saber más...

▶ Más tablas de pino partidas en un minuto con una mano

El 9 de abril de 2018, Chris Pitman rompió 315 tablas de pino en 60 s en Bromley, Kent, R.U., mientras que su esposa Lisa consiguió el récord **femenino** con 230. Los Pitman son taekwondistas experimentados y ya ostentaban títulos de GWR partiendo tejas. «Pero romper madera es una experiencia diferente», según Lisa y Chris, «porque los bordes pueden estar afilados. Tienes que entrenar para preparar los huesos de tus manos, ¡y tenemos las cicatrices que lo demuestran!».

MÁS PALILLOS PARTIDOS EN UN MINUTO

¿Pueden tus habilidades ganarse un lugar en los anales de GWR en 60 s? No te cortes y descúbrelo intentando este nuevo récord. Tienes un minuto para romper tantos palillos como puedas, pero si quieres que tu tentativa se tenga en cuenta, asegúrate de seguir las siguientes reglas pautadas por la juez Lou:

• Tienes que emplear palillos disponibles en tiendas. Junto con la solicitud de récord, deberás detallar el tamaño y el tipo de palillo que has empleado.

• Antes del intento de récord, deberás colocar todos los palillos en una mesa o superficie plana similar.

• Antes de empezar, deberás tener las manos colocadas sobre la mesa con las palmas hacia abajo. No podrás agarrar el primer palillo hasta que el reloj empiece a correr.

• Debes usar un cronómetro digital.

• La prueba empezará después de una cuenta atrás de 3, 2, 1.

• Solo puedes partir un palillo cada vez.

• Cada palillo debe partirse en dos piezas y presentar un corte limpio; para ello, solo podrás usar las manos y los dedos.

• Solo se contabilizarán los palillos partidos claramente en dos en un tiempo de un minuto.

• Asegúrate de grabar tu intento de récord de principio a fin. La cámara debe estar enfocada en todo momento y preferiblemente en posición estática.

• Se debe indicar el inicio y el final de la prueba con una señal acústica bien perceptible, acordada de antemano y que reconozcan todos los participantes.

• Debe haber presentes dos testigos independientes que supervisen el intento de récord.

Llegado a este punto, ¡ya estarás listo para empezar a partir palillos! Para recibir la normativa oficial completa de GWR, registra tu solicitud en **guinnessworldrecords.com/2021**.

¡Atención!

Al intentar este récord, es clave que recuerdes que DEBES partir los palillos limpiamente en dos, y que aquellos que mantengan unidas ambas partes por medio de alguna hebra no se contabilizarán en la suma total. Si necesitas hacer una pausa o tomar un descanso durante el intento, adelante (¡aunque no te lo recomendamos!), pero recuerda que cuando el reloj se ponga en marcha, ya no podrá detenerse. Buena suerte, ¡y que empiece la prueba!

Más fichas de dominó apiladas sobre una ficha de dominó en vertical

El 16 de enero de 2019, en Rodano, Milán, Italia, Silvio Sabba (Italia) colocó 52 fichas de dominó en equilibrio sobre la cara superior de otra ficha de dominó en vertical. Silvio, uno de los titulares de récords más prolíficos de GWR (ver págs. 88-89), superaba así su propia marca de 45 establecida en diciembre de 2017. Para la homologación del récord, la pila tuvo que mantenerse por sí sola durante 5 s tras agotarse el minuto establecido para la prueba.

▶ Más trucos de magia ... con los ojos vendados

El 29 de mayo de 2019, el ... Martin Rees (R.U.) realizó 2... a ciegas en 60 s en las ofi... centrales de GWR, en Lon... Este intrépido ilusionista c... cuatro títulos GWR, includ... **trucos de magia realizados ... un salto en paracaídas**: 11.

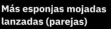

Más esponjas mojadas lanzadas (parejas)

Bipin Larkin lanzó 76 esponjas mojadas a Ashrita Furman (ambos de EE.UU.) el 5 de febrero de 2019 en Nusa Dua, Bali, Indonesia. Las esponjas debían lanzarse desde una distancia de 3 m y alcanzar a Ashrita en la cara. Con más 40 GWR en su haber, Bipin y Ashrita forman una de las parejas más exitosas. Más información sobre Ashrita en la página siguiente.

Más giros de un diábolo ... de un brazo

El 2 de mayo de 2019, Niels... (Países Bajos) hizo girar un... 71 veces alrededor de su b... Gatlinburg, Tennessee, EE... contabilizaron los giros de... pasaron por encima y por c... brazo. Niels es un malabari... que, entre otros GWR, cuen... **más cocteleras usadas en ... número de malabares**: 14.

Más controles de balón «vuelta al mundo» triples (hombres)

El futbolista de estilo libre Tobias Becs, alias de Tobias Brandal Busæt (Noruega), realizó 13 controles de balón «vuelta al mundo» triples en Oslo, Noruega, el 30 de septiembre de 2018. Tobias es campeón noruego, europeo y mundial de estilo libre.

EN UNA **HORA**

Además de una gran resistencia física, los retos de una hora de duración exigen un enorme poder de concentración. Si no, que se lo pregunten a Ashrita Furman (EE.UU.), un veterano de GWR con más de 200 récords a su espalda, quien dedica muchísimas horas a entrenarse física y mentalmente. Los resultados, tanto si es la **mayor cantidad de globos inflados con la nariz en una hora** (380) o la **mayor cantidad de saltos a la comba bajo el agua (buceo) en una hora** (1.068), hablan por sí solos. Sigue su ejemplo y consulta la información de la página siguiente para ver si puedes hacerte con tu primer récord mundial.

> Lograr récords se ha convertido en parte de mi viaje espiritual. Disfruto practicando la actividad en cuestión, y también al ver cómo voy progresando hacia un objetivo que al principio me resultaba abrumador.

Más pelotas de tenis atrapadas en una hora

El 21 de julio de 2015, Ashrita Furman atrapó 1.307 pelotas de tenis en 60 minutos en Nueva York, EE.UU. Fue una hazaña de destreza y de concentración, porque una máquina lanzapelotas ubicada a solo 6 m de distancia le arrojaba los proyectiles a 100 km/h. Pulverizó el récord anterior de 904 pelotas, que Anthony Kelly (Australia) había logrado el 13 de noviembre de 2011.

MÁS FICHAS DE DOMINÓ DERRIBADAS POR UN EQUIPO EN UNA HORA

Derribar fichas de dominó puede ser un juego de niños, pero ¡deja de serlo cuando el reloj corre y hay un GWR en juego! ¿Podéis tú y otros 11 compañeros mantener la cabeza fría y montar una gran figura con las clásicas fichas rectangulares? Asegúrate de que sigues las directrices de la juez Christelle:

• Los equipos que intenten el récord pueden estar formados por un máximo de 12 personas.

• Se puede usar cualquier tipo de fichas de dominó disponibles comercialmente siempre que midan al menos: 39 × 19 × 7 mm.

• Las fichas deben estar colocadas sobre la superficie antes de que el tiempo empiece a correr.

• Se debe indicar el inicio y el final de la prueba con una señal acústica bien perceptible, acordada de antemano y que reconozcan todos los participantes.

• Durante la tentativa, todas las fichas se han de poner en pie sobre el lado más estrecho. La línea que formen puede ser curva o recta.

• Hay que colocar todas las fichas antes de que haya pasado una hora; el derribo se realizará cuando haya transcurrido ese tiempo establecido.

• Si durante el transcurso de la hora se cayera alguna ficha, los participantes pueden volver a levantarla antes de que acabe el tiempo.

• Los participantes pueden parar o descansar en cualquier momento, pero el reloj no se puede detener bajo ninguna circunstancia.

Llegado a este punto, ¡ya estarás listo para empezar a derribar fichas! Para recibir la normativa oficial completa de GWR, registra tu solicitud en **guinnessworldrecords.com/2021**.

Derribando récords

Derribar objetos como si fueran fichas de dominó es un reto muy popular. El 3 de diciembre de 2017, la H. Frank Carey High School (EE.UU.) logró el récord de **más cajas de cereales derribadas** (3.416, derecha), mientras que el fabricante de golosinas Perfetti Van Melle (R.U.) logró el récord de **más cajetillas de caramelos derribadas en 3 minutos (equipo de 100)** con 1.365, el 26 de enero de 2018 (arriba a la izquierda). Lenovo BT/IT (China) logró el récord de **más ordenadores portátiles derribados** (520), el 27 de abril de 2018 (abajo).

HÉROES EN UNA HORA: 60 MINUTOS DE RÉCORD

Más lanzamientos de cáber
El 8 de septiembre de 2018, el pastor Kevin Fast (Canadá) lanzó un cáber 122 veces en Warkworth Fair, Ontario, Canadá. El hercúleo sacerdote ostenta varios títulos GWR, como el del **avión más pesado arrastrado** (188,83 toneladas), que logró el 17 de septiembre de 2009, en Trenton, Ontario, Canadá.

La distancia más larga recorrida en un biciclo (sin manos)
Neil Laughton (R.U.) recorrió una distancia de 26 km en 60 minutos el 14 de noviembre de 2019 en el velódromo de Preston Park en Brighton, East Sussex, R.U. Neil completó casi 45 vueltas a la pista sin tocar el manillar con las manos. Fue uno de los tres récords que intentó el Día del GWR.

Más libros derribados
Kmart Australia tardó una hora en colocar 3.000 ejemplares del *Guinness World Records* (antes de derribarlos todos) en su conferencia anual el 31 de octubre de 2018 en Queenstown, Nueva Zelanda. Participaron 334 empleados, que batieron el récord anterior de 2.500 ejemplares logrado por Aconex el 20 de julio de 2017.

Más escalones bajados en silla de ruedas
Haki Achille Doku (Italia, n. en Albania) bajó 2.917 escalones en 60 minutos el 27 de marzo de 2019 en Seúl, Corea del Sur. Fue la tercera vez que mejoró su propio récord. Haki es un atleta paralímpico que representó a Albania en los Juegos Paralímpicos de 2012 en Londres, R.U.

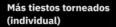

Más tiestos torneados (individual)
El 14 de noviembre de 2019, Michael Weber (EE.UU.) torneó 212 tiestos en su torno de alfarero en 60 minutos en Sunset Hill Stoneware, Wisconsin, EE.UU. Tuvo que hornear cada tiesto a partir de una pella de barro de al menos 600 g de peso y usando únicamente las manos, agua, algunas herramientas y el torno.

EN UN DÍA

La australiana Eva Clarke es un icono del fitnes que dejó atrás una infancia difícil volcándose en entrenamientos rigurosos y dedicándose al acondicionamiento físico. Los resultados hablan por sí mismos. Gracias a su determinación, Eva ha logrado múltiples récords de resistencia, como el de **más dominadas en 24 horas (mujeres)** (3.737) y **más burpees en 24 horas** (12.003). Este último récord supera en casi 2.000 el récord **masculino**, que ostenta Lee Ryan (R.U.). Afirma que, de todas las categorías que ha probado, estos retos de veinticuatro horas son los más exigentes. «Cuando llevas unas ocho horas, la cabeza empieza a hacer de las suyas», declaró a GWR.

> Tanto si somos conscientes de ello como si no, las mujeres nos inspiramos las unas a las otras para alcanzar grandes retos [...] Si me lee alguna chica que dude de sí misma, le diría que deje de darle vueltas a la cabeza y que empiece a desarrollar un plan de acción para alcanzar su máximo potencial. Los récords están ahí para ser batidos, ¡así que vayamos a por ellos y pulvericémoslos!

Más burpees del pecho al suelo en 24 horas (mujeres)

El 23 de febrero de 2018, Eva realizó 5.555 veces este exigente ejercicio en la New York University de Abu Dabi (EAU). El intento tuvo lugar durante un reto de fitnes y Eva quiso agradecer al público y al resto de participantes de la NYUAD (algunos de los cuales también hicieron 1.000 burpees durante el evento) el apoyo que le brindaron.

Más flexiones con los nudillos en 24 horas

El 1 de febrero de 2014, Eva logró su GWR preferido: 9.241 flexiones con los nudillos. La hazaña tuvo lugar en el centro comercial Al Wahda de Abu Dabi (EAU). «Fue la primera vez que tuve el valor de abordar una hazaña física semejante», admite. «Y me llevó a muchos otros GWR». Eva padece la enfermedad de Kienböck en su muñeca derecha, que afecta el tejido óseo, por lo que siempre hace las flexiones y los burpees con los nudillos.

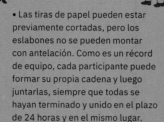

LA CADENA DE PAPEL MÁS LARGA HECHA EN 24 HORAS POR UN EQUIPO

Aunque no tengas las condiciones físicas de Eva, puedes intentar muchos otros retos de 24 horas. ¿Qué te parecería montar una cadena con eslabones de papel? Exige mucha destreza manual y muchísima energía. Eso sí, debes seguir al pie de la letra las reglas del juez Tripp:

• En este reto pueden participar equipos de cualquier tamaño, por lo que puedes reclutar a tantos amigos y familiares como desees.

• La cadena ha de ser una única tira de eslabones de papel cuyas dimensiones máximas sean 46 cm de largo y 4,5 cm de ancho cada uno.

• Los aspirantes pueden formar los eslabones usando una grapadora manual, cinta adhesiva de doble cara o pegamento. Una vez hecho el primero, pasan otra tira de papel por el eslabón y la grapan o la pegan para empezar a formar una cadena.

• Las tiras de papel pueden estar previamente cortadas, pero los eslabones no se pueden montar con antelación. Como es un récord de equipo, cada participante puede formar su propia cadena y luego juntarlas, siempre que todas se hayan terminado y unido en el plazo de 24 horas y en el mismo lugar.

• Se han de tomar medidas para que testigos independientes puedan supervisar a todos los participantes (por ejemplo, nombrando a varios testigos, limitando el área donde se lleva a cabo el intento, etc.) durante el día que se vaya a afrontar el récord.

• Se ha de medir la longitud de la cadena final; no se puede calcular multiplicando o sumando las longitudes de los eslabones o tramos más pequeños.

En **guinnessworld records.com/2021** puedes consultar la normativa GWR oficial completa y completar la solicitud.

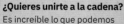

¿Quieres unirte a la cadena?
Es increíble lo que podemos llegar a hacer cuando el tiempo no corre en contra. Ben Mooney (R.U., arriba) logró el récord de la **cadena de clips más larga** en 2017, aunque en la actualidad quien ostenta este récord es Imran Sharif (Bangladés), con una cadena de 2.527 m. Y la familia Davies (R.U., en la imagen inferior aparecen los hermanos Edward y James) logró la **cadena de castañas más larga**, con 16.847 castañas. El récord se verificó el 1 de diciembre de 2018.

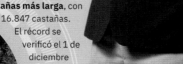

Mayor distancia vertical ascendida sobre un pogo saltarín
El 23 de marzo de 2019, Lee Griggs (Nueva Zelanda) saltó a las páginas de los libros de récords cuando ascendió 1.602 m por el monte Fyffe de Kaikoura, Nueva Zelanda, brincando sobre un pogo saltarín. Lee, un novato de los pogos, abordó el récord en beneficio de la Mental Health Foundation de Nueva Zelanda.

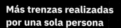

Más partidas de Scrabble consecutivas
Craig Beevers (R.U.) jugó 30 partidas de Scrabble seguidas entre el 13 y el 14 de abril de 2015 en Plymouth, R.U. Organizado por Scrabble, Mattel UK y Mindsports International el Día Nacional del Scrabble, Craig ganó 29 de las 30 partidas y solo perdió ante el jugador de Scrabble profesional Jesse Matthews, de Canadá.

Más trenzas realizadas por una sola persona
Vasugi Manivannan (India) trenzó el cabello a 167 personas en Chennai, India, entre el 7 y el 8 de junio de 2018. Antes de trenzarlo, lavó y secó el cabello de cada modelo, y dejó menos de 2 cm de cabello suelto al final de cada trenza.

La mayor distancia empujando sillas de ruedas (individual)
Graham Inchley (R.U.) empujó a una sucesión de personas durante 161,61 km el 29 de junio de 2014. La distancia equivale a 44 vueltas en el Thruxton Race Circuit de Hampshire, R.U. El objetivo de Graham era recaudar fondos para la Association of Young People with ME y la National Autistic Society.

La mayor distancia virtual recorrida en bicicleta estática (hombres)
Ed Veal (Canadá) recorrió una distancia relativa de 952,12 km en bicicleta estática, en un evento patrocinado por Splunk (EE.UU.) del 22 al 23 de octubre de 2019. La prueba tuvo lugar en las Vegas, Nevada, EE.UU. y usó la plataforma virtual de ciclismo Zwift.

RECOPILATORIO

En ciertos casos, seguimos la evolución de intentos de récord que se salen de los límites temporales habituales, y así pasamos de los dos minutos al año o incluso a una vida entera. Sea cual sea tu talento, tanto si sabes cazar al vuelo bolas de *paintball*, ponerte la ropa interior en un abrir y cerrar de ojos o trenzar el pelo en menos que canta un gallo, ¿por qué no te cronometras y compruebas si también eres capaz de batir una marca increíble? Si no sabes por dónde empezar, tenemos la sugerencia perfecta para ti. Te la explicamos en la siguiente página...

El mayor número de participantes en una limpieza submarina en 24 horas (una sola ubicación)

El 15 de junio de 2019, Dixie Divers (EE.UU.) organizó una operación de limpieza cerca de un muelle de pesca de Deerfield Beach en Florida, EE.UU., en la que participaron 633 personas. Los buzos ecologistas sacaron más de 544 kg de basura, en su mayoría redes y plomadas de pesca.

La mayor distancia recorrida en bicicleta en un año (aprobada por la WUCA)

Entre el 15 de mayo de 2016 y el 14 de mayo de 2017, Amanda Coker (EE.UU.) recorrió 139.326 km en bicicleta, récord verificado por la Asociación Mundial de Ciclismo de Ultrafondo (WUCA, por sus siglas en inglés). Además, logró el **menor tiempo en recorrer en bicicleta 100.000 millas (aprobado por la WUCA)**: 423 días entre el 15 de mayo de 2016 y el 11 de julio de 2017, con lo que batió el récord vigente desde hacía 77 años.

Más objetos lavados en ocho horas

El 10 de enero de 2011, Louise Dooey (R.U.) viajó hasta las oficinas centrales de Guinness World Records en Londres, R.U., donde lavó hasta 2.250 objetos en ocho horas. Como figura en las normas, Louise tuvo que organizar la vajilla sucia para asegurarse de que lavaba la misma cantidad de cada pieza. Fregó 450 platos llanos, cuencos, cacerolas, tazas y cubiertos.

La mayor cantidad de huesos rotos a lo largo de la vida

El considerado pionero de los saltos de acrobacia en motocicleta Robert Craig Knievel (EE.UU.), cuyo alias artístico es *Evel Knievel*, había sufrido 433 fracturas de huesos a finales de 1975. En el invierno de 1976, tras una lesión muy grave al tratar de saltar un tanque lleno de tiburones en el Anfiteatro de Chicago, decidió retirarse de los grandes espectáculos.

EL MAYOR NÚMERO DE GLOBOS INFLADOS EN TRES MINUTOS

Respira hondo, ahora te toca a ti intentar lograr un GWR. Pon a prueba tus pulmones y trata de inflar el mayor número de globos en 180 segundos. Si quieres que tus opciones no salgan volando, asegúrate de seguir estas reglas pautadas por nuestro juez Chris:

• Es una tentativa de récord individual.

• Tienes que emplear globos de tamaño estándar disponibles en el mercado, y presentar sus especificaciones junto con la candidatura. Los globos deben tener un diámetro mínimo de 20 cm una vez inflados.

• Todos los globos se deben inflar con la boca, sin usar ningún medio artificial, como surtidores de aire o compresores.

• Los globos inflados y anudados que exploten o se desinflen en los tres minutos posteriores contarán como válidos, siempre que tengan el tamaño mínimo exigido cuando se anuden.

• Dos testigos independientes deben supervisar el intento.

• Los testigos deben contar y medir los globos en cuanto estén anudados, por si explotan o se desinflan luego.

• Los participantes pueden tomarse un respiro durante el intento, pero el crono no se detendrá bajo ninguna circunstancia.

• Se debe indicar el inicio y el final de la prueba con una señal acústica bien perceptible y que reconozcan todos los participantes.

Basta ya de normas; es hora de demostrar el fuelle que tienes. Para recibir la normativa oficial completa de GWR, registra tu solicitud en **guinnessworldrecords.com/2021**.

▶ **La mayor cantidad de globos inflados en una hora**
El 4 de septiembre de 2015, Hunter Ewen (EE.UU., arriba) infló 910 globos en el Wild Basin Lodge & Event Center de Allenspark, Colorado, EE.UU. Hay muchas formas de conseguir un GWR relacionado con los globos. La **mayor cantidad de globos inflados con la nariz en un minuto** son nueve, lograda por Ashrita Furman (EE.UU.) el 6 de junio de 2016 en la ciudad de Nueva York, EE.UU. Si inflar no es tu fuerte, intenta batir el récord de la **mayor cantidad de globos reventados con un pogo saltarín en un minuto** (57), lograda por Mark Aldridge (R.U.) el 1.º de abril de 2010 en Roma, Italia.

Procura usar globos biodegradables y deséchalos de forma responsable cuando hayas terminado.

Más árboles de Navidad talados en dos minutos
Erin Lavoie (EE.UU.) taló 27 árboles de Navidad en 120 segundos el 19 de diciembre de 2008 en un reto televisado en Colonia, Alemania. «Me encantan los árboles, pero también me encanta acabar con ellos», confesó después. Erin es una atleta de CrossFit y una de las mejores leñadoras del mundo. Ha ganado numerosos títulos en el Campeonato Mundial de Tala.

Más notas adhesivas pegadas en el cuerpo en cinco minutos
Con la ayuda de 22 niños y un presentador de televisión, el cómico japonés Tetsurō Degawa se pegó 674 notas adhesivas al cuerpo el 2 de febrero de 2014 en el plató del *Grand Whiz-Kids TV* (NHK) en Tokio, Japón. Tetsurō batió el récord anterior, que era de 454, logrado tres años antes.

Más alubias con salsa de tomate ingeridas con palillos en cinco minutos
David Rush (EE.UU.) engulló 275 alubias con salsa de tomate valiéndose de unos palillos el 6 de diciembre de 2018 en Boise, Idaho, EE.UU. Tuvo que coger las alubias una a una. David también logró la mejor marca en **tres minutos** (178) y en **un minuto** (68).

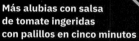

Más películas vistas en el cine en un año
Entre el 23 de marzo de 2017 y el 21 de marzo de 2018, Vincent Krohn (Francia) disfrutó de 715 películas en salas de cine de París, Francia. Vio una media de 14 películas a la semana, desde *Casablanca* (EE.UU., 1943) hasta *My Little Pony: La película* (EE.UU./Canadá, 2017). El filme que más le gustó fue *Regreso al futuro* (EE.UU., 1985).

Más guindillas fantasma ingeridas en dos minutos
El 4 de febrero de 2018, Giancarlo Gasparotto (Italia), más conocido como *Jack Pepper*, engulló 146,27 g de guindillas fantasma, o bhut jolokia, en Tarquinia, Italia. Giancarlo logró el récord en el festival de la guindilla ArgenPic.

La cadena de envoltorios de chicle más larga

Gary Duschl (EE.UU.) ha tenido la paciencia de encadenar 32,55 km de envoltorios de chicle, tal y como se confirmó el 10 de enero de 2020 en Virginia Beach, Virginia, EE.UU. Gary ha invertido más de 42.000 h en la confección de esta cadena colosal, compuesta por 2.583.335 eslabones independientes.

Es tan larga que podría dar 23 veces la vuelta al Pentágono, en Washington, D.C., EE.UU.

Todos los envoltorios de la cadena son de chicles de la marca Wrigley's. Gary tiene en su casa una colección de todo tipo de artículos relacionados con esta marca, como un paquete de chicles de 1895.

DESTINOS

Se necesitarían unas seis horas y media para recorrer, caminando a una velocidad normal, la longitud de la cadena de Gary.

Frutas y verduras gigantes

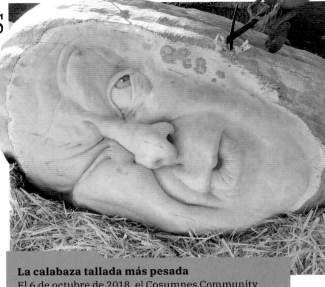

La calabaza más larga
El 21 de septiembre de 2019, una calabaza de la variedad kikinda alcanzó los 3,954 m, según verificó la Great Pumpkin Commonwealth en Mozirje, Eslovenia. Fue cultivada por Goran Lazic (Serbia).

La chirivía más larga
El productor Joe Atherton (R.U., ver el **nabo más largo** más abajo) presentó una chirivía de 6,55 m en el Campeonato Nacional de Verduras Gigantes del Reino Unido, celebrado del 23 al 24 de septiembre de 2017 en Malvern, Worcestershire.

En el mismo campeonato, Atherton también presentó el **rábano más largo**: 6,7 m. Sus manos expertas también están detrás de la **remolacha más larga** (7,95 m) y de la **zanahoria más larga** (6,24 m).

La calabaza tallada más pesada
El 6 de octubre de 2018, el Cosumnes Community Services District (EE.UU.) presentó una calabaza tallada de 942,11 kg de peso en el 24.º Festival Anual de la Calabaza Gigante de Elk Grove, en California, EE.UU. La calabaza, que se pesó antes de su talla, fue cultivada por Josiah Brandt y esculpida por Mike Brown, Deane Arnold y Brandy Davis.

La col lombarda más pesada
El 29 de septiembre de 2018, se presentó una col lombarda de 23,7 kg en el Campeonato Nacional de Verduras Gigantes CANNA del Reino Unido, celebrado en Malvern, Worcestershire. Esta col monumental, que pesaba más del triple que una bola de bolos, fue cultivada por Tim Saint (R.U.), un veterano de estos certámenes.

La naranja con una circunferencia más grande
El 22 de enero de 2006, se midió una naranja de 63,5 cm de circunferencia en su punto más ancho. El espécimen de 2,27 kg creció en el jardín de Patrick y Joanne Fiedler en Fresno, California, EE.UU.

El racimo de plátanos más grande
El 11 de julio de 2001, se pesó un racimo de 130 kg y 473 plátanos en la isla de El Hierro, islas Canarias, España. Cultivado por Kabana SA y Tecorone SL (ambas de España), se cosechó en la Finca Experimental de las Calmas. Este enorme racimo fue fruto de un proyecto agrícola que se inició hace 30 años para convertir un área desértica de la isla en una granja de frutas tropicales.

El pomelo más pesado
Un pomelo blanco cultivado por Douglas y Mary Beth Meyer (ambos de EE.UU.) inclinó la balanza hasta los 3,59 kg, tal como pudo verificarse el 19 de enero de 2019 en Slidell, Louisiana, EE.UU. Los seis nietos de los Meyer ayudaron a cuidar este cítrico descomunal, tan pesado que necesitó una hamaca especialmente diseñada para sostenerse en el árbol mientras crecía.

El espárrago más largo
El 2 de octubre de 2004, Harry y Carson Willemse (ambos de Canadá) presentaron un espárrago de 3,51 m de largo en el Port Elgin Pumpkinfest celebrado en Ontario, Canadá.

El calabacín más largo
El 28 de agosto de 2014, se comprobó que un calabacín cultivado por Giovanni Batista Scozzafava (Italia) había alcanzado los 2,52 m (más del doble que la longitud de un bate de béisbol). La medición se llevó a cabo en las cataratas del Niágara, Ontario, Canadá. Giovanni afirmó no haber empleado fertilizantes ni estiércol, y que simplemente se limitó a regar mucho la planta.

La planta de coles de Bruselas más alta
Una planta de coles de Bruselas que creció en el jardín de Patrice y Steve Allison (EE.UU.) alcanzó una altura de 2,8 m en Newport Beach, California, EE.UU. Se midió el 17 de noviembre de 2001.

COLOSOS DEL HUERTO

El nabo más largo
4,064 m, cultivado por Joe Atherton (R.U.) y medido en Malvern, WorcesTershire, R.U., el 28 de septiembre de 2019.

La grosella espinosa más pesada
64,83 g, cultivada por Graeme Watson (R.U.) y pesada en Egton Bridge, North Yorkshire, R.U., el 6 de agosto de 2019.

El tomate más pesado
4,377 kg, cultivado por Steve y Jeanne Marley (ambos de EE.UU.) y pesado el 20 de septiembre de 2019 en Clinton, Nueva York, EE.UU.

El pimiento más pesado
720 g, cultivado por Ian Neale (R.U.) y pesado en Malvern, Worcestershire, R.U., el 29 de septiembre de 2018.

La remolacha más pesada
23,995 kg, cultivada por Jamie Courtney-Fortey y Gareth, Marjorie y Kevin Fortey (todos de R.U.) y pesada el 23 de mayo de 2019 en Gwent, R.U.

Pesos pesados de la horticultura

Fruta/verdura	Peso	Productor	Fecha
Manzana	1,84 kg	Chisato Iwasaki (Japón)	24 oct 2005
Berenjena	3,06 kg	Ian Neale (R.U.)	29 sep 2018
Arándano	15 g	Agricola Santa Azul SAC (Perú)	19 jul 2018
Melón cantalupo	30,47 kg	William N McCaslin (EE.UU.)	5 ago 2019
Zanahoria	10,17 kg	Christopher Qualley (EE.UU.)	9 sep 2017
Coliflor	27,48 kg	Peter Glazebrook (R.U.)	21 abr 2014
Cereza	23,93 g	Frutícola Patagonia (Chile)	1 feb 2019
Pepino	12,9 kg	David Thomas (R.U.)	26 sep 2015
Higo	295 g	Lloyd Cole (R.U.)	28 ago 2015
Calabacino	174,41 kg	Jeremy Terry (EE.UU.)	6 oct 2018
Repollo verde	62,71 kg	Scott Robb (EE.UU.)	31 ago 2012
Jícama	21 kg	Leo Sutisna (Indonesia)	25 ene 2008
Col rizada	48,04 kg	Scott Robb (EE.UU.)	29 ago 2007
Colirrábano	43,98 kg	Scott Robb (EE.UU.)	30 ago 2006
Puerro	10,7 kg	Paul Rochester (R.U.)	29 sep 2018
Limón	5,26 kg	Aharon Shemoel (Israel)	8 ene 2003
Mango	3,43 kg	Sergio y Maria Socorro Bodiongan (ambos de Filipinas)	27 ago 2009
Calabacín	93,7 kg	Bradley Wursten (Países Bajos)	26 sep 2009
Cebolla	8,5 kg	Tony Glover (R.U.)	12 sep 2014
Chirivía	7,85 kg	David Thomas (R.U.)	23 sep 2011
Pera	2,94 kg	JA Aichi Toyota Nashi Bukai (Japón)	11 nov 2011
Piña	8,28 kg	Christine McCallum (Australia)	29 nov 2011
Ciruela	323,77 g	Minami-Alps City JA Komano Section Kiyo (Japón)	24 jul 2012
Granada	2,60 kg	Zhang Yuanpeng (China)	27 nov 2017
Patata	4,98 kg	Peter Glazebrook (R.U.)	4 sep 2011
Calabaza	1.190,49 kg	Mathias Willemijns (Bélgica)	9 oct 2016
Membrillo	2,34 kg	Edward Harold McKinney (EE.UU.)	ene 2002
Rábano	31,1 kg	Manabu Oono (Japón)	9 feb 2003
Calabaza squash	960,70 kg	Joe Jutras (EE.UU.)	7 oct 2017
Fresa	250 g	Koji Nakao (Japón)	28 ene 2015
Nabo sueco	54 kg	Ian Neale (R.U.)	28 sep 2013
Batata	37 kg	Manuel Pérez Pérez (España)	8 mar 2004
Taro	3,19 kg	Fuding Tailao Mountain Admin Committee (China)	13 oct 2009
Nabo	17,78 kg	Scott y Mardie Robb (ambos de EE.UU.)	1 sep 2004
Sandía	159 kg	Chris Kent (EE.UU.)	4 oct 2013

Cifras actualizadas a 12 de enero de 2020

El racimo de uvas más grande

El 4 de agosto de 2018, se verificó el peso de un racimo de uvas de 10,12 kg (casi lo mismo que 20 balones de fútbol) en Los Palacios y Villafranca, España. Se encargaron de su cultivo Sebastián Gómez Falcón (a la derecha de la imagen) y la Delegación de Agricultura del Ayuntamiento de Los Palacios y Villafranca (ambos de España). El récord anterior de 9,4 kg se había mantenido vigente desde 1984.

100 %

La planta de maíz dulce más alta

Jason Karl (EE.UU.) cultivó una planta de maíz dulce que alcanzó los 10,74 m de altura, casi el doble de la altura que una jirafa adulta macho. Se midió el 22 de diciembre de 2011.

La tomatera más alta

Una tomatera cultivada por Nutriculture Ltd en Mawdesley, Lancashire, R.U., alcanzó los 19,8 m, tal y como se comprobó el 11 de mayo de 2000.

La nectarina más pesada

Eleni Ploutarchou (Chipre) cultivó una nectarina de 500 g de peso, tal como pudo verificarse el 30 de junio de 2018 en Ayioi Vavatsinias, Chipre. Eleni llevaba más de 65 años dedicándose al cultivo de plantas antes de producir esta enorme nectarina que superaba en más de tres veces el peso de una pieza media.

El apio más pesado
42 kg, cultivado por Gary Heeks (R.U.) y pesado en Malvern, Worcestershire, R.U., el 29 de septiembre de 2018.

El aguacate más pesado
2,55 kg, cultivado por Mark, Juliane y Loihi Pokini (todos de EE.UU.) en Kahului, Hawái, EE.UU., y pesado el 14 de diciembre de 2018.

La guindilla más larga
50,5 cm, cultivada por Jürg Wiesli (Suiza) y medida en Jona, St Gallen, Suiza, el 30 de septiembre de 2018.

La guindilla más pesada
420 g, cultivada por Dale Toten (R.U.) y pesada en Malvern, Worcestershire, R.U., el 29 de septiembre de 2018.

Hazañas con la comida

LOS MÁS GRANDES...

- **Ensalada de alcachofa:** el 15 de septiembre de 2019, la Universidad de San Ignacio de Loyola y Danper (ambos de Perú) sirvieron una ensalada de alcachofa que pesó 784,53 kg (¡más que una vaca Holstein!) en Trujillo, Perú.

- **Falafel:** El Hilton Dead Sea Resort & Spa (Jordania) sirvió un falafel de garbanzos, especias y hierbas de 101,5 kg de peso en Sweimeh, Jordania, el 31 de mayo de 2019.

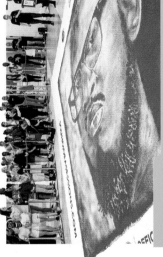

El mosaico de posos de café más grande (imagen)

El 12 de septiembre de 2019, la empresa BrainFarm y el artista Percy Maimela (ambos de Sudáfrica) crearon una obra de arte de 25,96 m² de superficie. Maimela creó el retrato del productor discográfico y DJ Black Coffee en solo cuatro horas en el centro comercial Sandton City Mall de Johannesburgo, Sudáfrica.

La fuente de chocolate más alta

El 11 de abril de 2019, el maestro chocolatero Helmut Wenschitz (Austria) ridiculizó al mismísimo Willy Wonka cuando construyó una fuente de chocolate de 12,27 m de altura. La fuente, de tres niveles, celebraba la apertura de la fábrica de chocolate Pralinenwelt («Mundo de chocolate») de Helmut, en Allhaming, Austria.

- **Gazpacho:** el 9 de junio de 2019, Unica Group (España) preparó 9.800 litros de gazpacho en Almería, España. Con todo ese gazpacho podrían haber llenado 30 bañeras.

- **Milhojas:** el 23 de febrero de 2019, prepararon un milhojas de hojaldre que pesó 673,5 kg en Trieste, Italia. Este pastel tradicional atribuido a la repostería francesa fue obra del centro comercial Torri D'Europa, en colaboración con Tess y Pasticceria Bom Bom (todos de Italia).

- **Cazuela de judías verdes:** la marca de verduras congeladas Gigante Verde (EE.UU.) preparó 457 kg de este plato tradicional del Día de Acción de Gracias el 20 de noviembre de 2019 en Nueva York, EE.UU. A continuación, toda la comida fue donada a Citymeals on Wheels.

- **Ración de arroz glutinoso con mango:** la Autoridad de Turismo de Tailandia preparó 4,5 toneladas del postre tradicional *khao neo mamuang* en Bangkok, Tailandia, el 20 de enero de 2019. El voluminoso postre pesó lo mismo que tres camionetas.

- **Ración de profiteroles:** el 15 de septiembre de 2019, el Consorzio Centro Commerciale Latinafiori (Italia) sirvió una montaña de profiteroles regados con chocolate que pesó 430 kg en Latina, Italia.

> **La fuente soporta cerca de 1 tonelada de chocolate líquido que cae en cascada.**

El fideo de huevo más largo (hecho a mano)

El chef japonés Hiroshi Kuroda confeccionó un fideo de huevo de 183,72 m de longitud (aproximadamente la altura de la Space Needle de Seattle) el 20 de mayo de 2019 en Tokio, Japón. El fideo, que tuvo que elaborarse como una única tira de masa continua, necesitó una hora de cocción en un wok.

La cazuela de pan más larga

El 16 de junio de 2019, se presentó en Como, Italia, una barra de pan de 132,62 m de longitud. En vertical, habría duplicado con creces la altura de la torre de Pisa. La barra de pan fue obra de la Croce Rossa Italiana — Comitato della Provincia di Como (Italia), y formó parte de un evento para recaudar fondos.

La *cream-tea party* más multitudinaria

El 23 de octubre de 2019, 1.054 personas pudieron disfrutar de un buen atracón de té, bollos, mermelada y nata. Esta merienda típica inglesa se organizó para conmemorar el 25.º aniversario de la Lotería Nacional británica en la sala Sage Gateshead, Gateshead, R.U. (imagen principal). El récord fue superado poco después, el 29 de noviembre, cuando el Beijing Mercedes-Benz Sales Service (China) sirvió té y nata a 1.088 personas (detalle) en Xiamen, Fujian, China.

La maratón de cocina más larga

La chef Lata Tandon (India) cocinó diversos platos indios durante 87 h y 45 min entre el 3 y 7 de septiembre de 2019 en Rewa, India. Duplicó con creces el récord anterior.

El tiramisú más largo

El 16 de marzo de 2019, Galbani Santa Lucia (Italia) y varios alumnos de cocina prepararon una ración de este postre de 273,5 m en Milán, Italia. Fueron supervisados por el chef y ganador de *Masterchef Italia*, Stefano Callegaro.

Más arándanos en la boca

David Rush (EE.UU.), que ostenta múltiples récords, logró meterse en la boca 124 arándanos el 16 de junio de 2019 en Boise, Idaho, EE.UU. Batió su propio récord por un arándano.

Más personas desayunando en la cama

Un total de 574 personas se quedaron desayunando en la cama el 30 de marzo de 2019 en Johannesburgo, Sudáfrica. El evento fue organizado por la marca de zumos Cappy (Sudáfrica).

Una máquina de comer muy en forma

Leah Shutkever (R.U.) es una profesional de las competiciones de engullir comida y sigue un programa de ejercicio físico muy estricto entre competición y competición para mantenerse en forma. A Leah nada le abre más el apetito que la posibilidad de obtener un GWR... El 15 de junio de 2018, logró el **menor tiempo en comer un Chocolate Orange** al devorar el bombón en 1 min y 5 s. El 1 de mayo de 2019, logró el **menor tiempo en comer tres huevos en escabeche**, con 7,80 s; pulverizó la mejor marca anterior, de 21,09 s, engullendo los huevos enteros. El 25 de septiembre, consiguió el ❍ **menor tiempo en comer tres pasteles de frutas** (52,21 s) y aún le quedó hueco para lograr el **menor tiempo en comer un *muffin*** (21,95 s). Leah remató su hazaña logrando el ❍ **menor tiempo en comer un burrito** (35,26 s), el 28 de noviembre de 2019.

MENOS TIEMPO EN COMER...

· **Plátanos**: ocho, pelados y devorados en 60 s, por Patrick *Deep Dish* Bertoletti (EE.UU.) el 14 de enero de 2012.

❍ **Chiles Naga jolokia**: tres en 9,75 s, por Mike Jack (Canadá) el 26 de enero de 2019.

· **Un pepino**: 24,48 s, por Vinny Diesel (Australia) el 24 de mayo de 2014.

· **Petisús**: tres en 18,02 s, por Peter *Furious Pete Czerwinski* (Canadá) el 10 de julio de 2013.

❍ **Hamburguesas**: cuatro (medianas) en 60 s, por Peter Czerwinski el 10 de julio de 2013.

❍ **Un perrito caliente**: 21,60 s, sin usar las manos, por Michelle Lesco (EE.UU.) el 13 de diciembre de 2018.

· **Un Kit Kat**: 22,52 s, sin usar las manos, por Daniel Dickinson (R.U.) el 31 de agosto de 2016.

· **Un dónut de mermelada**: 11,41 s, sin usar las manos ni relamerse, por Philip Santoro (EE.UU.) el 17 de abril de 2014.

· **Una cebolla cruda**: 29,56 s, por Yusuke Yamaguchi (Japón) el 31 de diciembre de 2013.

❍ **Pasta**: 150 g en 26,69 s, por Michelle Lesco el 18 de septiembre de 2017.

· **Sándwich de mantequilla de cacahuete y mermelada**: seis en 60 s, por Patrick Bertoletti el 14 de enero de 2012.

❍ **Una pizza de 30,5 cm**: 23,62 s, con cuchillo y tenedor, por Kelvin Medina (Filipinas) el 12 de abril de 2015.

· **Tostada**: una rebanada en 8,47 s, por Anthony Falzon (Malta) el 30 de agosto de 2014.

MENOS TIEMPO EN BEBER...

· **Café**: una taza en 4,35 s, por André Ortolf (Alemania) el 8 de agosto de 2019.

❍ **Salsa de carne**: 1 litro en 1 min y 12,5 s, por Steven Ruppel (EE.UU.) el 25 de abril de 2018.

· **Kétchup**: una botella en 17,53 s, por André Ortolf el 30 de noviembre de 2017.

❍ **Jarabe de arce**: una botella en 10,84 s, por Kevin *LA Beast* Strahle (EE.UU.) el 12 de mayo de 2017.

· **Leche**: un vaso de 568 ml en 3,97 s, por James McMillan (Nueva Zelanda) el 26 de julio de 2015.

❍ **Gaseosa**: dos litros con pajita en 1 min y 21,09 s, por Kevin Strahle el 24 de mayo de 2017.

· **Agua**: 500 ml con pajita en 7,30 s, por André Ortolf (EE.UU.) el 4 de diciembre de 2019.

· **Agua**: un litro haciendo el pino en 56 s, por Anders Forselius (Suecia) el 8 de junio de 2019.

Leah necesitó tres intentos para batir su propio récord de velocidad comiendo burritos. ¿Su estrategia? «¡No rendirme jamás!».

MANJARES

CAROS

Saborea el exquisito menú a la carta de GWR, ¡solo para epicúreos con los bolsillos muy llenos!

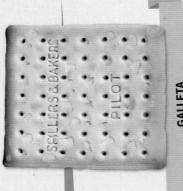

GALLETA

Un sabor agridulce que es historia. Esta galleta «Pilot» formaba parte del kit de supervivencia de un bote salvavidas del desafortunado transatlántico RMS *Titanic*, que se hundió en abril de 1912. Recuperada por un pasajero del barco de rescate, el RMS *Carpathia*, se subastó en Henry Aldridge & Son en Devizes, Wiltshire, R.U., en octubre de 2015. Una galleta para saborear la emoción en lugar de consumirla.
23.064 $

SUFLÉ

Un suflé de huevo más ligero que el aire, relleno de delicados huevos de codorniz y caviar de reserva real, flameado con Hennessy Richard y decorado con pan de oro. Preparado por los chefs Richard Farnabe y Alexandre Petrossian (ambos de EE.UU.) en Petrossian, Nueva York, EE.UU.
2.500 $

PERRITO CALIENTE

~ «El Juuni Ban» ~
Tentadoras salchichas bratwurst ahumadas al queso con cebollas cocinadas a la parrilla en mantequilla de teriyaki, champiñones maitake, carne wagyu, *foie*, virutas de trufa negra, caviar y mayonesa japonesa anidadas en pan tipo brioche. A la venta en Tokyo Dog, Seattle, Washington, EE.UU.
169 $

Chocolate
~ «La Chuorsa» ~
Azafrán, virutas de naranja cristalizada y un 68 % de chocolate chuao de Venezuela en una combinación pastelera de ensueño. Vendido por Attimo Chocolate Zurich (Suiza) en Suiza.
8.072,69 $ el kg

Pastel de cangrejo
~ «El pastel de cangrejo de platino» ~
Inigualable empanada de trufa negra con láminas de platino, platino en polvo, carne de cangrejo real, trozos de carne de cangrejo, mantequilla y hierbas. Preparado por Lazarius Leysath Walker (EE.UU.) en el restaurante Twist de Columbia, Carolina del Sur, EE.UU.
310 $

Dumpling dim sum
Cada una de estas exquisitas masas está rellena con carne de pollo negro, azafrán, hongos oruga, trufa y arándano en polvo. Elaboradas por Hongmei Zhang (China) y Kevin Brück (Alemania).
448 €

Cóctel
~ «El Winston» ~
Una copa con mucha clase: coñac Croizet de 1858, licor Grand Marnier, chartreuse y angostura amarga, todo mezclado en el Club 23 de Melbourne, Australia.
13.438 $

SÁNDWICH

~ «El Quintessential Grilled Cheese» ~
Delicioso pan francés pullman elaborado con champán Dom Perignon y copos de oro, con reluciente mantequilla de trufa blanca y queso caciocavallo podólico. Se sirve con una suave salsa a base de tomate y langosta de Sudáfrica. A la venta en Serendipity 3, Nueva York, EE.UU.
214 $

BENTO (COMIDA PARA LLEVAR)

Diez cortes selectos de carne tierna de vacuno acompañados por una deliciosa guarnición de arroz, wasabi fresco y salsa de pera. Elaborado por Star Festival Inc. (Japón) en Shibuya, Tokio, Japón.
2.739 $

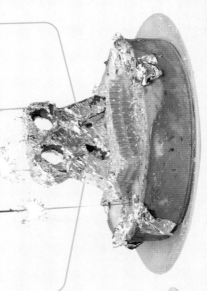

DURIAN

Un durian kanyao único, recolectado solo un día antes de su venta por Maliwan Han Chai Thai, granja de Pa Toi Lung Mu y Festival King of Durian (todos de Tailandia) en Nonthaburi, Tailandia. Cultivado con todo esmero, su olor resulta claramente ofensivo. Descubre por ti mismo por qué el durian es conocido como «El rey de la fruta».

47.784 $

PASTEL DE QUESO

Decadente por excelencia, este suntuoso postre está hecho con ricotta de búfalo, coñac de 200 años, vainilla de Madagascar, trufas blancas de Italia, avellanas molidas, suave chocolate fundido, pan de oro y un trozo fresco de panal de abejas. Su creador es el chef Raffaele Ronca (Italia/EE.UU.) del Ristorante Rafele, Nueva York, EE.UU.

4.592 $

PIZZA

~ «La 24K» ~

La masa de esta sensación del sabor internacional está bañada en tinta india de calamar negro y espolvoreada con copos de oro ecuatoriano. Su guarnición celestial incluye queso Stilton blanco de R.U., *foie* y trufas negras de Francia, ossetra y caviar Almas del mar Caspio y pan de oro de 24 quilates. Dado que sus exclusivos ingredientes son importados, los pedidos deben hacerse con dos días de antelación a Industry Kitchen, Nueva York, EE.UU.

2.700 $

BATIDO

~ «LUXE» ~

Deléitate con esta mezcla celestial de crema Jersey, helado de vainilla tahitiana, lujosa crema Devonshire, vainas de vainilla de Madagascar, oro comestible de 23 quilates, nata montada, *le cremose baldizzone* (una exclusiva salsa de caramelo hecha con leche de burra) y cerezas al marrasquino Luxardo gourmet. Vendido en Serendipity 3 y elaborado en colaboración con Swarovski® y Crystal Ninja en Nueva York, EE.UU.

100 $

TRUFA

El 23 de noviembre de 2007, Cristiano y Luciano Savini (ambos de Italia) desenterraron una espectacular trufa blanca (*Tuber magnatum pico*) de cerca de 1,3 kg de peso en Pisa, Italia. Stanley Ho la adquirió telefónicamente a través de su esposa, Angela Leong (ambos de China), en una subasta simultánea celebrada en el Grand Lisboa Hotel de Macao, China.

330.000 $

JAMÓN

~ «Ibérico Manchado de Jabugo» ~

Exclusivo jamón procedente de cerdos criados durante tres años y curado en bodega siguiendo el método tradicional durante otros seis años. Se puede comprar entero, deshuesado y en trozos, o en lonchas envasadas al vacío. Viene presentado en una caja de madera de encina de la región elaborada por un artesano local. Vendido por Dehesa Maladúa (España).

4.100 €

Participación multitudinaria

Música y baile. Los más multitudinarios...

Récord	Personas	Ubicación	Fecha
Bharatanatyam (danza tradicional india)	10.176	Chennai, Tamil Nadu, India	8 feb 2020
Clase de bharatanatyam	416	Chennai, Tamil Nadu, India	2 feb 2020
Crescendo de tambores	556	San Petersburgo, Rusia	26 may 2019
Danza tradicional de Ladakh	408	Hemis, Ladakh, India	20 sep 2019
Agrupación de morin juur	2.019	Quianguo, Songyuan, Jilin, China	13 jul 2019
Clase de samba	643	Hong Kong, China	19 may 2019
Schuhplattler (baile bávaro)	1.312	Antdorf, Baviera, Alemania	30 may 2019
Relevo de canciones (varias canciones)	384	Sheffield, South Yorkshire, R.U.	7 nov 2019

La clase de música más multitudinaria

Un total de 2.869 alumnos de primaria asistieron a una clase de ukelele para principiantes el 15 de mayo de 2019 en la SJKC Kuo Kuang 2 de Johor, Malasia. Con la ayuda del profesor Ric Cho, aprendieron a coger el instrumento y a tocar un par de acordes. La clase, de 33 min de duración, terminó con la interpretación en grupo de la popular canción infantil «Baby Shark».

Más personas disfrazadas de pitufos

El 16 de febrero de 2019, 2.762 fans de los famosos personajes de cómic belgas se reunieron en Lauchringen, Alemania, para pintar la ciudad de azul. Para contar para el récord, los participantes tenían que llevar pintura corporal azul o ropa azul, así como los característicos gorros rojos o blancos. Muchos acudieron vestidos de un personaje concreto, como Papá Pitufo o la Pitufina. El evento fue organizado por Dä Traditionsverein (Alemania).

Más personas buceando simultáneamente

El 3 de agosto de 2019, la Indonesia Women's Organisation organizó una inmersión multitudinaria con 3.131 participantes en Manado, Célebes Septentrional, Indonesia. A continuación desplegaron la **bandera más grande bajo el agua**, de 1.104 m². De esta forma, lograron su tercer título GWR, ya que dos días antes habían formado la **cadena humana bajo el agua más larga** (578 personas). Prepararon el evento durante todo un año.

La imagen humana más grande de una/un...

Récord	Personas	Ubicación	Fecha
Bicicleta	2.620	Moscú, Rusia	13 jul 2019
Hamburguesa	1.047	Madrid, España	14 oct 2019
Nube	1.207	Qingdao, Shandong, China	8 jul 2019
Huella digital	800	Hebrón, Palestina	14 oct 2019
Hoja de arce	3.942	Quinte West, Ontario, Canadá	29 jun 2019
Símbolo de la paz	1.076	Thiruvananthapuram, Kerala, India	2 oct 2019
Lápiz	761	Rydalmere, Nueva Gales del Sur, Australia	20 ago 2019

Hazza al Mansouri voló a la *Estación Espacial Internacional* el 25 de septiembre de 2019. Regresó ocho días después.

La imagen humana más grande de un cohete

Para celebrar el logro de Hazza al Mansouri, el primer emiratí que voló al espacio, el PACE Group (EAU) organizó la imagen de un cohete humano con 11.443 niños y trabajadores el 28 de noviembre de 2019 en Sarja, EAU. Los niños procedían de cinco escuelas y representaron a 21 países distintos.

La mayor concentración de personas disfrazadas de...

Récord	Personas	Ubicación	Fecha
Novias	1.347	Petrer, Alicante, España	29 jun 2019
Ji Gong	339	Hong Kong, China	9 nov 2019
Espantapájaros	2.495	Iligan, Isabela, Filipinas	25 ene 2019
Con tartán	1.359	Kenora, Ontario, Canadá	27 jul 2019
Magos	440	National Harbor, Maryland, EE.UU.	5 ene 2019

Más personas...

	Personas	Ubicación	Fecha
Haciendo ramos de flores simultáneamente	339	Newport, New Hampshire, EE.UU.	7 sep 2019
Haciendo la postura de la silla (yoga) simultáneamente	623	Shanghái, China	23 jun 2019
Recogiendo hojas de té simultáneamente	576	Kamo Gifu, Japón	7 jul 2019
Cortando el césped manualmente	564	Cerkno, Eslovenia	12 ago 2019
Con marionetas (en una misma ubicación)	628	Birmingham, West Midlands, R.U.	3 jun 2019

Más participantes para...

	Personas	Ubicación	Fecha
Colorear por números una imagen	2.462	Dubái, EAU	17 oct 2019
Crear una ciudad de bloques de LEGO® en miniatura en ocho horas	1.025	Shanghái, China	22 sep 2019
Hacer un mosaico con cubos de Rubik	308	Londres, R.U.	30 sep-2 oct 2019

La clase más multitudinaria de...

	Personas	Ubicación	Fecha
Arqueología	299	Ostroh, Rivne, Ucrania	10 oct 2019
Programación de inteligencia artificial	846	Dallas, Texas, EE.UU.	17 abr 2019
Biología	5.019	Sao Paulo, Brasil	30 oct 2019
Caligrafía	2.671	Macao, China	13 oct 2019
Competencias laborales	330	Londres, R.U.	30 oct 2019
Fútbol	835	Melbourne, Victoria, Australia	26 oct 2019
Jardinería	286	Kuwait City, Kuwait	16 nov 2019
Hacer la colada	400	Bombay, Maharashtra, India	17 mayo 2019
Software	775	Guadalajara, Jalisco, México	23 abr 2019

Más gente...

	Personas	Ubicación	Fecha
En una degustación de café	2.133	Moscú, Rusia	7 sep 2019
Jugando a pillar y congelar	2.172	Phoenix, Arizona, EE.UU.	13 nov 2019
Haciendo un nudo humano	123	Jeju, Corea del Sur	21 jun 2019
Participando en una batalla de Laser Tag	978	Farmington, Michigan, EE.UU.	25 ago 2019
En una guerra de bolas de papel	653	Morgantown, Kentucky, EE.UU.	4 jul 2019

El mayor dominó humano con colchones

Globo Comunicação e Participações y Ortobom (ambos de Brasil) organizaron un colosal dominó humano con colchones en el que participaron 2.019 personas el 6 de agosto de 2019 en Riocentro, Río de Janeiro, Brasil. Batieron el récord anterior por tres personas. Las fichas tardaron 11 min y 13 s en caer secuencialmente y los colchones posteriormente se donaron a diversas ONG.

La orquesta más grande

El 1 de septiembre de 2019, 8.097 músicos se reunieron en San Petersburgo, Rusia, para interpretar el himno nacional ruso. El evento fue organizado por Gazprom's Fund for Supporting Social Initiatives (Rusia) y convocó a músicos de 181 orquestas y 200 coros de todo el país. Tras la interpretación del himno nacional ruso, se retransmitió en directo un partido de fútbol de la liga rusa.

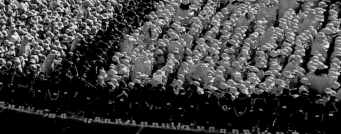

La danza popular mexicana más multitudinaria

El 24 de agosto de 2019, 882 participantes vestidos con los tradicionales trajes de charro y de caporal participaron en un baile tradicional de Jalisco que duró 6 min y 50 s en la plaza de la Liberación de Guadalajara, Jalisco, México. La Cámara de Comercio y Servicios y Turismo de Guadalajara (ambos de México) organizaron el récord, que prácticamente duplicó la participación anterior de 457 personas.

La imagen de PACE Group representaba una lanzadera espacial montada sobre tres cohetes gigantescos.

Cosas grandes

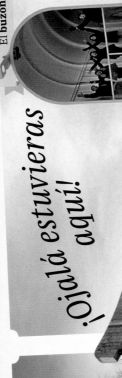

¡Ojalá estuvieras aquí!

El buzón más grande

El palo de golf más grande

La llave más grande

Postales de *Casey* illinois

Un pueblo pequeño con una gran afición por los récords

La mecedora más grande y los zuecos más grandes

La horquilla más grande

El *tee* de golf más grande

El poste de barbero más grande

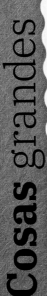

20¢

FIRST CLASS

El palo de golf más grande

Si tienes tiempo para jugar nueve hoyos, no olvides echar mano de nuestro palo tamaño Casey, de 13,95 m de largo. Te garantizamos que mandarás la pelota bien lejos... ¡si puedes levantarlo!

La llave más grande

Una réplica de la llave del Chevrolet Silverado de Jim Bolin se eleva hasta los 8,58 m de altura, ¡casi el doble que un autobús de dos pisos! También tiene un ancho máximo de 3,47 m. Si se construyera una maqueta de la camioneta de Jim a la misma escala, tendría la longitud del transatlántico *Queen Elizabeth 2*.

Destinatario:

Guinness World Records, Londres

Remitente:

Casey, Illinois, EE.UU., 62420

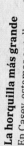

El buzón más grande

Acércate a la zona comercial, en el centro de nuestra localidad, donde encontrarás este enorme buzón de 11,09 m de largo por 4,41 m de alto. Como todas nuestras creaciones de gran tamaño, ¡es totalmente funcional! Para subir, tendrás que encontrar la escalera oculta en la oficina de correos. Su puerta se abre por medio de un cable accionado con un torno, y desde ahí se divisa una jaula para pájaros gigante situada al otro lado de la calle.

La mecedora más grande

En la calle mayor se erige una mecedora de madera y acero de 17,09 m de altura, 9,99 m de ancho y 20,9 t de peso. En el reposacabezas hay tallada una «paloma de la esperanza». Y mientras reposas en la mecedora, no te pierdas (como si pudieras!) los *zuecos más grandes*, que con sus 3,5 m de largo ¡equivalen a una talla 340!

La horquilla más grande

En Casey, estamos orgullosos de nuestro patrimonio agrícola. Nada lo ilustra mejor que esta imponente herramienta, de 2,56 m de ancho por 18,65 m de largo, ¡10 veces el tamaño de una horquilla normal y aproximadamente la longitud de una pista de bolos! Se exhibe frente al Richard's Farm Restaurant, y si el tamaño de tu apetito se corresponde con el de las cosas en Casey, ¡seguro que probarás su pastel!

El tee de golf más grande

En nuestro pequeño pueblo de Casey, Illinois, EE.UU., tenemos algunas atracciones realmente GRANDES. A día de hoy poseemos 11 títulos GWR, todos de objetos de gran tamaño creados por el empresario local Jim Bolin (EE.UU.). En el Country Club se erige nuestro *tee de golf* gigante, con 9,37 m de alto, una cabeza de 1,91 m de diámetro y un astil de 64 cm de ancho. Se talló con motosierras a partir de un bloque de pino amarillo.

El poste de barbero más grande

¿Necesitas un corte de pelo? Con sus 4,46 m de altura, nuestro poste de barbero te indicará dónde acudir. Surgió de nuestra iniciativa «Grandes cosas en un pueblo pequeño», que ofrece a los residentes y funcionarios municipales la oportunidad de decidir qué objeto descomunal será el próximo que se cree.

MAIL

Casey tiene menos de 3.000 residentes. Jim Bolin impulsó el proyecto «Grandes cosas en un pueblo pequeño» para atraer visitantes a la zona.

Zapatos

Hazañas con calzado		
Los más rápidos...	**Tiempo**	**Titular**
100 m con zuecos	13,16 s	André Ortolf (Alemania)
100 m con zapatos de tacón	13,55 s	Majken Sichlau (Dinamarca)
100 m con botas de esquí	13,85 s	André Ortolf (Alemania)
100 m con botas de esquí (mujeres)	16,86 s	Emma Kirk-Odunubi (R.U.)
100 m con zapatos de tacón sobre patines	26,10 s	Marawa Ibrahim (Australia)
Media maratón con chanclas	1 h, 30 min y 23 s	Rakshith Shetty (India)
Media maratón con botas de esquí	3 h, 7 min y 35 s	Emilie Cruz (Francia)
Maratón con botas de agua	3 h, 21 min y 27 s	Damian Thacker (R.U.)
Maratón con chanclas	3 h, 42 min y 29 s	Pardip Singh Minhas (R.U.)
Maratón con botas de esquí	5 h, 30 min y 27 s	Paul Harnett (R.U.)

Datos actualizados a 5 de diciembre de 2019

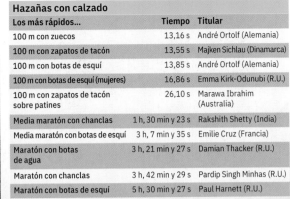

3,96 m de largo y 2,82 m de alto resultado de la colaboración entre el diseñador de moda tunecino Ahmed Gargouri, Dido Fashion Club, Complexe des Jeunes de Sfax, CNCC (Centro Nacional de Túnez de la Piel y el Calzado) y UTICA Sfax (la asociación tunecina de la industria, el comercio y la artesanía).

Si bien este zapato tunecino es único, los **zapatos de tacón más altos disponibles comercialmente** salieron a la venta en boldnbootiful.com en febrero de 2004. Producido por James Syiemiong (India), este calzado extraordinario puede presumir de unas plataformas de 43 cm de altura y unos tacones de 51 cm: ¡más altos que un bolo!

Las botas más valiosas

En diciembre de 2013, la empresa de diamantes de Amberes Diarough/UNI-Design y la firma de moda AF Vandevorst (ambas de Bélgica) presentaron un par de botines de la talla 39. Hechos con 4,73 kg de oro y recubiertos con 39.083 diamantes de fantasía de colores naturales que sumaban un total de 1.550 quilates, se valoraron en 3,1 millones de dólares.

El zapato de cuero más antiguo

En 2008, unos arqueólogos descubrieron un zapato de cuero de 5.500 años de antigüedad dentro de la cueva Areni-1, en el sureste de Vayots, provincia de Dzor, Armenia. El zapato mide 24,5 cm de largo, se hizo de una sola pieza de cuero y se fabricó de forma que se adaptara al pie de su usuario. La gruesa capa de estiércol de oveja que lo cubría y las condiciones frescas y secas en el interior de la cueva permitieron que se conservara íntegramente y en buenas condiciones.

La colección más grande de...

▶ **Zapatos**: en el último recuento, realizado el 20 de marzo de 2012, Darlene Flynn (EE.UU., arriba) poseía 15.665 zapatos y artículos relacionados con el calzado.
▶ **Zapatillas**: a 17 de mayo de 2012, Jordy Geller (EE.UU.) había acumulado un total de 2.388 pares de zapatillas (arriba a la derecha).
▶ **Converse**: en el último inventario, el 8 de marzo de 2012, Joshua Mueller (EE.UU., derecha) poseía 1.546 pares diferentes de este clásico del calzado deportivo en Lakewood, Washington, EE.UU.

1. La bota de senderismo más grande

El 30 de septiembre de 2006, Schuh Marke (Alemania) presentó una bota de senderismo de 7,14 m de largo, 2,5 m de ancho y 4,2 m de alto en Hauenstein, Alemania. ¡Es dos veces más larga que un Mini Cooper, más ancha que un taxi London TX4 y casi tan alta como un autobús Routemaster! Esta bota de tamaño gigante pesa alrededor de 1.500 kg, casi lo mismo que una carretilla elevadora, y su cordón de 35 m es casi cuatro veces más largo que una limusina típica.

2. La bota vaquera más grande

El 24 de enero de 2008, Belachew Tola Buta (Etiopía) presentó una bota vaquera de cuero negro de 2,5 m de alto y 2,38 m de largo en Addis Abeba, Etiopía.

3. El zapato más grande

El 12 de abril de 2013, Electric sekki (Hong Kong) presentó una zapatilla deportiva de 6,4 m de largo, 2,39 m de ancho y 1,65 m de alto modelada a partir de una zapatilla Superga 2750, en Hong Kong, China.

4. El zapato de tacón más grande

El 2 de abril de 2019, se presentó en Sfax, Túnez, un zapato de tacón de

El patrocinio más antiguo de calzado deportivo

En 1923, el deportista estadounidense Chuck Taylor se convirtió en el primer patrocinado por una marca de calzado deportivo. Su nombre se añadió a la pieza del tobillo de las zapatillas Chuck Taylor Converse All-Star en reconocimiento a su contribución al baloncesto.

▶ Los zapatos más pesados usados

El 18 de noviembre de 2010, en Londres, R.U., Ashrita Furman (EE.UU.) caminó 10 m con un par de zapatos que pesaban un total de 146,5 kg, ¡el equivalente a un barril de cerveza lleno en cada pie!

Seis años después, el 4 de diciembre de 2016, batió el récord de **más saltos a la comba con botas de esquí en un minuto** (161), en Ipswich, Suffolk, R.U.

Más zapatos abrillantados en ocho horas

El 1 de junio de 2016, Vickrant Mahajan (India) lustró 251 pares de zapatos en ocho horas (casi dos pares por minuto de media), en Indora, India.

El récord de **más personas lustrando zapatos** es 800, cifra alcanzada en un evento organizado por Polishing Shoes World Challenge Executive Committee (Japón) en la Asahi Shopping Street de Tokio, el 22 de noviembre de 2013.

La carrera con botas de agua más multitudinaria

El 11 de mayo de 2014, un total de 3.194 personas se calzaron botas de agua para correr en el club Glenflesk GAA de Killarney, Irlanda.

El 12 de octubre de 1996, el finlandés Teppo Luoma estableció el récord de la **bota de agua lanzada a más distancia**: 63,98 m, en Hämeenlinna, Finlandia. Sari Tirkkonen (Finlandia) posee el récord **femenino** con 40,87 m (19 de abril de 1996).

El tiempo más veloz en encordar un zapato

El 27 de mayo de 2018, Jane Pearce (R.U.) encordó un zapato con 10 ojales en apenas 22,83 s durante un evento de *GWR Live!* celebrado en Vitality Westminster Mile, Londres, R.U.

La marca de calzado más vendida (actualidad)

En base a la venta minorista, la marca de calzado más vendida en 2019 fue Nike (EE.UU.), con 31.550 millones de dólares según datos de Euromonitor a 27 de febrero de 2020.

Más zapatos recogidos para reciclaje

Students Run LA (EE.UU.) dedicó casi un año a reunir 18.302 zapatos para su reciclaje en California, EE.UU, según se ratificó el 9 de agosto de 2014.

Los zapatos más caros vendidos en una subasta

• **Atrezo de película**: el 24 de mayo de 2000, las zapatillas de rubíes (arriba a la derecha) usadas por la actriz estadounidense Judy Garland en *El mago de Oz* (EE.UU., 1939) se vendieron en Christie's de Nueva York, EE.UU., por 666.000 $.
• **Zapatillas deportivas**: el 23 de julio de 2019, un par de zapatillas Nike Waffle Racing Flat «Moon Shoe» sin usar de 1972 (arriba a la izquierda) se vendieron por 437.500 $ en Sotheby's de Nueva York, EE.UU. Fueron hechas a mano por el cofundador de Nike Bill Bowerman.
• **Zapatillas deportivas (usadas)**: el 11 de junio de 2017, las zapatillas Converse del número 47 (arriba a la derecha) usadas por Michael Jordan (EE.UU.) durante los Juegos Olímpicos de 1984 se vendieron por 190.372,80 $ en una subasta de SCP. El partido por la medalla de oro contra España disputado el 10 de agosto de 1984 fue el último de Jordan antes de convertirse en profesional y firmar con Nike.

El calzado más antiguo datado directamente

En 1938, el arqueólogo Luther Cressman (EE.UU.), de la Universidad de Oregón, descubrió varias sandalias antiguas en Fort Rock Cave, Oregón, EE.UU. Diez ejemplares datados por carbono tenían entre 9.300 y 10.500 años de antigüedad. Estos inconfundibles zapatos estaban hechos de artemisa y probablemente fueron usados por nativos norteamericanos. Desde el descubrimiento de Cressman se han encontrado muchas más sandalias estilo «Fort Rock» en muchos otros puntos del sudeste de Oregón y norte de Nevada, EE.UU.

El **par de calcetines más antiguo** (siglo IV) fue descubierto en la antigua ciudad de Oxirrinco, Egipto. Estos calcetines rojos de lana, cada uno con dos puntas para los dedos, se hicieron con un tejido elaborado con una sola aguja y pudieron ser diseñados para usarlos con sandalias.

▶ 5. La escultura más grande de unas botas vaqueras

Bob *Daddy-O* Wade (EE.UU., abajo) construyó una escultura de un par de botas vaqueras de 10,74 m de altura, como se comprobó el 4 de noviembre de 2014 en el centro comercial North Star de San Antonio, Texas, EE.UU. Estas botas descomunales consisten en una estructura de vigas de acero entrecruzadas (apodada por Wade «baby Torre Eiffel») cubierta con una mezcla de hormigón y fibra de vidrio que simula la piel de avestruz.

4

5

En un primer momento, las botas se instalaron cerca de la Casa Blanca, en Washington DC, EE.UU., ¡y alcanzaban la mitad de su altura!

Colecciones

Artículos de colección de *Assassin's Creed*
A 10 de febrero de 2019, Carlo Prisco (Italia) poseía 1.030 objetos relacionados con este premiado videojuego de acción, en Pozzuoli, Nápoles, Italia.

Artículos de colección de Pikachu
Lisa Courtney (R.U.) posee 1.293 objetos relacionados con la estrella de *Pokémon*. Su tesoro fue ratificado en Welwyn Garden City, Hertfordshire, R.U., el 7 de agosto de 2019. A 10 de agosto de 2016, también poseía la **colección más grande de artículos de *Pokémon*** (17.127 artículos).

Artículos relacionados con las ballenas
Como se verificó el 24 de mayo de 2019, Cynde McInnis (EE.UU.) había acumulado 1.347 objetos relacionados con estos mamíferos marinos, desde postales y prendas de ropa hasta imanes y joyas, todos ellos almacenados en Topsfield, Massachusetts, EE.UU.

La **colección más grande de artículos relacionados con delfines** asciende a 3.516, es propiedad de Ausra Saltenyte (Lituania), y se confirmó el 31 de enero de 2019 en Vilna, Lituania.

Gafas de sol
Lori-Ann Keenan (Canadá) posee 2.174 pares de gafas de sol, como se ratificó el 29 de junio de 2019 en Vancouver, Columbia Británica, Canadá.

Artículos de colección de los Rolling Stones
Matthew Lee (R.U.) ha reunido 2.789 objetos relacionados con los veteranos roqueros, como se verificó el 14 de noviembre de 2019 en Londres, R.U.

Tarjetas de crédito válidas
Zheng Xiangchen (China) tenía 1.562 tarjetas de crédito a 28 de agosto de 2019 en Shenzhen, provincia de Guangdong, China. Cumpliendo con los requisitos de GWR, cada tarjeta tenía un límite de gasto de al menos 500 dólares. En total, la disponibilidad de crédito mínima de la colección ascendía a 781.000 dólares.

Artículos de colección de Spider-Man
A 27 de abril de 2019, Tristan Mathews (EE.UU.) había recopilado 3.089 objetos relacionados con el mundialmente famoso hombre araña, como se confirmó en Burbank, California, EE.UU. Además de cómics, el «Marvel-oso» inventario de Tristan incluye muñecos, lámparas, bandejas, videojuegos, prendas de ropa e incluso latas temáticas de espaguetis.

Minifiguras de LEGO®
Fabio Bertini (Italia) atesora 3.310 minifiguras de LEGO, tal y como se verificó el 1 de diciembre de 2018 en la república de San Marino. Cada artículo de la colección, que inició en la década de 1970, forma parte de un set original de LEGO y cuenta con al menos un detalle que lo distingue de los demás. Arriba, junto a Fabio, vemos las figuras de Chico Banana, del Hombre con disfraz de Pollo y del Presidente Negocios.

Top Trumps
Mark Maggs (R.U.) tiene 300 juegos de cartas distintos de Top Trumps, tal como se ratificó en Londres, R.U., el 8 de julio de 2019. Empezó a hacer acopio de estas cartas «¡Coleccionables, competitivas y compulsivas!» en 2002. Algunos de los temas son «Barbie», «El *Mary Rose*» y su favorito, «Coches deportivos». Las Top Trumps aparecieron en 1978 en R.U.

Mensajes de galletas de la fortuna
A 1 de agosto de 2019, Kris L. Duke (EE.UU.) había coleccionado 4.350 de estos mensajes «proféticos» en Bolton Valley, Vermont, EE.UU.

Frascos de perfume
A 13 de septiembre de 2019, Anna Leventeri (Grecia) atesoraba 5.410 frascos de perfume en Neo Psychiko, Grecia.

Artículos de colección de *One Piece*
Yoshikazu Sanada (Japón) acumula 5.656 artículos sobre esta popular serie manga, como se verificó en Kawasaki, Kanagawa, Japón, el 17 de julio de 2019.

Artículos de colección de *Bola de Dragón*
Hitoshi Uchida (Japón) tiene dos habitaciones dedicadas a este clásico del manga/anime, en las que acumula un total de 10.098 objetos. Se contaron en Tokio, Japón, el 18 de junio de 2019.

> Tristan se convirtió en un fan incondicional de *Spidey* a los 11 años, cuando leyó el n.º 26 de *Web of Spider-Man*.

▶ Figuras Funko Pop!

En el último recuento, realizado el 15 de diciembre de 2018 en Winchester, Virginia, EE.UU, Paul Scardino (EE.UU.) atesoraba 4.475 de estos muñecos de plástico cabezones. Las figuras de vinilo Funko Pop! se inspiran en personajes de cómics, películas y videojuegos. Arriba se muestran los primeros artículos de la colección de Paul: el tándem formado por el Ojo de Halcón y Spider-Man, de Marvel. Un compañero se lo regaló por su cumpleaños... y desató su obsesión.

La mayor colección de guitarras vendida en una subasta benéfica

El 20 de junio de 2019, las 123 guitarras de la colección de David Gilmour, exmiembro de los Pink Floyd, se subastaron en Christie's, en la ciudad de Nueva York, EE.UU. Se recaudaron 21.198.250 $, que el guitarrista donó íntegramente a la organización benéfica ecologista ClientEarth. La Fender Stratocaster de abajo lleva el codiciado número de serie 0001.

Billetes de banco

A 2 de octubre de 2019, Wissam Ali Youssef (Líbano) había reunido 12.282 billetes de banco distintos, con un valor nominal total de 294.408 $.

Postales

A 28 de julio de 2019, Michael Schefers (Alemania) acumulaba 15.553 postales distintas con la imagen de un puente, en Hannover, Alemania.

Artículos de colección de *Digimon*

Ng Tze Ying (Hong Kong) tenía 18.264 artículos sobre los monstruos digitales de esta franquicia japonesa según el último recuento del 3 de mayo de 2019 en Osaka, Japón.

▶ Videojuegos

A 2 de febrero de 2019, Antonio Romero Monteiro, de Richmond, Texas, EE.UU., poseía 20.139 videojuegos.

Ositos de peluche

Istvánné Arnóczki (Hungría) cuenta con la dulce compañía de 20.367 ositos de peluche, tal y como se comprobó el 27 de abril de 2019 en Harsány, Hungría.

▶ Artículos de colección de *God of War*

Emmanuel Mojica Rosas (México) acumula 570 objetos relacionados con el videojuego *God of War*, como se confirmó el 3 de marzo de 2019 en Xalisco, México. Se le entregó el certificado GWR durante una visita que realizó al estudio del desarrollador, donde además fue agasajado con el disco original de *God of War*.

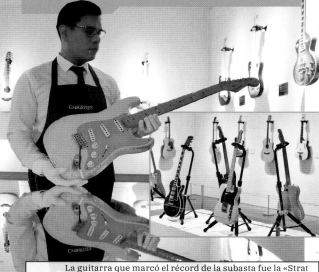

La guitarra que marcó el récord de la subasta fue la «Strat negra», usada en varios álbumes clásicos de Pink Floyd, como en *The Dark Side of the Moon* (1973) y en *Wish You Were Here* (1975).

Proezas físicas

Más saltos a la comba en 24 horas

El 30 de marzo de 2019, Sella Rosa Rega (EE.UU.) dio 168.394 saltos a la comba en 24 horas en Boiceville, Nueva York, EE.UU.

Durante la prueba, también logró el récord de **más saltos a la comba en ocho horas** (70.030) y **en 12 horas** (100.364). Sella perfeccionó esta habilidad extraordinaria entrenando artes marciales.

Más tiempo manteniendo la postura del árbol (yoga)

El 19 de junio de 2019, M. Kavitha (India) mantuvo la postura del árbol durante 55 min en Chennai, India. Esta postura requiere mantenerse en equilibrio sobre una pierna mientras se presiona con el pie de la otra. Las manos se pueden levantar o sostener sobre el pecho con las palmas unidas.

Más personas manteniendo la posición de plancha abdominal

El 26 de enero de 2020, Bajaj Allianz Life Insurance (India) reunió a 2.471 personas para mantener la posición de plancha abdominal durante 60 s en Bombay, India.

Más peso muerto levantado en 24 horas

Del 26 al 27 de octubre de 2019, Chris Dack (R.U.) levantó 480.000 kg en Norwich, Norfolk, R.U., más que el peso de un Airbus A380, el **avión de pasajeros más pesado**.

El **mayor peso levantado por encima de la cabeza haciendo sentadillas en un minuto** es de 2.125 kg, marca establecida por Casey Lambert (EE.UU.) en Owosso, Michigan, EE.UU., el 12 de octubre de 2019. Tuvo que levantar una barra por encima de la cabeza, ponerse en cuclillas mientras la mantenía en alto, levantarse de nuevo y repetir el proceso.

La mayor distancia recorrida empujando un coche en 24 horas (individual)

Del 27 al 28 de abril de 2019, el entrenador croata de fitnes Tomislav Lubenjak completó 33 largos por una carretera en Zagreb, Croacia, empujando un automóvil de 740 kg. Recorrió 106,93 km.

LOS MÁS RÁPIDOS...

100 m haciendo girar un hula-hoop

El 18 de mayo de 2019, Thomas Gallant (EE.UU.) recorrió una distancia de 100 m haciendo girar un hula-hoop en 15,97 s en St Johns, Florida, EE.UU. Durante la prueba, también estableció el récord de los **50 m más rápidos haciendo girar un hula-hoop**: 8,08 s.

La mayor distancia recorrida deslizándose sobre pelotas suizas

El 14 de agosto de 2018, Nicholas Smith (Australia) recorrió 95,17 m deslizándose sobre una hilera de pelotas suizas en Cubberla Creek Reserve, Queensland, Australia.

El récord de **más toques de cabeza con una pelota suiza en 30 segundos** (53) lo logró Josh Horton (EE.UU.) en Malibú, California, EE.UU., el 16 de mayo de 2017.

Más visualizaciones en directo de una sesión de fitnes en Youtube

Tras la pandemia de coronavirus de principios de 2020, Joe *The Body Coach* Wicks (R.U.) comenzó a retransmitir sus entrenamientos diarios desde su casa. El 24 de marzo de 2020, un total de 955.185 hogares se unieron a Joe mientras corría, saltaba y se ejercitaba en cuclillas en su sala de estar.

El 5 de julio de 2017, Joe supervisó la **sesión de entrenamiento a intervalos de alta intensidad más multitudinaria**: 3.804 participantes se sometieron a una rigurosa rutina de ejercicios durante el British Summer Time Festival celebrado en Hyde Park, Londres, R.U.

Más zancadas en un minuto (mujeres)

El 25 de julio de 2019, Sandra Hickson (Irlanda) realizó 80 zancadas en 60 s en Castleisland, Kerry, Irlanda.

Entre los miembros de la muy en forma familia Hickson suman 10 títulos GWR. Ese mismo día, los hermanos Sandra y Jason unieron sus fuerzas para correr la **milla de tres piernas más rápida**: 6 min y 52,12 s.

Joe espera que estas retransmisiones diarias en directo le conviertan en «el profesor de educación física de toda la nación».

Más flexiones con un brazo y una pierna en un minuto

El 14 de agosto de 2019, Thounaojam Niranjoy Singh (India) realizó 36 flexiones apoyándose en un brazo y una pierna en Imphal, India.

El récord de **más flexiones con un brazo cargado con un peso de 45 kg en un minuto** es 20, establecido por Patrick Murray (EE.UU.) en Hoboken, Nueva Jersey, EE.UU., el 30 de marzo de 2019.

200 m hacia atrás

El 30 de julio de 2019, Christian Roberto López Rodríguez (España) corrió 200 m hacia atrás en 30,99 s en Toledo, España. El mes anterior, Christian corrió e hizo malabares para establecer los récords de los **200 m hacia atrás más rápidos haciendo malabares con tres objetos** (48,83 s) y de los **400 m** (1 min y 48 s).

La altura del Everest saltando sobre un cajón

Los días 29 y 30 de noviembre de 2019, Jamie Alderton (R.U.) empleó 22 h, 18 min y 38 s para subir el equivalente a la **montaña más alta sobre el nivel del mar** (8.848 m) saltando sobre un cajón en Bognor Regis, West Sussex, R.U. Con esta iniciativa, Jamie recaudó 27.119 dólares para un orfanato local.

MÁS...

Flexiones con una mano en tres minutos (hombres)

El 27 de junio de 2019, el culturista armenio Manvel Mamoyan realizó 73 flexiones (una media de una cada 2,5 s) en Moscú, Rusia.

Fondos en barras paralelas con un lastre de 45 kg en un minuto

El 8 de junio de 2019, Denys Havrikov (Ucrania) realizó 38 fondos en barras paralelas cargado con un peso de 45 kg en Miami, Florida, EE.UU.

Dominadas con un lastre de 36 kg en un minuto

El 8 de marzo de 2020, Anthony Robles (EE.UU.) realizó 23 dominadas en 60 s cargado con un peso de 36 kg en Phoenix, Arizona, EE.UU.

▶ Saltos de tijera en 30 segundos

El 14 de noviembre de 2019, Simon Idio (R.U.) realizó 68 saltos de tijera en medio minuto en Londres, R.U.

▶ Más tiempo en posición de plancha abdominal (mujeres)

El 18 de mayo de 2019, la canadiense Dana Glowacka mantuvo esta exigente posición durante 4 h, 19 min y 55 s en Naperville, Illinois, EE.UU.

El récord de ▶ **más tiempo en posición de plancha abdominal** es 8 h, 15 min y 15 s, logrado el 15 de febrero de 2020 por el exmarine George Hood (EE.UU.) en el mismo lugar. George homenajeó de esta forma a los veteranos de las fuerzas armadas. Dana y George son buenos amigos y él la ayudó a preparar su desafío.

La mayor distancia recorrida en un biciclo en una hora (pista cubierta)

El 17 de septiembre de 2019, Chris Opie (R.U.) recorrió 34,547 km en un biciclo en el velódromo Derby Arena, R.U. Batía así por poco el récord de Mark Beaumont de 33,865 km, establecido poco antes en el mismo lugar. Chris describió la prueba como «muy exigente». Global Cycling Network se encargó de organizar el evento.

Los 160 km en una cinta de correr más rápidos

El 28 de noviembre de 2004, el canadiense nacido en Sri Lanka Suresh Joachim Arulanantham cubrió 160 km en una cinta de correr en 13 horas, 42 min y 33 s en el centro comercial Square One de Mississauga, Ontario, Canadá.

Suresh aparece en la imagen de abajo con su certificado GWR por la **mayor distancia recorrida en escaleras mecánicas**. Del 25 al 31 de mayo de 1998, cubrió el equivalente a 225,44 km trasladándose arriba y abajo por una escalera en movimiento en el centro comercial Westfield Burwood de Nueva Gales del Sur, Australia.

Otra hazaña de resistencia increíble de Suresh es el récord de más tiempo meciéndose en una mecedora: 75 h y 3 min.

Talentos peculiares

La mayor velocidad en moto en equilibrio sobre la cabeza

El 17 de agosto de 2019, Marco George (R.U.) alcanzó una velocidad de 122,59 km/h mientras pilotaba una moto boca abajo. El escenario de esta arriesgada prueba de habilidad fue el aeródromo de Elvington, en North Yorkshire, R.U. Marco, que hace cinco años que compite como piloto acrobático, entrenó para este récord durante siete meses.

La bola de billar embocada tras superar un listón a más altura

El 13 de octubre de 2019, Theo Mihellis (EE.UU.) embocó una bola de billar por encima de un listón a 63,5 cm de altura en Parkersburg, West Virginia, EE.UU.

El salto en parado más alto

El 2 de septiembre de 2019, Brett Williams (EE.UU.) saltó en parado una altura de 1,65 m en Fort Worth, Texas, EE.UU.

La mayor distancia recorrida caminando sobre los nudillos de los dedos de los pies

El 20 de septiembre de 2019, Narayan Acharya (Nepal) recorrió 31,5 m sobre sus articulaciones metatarsofalángicas en Birgunj, Nepal.

La mayor distancia recorrida con un cortacésped en equilibrio sobre la barbilla

El 27 de junio de 2019, James *Jay* Rawlings (R.U., ver a la derecha) recorrió 279,1 m con un cortacésped manual colocado bocabajo y en equilibrio sobre su barbilla en el Festival de Glastonbury, Somerset, R.U.

La voltereta más larga de una mascota impulsándose con una cama elástica

El 12 de septiembre de 2019, Pierre el Pelícano, la mascota disfrazada del equipo de la NBA New Orleans Pelicans, usó un cama elástica y se proyectó 4,26 m dando una voltereta frontal sobre una línea de animadoras en Louisiana, EE.UU.

▶ Más capas en un bocadillo de colchones de clavos

El 23 de octubre de 2019, nueve robustos hombres se apilaron por capas sobre colchones de clavos. Los participantes fueron Vispy Kharadi, Jecky Patel, Bhavesh Panwala, Khushru Kadwa, Jamshid Bhathena, Manan Patel, Abubakar Kadodia, Daraius Cooper y Rameez Virani (todos de la India). Su hazaña tuvo lugar en Surat, Gujarat, India.

▶ Más bolas de adorno en la barba

El 7 de diciembre de 2019, Joel Strasser (EE.UU.) se colocó 302 bolas de adorno en su voluminosa barba en Olympia, Washington, EE.UU. Joel ostenta los récords actuales de **más palillos chinos insertado en la barba** (520, en la foto de abajo a la derecha), **más *tees* de golf** (607) y ▶ **más palillos de dientes** (3.500). En la actualidad entrena para lograr el de más tenedores en su vello facial...

MÁS...

▶ Latas de bebida pegadas a la cabeza por succión de aire

El 1 de septiembre de 2019, Shunichi Kanno (Japón) se colocó nueve latas en la cara y en la cabeza en Tokio, Japón, y batía por una el récord previo establecido por Jamie *Canhead* Keeton en 2016.

Huevos en equilibrio en el dorso de la mano

El 11 de agosto de 2019, Konok Karmakar (Bangladés) sostuvo 15 huevos en el dorso de su mano en Noakhali, Chittagong, Bangladés. Fakhrul Islam (Bangladés), Rocco Mercurio y Silvio Sabba (ambos de Italia) lo igualaron ese mismo año.

Joel también ostentó el récord de más pajitas de plástico en la barba (312) antes de que GWR suspendiera esta categoría.

Alubias en salsa ingeridas con palillos en un minuto

El 8 de noviembre de 2019, Chisato Tanaka (Japón) se comió 72 alubias en salsa de una en una en 60 s con un par de palillos chinos en Shibuya, Tokio, Japón.

Más pases consecutivos de un balón de fútbol entre ambos ojos

El 18 de mayo de 2019, Yuuki Yoshinaga (Japón) rodó un balón de fútbol de un ojo al otro 776 veces en Kōtō, Tokio, Japón. El 9 de octubre de 2017, estableció el récord de **más toques con los hombros de un balón de fútbol en un minuto**: 230.

LOS MÁS RÁPIDOS EN...

Doblar y lanzar un avión de papel

El 3 de agosto de 2019, Akimichi Hattori (Japón) dobló y lanzó un avión de papel en 7,03 s en Kōtō, Tokio, Japón. Según las normas, para establecer este récord, tenía que hacer un avión de morro puntiagudo tras doblar un papel siete veces y hacerlo volar al menos 2 m.

El coche más pesado en equilibrio sobre la cabeza

El 24 de mayo de 1999, John Evans (R.U.) mantuvo en equilibrio sobre su cabeza un Mini Cooper de 159,6 kg durante 33 s en The London Studios, R.U.

Dos años antes, John estableció el récord de **más peso en equilibrio sobre la cabeza**: 101 ladrillos que pesaban 188,7 kg, también en Londres, R.U.

Más piñas cortadas apoyadas en la cabeza en 30 s

El 15 de diciembre de 2019, el profesor de artes marciales Harikrishnan S (India) usó una espada samurái para cortar por la mitad 61 piñas que unos voluntarios mantenían en equilibrio sobre sus cabezas en Kerala, India. Al finalizar, se limpió toda la fruta y se repartió entre los participantes y testigos.

▶ Barras de hierro dobladas con el cuello en un minuto

Usando sus propias manos, el indio experto en artes marciales Vispy Kharadi (una de las capas en el bocadillo de colchones de clavos de la página anterior) dobló 21 barras de hierro de 1 m de largo sobre la parte posterior de su cuello en 60 segundos en Surat, India, el 23 de octubre de 2019. Las barras tenían que doblarse un mínimo de 90°.

Países identificados por su silueta en un minuto

El 8 de octubre de 2019, Aima'az Ali Abro (Pakistán) identificó 57 países en base a sus siluetas en 60 s en Karachi, Pakistán.

La milla más rápida a la pata coja con muletas

El 6 de agosto de 2019, Michael Quintanilla (EE.UU.) completó una milla (1,6 km) apoyándose en unas muletas en 11 min y 17 s en la pista de atletismo de su instituto de secundaria en Portland, Texas, EE.UU. Aficionado a correr campo a través, se rompió el pie y decidió entrenar para batir este GWR con la ayuda de su equipo y de sus entrenadores.

Más sillas en equilibrio sobre la barbilla

El 23 de enero de 2019, James *Jay* Rawlings mantuvo 11 sillas de metal en equilibrio sobre la barbilla durante 10 s en el plató del programa de TV *Britain's Got Talent* (ITV) en el London Palladium, R.U.

El récord de **más tiempo con una silla en equilibrio sobre la barbilla** es de es 35 min y 10 s, establecido por Konok Karmakar (ver izquierda) el 19 de octubre de 2019 en Noakhali, Chittagong, Bangladés.

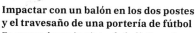

James, que logró su récord al primer intento, dejó impresionados a los jueces de *BGT*, que le otorgaron cuatro síes.

Impactar con un balón en los dos postes y el travesaño de una portería de fútbol

En contra de sus instintos futbolísticos, Ryan Sessegnon (R.U.) estrelló de forma intencionada un balón contra los postes y el travesaño de una portería en 7,75 s en St George's Park, Burton upon Trent, R.U., el 27 de mayo de 2019. Ryan es jugador de los Tottenham Hotspur, que compite en la Premier League, y de la selección nacional sub-21 inglesa. El día del récord, se colocaron unos balones sobre la línea frontal del área para que Ryan los chutara. Con los dos primeros lanzamientos impactó en ambos postes y con el cuarto, en el larguero.

Colocar las piezas de ajedrez

El 1 de agosto de 2019, Nakul Ramaswamy (EE.UU.) dispuso un tablero de ajedrez en 31,55 s en Simsbury, Connecticut, EE.UU.

Ordenar todos los elementos de la tabla periódica

El 27 de septiembre de 2019, Meenakshi Agrawal (India) ordenó los 118 elementos de la tabla periódica en 2 min y 49 s en Delhi, India. Usó fichas impresas, ya que los elementos reales la habrían expuesto a una enorme radiación.

Malabarismos

Más capturas consecutivas de malabares con una motosierra

El 6 de septiembre de 2019, Ian Stewart (Canadá) realizó 105 capturas consecutivas de una motosierra en funcionamiento en Truro, Nueva Escocia, Canadá. En 2017 estableció el **récord de la mayor distancia recorrida haciendo malabares con tres motosierras**: 50,9 m. Según Ian, el peso de las motosierras es uno de los mayores desafíos a superar.

Los 100 m más rápidos haciendo malabarismos con cinco objetos (hombres)

En julio de 1988, Owen Morse (EE.UU.) corrió 100 m en 13,8 s haciendo malabarismos con cinco objetos durante el festival de la International Juggling Association celebrado en Denver, Colorado, EE.UU. Un año después, Owen estableció el récord con **tres objetos**: 11,68 s, a solo 2,1 s del récord de los 100 m de Usain Bolt.

El récord de los **100 m más rápidos haciendo malabarismos con tres objetos (mujeres)** es 17,2 s, establecido por Sandy Brown (EE.UU.) en julio de 1990 en Los Ángeles, California, EE.UU.

La media maratón más rápida haciendo malabarismos con tres objetos (hombres)

El 21 de octubre de 2018, Michael Lucien Bergeron (Canadá) cruzó la línea de meta del Scotiabank Toronto Waterfront Marathon en 1 h, 17 min y 9,4 s, en Ontario, Canadá. Terminó la carrera dos segundos más rápido que el rival con el que competía por el mismo récord.

Más capturas consecutivas de malabares por encima de la cabeza con siete objetos

El 30 de mayo de 2019, Michael Ferreri (España) logró 71 capturas consecutivas con siete bolas en Laguna Hills, California, EE.UU. Tuvo que hacer malabarismos con los antebrazos por encima de los brazos, y realizar todas las capturas y los lanzamientos por encima de los hombros (más récords de Michael en la pág. siguiente).

La mayor distancia recorrida en patines en línea haciendo malabarismos con tres objetos

El 3 de agosto de 2019, David Rush (EE.UU.) recorrió 1,2 km en patines en línea mientras hacía malabarismos con tres bolas e8 Pro Gballz en Boise, Idaho, EE.UU. David tardó 7 min y 55 s en completar tres vueltas a una pista de atletismo de un instituto de la localidad mientras hacía malabares siguiendo los pasos izquierda-derecha-izquierda. David ha logrado más de 100 GWR.

MÁS...

Rotaciones individuales en 30 s (cinco mazas)

El 12 de julio de 2019, el artista de circo Victor Krachinov (Rusia) completó 508 rotaciones individuales con cinco mazas en medio minuto en el Obhur Festival, en Jed-dah, Arabia Saudí. Para optar al récord, todos los movimientos tenían que alternarse derecha-izquierda-derecha-izquierda y la «multiplexación» (lanzar más de un objeto al mismo tiempo) no estaba permitida.

▶ **Más capturas de látigos en llamas haciendo malabares en un minuto (tres látigos)**

El 7 de septiembre de 2019, Aaron Bonk (EE.UU.) capturó 82 veces un trío de látigos en llamas mientras hacía malabares en 60 s. Logró este récord en su cuarto y último espectáculo llevado a cabo en la New York Renaissance Faire, Tuxedo Park, Nueva York, EE.UU.

▶ **Capturas consecutivas de espadas samurái haciendo malabarismos (tres espadas)**

El 25 de enero de 2019, el habilidoso Marcos Ruiz Ceballos (España) realizó 191 capturas mientras hacía malabarismos con espadas samurái en San Fernando, Cádiz, España.

El 7 de julio de 2015, Marcos se puso un trío de sombreros 71 veces en 60 s y logró el récord de **más veces en colocarse un sombrero en la cabeza en un minuto haciendo malabarismos**.

Malabarismos con balones de fútbol

El 4 de noviembre de 2006, Victor Rubilar (Argentina) hizo malabares con cinco balones al mismo tiempo en el centro comercial Gallerian de Estocolmo, Suecia. Igualaba así el récord de varios malabaristas, incluidos Enrico Rastelli (Rusia), Toni Störzenbach (Alemania), Eddy Carello Jr. (Suiza) y Andreas Wessels (Alemania).

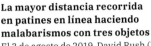

La mayor distancia esquiada haciendo malabarismos con tres objetos

El 16 de marzo de 2019, Lukas Pichler (Austria) esquió 569,2 m mientras hacía malabarismos con tres bolas en Kirchbach, Austria. Lukas es un apasionado del esquí y quería batir este récord en las pistas de la estación de Kirchbach.

Aaron también hace malabares con ejes y motosierras en llamas, e incluso con una espada en equilibrio sobre su cabeza.

Se han encontrado imágenes de mujeres haciendo malabarismos en las paredes de una tumba en Beni Hasan, Egipto, que data del año 2000 a.C.

Malabares con antorchas sobre una tabla de equilibrio

El 3 de noviembre de 2017, Josh Horton (EE.UU.) hizo malabares con cinco antorchas sobre una tabla de equilibrio en Art Factory, Paterson, Nueva Jersey, EE.UU. Ese mismo día, Josh estableció el récord de **malabares con más espadas samurái**: cuatro.

Giros de 360° mientras se hacen malabares con tres objetos en tres minutos

El 7 de noviembre de 2019, Michael Ferreri (España, ver izquierda) completó 102 giros en 180 s mientras hacía malabares con tres objetos en Lakewood, California, EE.UU.

También tiene el récord de **más capturas consecutivas haciendo lanzamientos cruzados (tres objetos)**: 433, el 2 de septiembre de 2019.

Más capturas colgando de los dientes en un minuto (tres objetos)

El 4 de julio de 2019, Leonardo Costache (Rumanía) realizó 195 capturas con tres mazas en 60 s. Este artista con mandíbula de hierro se suspendió colgado de los dientes sobre una pista de circo en Gilleleje, Dinamarca.

▶ Trucos malabares en un minuto (tres bolas)

El 16 de diciembre de 2018, Taylor Glenn (EE.UU.) realizó 39 trucos, incluidos lanzamientos por detrás de la espalda y por debajo de las piernas, con tres bolas en 60 s en SkillCon, Las Vegas, Nevada, EE.UU.

Más capturas haciendo malabares en tres minutos (tres bolas)

El 2 de junio de 2019, Mark Hanson (EE.UU.) realizó 1.320 capturas con tres bolas de malabares en 180 s, siete por segundo, en Garner, Iowa, EE.UU. Mark usó la técnica de la «ducha», en la que las bolas se pasan en un movimiento circular, y usó un metrónomo para marcarse el ritmo.

La milla más rápida botando tres balones de baloncesto

El 31 de agosto de 2019, Bob Evans (EE.UU.) corrió una milla botando tres pelotas de baloncesto en 6 min y 23,97 s en Warrenton, Oregon, EE.UU. En los malabarismos con bote se pasan objetos de una mano a otra botándolos sobre una superficie dura. Bob y su esposa Trisha son acróbatas malabaristas.

CONVENCIÓN EUROPEA DE MALABARISTAS

La Convención Europea de Malabaristas se celebró por primera vez en 1978 y es la más grande del mundo en su género. La edición de 2019 se celebró del 3 al 11 de agosto en Newark, Nottinghamshire, R.U. Siempre en busca de nuevos y emocionantes talentos, GWR asistió al evento para presenciar diferentes intentos de récord. Descubre cómo malabaristas y artistas consiguieron todos los retos que te presentamos a continuación...

▶ Más saltos mortales en un andamio coreano en un minuto

El equipo formado por Roisin Morris (Irlanda) y Massimiliano Rossetti (Italia) realizó 16 saltos mortales en un andamio coreano en 60 s y mejoró su propio récord mundial en dos. El lanzador Massimiliano, de pie en una plataforma, sujetaba a la acróbata Roisin entre saltos mortales. Un andamio coreano es un elemento de la equipación de circo aéreo que permite a un artista de pie (el «lanzador») balancear y lanzar a otro artista (el «volador») muy por encima de su cabeza.

▶ Más capturas con los ojos vendados en una tabla de equilibrio

Jack Flash, nombre artístico de Simon West (Nueva Zelanda), realizó 74 capturas y superó en 23 la anterior marca, establecida por David Rush (ver página anterior).

▶ Más tiempo haciendo girar cinco aros separados

Eva Everard (Australia) hizo girar cinco aros alrededor de cinco partes distintas de su cuerpo durante 5 min y 2,34 s. Esta artista de circo ha actuado por todo el mundo.

Malabares con más objetos

Accesorio		Cantidad	Malabarista(s)	Fecha
Bolas	Malabares	11	Alex Barron (R.U., en la imagen de arriba)	3 abr 2012
	Flash*	14	Alex Barron	19 abr 2017
	Pasadas (pareja)	15	Chris y Andrew Hodge (ambos de EE.UU.)	feb 2011
Mazas	Malabares	8	Anthony Gatto (EE.UU.)	30 ago 2006
	Flash	9	Bruce Tiemann; Scott Sorensen; Chris Fowler; Daniel Eaker (todos de EE.UU.)	Varias
	Pasada (pareja)	11	Owen Morse y John Wee (ambos de EE.UU.)	2009
Anillos	Malabares	10	Anthony Gatto	2005
	Flash	13	Albert Lucas (EE.UU.)	28 jun 2002
	Pasadas (pareja)	13	Wes Peden (EE.UU.) y Patrik Elmnert (Suecia)	ago 2010

*Un «flash» es un ejercicio que se centra en la forma de lanzar. Los malabaristas arrojan los objetos siguiendo un patrón y los atrapan sin repetir dicho patrón. El objetivo es tener la mayor cantidad de objetos posibles en el aire al mismo tiempo.

Deportes urbanos

El bunny hop en bicicleta más alto

El 29 de julio de 2017, Rick Koekoek (Países Bajos) superó un barra colocada a 1,45 m de altura con un *bunny hop* en el Prudential RideLondon FreeCycle celebrado en Londres, R.U. En el mismo evento, László Hegedűs (Hungría) estableció el récord del **escalón más alto subido en bicicleta**, con 1,79 m, y Andrei Burton (R.U.) el del **salto entre barras en bicicleta más largo**: 2,81 m.

Los 50 m más rápidos patinando con las manos

El 16 de noviembre de 2017, Mirko Hanßen (Alemania) recorrió 50 m en 8,55 s con unos patines en línea en Bocholt, Renania del Norte-Westfalia, Alemania. Mirko entrenó durante cuatro años para perfeccionar el arte del patinaje al revés, y puede realizar eslálones, volteretas de frente y de espaldas e incluso saltos desde rampas.

El salto más alto con un pogo saltarín

El 20 de noviembre de 2018, Dmitry Arsenyev (Rusia) salvó una barra fija situada a 3,40 m de altura en Roma, Italia.

El 18 de mayo de 2019, el varias veces campeón del mundo Dalton Smith (EE.UU.) realizó el ▶ **salto más largo con un pogo saltarín**: 5,52 m, en Tokio, Japón.

Más saltos mortales hacia atrás tras impulsarse en una pared en 30 s (*parkour*)

El 14 de enero de 2018, Dinesh Sunar (Nepal) realizó 16 saltos mortales hacia atrás tras impulsarse en una pared en medio minuto en Katmandú, Nepal. Dinesh es agente de policía, especialista y entusiasta del *parkour*. El 11 de marzo de 2019 estableció el récord de **más saltos mortales hacia atrás con medio giro tras impulsarse en una pared en 30 s**: 12.

La voltereta lateral más larga (*parkour*)

El 13 de mayo de 2015, Jacob Major (EE.UU.) realizó una voltereta lateral de 5,71 m de largo en Indian River, Florida, EE.UU.

El salto en monociclo a una plataforma más alto (hombres)

El 3 de agosto de 2018, el monociclista Mike Taylor (R.U.) saltó hasta un palé situado a 1,48 m de altura en la Unicon XIX celebrada en Ansan, Corea del Sur. Para que su récord fuera validado, Mike tuvo que permanecer en equilibrio encima del palé durante tres segundos, tal como marcan las normas de la Federación Internacional de Monociclo.

> El récord **masculino**, de 79,94 m establecido por Sertan Aydın (Turquía), es casi 2 m más corto que el de Bilge.

El paseo subacuático más largo tras una sola inhalación de aire

El 25 de marzo de 2019, la apneísta Bilge Çingigiray (Turquía) caminó 81,60 m por el fondo de una piscina tras inhalar aire una sola vez en Estambul, Turquía. La distancia equivale a cuatro veces la longitud de una pista de bolos. Bilge pasó casi dos minutos y medio sumergida en el agua, cargada con una pesa para evitar salir a flote, y recuperó un récord que había ostentado por última vez en 2017.

▶ El recorrido con arnés por una *highline* más largo (verificado por la ISA)

El 24 de julio de 2019, Lukas Irmler (Alemania) y Mia Noblet (Canadá) cruzaron una *highline* de 1.975 m de largo en el festival Slackfest celebrado en Asbestos, Quebec, Canadá. Lukas necesitó 58 min para completar el recorrido, y Mia 2 h y 10 min. La cinta se tendió a 250 m de altura.

El recorrido sin arnés por una *longline* más largo (mujeres, verificado por la ISA)

El 17 de septiembre de 2019, Annalisa Casiraghi (Italia) recorrió 305 m por una *slackline* tendida en un campo cerca de Berna, Suiza.

Más *ollies* en una tabla de *skate* en un minuto

El 25 de agosto de 2018, Adam Żaczek (Polonia) realizó 82 saltos sobre su tabla en 60 s en Andrespol, Łódzkie Wschodnie, Polonia.

El récord de **más ollies consecutivos sobre una tabla de skate** es 302, logrado por Nicholas Drachman (EE.UU.) el 14 de octubre de 2018 en Providence, Rhode Island, EE.UU.

La prueba ciclista de descenso urbano más larga

El 2 de diciembre de 2018, un grupo de 26 temerarios ciclistas tomaron las empinadas calles de la Comuna 13 de Medellín, Colombia, para competir en una prueba de 2,274 km de longitud. El Downhill Challenge Medellín 2018, organizado por PX Sports (México), incluye escaleras, curvas cerradas e incluso una escalera mecánica. Pedro Ferreira fue el ganador con un tiempo de 3 min y 49 s.

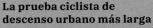
Colombia también alberga la **prueba ciclista de descenso de escaleras más larga**. El 16 de febrero de 2019, la Devotos de Monserrate, en Bogotá, tuvo un recorrido de 2,40 km.

Para celebrar su título de GWR, los funambulistas volvieron a subirse de noche a la *highline*.

▶ **El recorrido con arnés por una *highline* urbana a más altura (verificado por la ISA)**

El 8 de septiembre de 2019, en un evento organizado por Anna Vlasova, de Slackline Tribe y Moscow Seasons (Rusia), se tendió una cinta plana a 350 m de altura entre la OKO Tower y las Neva Towers, en Moscú, Rusia. Alexander Gribanov (en la foto superior), Maxim Kagin, Vladimir Murzaev, Gennady Skripko (todos de Rusia), Mia Noblet (Canadá), Friedi Kuhne (Alemania) y Nathan Pauling (Francia) cruzaron esta *highline* de 216 m de largo con un arnés de seguridad. La hazaña de estos siete intrépidos funambulistas fue ratificada por la International Slackline Association (ISA).

Los escaladores Adam Grosowsky y Jeff Ellington inventaron el *slackline* a principios de la década de 1980 en el Parque Nacional de Yosemite, en California, EE.UU.

Recopilatorio

Más tiempo metido en un barril sobre un poste

Vernon Kruger (Sudáfrica) permaneció 75 días metido en un barril sobre un poste a 25 metros de altura en Dullstroom, Mpumalanga, Sudáfrica, de octubre a diciembre de 2019. Así batió su propio récord de 67 días y 14 minutos, que había logrado también en Dullstroom en 1997. Vernon planteó ambas hazañas para recaudar fondos y donó toda la recaudación a obras benéficas.

▶ La maqueta de trenes más grande

Miniatur Wunderland (Alemania) alberga una maqueta de trenes con 15,7 km de vías, tal y como se comprobó en Hamburgo, Alemania, el 14 de agosto de 2019. Construida a escala 1:87, también es la ❍ maqueta de trenes más grande (longitud a escala), con una longitud equivalente de 1.367,2 km, la distancia entre Madrid, España, y Roma, Italia.

La distancia más larga caminada sobre fuego

Csaba Kerekes (Hungría) caminó 200 m sobre brasas ardiendo en Szalafö, Hungría, el 27 de septiembre de 2019.

La frase más larga escrita con pirotecnia (palabras de una en una)

El Sheikh Zayed Festival (EAU) escribió «HAPPY NEW YEAR 2020» con 320 artilugios pirotécnicos en Al Wathba, Abu Dabi, EAU, el 1 de enero de 2020. Cada palabra se mostró durante un segundo para celebrar el comienzo del año nuevo.

La batalla de sables de luz más multitudinaria

El 2 de noviembre de 2019, Kalamazoo Wings (EE.UU.) reunió a 3.889 combatientes que blandían sables de luz inspirados en *Star Wars* en Kalamazoo, Michigan, EE.UU.

El lanzamiento a mayor altura de un cohete propulsado por pastillas efervescentes

BYU Rocketry (EE.UU.) envió un cohete propulsado por pastillas efervescentes a 269,13 m de altura en el Complejo para visitantes del Centro Espacial Kennedy en Florida, EE.UU., el 12 de diciembre de 2018.

Más saltos mortales hacia atrás escupiendo fuego en un minuto

Ryan Luney (R.U.) completó 17 saltos mortales hacia atrás escupiendo fuego en 60 s el 21 de junio de 2019 en Antrim, R.U. Ese mismo día también logró el récord de **más saltos mortales con tirabuzón escupiendo fuego en un minuto**. Escupió 11 llamaradas, pero añadiendo un giro completo de 360° a cada salto mortal.

El ornamento navideño de copo de nieve más grande

El 28 de octubre de 2019, Universal Studios Japan descubrió un copo de nieve decorativo de 3,196 m en su eje más largo, en Osaka, Japón.

En ese mismo evento, la empresa presentó la **mayor cantidad de luces en un árbol de Navidad artificial**, con 591.840 luces navideñas.

La cadena de sujetadores más larga

Jennifer Jolicoeur, Athena's Home Novelties y The Athena's Cup (todos de EE.UU.) juntaron 196.564 sujetadores en Woonsocket, Rhode Island, EE.UU., el 16 de octubre de 2019.

Más tiempo...

• **Sobre una cuerda floja entre dos coches en movimiento**: el 14 de diciembre de 2019, Lu Anmin, con el patrocinio de Chevrolet (ambos de China), se mantuvo en equilibrio 1 min y 57,28 s entre dos vehículos en movimiento en Pekín, China.

• **Haciendo girar una sartén con un dedo**: Fayis Nazer (India) hizo girar una sartén con un dedo durante 1 h y 12 s agotadores en Kerala, India, el 13 de septiembre de 2019.

• **Transmisión en *streaming* (vídeo)**: entre el 13 y el 20 de mayo de 2019, en las oficinas de Hulu en Santa Mónica, California, EE.UU., varias personas se turnaron para visionar en *streaming* las 161 h, 11 min y 32 s de la serie *Juego de Tronos* completa dos veces.

LOS MÁS RÁPIDOS...

Maratón completada con un caminador robótico (hombres)

Adam Gorlitsky (EE.UU.) logró completar la maratón de Charleston, en Carolina del Norte, EE.UU., en 33 h, 16 min y 28 s el 11 de enero de 2020, tras haber competido en más de

Pensar a lo grande a pequeña escala: esta maravilla en miniatura es obra de los gemelos alemanes Frederik y Gerrit Braun.

MÁS...

Camiones monstruo saltados con un camión monstruo

Colton Eichelberger (EE.UU.) hizo volar su camión sobre otros siete en Orlando, Florida, EE.UU., el 11 de mayo de 2019.

Espadas tragadas tres minutos

El 22 de diciembre de 2019, Wang Lei (China) se tragó 22 veces una espada de 44 cm de longitud en Dezhou, Shandong, China.

Libros identificados con la primera frase

El colegial Montgomery-Everard Lord (R.U.) nombró 129 libros sucesivos a partir de la primera frase de cada uno de ellos el 12 de diciembre de 2019 en Bolton, R.U.

El 13 de febrero de 2020, fue el **más rápido en identificar 10 libros por sus protagonistas** (15 s).

Personas desempaquetando objetos (*unboxing*)

Xiaomi Inc. (EE.UU.) reunió a 703 personas para desempaquetar objetos en la ciudad de Nueva York el 21 de diciembre de 2019.

La media maratón con tacones más rápida

El 8 de septiembre de 2019, Holly Ferguson (R.U.) terminó una media maratón en 3 h, 35 min y 52 s como parte de la Great North Run en Newcastle-upon-Tyne, Tyne and Wear, R.U. Calzada con unos tacones de 10 cm, Holly corrió junto a sus compañeros bomberos, todos disfrazados de superhéroes o de villanos. Para prepararse, corrió 28,9 km con calzado deportivo convencional.

40 carreras con su exoesqueleto robótico ReWalk como parte de su iniciativa «Tengo piernas».

100 m en esferismo

James Duggan (Irlanda) recorrió 100 m en 23,21 s dentro de un balón hinchable en Dunmanway, Cork, Irlanda, el 8 de septiembre de 2019.

Maratón calzado con *getas*

Hirokazu Fukunami (Japón) completó la maratón de Osaka en 3 h, 58 min y 43 s con sandalias de plataforma tradicionales japonesas el 1 de diciembre de 2019.

El inodoro con más diamantes incrustados

Aaron Shum Jewelry Ltd. (Hong Kong), en colaboración con su marca suiza Coronet, decoró el asiento de un inodoro con 40.815 diamantes, verificados el 22 de octubre de 2019 en Hong Kong, China. El inodoro, chapado en oro de 334,68 quilates, se valoró en 1.288.000 dólares.

Los diamantes del asiento están incrustados en el interior de vidrio blindado, probablemente para proporcionar seguridad adicional.

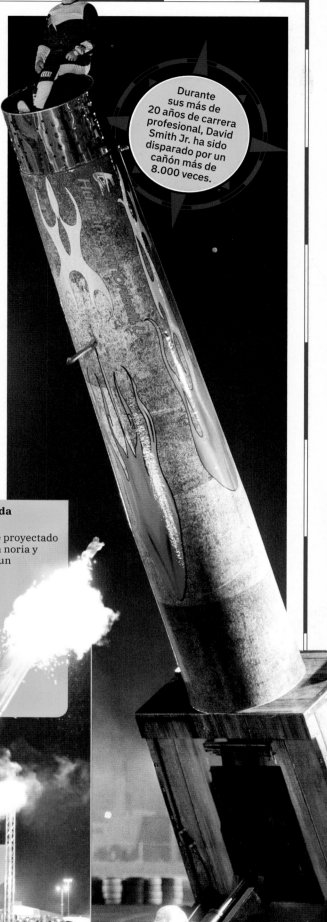

Durante sus más de 20 años de carrera profesional, David Smith Jr. ha sido disparado por un cañón más de 8.000 veces.

La mayor altura alcanzada por una bala humana

David Smith Jr. (EE.UU.) fue proyectado 27,12 m en el aire sobre una noria y aterrizó sano y salvo sobre un colchón de aire en Riad, Arabia Saudí, el 26 de noviembre de 2019. El 13 de marzo del año anterior, David logró la **mayor distancia recorrida por una bala humana**, 59,43 m, en nombre de Xbox y *Sea of Thieves* en Tampa, Florida, EE.UU.

○ SALÓN DE LA FAMA

Aaron Fotheringham

Una habilidad de escándalo. Una determinación de acero. Valor. No cabe duda: Aaron *Wheelz* Fotheringham lo han convertido en un icono del deporte.

Sus arriesgadas hazañas lo han convertido en un icono del deporte.

Una habilidad de escándalo. Una determinación de acero. Valor. No cabe duda: Aaron *Wheelz* Fotheringham lo han convertido en un icono del deporte. Cuando

Aaron nació con espina bífida, un defecto congénito que le impide caminar. Cuando tenía ocho años, su hermano Brian, un apasionado del BMX, le animó a usar su silla de ruedas para practicar *skate*. Inevitablemente se cayó, e inevitablemente al tratarse de Aaron, lo intentó de nuevo hasta que fue mejorando a la perfección empezó a ganar competiciones 180°. En 2008, obtuvo su primer título GWR con complicados giros en el aire al tratarse **un caballito lateral**. El 20 de julio de 2018, el **primer salto mortal hacia atrás con más tiempo haciendo un caballito lateral** con más tiempo haciendo: 8,4 m, en Woodward West, En 2012, Aaron logró el récord de **más tiempo haciendo**: 18,22 s, en Roma, Italia. El 20 de julio de **más altura en sillas de ruedas**: 8,4 m, en **en una silla de ○ handplant a más altura en sillas de ruedas** en realizó el ○ **handplant**, EE.UU. Lo utiliza en su Tehachapi, California, EE.UU., con Box Wheelchairs para diseñar un vehículo ligero y lo Aaron colaboró como estas grandes esfuerzos. Lo montó en los bastante resistente como para soportar giras con Nitro Circus, de inauguración de los sus acrobacias durante sus giras con Nitro Circus, basado asombroso salto con rampa en la ceremonia 2016 (ver abajo (detalle) basado Juegos Paralímpicos ha inspirado un juguete de Hot Wheels (detalle) de Aaron incluso ha inspirado salto con rampa en la ceremonia de Río de Janeiro 2016 en su silla de altas prestaciones. En 2019, se celebró en A día de hoy, Aaron es pionero del motocross en silla de ruedas, también conocido como «WCMX». En 2019, se celebró en Alemania el primer campeonato mundial de este deporte, y sus fans Paralímpicos. La visión de Aaron y sus hazañas los Juegos Paralímpicos. La visión de Aaron para innumerables estelares lo han convertido en una inspiración, o no. aficionados, sean usuarios de sillas de ruedas, o no.

«¿Sabes? Estás en una silla de ruedas, no en la cárcel.»

1  **2**

3

1: En pleno vuelo durante el ○ **salto en silla de ruedas desde una rampa más largo**: 21,35 m, el 20 de julio de 2018.

2: Aaron exhibiendo sus atrevidas habilidades de acción de deportes de 2013.

3: Realizando el **primer salto mortal hacia atrás en silla de ruedas** el 25 de octubre de Nitro Circus en noviembre de 2013.

○ **salto en silla de tubo más atrás en silla de *skate* de skate Doc Romeo de Las** 2008 en la pista Doc Romeo de Las Vegas, Nevada, EE.UU.

4: Aaron realizando el ○ **salto de tubo en silla de ruedas** realizando **un cuarto de 2018**: 8,4 m.

4: Aaron **sobre un cuarto de 2018**: 8,4 m. **altura sobre ruedas** el 20 de julio de Paralímpicos de **ruedas** el 20 de julio los Juegos Paralímpicos de

5: Inaugurando los Juegos Paralímpicos de Río 2016 por todo lo alto con un espectacular salto desde una rampa.

Descubre más cosas sobre Aaron en la sección del Salón de la Fama de **www.guinnessworldrecords.com/2021.**

La silla de Aaron, hecha a medida por Box Wheelchairs, tiene ruedas especiales, una estructura reforzada, y suspensiones delantera y trasera.

5

GUINNESS WORLD RECORDS

CERTIFICATE

The highest wheelchair hand plant (WCMX) was achieved by Aaron Fotheringham (USA) in Los Angeles, California on 20 July 2018

OFFICIALLY AMAZING

RECORD HOLDER

Aparte de a su inquebrantable determinación, Aaron debe su éxito a un riguroso entrenamiento, lo que naturalmente implica sufrir muchos accidentes. Como medidas de seguridad, lleva un peto acolchado, casco y collarín.

4

El cementerio más grande

Wadi al-Salam («valle de la Paz»), en la ciudad de Najaf, Irak, es un cementerio de 9,17 km², más grande que Gibraltar, que lleva en uso desde el siglo VII ininterrumpidamente. Musulmanes chiís de todo Irak, Irán y, más recientemente, del resto del mundo, eligen ser enterrados en el corazón de esta ciudad santa y celebrar sus exequias en la cercana Mezquita del Imán Alí. Esta última alberga la tumba de Alí ibn Abi Tálib, el primer imán (líder religioso) chií. En el islam chií, solo la Gran Mezquita de La Meca y la Mezquita del Profeta de Medina, ambas en Arabia Saudí, están consideradas un destino de peregrinación más importante que este lugar sagrado.

El cementerio aloja decenas de miles de criptas, mausoleos y catacumbas. Algunas pueden contener hasta 50 conjuntos de restos humanos.

DESTINOS

Arqueología

La pirámide más grande
La Gran Pirámide de Cholula, o Tlachihualtepetl («montaña hecha por el hombre»), en Puebla, México, mide 66 m de altura y su base cubre un área de 16 hectáreas. Se estima que tiene un volumen total de 3,3 millones de m³, casi un millón más que La Gran Pirámide de Guiza, en Egipto.

El yacimiento arqueológico a mayor altitud
El 16 de marzo de 1999, se descubrieron tres momias incas a 6.736 m sobre el nivel del mar en la cumbre del volcán Llullaillaco, en Argentina. Los restos congelados pertenecían a niños sacrificados hace unos 500 años. Johan Reinhard (EE.UU.) y Constanza Ceruti (Argentina) dirigieron al equipo de arqueólogos, financiado por la National Geographic Society.

El **yacimiento arqueológico a menor altitud** es el santuario bizantino de Agios Lot,

El anfiteatro más grande
El icónico anfiteatro Flavio, o Coliseo, en Roma, Italia, cubre una superficie de 2 hectáreas y mide 187 m de altura y 157 m de anchura. Se terminó el año 80 d.C. y albergó combates de gladiadores, cacerías y obras teatrales para un aforo de 87.000 espectadores. Los terremotos y los robos de piedras a lo largo de la historia lo han dejado parcialmente en ruinas.

en Deir 'Ain' Abata, construido alrededor de una cueva a 388 m bajo el nivel del mar en la orilla sudeste del mar Muerto, Jordania. Los restos de sepulturas de la Edad de Bronce datados entre el 3000 y el 1500 a.C. sugieren que el lugar se consideraba sagrado desde mucho antes que apareciera el cristianismo.

Las momias más antiguas
Los ejemplos de momificación artificial más antiguos se remontan a la cultura chinchorro, una tribu costera que vivió al borde del desierto de Atacama (Perú y Chile actuales) entre aproximadamente el 7020 y el 1110 a.C. (en comparación, las momias egipcias más antiguas conocidas hasta ahora datan del 4500 a.C. aproximadamente). La cultura chinchorro empezó valiéndose de las condiciones áridas de la región para conservar de forma natural a sus muertos, y más tarde desarrolló técnicas de mayor complejidad. Extraían la piel, los músculos y los órganos de los cadáveres y, a continuación, los «rellenaban» con madera, plantas y arcilla. Volvían a colocar la piel y la untaban con una pasta preparada con sustancias entre las que se encontraban el manganeso, el ocre rojo y la arcilla. Con frecuencia, el rostro se cubría con una máscara de arcilla (detalle) pintada con el mismo estilo.

MÁS NAUFRAGIOS HISTÓRICOS VISITADOS

El arqueólogo marino Alejandro Mirabal (Cuba) ha explorado los restos de 243 naufragios en mares de todo el mundo entre diciembre de 1986 y agosto de 2017.

¿Cómo te iniciaste en el mundo de la arqueología marina?
Empecé a bucear en apnea cuando tenía seis años y, a los catorce, hice mi primera inmersión con bombona. No sabía nada de arqueología, lo que quería era bucear. Entonces me uní al equipo de excavación del *Nuestra Señora de las Mercedes*, un galeón de la Armada de Tierra Firme de 1698 que se hundió frente a la costa oeste de Cuba. Me apasionó y me especialicé en arqueología marítima al año siguiente.

¿Cuál es el objeto más valioso que has encontrado?
¡Todos son valiosos para un arqueólogo! Nuestro equipo ha recuperado objetos con un valor total estimado de unos 220 millones de dólares. Solo se sabe de la existencia de 108 astrolabios (instrumentos de navegación), y yo he tenido la suerte de haber encontrado seis de ellos.

¿Qué naufragios siguen pendientes en tu lista?
Me encantaría encontrar los restos de cualquiera de los barcos de Cristóbal Colón en sus viajes a América, como la *Santa María* o la *Vizcaína*. O el ataúd de plomo donde enterraron a sir Francis Drake en el mar frente a Panamá.

¿Qué consejo les darías a los aspirantes a exploradores de naufragios?
Que lo hagan con responsabilidad, ética y respeto. Los Patrimonios Culturales Subacuáticos son recursos no renovables y, con frecuencia, solo tenemos una oportunidad para recuperar la historia que contienen.

EL SABOR DE LA HISTORIA: LOS MÁS ANTIGUOS...

Sobras de comida
400.000-200.000 a.C.
Huesos de ciervo ricos en tuétano descubiertos en la cueva Qesem cerca de Tel Aviv, Israel. Los preservaron secando la capa externa de la piel y el hueso.

Pan
Aprox. 12.380 a.C.
Pan sin levadura carbonizado de unos 14.400 años de antigüedad, descubierto en el Desierto Negro, Jordania.

Plantas cultivadas como alimento
9500 a.C.
Ocho especies de una cosecha de las primeras comunidades neolíticas de principios del Holoceno en la región de la Media Luna Fértil del sudoeste de Asia.

Bebida alcohólica
7000 a.C.
Evidencias químicas halladas en el interior de jarras de cerámica del yacimiento de Jiahu, de principios del Neolítico, en el valle del río Amarillo en Henan, China.

Vino
6000-5800 a.C.
Residuos de ácido tartárico (evidencia de elaboración vinícola temprana) en recipientes de arcilla antigua, en Gadachrili Gora y Shulaveris Gora, Georgia.

Cerveza
3500 a.C.
Detectada en restos de una jarra encontrada en Godin Tepe, Irán, en 1973 durante una expedición del Museo Real de Ontario (Canadá).

Chocolate
Aprox. 3280 a.C.
Se han encontrado evidencias de procesamiento temprano de cacao en el yacimiento amazónico de Santa Ana-La Florida, Ecuador.

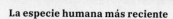

La especie humana más reciente

El 10 de abril de 2019, se describió en *Nature* una nueva especie humana de la era del Pleistoceno Superior a la que se ha llamado *Homo luzonensis*. El descubrimiento se basa en restos excavados en la isla de Luzón, Filipinas. Las falanges del *H. luzonensis* son curvas, lo que podría indicar una conducta arbórea.

El hominino que ha sobrevivido más tiempo

Según un estudio publicado en *Nature* en diciembre de 2019, se han encontrado pruebas fósiles de *Homo erectus* datadas tan solo hace entre 108.000 y 117.000 años en un lecho óseo (depósito de huesos) en Java Central, Indonesia. Los primeros restos de *H. erectus*, descubiertos en África, se han datado en aproximadamente 1,9 millones de años. Esto significa que el *H. erectus* vivió unas nueve veces más de lo que nuestra propia especie, el *H. sapiens*, ha vivido de momento.

El arte figurativo más antiguo

El 11 de diciembre de 2019, un artículo publicado en *Nature* describió una pintura rupestre de 4,5 m de longitud en la isla indonesia de Salawesi. Las imágenes representan una escena donde figuras humanas cazan a cuatro búfalos pequeños (probablemente anoas) y dos jabalíes. La datación uranio-torio de los depósitos de carbonato de calcio sobre la pintura sugiere que algunos de sus elementos tienen, como mínimo, 43.900 años de antigüedad. Se han descubierto ejemplos aún más antiguos de arte con plantillas, como manos humanas.

Momia de pantano

Los cuerpos momificados de forma natural en turberas pueden estar increíblemente bien conservados, debido a la falta de oxígeno y de microbios en ese entorno. El conocido como «Hombre de Koelbjerg» fue descubierto en 1941 en una turbera cerca de Odense, Dinamarca. La datación por carbono indica que murió a los 25 años de edad hacia el 8000 a.C., en la época de la cultura maglemosiana en el norte de Europa.

El hallazgo de monedas de la Edad del Hierro más grande

En 2012, los detectoristas de metales Richard Miles y Reg Mead (ambos de R.U., el segundo en la imagen) descubrieron un tesoro de 69.347 monedas datadas entre el 50 a.C. y el 10 d.C. en Grouville, Jersey, R.U. Se cree que los coriosolitas, una tribu celta, enterraron las monedas, encontradas a 1 m de profundidad. El hallazgo tiene un valor estimado de 16,1 millones de dólares.

«Goma de mascar»

El alquitrán de abedul es una sustancia resinosa negra-parduzca que se usaba como adhesivo en el Neolítico. Las impresiones dentales demuestran que también se mascaba, probablemente para hacerlo más maleable, aunque también por sus cualidades antisépticas y su capacidad analgésica para el dolor de muelas. El 15 de mayo de 2019, la revista *Communications Biology* informó de que se había encontrado alquitrán de abedul de entre 9.540 y 9.880 años de antigüedad en el oeste de Suecia.

La excavación continuada más prolongada

La ciudad romana de Pompeya, en el sur de Nápoles, Italia, quedó enterrada bajo ceniza volcánica y piedra pómez cuando el Vesubio entró en erupción el 79 d.C. En 1748, Carlos III, rey de España, inició una excavación a escala completa. Pompeya se identificó formalmente en 1763 y el trabajo en el yacimiento ha continuado desde entonces.

LOS MÁS ANTIGUOS...

Naufragio

Todo lo que queda del «pecio de Dokós», hallado a 20 m de profundidad y datado en el período heládico inicial, hacia el 2200 a.C., son dos anclas de piedra y una colección de objetos de arcilla. Peter Throckmorton, del Hellenic Institute of Marine Archaeology, descubrió los restos frente a la isla griega de Dokós, en el mar Egeo, en 1975.

Edificio de madera conservado

El templo Hōryū-ji en Ikaruga, Nara, Japón, se construyó el año 607 d.C. y es uno de los 48 edificios del área protegidos por la Unesco. Los análisis del pilar central de la pagoda de cinco plantas sugieren que la madera se taló en el 594 d.C.

La pirámide más antigua

Imhotep, el arquitecto real del faraón Zoser, diseñó la pirámide escalonada de Zoser en Saqqara, Egipto, hacia el año 2630 a.C. La construcción empezó como una *mastaba*, o tumba, de cubierta plana a la que se fueron añadiendo niveles. Los indicios más recientes sugieren que, aproximadamente en esa misma época, hacia el 2700-2600 a.C., se construyó una ciudad antigua que contaba con hasta 20 pirámides en Caral, Perú.

Tarta
2200 a.C.
Encontrada sellada y envasada al vacío en la tumba del príncipe egipcio Pepionkh. En la actualidad se exhibe en el Museo Alimentarium de Vevey, Suiza.

Plato de fideos
Aprox. 2050 a.C.
Fideos de mijo conservados bajo un cuenco boca abajo, a 3 m bajo tierra en el yacimiento de Qinghai, China.

Queso
1300-1201 a.C.
Sellado en la tumba de Ptahmes, el gobernador de la antigua ciudad egipcia de Menfis, según se publicó el 25 de julio de 2018 en *Analytical Chemistry*.

Espíritu viajero

El récord **femenino** es de 69 días, 2 h y 40 min, establecido por Mavis Hutchison (Sudáfrica) entre el 12 de marzo y el 21 de mayo de 1978.

Nueva Zelanda
Entre el 1 de enero y el 5 de febrero de 2020, Menna Evans (R.U.) recorrió los 2.090 km que separan el cabo Reinga, en Isla Norte, de Bluff, en Isla Sur, en 35 días y 27 min. Evans, que corrió para apoyar a las organizaciones benéficas Mind y Save the Brave, declaró que un título de GWR era «la cereza del pastel de una experiencia única en la vida».

Islandia
Entre el 4 y el 14 de octubre de 2018, Tom Whittle (R.U.) atravesó Islandia de norte a sur y recorrió unos 700 km en 10 días, 13 h y 14 min.

Qatar
Entre el 6 y el 8 de diciembre de 2019, Jad Hamdan (Francia) cruzó este estado de Oriente Medio de Al Ruwais a Salwa en 1 día, 23 h y 56 min.

Líbano
Ali Wehbi (Líbano) necesitó 1 día, 15 h y 49 min para cruzar Líbano, del 31 de marzo al 2 de abril de 2018. Comenzó en Arida y terminó en Naqoura.

El viaje más rápido a todos los países soberanos
Taylor Demonbreun (EE.UU.) recorrió el mundo en 1 año y 189 días, entre el 1 de junio de 2017 y el 7 de diciembre de 2018. Visitó los 195 países establecidos por GWR (los 193 estados miembros de la ONU, la Ciudad del Vaticano y Taiwán). Taylor comenzó en la República Dominicana y terminó en Canadá. En la imagen de arriba se la puede ver en Machu Picchu, Perú, el **yacimiento arqueológico más visitado**.

La peregrinación más larga en curso
A 24 de abril de 2013, el evangelizador Arthur Blessitt (EE.UU.) había recorrido 64.752 km por los seis continentes, incluida la Antártida, desde su primera salida el 25 de diciembre de 1969. Durante su peregrinación predica la Biblia mientras carga con una cruz de madera de 3,7 m.

EL CRUCE MÁS RÁPIDO A PIE DE...

Canadá
Al Howie (R.U.) fue corriendo desde Saint John, en Terranova, hasta Victoria, la capital de la Columbia Británica, en 72 días, 10 h y 23 min. Comenzó el 21 de junio y terminó el 1 de septiembre de 1991, tras cubrir 7.295,5 km.

Entre el 17 de abril y el 8 de septiembre de 2002, Ann Keane (Canadá) estableció el récord **femenino**, tras recorrer los 7.831 km que separan Saint John de Tofino, en la Columbia Británica, en 143 días.

EE.UU.
El 12 de septiembre de 2016, Pete Kostelnick (EE.UU.) partió de San Francisco, California, para llegar a Nueva York el 24 de octubre de 2016. Su viaje duró 42 días, 6 h y 30 min.

La visita más rápida a todos los estadios de la NFL
Jacob Blangsted-Barnor (R.U., derecha) necesitó 84 días, 3 h y 24 min para ver un partido en cada uno de los 31 estadios de la National Football League de EE.UU., entre el 5 de septiembre y el 28 de noviembre de 2019.

El récord de la **visita más rápida a todos los estadios de la Major League Baseball** lo ostentan Michael Wenz y Jacob Lindhorst (ambos de EE.UU.): 29 días, del 12 de junio al 10 de julio de 2005.

La visita más rápida a todas las estaciones de U-Bahn de Múnich
El 17 de septiembre de 2019, Alessandro Di Sano (izquierda) y Nils Schmalbuch (ambos de Alemania) necesitaron 4 h, 55 min y 34 s para pasar por las 96 estaciones de metro de Múnich, Alemania. Poco más de un mes después, el 23 de octubre de 2019, Adham Fisher (R.U.) los superó al completar el desafío en 4 h, 48 min y 53 s.

El recorrido a pie del camino Pieterpad más rápido
Wouter Huitzing (Países Bajos) tardó 4 días, 2 h y 16 min en completar los 492 km del camino Pieterpad, en los Países Bajos, que terminó el 23 de abril de 2019. El recorrido comienza en Pieterburen, al norte de Groningen, y se dirige hacia el sur a través de bosques, tierras de cultivo, pueblos y ciudades, para terminar justo al sur de Maastricht, en Monte San Pedro (también conocido como Sint-Pietersberg).

LOS MÁS RÁPIDOS EN VISITAR...

Todos los países en transporte público de superficie
Entre el 1 de enero de 2009 y el 31 de enero de 2013, Graham Hughes (R.U.) visitó todos los países soberanos sin tomar un vuelo en 4 años y 30 días.

Todos los parques temáticos de Disney
El 6 de diciembre de 2017, Lindsay Nemeth (Canadá) visitó el Tokyo DisneySea de Urayasu, Chiba, Japón, su último parque temático de Disney de los 12 que hay en el mundo. Tardó 75 h y 6 min.

Todas las estaciones de metro de Londres
El 21 de mayo de 2015, Steve Wilson (R.U.) y AJ (cuyo nombre completo y nacionalidad no se han revelado) se bajaron en las 270 estaciones de metro de Londres en 15 h, 45 min y 38 s.

Todas las estaciones de metro de París
El 23 de febrero de 2016, Clive Burgess y Simon Ford (ambos de R.U.) completaron en 13 h, 23 min y 33 s un paseo por las 303 paradas de metro de la capital francesa.

Todas las calles del Monopoly de Londres a pie
El 5 de agosto de 2018, Alex Radford (R.U.) recorrió a pie los 28 escenarios de este famoso juego de mesa en 1 h, 45 min y 35 s, en Londres, R.U.

La NFL cuenta con 32 equipos pero solo hay 31 estadios, ya que los New York Giants y los New York Jets comparten el MetLife Stadium.

MÁS...

Continentes visitados en un día

El 29 de abril de 2017, Thor Mikalsen y su hijo Sondre Moan Mikalsen (ambos de Noruega) volaron entre países de cinco continentes distintos: Turquía (Asia), Marruecos (África), Portugal (Europa), EE.UU. (Norteamérica) y Colombia (Sudamérica). Igualaban así la hazaña de Gunnar Garfors (Noruega) y Adrian Butterworth (R.U.), quienes viajaron entre Estambul, Turquía, y Caracas, Venezuela, el 18 de junio de 2012.

Países visitados en bicicleta en 24 horas

Del 23 al 24 de agosto de 2017, Dávid Kővári (Hungría) pasó por siete países: Polonia, República Checa, Eslovaquia, Austria, Hungría, Eslovenia y Croacia.

La húngara Maja Tóth ostenta el récord **femenino**. El 14 de junio de 2018 pedaleó por cinco países distintos: Eslovaquia, Austria, Hungría, Eslovenia y Croacia.

El récord **por equipos** también es siete países. Del 1 al 2 de octubre de 2016, James van der Hoorn y Thomas Reynolds (ambos del R.U.) recorrieron Croacia, Eslovenia, Hungría, Austria, Eslovaquia y la República Checa, y terminaron en Polonia.

Países visitados en coche eléctrico (una carga)

Del 7 al 8 de julio de 2016, Frederik Van Overloop (Bélgica) condujo un Tesla Model S por siete países: Suiza, Liechtenstein, Austria, Alemania, Italia, Eslovenia y Croacia.

▶ Más capitales de países soberanos visitadas en 24 h en transporte programado

Del 25 al 26 de noviembre de 2018, Adam Leyton (izquierda) y Chris Fletcher (ambos de R.U.) viajaron a nueve capitales en aviones, trenes y autobuses. Comenzaron en Londres, R.U., y terminaron en la capital de Hungría, Budapest, donde la pareja llegó con 10 minutos de sobra.

En marzo de 2019, Lexie estuvo asando nubes de azúcar en el cráter de Darvaza, un récord en sí mismo (ver pág. 40).

La persona más joven en visitar todos los países soberanos

Lexie Alford (EE.UU., n. el 10 de abril de 1998) tenía 21 años y 177 días cuando llegó al último país de su lista, Mozambique, el 4 de octubre de 2019. Lexie tuvo la suerte de haber viajado mucho con sus padres, de forma que a los 18 años ya había estado en unos 70 países.

El poseedor del récord **masculino** es James Asquith (R.U., n. el 30 de diciembre de 1988). El 8 de julio de 2013, tenía 24 años y 190 días cuando completó su odisea como trotamundos en los Estados Federados de Micronesia, en el océano Pacífico.

Países visitados en tren en 24 horas

Alison Bailey, Ian Bailey, John English y David Kellie viajaron en tren por 11 países entre el 1 y el 2 de mayo de 1993. Iniciaron su recorrido en Hungría, y necesitaron 22 h y 10 min para llegar a su destino, los Países Bajos.

Lugares Patrimonio Mundial de la UNESCO visitados en 24 horas

Del 14 al 15 de noviembre de 2019, Adam Leyton y Chris Fletcher (ver arriba a la izquierda) visitaron 20 sitios culturales de la UNESCO en un día. Recorrieron 1.930 km entre las minas neolíticas de sílex de Spiennes, Bélgica, la Torre de Londres y el palacio de Blenheim (lugar de nacimiento de sir Winston Churchill), cerca de Oxford, R.U.

Festivales de música visitados en 30 días

Del 24 de junio al 23 de julio de 2011, Greg Parmley (R.U.) asistió a 26 festivales de música, entre ellos Glastonbury, Montreux Jazz y Balaton Sound. Su peregrinación musical lo llevó por Alemania, República Checa, Hungría, Eslovenia e Italia, entre otros países.

Embajadas visitadas en 24 horas

El 26 de marzo de 2019, el marroquí Omar Oualili visitó 32 residencias de embajadores en Londres, R.U. Comenzó en la embajada de la República de Polonia y terminó el día en la guatemalteca.

Zoológicos visitados

A 6 de febrero de 2020, Jonas Livet (Francia) había visitado 1.215 zoológicos y 232 acuarios. Jonas ha trabajado como asesor de zoológicos durante más de 30 años. Su «zo-odisea» comenzó en 1987 en el Tierpark de Berlín, Alemania.

Más países visitados en bicicleta en siete días

Entre el 16 y el 23 de septiembre de 2018, Marek Dzienisiuk (Polonia) recorrió 14 países en bicicleta. Su viaje comenzó en Promachonas, Grecia, y terminó en Cieszyn, Polonia. Marek pasó por Grecia, Bulgaria, Macedonia del Norte, Albania, Montenegro (arriba), Serbia, Bosnia-Herzegovina, Croacia, Eslovenia, Hungría, Austria, Eslovaquia, República Checa y Polonia.

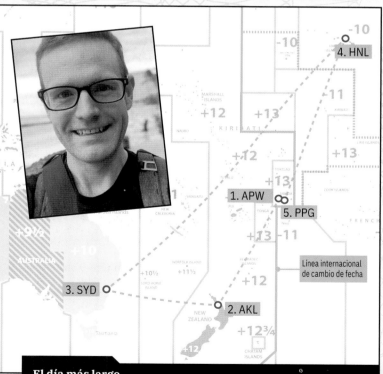

4. HNL

1. APW

5. PPG

3. SYD

2. AKL

Línea internacional de cambio de fecha

El día más largo

El 14 de febrero de 2019, Julian O'Shea (Australia, detalle) aprovechó las zonas horarias que se agrupan junto a la línea internacional de cambio de fecha para vivir un solo día de calendario de 49 horas de duración. Inició su jornada en Apia, Samoa, y de ahí viajó a Auckland (Nueva Zelanda), Sídney (Australia) y Honolulu (Hawái, EE.UU.), para finalizar en Pago Pago (Samoa Americana). Igualaba así el récord de Mariusz Majewski (Polonia), quien el 13 de marzo de 2017 también completó un día de 49 horas.

Debido a la cantidad de territorios que gobierna más allá de Europa, **Francia es el país con más zonas horarias**: 12 (13 durante una época del año).

Mapas

El primer mapa tridimensional interactivo

Un equipo del Media Lab del MIT, en Cambridge, Massachusetts, EE.UU., creó el Aspen Movie Map entre octubre de 1977 y septiembre de 1980. Contenía una reconstrucción tridimensional de la ciudad de Aspen, Colorado, EE.UU., realizada mediante el mapeado de texturas a partir de fotografías tomadas por una cámara en un vehículo. Los usuarios podían navegar por la ciudad virtual usando una pantalla táctil.

LOS MÁS ANTIGUOS...

Mapa en una tablilla de arcilla

En la década de 1920, se encontraron unas tablillas de arcilla con mapas grabados datadas hacia el 2300 a.C., en el yacimiento de Nuzi, en el norte del actual Irak. Muestran colinas, arroyos y ríos, como el Éufrates, además de varios asentamientos.

Mapa de seda

En 1973-74, se encontraron en Hunan, China, dos mapas de seda de tumbas cuya antigüedad se cree que se remonta al siglo II a.C. Los expertos piensan que los mapas fueron elaborados por cartógrafos de la corte del rey de Changsha, reino al que pertenecía Hunan.

El globo terráqueo más antiguo conservado

El Erdapfel («manzana de la Tierra») es un globo terráqueo cartografiado en 1492 por el cosmógrafo y explorador alemán Martin Behaim. Georg Glockendon el Viejo pintó el mapa sobre un lienzo justo unos meses antes de que llegaran a Europa las noticias del viaje de Cristóbal Colón a las Américas. En la actualidad, el Erdapfel se halla en el Museo Nacional Germano, en Núremberg, Alemania.

En el globo Erdapfel aparece la isla de San Brandán, una isla mítica medieval que antaño se creía que existía en el Atlántico Norte.

Guía turística

El *Itinerarium Burdigalense* es una guía para los peregrinos cristianos que viajaban desde Burdeos, en Francia, a Jerusalén, en Tierra Santa. Confeccionada por un viajero anónimo en el 330 d.C., describía las ubicaciones de los albergues y de los lugares donde los peregrinos podían abastecerse de agua y cambiar de caballos y de mulas.

Periplo

Un periplo es una guía de navegación para marineros que contiene los puertos y los puntos de referencia a lo largo de una ruta. El *Periplo de Hannón el Navegante* registra un viaje por mar a África occidental que el navegante cartaginés Hannón llevó a cabo entre principios y mediados del siglo V a.C. La edición más antigua del texto que ha llegado a nuestros días es un manuscrito bizantino del siglo IX d.C.

Mapa del Nuevo Mundo

Un mapa dibujado por Juan de la Cosa (España) en 1500 muestra las Américas como una gran

El mapamundi medieval más grande conservado

El *mapamundi de Hereford* tiene unas dimensiones de 1,58 × 1,33 m. El mapa de vitela se creó en Inglaterra hacia el año 1300 y muestra la visión del mundo de los eruditos de la Europa medieval. Contiene 500 ilustraciones de personas, ubicaciones y criaturas, además de eventos históricos y de la mitología clásica. En el detalle se muestra el Jardín del Edén, representado como una isla rodeada de fuego.

El cartógrafo por dron más joven

El 15 de abril de 2019, Nathan Lu (EE.UU., n. el 25 de septiembre de 2004) subió su primera imagen al servicio de cartografía digital estadounidense, con 14 años y 202 días de edad. Había tomado imágenes de un campo de fútbol en Rossmoor, California, EE.UU., desde una altura de 113,8 m usando su dron DJI Mavic Air FC2103. Nathan ha estado cartografiando con drones su barrio y alrededores desde que tenía 11 años.

masa verde que se extiende por el margen izquierdo del mapa. De la Cosa fue el capitán de la *Santa María*, una de las tres carabelas de la expedición de Cristóbal Colón que partió en busca del Nuevo Mundo en 1492.

MISCELÁNEA

El mapa celeste sobre papel más antiguo conservado

El mapa celeste de Dunhuang, datado hacia el 649-84 d.C., presenta una secuencia de dibujos de mapas en rollos de vitela y muestra las constelaciones visibles desde el hemisferio norte. El arqueólogo húngaro Aurel Stein lo descubrió en 1907 en las cuevas de Mogao, en Dunhuang, China.

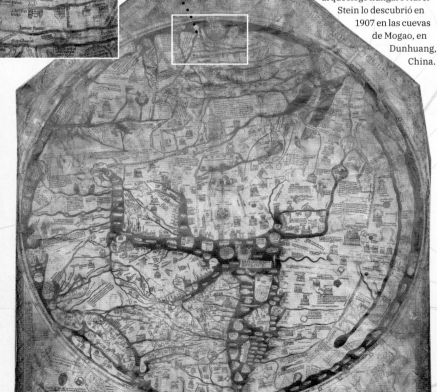

El mapa urbano más grande

El *Forma Urbis Romae* era un mapa de la capital del Imperio romano, grabado entre los años 203 y 211 d.C. sobre losas de mármol montadas en el interior del Foro de la Paz en Roma. El mapa medía 18 m de ancho y 13 m de alto, y mostraba detalladamente las plantas de todos los elementos arquitectónicos de la ciudad, incluidas tiendas pequeñas, habitaciones y escaleras. En la actualidad, solo se conservan fragmentos del ejemplar original.

La isla fantasma más antigua

Supuestamente ubicada al noroeste de la península de Yucatán, en el golfo de México, la primera descripción de la isla Bermeja se atribuye al cartógrafo español Alonso de Santa Cruz, en 1539. El último mapa importante que incluyó una descripción de la isla Bermeja fue una edición de 1921 del *Atlas geográfico de la República Mexicana*, unos 382 años después. Aunque es probable que la invención de la isla se debiera a un error cartográfico, también puede que desapareciera bajo el mar al subir el nivel.

El atlas más caro

El 10 de octubre de 2006, una versión medieval de *Cosmographia*, del astrónomo y matemático griego Claudio Ptolomeo (100-170 d.C aprox.), se vendió por 3.990.010 $ en una subasta de Sotheby's en Londres, R.U. Se imprimió en 1477 en Bolonia, Italia, y abarca el mundo conocido entonces, desde las islas Canarias, en el oeste, hasta partes del sudeste asiático. Proporciona la longitud y la latitud de más de 8.000 lugares.

El mapa más pequeño

En 1992, el doctor Jonathon Mamin del laboratorio de IBM en Zúrich creó un mapa del hemisferio occidental a partir de átomos usando pulsos electromagnéticos. El mapa está a escala de un billón a uno y el diámetro es de aproximadamente una micra (una millonésima parte de un metro), alrededor de una centésima parte del diámetro de un cabello humano.

El mapa más caro

El 23 de julio de 2001, la Biblioteca del Congreso estadounidense compró el único ejemplar que se conservaba del *Universalis Cosmographia* por 10 millones de dólares. Elaborado por el cartógrafo alemán Martin Waldseemüller en 1507, el mapa mural impreso fue el primero que usó el término «América» para describir el Nuevo Mundo.

El atlas grabado más grande

El *Atlas Klencke* mide 1,78 m de alto × 1,05 m de ancho (y 11 cm de grosor cuando está cerrado, y 2,31 m de ancho cuando está abierto). Cada uno de los 41 mapas del atlas se imprimió a partir de grabados de cobre dibujados a mano. El *Atlas Klencke* fue encargado por un consorcio de comerciantes holandeses para regalárselo al rey Carlos II de Inglaterra cuando la monarquía inglesa fue restaurada en 1660.

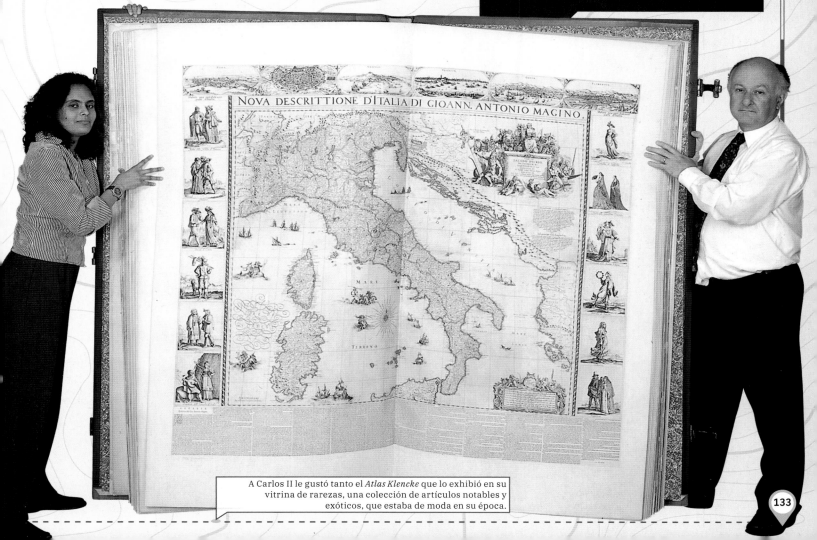

A Carlos II le gustó tanto el *Atlas Klencke* que lo exhibió en su vitrina de rarezas, una colección de artículos notables y exóticos, que estaba de moda en su época.

Jóvenes de récord

Menos tiempo en resolver un cubo de Rubik sobre un pogo saltarín

George Turner (R.U.), de 12 años de edad, resolvió un cubo de Rubik de 3 × 3 × 3 en 22,89 s el 29 de marzo de 2019 saltando sobre un pogo saltarín en Buckinghamshire, R.U. La afición de George provenía de su padre: «Sentía tanta admiración cuando mi padre los resolvía... Quería ser capaz de hacer lo mismo», afirmó.

MÁS...

Dobleces en un papel

Britney Gallivan (EE.UU.), de 16 años de edad, dobló 12 veces por la mitad un pañuelo de papel de 1.219 m de longitud en su escuela de Pomona, California, EE.UU., el 27 de enero de 2002. Hasta entonces, solo se había logrado ocho veces.

Dígitos decimales memorizados en 5 min

Wei Qinru (China) recordó 616 dígitos en el campeonato ASEAN Junior Memory Open en Nanning, China, del 28 al 30 de agosto de 2019.

Chasquidos de dedos en un minuto

El 13 de septiembre de 2018, Niclas Nadasdy (Alemania), de 14 años de edad, chasqueó los dedos 334 veces en 60 s en Weissenohe, Alemania.

El ciclo de *stacking* más veloz en la modalidad 3-6-3

Con 13 años de edad, Chan Keng Ian (Malasia) completó una pirámide de vasos apilados de 3-6-3 en 1,713 s en Nilai, Malasia, el 23 de agosto de 2018. Después, logró el **ciclo de *stacking* más veloz (individual)** con 4,753 s, en Subang Jaya, Malasia, el 19 de mayo de 2019, y, el 9 de junio de 2019, el **ciclo de *stacking* más veloz (parejas)** con 5,798 s, junto a Wong Jun Xian (Malasia).

El cohete de agua más grande

El 10 de enero de 2017, un cohete de agua de 4 m de altura se elevó 22,8 m sobre el suelo en Toronto, Ontario, Canadá. El proyectil impulsado por agua fue creado por los hermanos Aidan y Keeley Aird (ambos de Canadá), fundadores del grupo educativo sin ánimo de lucro STEM Kids Rock, que anima a los jóvenes a interesarse por la ciencia y la tecnología. Construyeron el cohete para el programa de televisión *Furze World Wonders*, presentado por Colin Furze (ver pág. 172).

El DJ de discoteca más joven

Archie Norbury (R.U., n. el 20 de noviembre de 2014) tenía solo 4 años y 130 días de edad cuando pinchó en Bungalow, Hong Kong, China, el 30 de marzo de 2019. Animó a la concurrencia con más de una hora de música *house* clásica, aunque su género preferido es el *drum and bass*.

Más toques de balón consecutivos en un minuto con otro balón en la cabeza

El 14 de noviembre de 2019, Eche Chinoso (Nigeria) mantuvo un balón de fútbol en el aire durante 60 segundos, dándole 111 toques con los pies y las rodillas, mientras mantenía en equilibrio otro balón sobre la cabeza. Eche demostró sus habilidades en Warri, Nigeria.

En 2017, Shristi se superó sobre el hielo con el **recorrido de 10 m de patinaje limbo sobre hielo a menos distancia del suelo**: 17,8 cm.

El recorrido de 25 m de patinaje limbo a menos distancia del suelo

La joven de 11 años de edad Shristi Sharma (India, en la imagen) patinó 25 m bajo varias barras dispuestas a solo 17 cm del suelo en Nagpur, India, el 7 de octubre de 2015. El **recorrido más largo de patinaje limbo pasando por debajo de automóviles** es de 115,6 m, y lo consiguió G. Devisri Prasad (India), de 10 años de edad, el 31 de agosto de 2017 en Amarāvatī, India.

El ganador más joven de un campeonato de golf profesional (hombres)

Josh Hill (R.U., n. el 27 de marzo de 2004, a la izquierda en la imagen) tenía 15 años y 210 días, cuando ganó el Al Ain Open del MENA Tour en EAU el 23 de octubre de 2019. Al ser jugador aficionado, no pudo recibir los 13.553 $ del premio. En la imagen aparece junto a Tommy Fleetwood, pentacampeón del European Tour.

LOS MÁS JÓVENES...

Director de cine profesional
Saugat Bista (Nepal, n. el 6 de enero de 2007) tenía 7 años y 340 días de edad al estrenarse *Love You Baba* (Nepal) el 12 de diciembre de 2014. Obtuvo dos premios en los National Film Awards de Nepal.

Maestro de ajedrez:
• **Hombres**: el 12 de agosto de 2002, Sergey Karjakin (Ucrania, n. el 12 de enero de 1990) llegó al primer puesto con 12 años y 212 días.
• **Mujeres**: Hou Yifan (China), n. el 27 de febrero de 1994 lo logró con 14 años y 184 días, el 29 de agosto de 2008.

Editor de revista
Roxanne Downs (Australia) asumió las funciones de editora de la revista *It GiRL* a principios de 2017, con tan solo ocho años. El primer número bajo su supervisión llegó a los quioscos australianos y neozelandeses el 6 de abril de 2017. Declaró que lo que más le gustaba del trabajo era «Pensar en ideas y tests y entrevistar a gente... ¡Los regalos también son geniales!».

Productor de música profesional
Konomi Yamasaki (Japón, n. el 18 de agosto de 2008) tenía 10 años y 234 días de edad cuando se lanzó su álbum de debut, *Burgmüller 25 Etudes*, el 9 de abril de 2019. El álbum contiene 25 temas instrumentales, todos con arreglos de Konomi.

Premio Nobel
Malala Yousafzai (Pakistán, n. el 12 de julio de 1997) recibió el premio Nobel de la Paz el 10 de octubre de 2014, a los 17 años y 90 días de edad. Compartió el galardón con la india Kailash Satyarthi. En marzo de 2020, Malala se reunió con otra pionera adolescente, Greta Thunberg (Suecia), que en 2019 se convirtió en la **persona del año de la revista *Time* más joven** (págs. 142-43).

Más ganadores en el Scripps National Spelling Bee

El Scripps National Spelling Bee de EE.UU., fundado en 1925, nunca ha tenido más de dos coganadores en uno de sus concursos. Este dato quedó pulverizado el 30 de mayo de 2019, cuando ocho competidores deletrearon correctamente todas las palabras que plantearon los organizadores. Los llamados «octocampeones» son todos de EE.UU. y sus nombres son: Rishik Gandhasri (13 años), Erin Howard (14 años), Abhijay Kodali (el más joven, con 12 años), Shruthika Padhy (13 años), Rohan Raja (13 años), Christopher Serrao (13 años), Sohum Sukhatankar (13 años) y Saketh Sundar (13 años).

▶ La persona más joven en lograr la fusión nuclear

En la fusión nuclear, dos o más átomos se unen y forman un átomo más grande, en un proceso que genera energía. En 2018, horas antes de cumplir los 13 años, Jackson Oswalt (EE.UU., ñ. el 19 de enero de 2005) fusionó dos átomos de deuterio con un reactor que había construido él mismo en la sala de juegos de su casa en Memphis, Tennessee, EE.UU. La pasión por construir cosas se le despertó siendo muy pequeño. «Cuando era pequeño, trabajaba en la carpintería de mi abuelo y construía figuritas y cosas así. Toda esa creatividad acabó desembocando en construir esto», declaró a GWR.

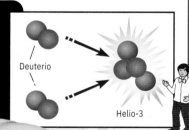

Deuterio

Helio-3

Cuando sea mayor, Jackson quiere fundar una organización para financiar y apoyar a científicos e ingenieros jóvenes que lleven a cabo proyectos en sus casas.

Espionaje

Por su propia naturaleza, el espionaje y el subterfugio tienen lugar en un mundo oculto y secreto. Con frecuencia, solo oímos hablar de tecnología de vigilancia avanzada y de operaciones encubiertas ███████████ mucho después de que hayan terminado. Y la Ley de Secretos Oficiales oculta material sensible políticamente y ███████████ a la población, a veces para siempre. Por lo tanto, los récords que aparecen en estas páginas solo pueden ofrecer una imagen parcial de las organizaciones, personajes extraordinarios y secretas ███████████ que actúan en nombre de agencias gubernamentales y misteriosas. Claro que, quizá, lo mejor sea que no sepamos demasiado.

ROBERT PHILIP
HANSSEN
DOB 04-18-1944
65A-WF-220648
FBI WFO 02 1801

El primer satélite de fotorreconocimiento

El 16 de septiembre de 1960, un C-119 «Flying Boxcar» de la Fuerza Aérea estadounidense cazó al vuelo una cápsula con una película fotográfica que descendía en paracaídas cerca de Hawái, EE.UU. La cápsula había sido lanzada por la sonda de investigación *Discoverer 14* (en realidad un satélite espía, o de reconocimiento, llamado *Corona C-9*). Esta fue la primera misión exitosa del programa Corona, que logró fotografías de instalaciones nucleares, ████ y bases militares de la Unión Soviética.

La suma más elevada pagada por información secreta

El FBI pagó siete millones de dólares al exagente del KGB Aleksandr Shcherbakov (Rusia) por un dosier sobre el infiltrado conocido como «Ramón García» (luego identificado como el agente del FBI Robert Hanssen; ver a la izquierda). El dosier fue entregado a la inteligencia estadounidense en Moscú el 4 de noviembre del año 2000. Diez días después, Shcherbakov y su familia fueron llevados en secreto a EE.UU.

El militar estadounidense de mayor graduación acusado de espionaje

El 14 de junio de 2001, el coronel jubilado de la Reserva del Ejército George Trofimoff (EE.UU.) fue declarado culpable de espiar para la URSS y Rusia y de vender material clasificado. Lo hizo mientras ejercía como jefe civil de la sección del ejército estadounidense del Nuremberg Joint Interrogation Center, una unidad de inteligencia en Alemania, entre 1969 y 1994. El 28 de septiembre de 2001, fue condenado a cadena perpetua.

EL PRIMER...

Criptógrafo estatal oficial

Cicco Simonetta (1410-80) fue secretario de estado del Ducado de Milán (en la actual Italia), una de las ciudades más meticulosamente informadas de finales de la época medieval. En la segunda mitad del siglo xv, fue responsable de la cancillería secreta de Milán y de sus cifrados. En 1474, publicó su *Regulae extraendis litteras zifferatas sive exempio* (*Normas para descodificar textos cifrados sin clave*).

La condena a prisión por espionaje más larga

El 10 de mayo de 2002, el agente del FBI e infiltrado ruso Robert Hanssen (EE.UU.) fue condenado a 15 cadenas perpetuas consecutivas sin posibilidad de libertad condicional. Hanssen había pasado información a la Unión Soviética (y luego a Rusia) desde 1979. Este inesperado agente doble era un católico ultraconservador y un oficial de carrera con un historial disciplinario impecable.

La condena a prisión por espionaje cumplida más larga

Ronald Pelton (EE.UU.), exanalista de la Agencia Nacional de Seguridad, permaneció en prisión 28 años y 343 días: desde su condena el 16 de diciembre de 1986, hasta el 24 de noviembre de 2015. Cuando el FBI lo arrestó el 25 de noviembre de 1985, confesó haber proporcionado a la Unión Soviética información de los servicios de inteligencia de EE.UU. Fue condenado a tres cadenas perpetuas consecutivas. Contando el tiempo que pasó en prisión preventiva antes del juicio, estuvo encarcelado 30 años menos un día.

El museo dedicado al espionaje más grande

El International Spy Museum en Washington, D.C., EE.UU., alberga una colección de 9.241 objetos relacionados con el espionaje. Los instrumentos empleados en el espionaje de información se exhiben en galerías temáticas que giran alrededor del robo de secretos, del análisis de inteligencia y de la acción encubierta. Gran cantidad de las piezas del museo proceden de la **colección privada de artículos relacionados con el espionaje más grande**, que contiene más de 7.000 artefactos, documentos y fotografías acumuladas por el historiador del espionaje H. Keith Melton (EE.UU., a la izquierda).

Dispositivo de escucha pasiva

«La Cosa» era un micrófono sin piezas electrónicas activas que solo se activaba cuando recibía una señal de radio externa. Consistía en un cilindro metálico con una fina membrana en un extremo y con una larga varilla de metal que se extendía desde un lado. Agentes del servicio de contrainteligencia estadounidense lo encontraron en 1951 en el interior de una gran talla de madera del Gran Sello de Estados Unidos en la embajada estadounidense de Moscú. También se lo conoce como el «micrófono del Gran Sello».

Satélite espía

El *SOLRAD 1* (o *GRAB 1*), lanzado el 22 de junio de 1960, era un satélite del tamaño de una pelota de playa diseñado por ▮▮▮ ▮▮▮ en el Laboratorio de Investigación Naval de la Marina de EE.UU. Aparentemente era un observatorio solar, pero aunque también generaba datos científicos sobre las emisiones solares de rayos X, su propósito principal era cartografiar la red de radares de defensa aérea de la Unión Soviética.

Incidente de ciberespionaje

Entre septiembre de 1986 y junio de 1987, un grupo de piratas informáticos alemanes accedió a las redes de contratistas de defensa, universidades y bases militares estadounidenses y vendió la información (que incluía detalles de ▮▮▮ ▮▮▮) al KGB soviético. Markus Hess, el líder de los piratas informáticos, fue arrestado del 29 de junio de 1987, y el 15 de febrero de 1990 fue condenado por espionaje junto a dos de sus cómplices.

Muchos de los cabecillas de la rebelión apoyada por EE.UU. contra los invasores soviéticos se convirtieron en destacados líderes terroristas, como Mohammed Omar (de los talibanes) y Osama bin Laden (de Al Qaeda).

La operación encubierta más costosa

La Operación Ciclón fue un programa de la CIA para armar y entrenar a grupos de insurgentes islamistas (conocidos como muyahidines) que combatían al Ejército Rojo soviético en Afganistán. Entre 1979 y 1989, la CIA invirtió unos 2.000 millones de dólares en armas, apoyo logístico y entrenamiento. La operación fue ideada por Zbigniew Brzezinski, el consejero de Seguridad Nacional del presidente Jimmy Carter, quien consideraba que armando a los muyahidines arrastrarían a la Unión Soviética y a sus satélites a una campaña contra los insurgentes que se prolongaría indefinidamente (lo llamaban «su Vietnam»). La imagen, tomada el 25 de febrero de 1987, muestra a muyahidines afganos junto al congresista Charles *Charlie* Wilson (en el centro de la primera fila), uno de los principales artífices del proyecto.

El primer insecto volador robótico

El Insectothopter era una libélula artificial capaz de volar hasta 200 m. Fue diseñado por ▮▮▮ ▮▮▮▮▮, del Vought Corp Advanced Technology Center en Dallas, Texas, EE.UU., para la CIA. El proyecto se inició a principios de la década de 1970 y se clausuró en algún momento posterior a 1974. Se esperaba que los agentes de campo pudieran pilotar el Insectothopter para que se acercara a objetivos y usara los reflectores de los ojos para enfocar un micrófono láser (que detectaba el sonido a partir de la distorsión del rayo reflejado). Sin embargo, resultó ser demasiado frágil para poder usarlo, ya que incluso las brisas más leves lo derribaban.

100 %

La espía que ha permanecido más tiempo en el anonimato

Conocida por la inteligencia soviética como «agente Hola», Melita Norwood (apellido de soltera Sirnis; R.U.) empezó a pasar información clasificada al NKVD (predecesor del KGB) en 1935, y en 1937 se convirtió en una agente de pleno derecho. Pasó información a sus enlaces del KGB hasta que se jubiló en 1972, unos 37 años después del contacto inicial. Norwood era secretaria en la Asociación Británica de Investigación de Metales No Ferrosos, que supervisaba la investigación sobre proyectos de defensa, como el programa británico de armas nucleares y ▮▮▮▮.

La primera organización de inteligencia estatal permanente

Hay evidencias que apuntan a que, a partir de mediados del siglo xv, Venecia contó con una organización dedicada a la recopilación de información. Se basaba en el Consejo de los Diez, formado en 1310 para apoyar al dogo (el gobernante de la República) en cuestiones de seguridad estatal. Sus actividades se ampliaron e incluyeron operaciones clandestinas, análisis de inteligencia y criptografía. Con el tiempo, la red de informantes esporádicos fue sustituida por un equipo profesional con sede en el palacio del Dogo (imagen), que coordinaba las tareas de vigilancia.

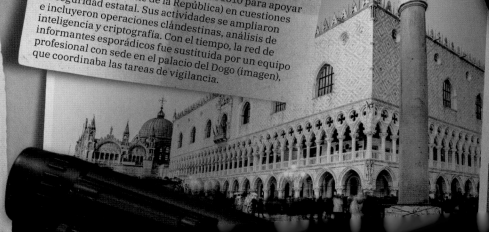

Desastres

La colisión en pleno vuelo a mayor altitud

En la madrugada del 5 de febrero de 1958, un bombardero B-47 de la Fuerza Aérea estadounidense chocó con un caza F-86 durante un vuelo de entrenamiento en Georgia, EE.UU., a 11.582 m de altura. Pese a que el B-47 llevaba una bomba nuclear, no murió nadie.

El año con más pérdidas económicas por desastres naturales

Según un informe publicado por *The Economist* el 31 de marzo de 2012 a partir de datos de la compañía aseguradora Swiss Re, los desastres naturales causaron pérdidas económicas por 362.000 millones de $ en todo el mundo en 2011. El más devastador fue el terremoto frente a la costa de Japón del 11 de marzo (ver pág. siguiente).

LOS PRIMEROS...

Muerte por accidente ferroviario

El 5 de diciembre de 1821, David Brook (R.U.) regresaba a casa a pie desde Leeds en Yorkshire, R.U., siguiendo la vía de ferrocarril de Middleton durante una cegadora tormenta de aguanieve. Murió tras ser embestido por un tren que transportaba carbón.

La granizada que ha causado más daños

El 10 de abril de 2011, una granizada asoló Kansas, Missouri e Illinois, en EE.UU. Generó tornados pequeños y algunas inundaciones menores, pero las piedras de granizo fueron las que causaron los mayores destrozos. Algunas medían unos 7 cm (como una pelota de tenis) y los daños causados se cifraron en 1,5 millones de dólares.

El atentado terrorista con más víctimas mortales

El año 2021 marcará el vigésimo aniversario de un acontecimiento que conmocionó al mundo entero. Según el recuento oficial, 2.753 personas murieron como resultado del ataque contra el World Trade Center de Nueva York, EE.UU., el 11 de septiembre de 2001. Los terroristas secuestraron un Boeing 767 de American Airlines (vuelo 11) y lo estrellaron contra la Torre Norte a las 8:46 de la mañana (hora del este). Los terroristas habían secuestrado otro Boeing 767, el vuelo 175 de American Airlines, que estrellaron contra la torre Sur a las 9:02. Ese mismo día, otro avión secuestrado se estrelló contra el Pentágono en Washington, D.C., EE.UU., y causó 189 fallecidos; y un último avión cayó sobre un campo en Pensilvania y murieron 44 personas.

Muerte por accidente automovilístico

El 31 de agosto de 1869, la científica Mary Ward (Irlanda) murió en un accidente con un automóvil a vapor experimental en las calles de Birr, condado de Offaly, Irlanda. Las sacudidas provocadas por el pavimento irregular hicieron que Mary saliera despedida y cayera bajo las ruedas del vehículo, construido por el astrónomo William Parsons, su primo.

La peor tragedia de un dirigible

Hacia la una de la madrugada del 4 de abril de 1933, el USS *Akron* (ZRS-4) se hizo añicos debido al mal tiempo en la costa de Nueva Jersey, EE.UU. Solo sobrevivieron tres miembros de la tripulación, compuesta por 76 personas. Como la mayoría de dirigibles de gran tamaño, el *Akron* (en el detalle aparece sobrevolando Nueva York) era difícil de manejar y vulnerable a los vientos fuertes. Los dirigibles más famosos fueron los británicos *R100* y *R101*; los estadounidenses *Akron* y *Macon*; y los alemanes *Graf Zeppelin* y *Hindenburg*. Los dos últimos siguen siendo los **dirigibles más grandes**, con 213,9 toneladas de peso. Cuatro de estos seis acabaron destrozados en accidentes que causaron un total de 111 muertes.

Accidente de aviación con víctimas mortales

Thomas E. Selfridge (EE.UU.) murió el 17 de septiembre de 1908 cuando el *Wright Military Flyer* (pilotado por Orville Wright) se estrelló durante un vuelo de prueba en Fort Myer, Virginia, EE.UU.

Colisión entre satélites

El 10 de febrero de 2009, el satélite militar ruso *Kosmos-2251*, ya fuera de servicio, chocó con el satélite comercial *Iridium 33*, que aún estaba en activo. El impacto, a una velocidad relativa de 42.120 km/h, esparció unos 10.000 fragmentos de basura espacial por la órbita terrestre baja.

El desastre natural que ha causado más pérdidas económicas

Según las estimaciones de *The Economist*, el terremoto y el tsunami posterior que azotaron la costa pacífica de Tōhoku, Japón, el 11 de marzo de 2011, provocaron pérdidas económicas por valor de unos 210.000 millones de $, de los que solo 35.000 millones estaban asegurados. Dos terceras partes de las muertes causadas por desastres naturales en 2011 fueron consecuencia de este terremoto y del tsunami posterior.

El mayor derrame accidental de petróleo al mar

El 20 de abril de 2010, se vertieron unos 779 millones de litros de petróleo al mar después de una explosión en la plataforma petrolífera *Deepwater Horizon*, en el golfo de México.

Elastec/American Marine, Inc. (EE.UU.) prendió fuego de forma deliberada al petróleo para tratar de eliminarlo el 19 de mayo de 2010, lo que provocó la **combustión más prolongada de un vertido de petróleo**: 11 h y 48 min.

LOS MÁS LETALES...

Desastre espacial

Siete miembros de la tripulación murieron en cada ocasión cuando las sondas espaciales *Challenger* y *Columbia* estallaron el 28 de enero de 1986 y el 1 de febrero de 2003, respectivamente.

Desastre de montañismo

El 13 de julio de 1990, un terremoto de poca intensidad desencadenó una devastadora avalancha cerca del pico Lenin, entre las actuales Kirguistán y Tayikistán. Mató a 43 de los 45 escaladores instalados en un campo base local.

Avalancha

A las 5:30 de la madrugada del 13 de diciembre de 1916, una gran avalancha arrolló las barracas militares de madera en una vertiente del Gran Poz, en la montaña Marmolada de Italia. Al menos

El desastre marítimo en tiempo de guerra con más víctimas mortales

El 30 de enero de 1945, al menos 7.000 personas murieron cuando el submarino soviético *S-13* torpedeó, frente a la costa de Danzig (actual Gdansk, Polonia), al crucero alemán *Wilhelm Gustloff* (en 1938 en la imagen superior), que transportaba a refugiados civiles y a personal militar. Sobrevivieron unas 900 personas.

322 personas, incluidos miembros de la infantería de montaña austro-húngara y una compañía de apoyo bosnia, estaban acampadas allí. La cifra de víctimas mortales varía entre 270 y 330.

Pandemia

La peste negra alcanzó su pico más elevado entre 1347 y 1351 y mató a unos 75 millones de personas en todo el mundo. Europa perdió casi la cuarta parte de su población. La enfermedad sigue afectando a entre 1.000 y 3.000 personas al año, pero actualmente tiene cura.

A fecha de publicación de esta edición, la Organización Mundial de la Salud (OMS) estaba controlando la propagación del COVID-19. El 11 de marzo de 2020, la OMS clasificó a la enfermedad de pandemia global, con unos 125.000 casos confirmados.

El peor desastre en un reactor nuclear

El 26 de abril de 1986, una explosión en la planta nuclear de Chernóbil, en el norte del óblast de Kiev, Ucrania, mató a 31 personas, ya fuera por las heridas sufridas durante la explosión inicial o como resultado de la radiación. Hay estudios que sugieren que, en 2065, se podrían atribuir unas 30.000 muertes prematuras a la radiación liberada, mientras que otros apuntan que la cifra probablemente ya supere las 50.000.

La zona de alienación de la planta nuclear de Chernóbil, con un área de aproximadamente 2.600 km², es la **zona de exclusión radiactiva más grande** en todo el mundo. Las imágenes superiores muestran algunas escenas de la zona evacuada.

Recopilatorio

La primera ministra en activo más joven

Sanna Marin (Finlandia, n. el 16 de noviembre de 1985) asumió el cargo de primera ministra de Finlandia el 10 de diciembre de 2019 a los 34 años y 24 días de edad. Anteriormente ministra de transportes del Partido Socialdemócrata de Finlandia, ahora está al frente de un llamativamente joven gobierno de coalición de cinco partidos, cuatro de ellos liderados por mandatarios de menos de 40 años de edad.

El país más multilingüe

Papúa Nueva Guinea alberga a hablantes de un total de 840 lenguas, según la 22.ª edición de *Ethnologue: Languages of the World*, publicada en 2019. El tok pisin, el motu y el inglés son tres ejemplos.

El país con más playas con Bandera Azul

La Bandera Azul es una certificación internacional que se concede a lugares que cumplen estrictos criterios medioambientales, de seguridad y de accesibilidad. A 30 de agosto de 2019, España contaba con 566 playas con Bandera Azul. Los Países Bajos son el país con **más puertos con Bandera Azul**: 122.

El mural en una escalera más grande

«La vuelta al mundo en 50 plantas» es una obra de arte que cubre 2.980,59 m² de las paredes de la Allianz Tower en Milán, Italia. Se extiende por 53 plantas y muestra perfiles urbanos icónicos. El proyecto fue idea de la aseguradora italiana Allianz, en colaboración con la pareja de artistas urbanos Orticanoodles, y se verificó el 5 de marzo de 2019.

Más personas compartiendo pan

El 4 de octubre de 2019, la organización de ayuda a personas sin hogar The Journey Home (EE.UU.) organizó un evento en el que 478 personas se reunieron para compartir pan en Baltimore, Maryland, EE.UU.

La ciudad más habitable

Viena, la capital de Austria, fue reconocida como la mejor ciudad del mundo para vivir por segundo año consecutivo en 2019, con una puntuación de 99,1 puntos sobre 100 en el Informe Global de Habitabilidad de *The Economist*. El informe evalúa más de 30 factores en cinco áreas clave: estabilidad, asistencia sanitaria, cultura y medio ambiente, educación e infraestructuras.

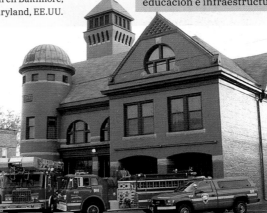

El dreidel más valioso

Un dreidel es una peonza, o perinola, de cuatro caras con la que, tradicionalmente, se juega en la festividad judía del Janucá. Una pieza personalizada por Estate Diamond Jewellery (EE.UU.) se valoró en 70.000 $ el 27 de noviembre de 2019 en Nueva York, EE.UU. Las letras en hebreo son de oro blanco incrustado con 222 diamantes.

El pesebre viviente con más participantes

El 20 de diciembre de 2019, un total de 2.101 personas participaron en un pesebre viviente organizado por el ayuntamiento de San José del Monte en Bulacán, Filipinas. Pulverizaron el récord anterior de 1.254 personas.

El parque de bomberos en activo de forma continuada más antiguo

El parque de bomberos de Manistee, Michigan, EE.UU., celebró su 130.º aniversario el 17 de junio de 2019. El conductor, ingeniero y médico Fred LaPoint escudriñó los archivos locales para demostrar que el parque había permanecido abierto y en activo las 24 horas del día, los 365 días del año desde que se inaugurara en 1889. Actualmente, un cartel que reconoce su título GWR adorna la fachada.

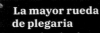

La mayor rueda de plegaria

Las ruedas de plegaria son cilindros huecos que contienen réplicas de mantras budistas enrollados alrededor de un eje. La acción de girar la rueda permite multiplicar la cantidad de plegarias expresadas. El templo Nyingma en Gansu, China, contiene una rueda de plegaria de 35,81 m de altura y 12,43 m de diámetro, verificados el 31 de agosto de 2018. En su interior hay 11.000 escrituras budistas.

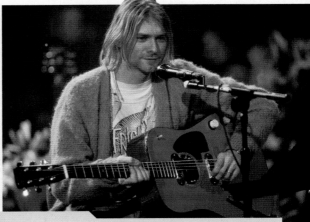

La chaqueta de punto subastada más cara

El 26 de octubre de 2019, la chaqueta de mohair gris con cinco botones que había pertenecido a Kurt Cobain, el cantante de Nirvana, se vendió por 334.000 $ en una subasta en Nueva York, EE.UU. Cobain la hizo célebre al llevarla durante su concierto acústico *MTV Unplugged* (en la imagen). La chaqueta conservaba las huellas de una vida dedicada al *rock*. Le faltaba un botón y tenía quemaduras de cigarrillos y una misteriosa mancha crujiente de color marrón alrededor del bolsillo delantero.

La obra de arte de un artista vivo subastada más cara

Rabbit (1986) se vendió por 91.075.000 $ el 15 de mayo de 2019 en Christie's, Nueva York, EE.UU. Esta escultura de acero inoxidable forma parte de un juego de tres obras, y fue realizada por Jeff Koons (EE.UU.).

La **obra de arte más cara** es *Salvator Mundi* (1500 aprox.), de Leonardo da Vinci (Italia) que se vendió por 450.312.500 $ el 15 de noviembre de 2017.

El anillo con más diamantes incrustados

El 7 de mayo de 2019, Lakshikaa Jewels (India) presentó un anillo adornado con 7.777 diamantes en Bombay, India. Las piedras están engarzadas en una base de oro de 18 quilates, y el anillo es una réplica del Templo del Loto, en Delhi. Un equipo compuesto por 12 artesanos, un joyero y un diseñador trabajó en el proyecto durante 18 meses.

100 %

El merengue más multitudinario

El merengue es un baile originario de la República Dominicana. El 3 de noviembre de 2019, 844 participantes tomaron la plaza de España en la capital del país, Santo Domingo, para bailar durante 5 min y 18 s. El evento fue organizado por AZ Films Producciones (República Dominicana).

La danza de espadas más multitudinaria

Durante las celebraciones por la coronación del monarca honorario SAR Thakore Saheb Mandhatasinhji de Rajkot, 2.126 personas se reunieron para danzar con espadas el 28 de enero de 2020. Las fundaciones Rajkot Rajya y Bhagini Seva, y Rani Rani Saheb Kadambaridevi Jadeja (todos de la India) ayudaron a organizar el récord. Más información en la pág. 106.

La dinastía en el trono más antigua

El emperador Naruhito (Japón), que ascendió al Trono del Crisantemo el 1 de mayo de 2019, es el 126.º descendiente del primer gobernante del país, cuyo reinado se cree que comenzó el año 660 a.C. Naruhito sucedió a su padre, Akihito, el primer monarca japonés en abdicar. Como marca la tradición, la transición supuso el inicio de una nueva era imperial: Reiwa (que significa «bella armonía»).

La carrera profesional más larga en la misma empresa

A 12 de abril de 2019, el director comercial Walter Orthmann (Brasil) llevaba 81 años y 85 días trabajando en la empresa textil RenauxView en Brusque, Santa Catarina, Brasil. Su primer día en la empresa fue el 17 de enero de 1938. Ha cobrado nóminas en nueve monedas distintas.

La exposición más grande de figuritas de origami de...

• **Mariposas**: 29.416, por Juanne-Pierre De Abreu (Sudáfrica), el 5 de diciembre de 2019 en Ciudad del Cabo, Suráfrica.
• **Peces**: 10.879, por Boek.be (Bélgica), el 11 de noviembre en Amberes, Bélgica.
• **Ranas**: 3.542, por la Japan Hospital Clown Association, el 16 de septiembre de 2019 en Yokohama, Kanagawa, Japón.

La empresa más grande por capitalización bursátil

El gigante tecnológico Microsoft (EE.UU.) tenía un valor bursátil de 905.000 millones de dólares a 31 de marzo de 2019 según el informe anual *Global Top 100 Companies*, de Pricewaterhouse Coopers.

La primera persona con enanismo que protagoniza la portada de *Vogue*

La activista y presentadora Sinéad Burke (Irlanda) apareció en la portada del número de septiembre de 2019 de la edición británica de la revista *Vogue*. La decisión de la portada fue responsabilidad de la editora invitada, Meghan Markle, la duquesa de Sussex, que eligió a Burke entre otros 13 «motores de cambio» de Gran Bretaña y de Irlanda. Burke nació con acondroplastia, una forma de enanismo. Aunque Sinéad prefiere el término «persona pequeña», otros prefieren «enano», «persona de corta estatura» o «persona de crecimiento limitado» para describirse a sí mismos. Tal y como señala Burke, lo más importante es que se respete la preferencia de cada uno.

Sinéad declaró lo siguiente acerca de su aparición en la portada de *Vogue*: «He recibido un apoyo abrumador, que me ha animado y emocionado a partes iguales».

141

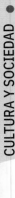

○ SALÓN DE LA FAMA

Greta **Thunberg**

La activista medioambiental sueca Greta Thunberg, mediados de 2018, ha bastado este breve espacio de tiempo para que la valerosa adolescente haya ejercido un enorme impacto en todo el mundo.

A pesar de que la activista medioambiental sueca Greta Thunberg no saltó a la fama hasta

Greta Thunberg nació el 3 de enero de 2003, y a los ocho años de edad qué era el cambio climático. A partir de entonces, adoptó una postura proactiva, primero en su propio hogar, donde alentó a los miembros de su familia a que redujeran su huella medioambiental. Decepcionada por la falta de ambición global en política medioambiental, inició una huelga escolar en 2018 de un mes de duración tras el verano más cálido en Suecia en más de 250 años. Esa huelga se convirtió en el movimiento de protesta ya global conocido como «Fridays for Future» (Viernes por el futuro). Desde el comienzo de su campaña, Greta ha convencido a docenas de países de efecto invernadero en 2050. reducir a cero la emisión de gases y global conocido de líderes políticos a comprometan a conseguir que efecto invernadero en 2050.

Durante su cruzada, Greta se ha reunido con muchos líderes políticos y religiosos. Ha obtenido el apoyo del papa Francisco, del entonces candidato demócrata a la presidencia estadounidense Bernie Sanders y del Dalai Lama. Sin embargo, no siempre ha logrado entenderse con los políticos y se ha enfrentado al presidente Trump (entre otros) en múltiples ocasiones.

Ha recibido múltiples reconocimientos y galardones, pero del Consejo Nórdico porque «el no los ha aceptado todos. Por ejemplo, rechazó el premio medioambiental del clima no necesita más medioambiente no necesita más premios». Asimismo, el 23 de diciembre de movimiento se convirtió en la **persona del año de la revista** *Time* **más joven.** A principios 2019 Greta se convirtió en la **persona del** 16 años y 354 días de edad. A principios de 2020, Greta advirtió de que solo tenemos ocho años para evitar una «catástrofe climática». Su misión dista mucho de haber terminado. Es un momento de soñar. Es un momento en el que tenemos de la historia en el que tenemos que estar completamente despiertos», insiste.

Contraria al transporte aéreo, Greta se desplazó en veleros de cero emisiones para asistir a varias cumbres en 2019.

1: Greta y el expresidente estadounidense Barack Obama reunidos en Washington, D.C. Obama es un gran defensor de Greta, de quien tuiteó que «ya es una de las grandes defensoras del planeta».

2: Una de las múltiples protestas de Estocolmo, lideradas por Greta en 2019, defensoras de nuestro planeta». El 15 de marzo de 2019, en protesta por for Future» liderada por Greta en Estocolmo, la capital de Suecia. El 15 de marzo de 2019, se celebraron 2.200 eventos en 125 países, con más de un millón de participantes en todo el mundo.

3: Greta es la persona más joven que ha recibido el reconocimiento anual de la revista *Time*. Curiosamente, dado el impacto de la industria de la aviación Charles Lindbergh sobre el planeta, ha desbancado al pionero de la aviación Charles Lindbergh (EE.UU); tenía 25 años cuando se convirtió en la **primera persona del año de la revista *Time* en 1927**.

4: Greta ha declarado que Rosa Parks, la activista estadounidense por los derechos civiles, fue una de las primeras personas que la inspiraron. En una entrevista reveló a la revista *Rolling Stone*, la adolescente que: «[Parks] me enseñó que una sola persona puede marcar una gran diferencia».

5: El 11 de diciembre de 2019 (reubicada en Cumbre del Clima COP25), Greta pronunció un Chile a Madrid, España), Greta pronunció un discurso ante dignatarios de la ONU.

El característico chubasquero amarillo de Greta lleva a muchas de sus apariciones se ha convertido en uno de los símbolos más icónicos de la activista.

Descubre más cosas sobre Greta en la sección del Salón de la Fama en **www.guinnessworldrecords.com/2021.**

Greta fue nominada al premio Nobel de la Paz en 2019, que al final recibió el primer ministro etíope Abiy Ahmed Ali.

En octubre de 2019, Michael Darby llamó *Nelloptodes gretae* a un escarabajo diminuto recién descubierto, en honor a Greta. El escarabajo pertenece a la familia Ptiliidae, integrada por algunos de los escarabajos más pequeños del mundo. Se dice que sus antenas recuerdan a las características trenzas de la activista.

100%

PERSON of the YEAR
TIME
GRETA THUNBERG
THE POWER OF YOUTH

Aventureros

Escala 1: Aeropuerto TSE, Nur-Sultan, Kazajistán

Punto de salida/llegada: Centro Espacial Kennedy, EE.UU.

Escala 2: Aeropuerto MRU, Port Louis, Mauricio

Escala 3: Aeropuerto PUQ, Punta Arenas, Chile

La circunnavegación más rápida en avión pasando por ambos polos

Tras partir el 9 de julio de 2019, el capitán Hamish Harding (R.U., abajo, el tercero por la derecha) dio la vuelta al mundo pasando por los polos geográficos en un reactor Qatar Executive Gulfstream G650ER en 46 h, 40 min y 22 s, tal y como se verificó el 11 de julio en el Centro Espacial Kennedy, Florida, EE.UU.

Conocido como «One More Orbit», el proyecto se organizó para conmemorar el 50 aniversario del histórico alunizaje de la NASA y el 500 aniversario de la **primera circunnavegación** (ver página siguiente). El capitán Harding aparece en la foto de arriba junto con Akbar Al Baker (centro), director general de Qatar Airways, su socio en este proyecto.

La cineasta Jannicke Mikkelsen (derecha) supervisó a bordo la emisión en *streaming* de la circunnavegación.

En la imagen, la intrépida tripulación de circunnavegadores. De izquierda a derecha: Magdalena Starowicz (Polonia/EE.UU.; azafata), Yevgen Vasylenko (Ucrania; piloto), Jacob Ove Bech (Dinamarca; piloto), Jeremy Ascough (Sudáfrica; piloto), coronel Terry Virts (EE.UU.; astronauta y cineasta), Hamish Harding (piloto), Benjamin Rueger (Alemania; ingeniero principal) y Jannicke Mikkelsen (Noruega; cineasta).

La primera circunnavegación

En 2019, se cumplió el quinto centenario de la partida de una expedición capitaneada por el explorador portugués Fernando de Magallanes (ilustración de la derecha) que iba a completar el primer viaje alrededor del mundo. Muchos de los 239 hombres que zarparon de España nunca regresaron a Europa (incluido Magallanes), y solo un barco consiguió volver, en 1522. Quinientos años más tarde, GWR rinde homenaje a los pioneros olvidados de esta primera circunnavegación, incluido el intrépido sustituto de Magallanes y el puñado de tripulantes (ver la tabla de abajo) que completaron toda la travesía, aunque algunos se retrasaron más que otros...

La expedición de cinco barcos, que zarpó de Sanlúcar de Barrameda, Andalucía, España, el 20 de septiembre de 1519 **(1)**, vivió un motín y sufrió el escorbuto antes de llegar a un estrecho en el sur de Chile, más tarde llamado de Magallanes, el 21 de octubre de 1520 **(2)**. Un barco se fue a pique y otro regresó a España tras una segunda rebelión.

El resto cruzó con éxito el océano Pacífico, pero el 27 de abril de 1521 Magallanes y muchos miembros de la tripulación fueron asesinados (o huyeron) durante una escaramuza en la isla de Mactan, ahora parte de Filipinas **(3)**. Ante la falta de hombres, se decidió hundir el *Concepción* y los marineros se repartieron entre los otros dos navíos.

Tras llegar finalmente a su destino previsto, las islas Maluku de Indonesia (también conocidas como islas de las Especias), el 8 de noviembre **(4)**, la expedición se abasteció de especias y comenzó el viaje de regreso; sin embargo, la nave insignia, la *Trinidad*, tenía filtraciones y su tripulación tuvo que quedarse atrás. El navegante español Juan Sebastián de Elcano («Elkano» en vasco) dirigió a la agotada marinería de regreso a Europa a bordo de la *Victoria*, con la que dobló el cabo de Buena Esperanza, en África, el 19 de mayo de 1522 **(5)**.

Sin embargo, cuando el barco llegó al archipiélago de Cabo Verde el 9 de julio **(6)**, un grupo de 12 marineros fue hecho prisionero. No obstante, una vez liberados meses después, ellos también completaron el viaje, por lo que merecen el mismo reconocimiento. Solo 18 miembros de la tripulación original consiguieron regresar a España, arribando a Sevilla el 8 de septiembre de 1522 **(7)** y completando un viaje que había comenzado casi tres años antes.

En la actualidad, la Fundación Elkano conmemora el 500 aniversario de esta hazaña y rinde homenaje a una tripulación, originaria de distintos países. En su página web puede consultarse la cronología que rastrea las paradas de este viaje histórico y refleja el progreso de la expedición en tiempo real. Descubre más en **elkanofundazioa.eus**.

Los primeros circunnavegantes

NOMBRE	NACIONALIDAD	PROFESIÓN
Juan Sebastián de Elcano	España	Navegante/capitán
Francisco Albo	Grecia	Piloto
Miguel de Rodas	Grecia	Contramaestre/oficial
Juan de Acurio	España	Piloto
Martín de Judícibus	Italia	Jefe de mozos
Hernando de Bustamante	España	Barbero
Hans aus Aachen	Alemania	Artillero
Diego Gallego	España	Marinero
Nicolás el Griego	Grecia	Marinero
Miguel Sánchez de Rodas	Grecia	Marinero
Francisco Rodrigues	Portugal	Marinero
Juan Rodriguez	España	Marinero
Antonio Hernández Colmenero	España	Marinero
Juan de Arratia	España	Grumete
Juan de Santandrés	España	Grumete
Vasco Gomes Galego	Portugal	Grumete
Juan de Zubileta	España	Paje
Antonio Pigafetta Lombardo	Italia	Supernumerario (y cronista del viaje)
Martín Mendez	España	Notario/contable
Pedro de Tolosa	España	Marinero/despensero
Ricarte de Normandía	Francia	Carpintero
Roldán de Argote	Bélgica	Artillero
Felipe de Rodas	Grecia	Marinero
Gómez Hernández	España	Marinero
Ocacio (Socacio) Alonso	España	Marinero
Pedro de Chindurza	España	Paje
Vasquito Gallego	España	Paje
Juan Martin(ez)	España	Supernumerario
Maestre Pedro	España	Supernumerario
Simón de Burgos	Portugal	Supernumerario

Los últimos 12 nombres corresponden a los miembros de la tripulación capturados y encarcelados en Cabo Verde en julio de 1522. No pudieron completar el viaje hasta que no fueron liberados.

Henrique de Malaca (también conocido como *Panglima Awang*), un esclavo que Magallanes adquirió en la actual Malasia hacia 1511, podría haber sido la primera persona en dar la vuelta al mundo, pero se pierde su rastro en Filipinas el 1 de mayo de 1521.

¡Los 381 sacos de clavo traídos de vuelta a bordo de la nao *Victoria* valían más del doble que el coste total de la expedición de cinco barcos!

La tripulación afirmó haberse encontrado con «gigantes» en la Patagonia, muy probablemente miembros del pueblo tehuelche (aónikenk).

El viaje se realizó con el apoyo de instrumentos rudimentarios como los astrolabios, que se basan en los cuerpos celestes para determinar la latitud.

Magallanes fue quien acuñó el nombre del océano Pacífico, al que llamó «mar Pacífico».

PRIMERA CIRCUNNAVEGACIÓN DEL MUNDO
Fernando de Magallanes / Juan Sebastián Elcano
(1519-1522)
Magallanes — Elcano

El mapa del viaje

El mapa más grande de fondo es una aproximación a la circunnavegación de Magallanes-Elcano elaborado hacia 1544 por el cartógrafo genovés Battista Agnese, unos 20 años después de que la expedición regresara a España. El mapa en detalle de arriba es una representación más moderna de la ruta definitiva, aunque sigue basándose en datos de la época. Se detallan los diversos puntos de recalada a lo largo del viaje, así como las etapas capitaneadas por Magallanes (rojo) y Elcano (verde).

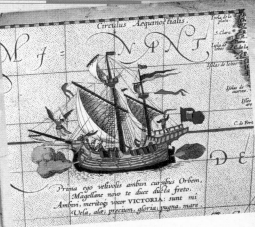

Prima ego velivolis ambivi cursibus Orbem,
Magellane novo te duce ducta freto.
Ambivi, meritoq; vocor VICTORIA: sunt mi
Vela, alæ; precium, gloria, pugna, mare.

El barco que sobrevivió

La *Victoria*, la nave en la que se completó la **primera circunnavegación**, tenía cuatro cubiertas y unos 27 m de eslora, con 290 m² de velamen. Era una nao: un velero robusto de largo alcance muy utilizado como buque mercante y para el transporte de tropas. La altura de sus costados y de sus castillos de popa y proa ayudaban a disuadir el abordaje desde embarcaciones más pequeñas. Esta imagen muestra una representación de la *Victoria* tomada del mapa *Maris Pacifi* de 1589, elaborado por el cartógrafo belga Abraham Ortelius.

ELKANO

P: ¿Por qué se creó la Fundación Elkano?
R: La Fundación se creó gracias al acuerdo entre varias instituciones vascas y en respuesta a la petición de la población de Guetaria, el lugar de nacimiento de Juan Sebastián de Elcano. Las celebraciones que conmemoran el quincuagésimo centenario de la **primera circunnavegación** comenzaron en agosto de 2019 y se extenderán hasta septiembre de 2022.

P: ¿Cuál es la labor de la Fundación Elkano?
R: Nuestra ambición es aprender del pasado. Para conseguirlo, debemos fomentar la curiosidad. Tenemos que profundizar en la historia y examinar los modelos sociales del pasado para poder analizarlos en el contexto presente y así repensar el futuro.

P: ¿Cuáles son los principales proyectos en los que trabajáis?
R: Lo ocurrido hace 500 años en aquel viaje extraordinario nos plantea preguntas sobre las que reflexionar: la relación entre las ciudades costeras y el mar, la sostenibilidad, el impacto de la ciencia y la tecnología en el desarrollo de la sociedad, la coexistencia de culturas y la globalización. Esa **primera circunnavegación** tuvo consecuencias extraordinarias, no solo para la comunidad local, sino también para el planeta. Ya nada volvería a ser igual.

Una historia de dos capitanes

Aunque Magallanes se llevó gran parte de la gloria por esta hazaña mundial, el éxito final de la expedición se debió posiblemente a Juan Sebastián de Elcano (abajo). Gran maestre del *Concepción* (uno de los cinco barcos de la flota original), tomó el mando después de la desaparición de Magallanes. Entre las recompensas que recibió a su regreso se contó un escudo de armas con la leyenda *Primus circundedisti me* («Primero en circunnavegarme»). Sin embargo, su buena fortuna no duró mucho... El 24 de julio de 1525, Elcano zarpó de regreso a las islas de las Especias, pero murió por el camino por malnutrición.

Montañismo

Todas las ascensiones se realizaron con oxígeno suplementario, a menos que se indique lo contrario.

La persona más joven en escalar el Everest sin oxígeno suplementario

El 31 de mayo de 2005, Tashi Lakpa Sherpa (Nepal, n. el 18 de noviembre de 1985) tenía 19 años y 194 días cuando coronó el Everest, la **montaña más alta sobre el nivel del mar**.

La más rápida en escalar el Everest dos veces

Entre el 16 y 21 de mayo de 2017, Anshu Jamsenpa (India) escaló el Everest por su vertiente sur (desde el campo base hasta la cumbre y descenso) dos veces en cinco días. Jamsenpa no es la **primera mujer en escalar el Everest dos veces en una temporada**, aunque sí la más rápida: Chhurim Dolma Sherpa (Nepal) protagonizó esa hazaña en 2011.

La ascensión más rápida al Everest de un matrimonio

Pasang Phuti Sherpa y su esposo Ang Dawa Sherpa (ambos de Nepal) comenzaron a escalar el Everest a las 3 de la madrugada del 14 de mayo de 2019, y alcanzaron la cima el 16 de mayo a las 10:36 de la mañana. Completaron su hazaña en 2 días, 7 horas y 36 min.

La ascensión más rápida al Everest y el K2

El 21 de mayo de 2018, Mingma Gyabu *David* Sherpa (Nepal, ver a la derecha) llegó a la cumbre del Everest, y el 21 de julio de 2018 a la del K2, que con 8.611 m es la segunda montaña a más altitud. En total, necesitó 61 días y 55 min.

Más ascensiones al K2 en una temporada

Durante la temporada de escalada de 2018, se realizaron 64 ascensiones al K2, frente a las 51 de 2004, la siguiente temporada más concurrida.

La ascensión más rápida al Everest (mujeres)

Durante la temporada de 2018, Phunjo Jhangmu Lama (Nepal) coronó el Everest en un tiempo récord de 39 h y 6 min. Salió del campo base a las 3:20 de la tarde del 15 de mayo, y alcanzó la cima a las 6:26 de la mañana del 17 de mayo. Lama creció en el distrito nepalí de Gorkha, donde trabajaba pastoreando yaks y dzos antes de convertirse en guía de montaña.

La persona más joven en escalar todos los ochomiles

Mingma Gyabu *David* Sherpa (Nepal, n. el 16 de mayo de 1989) había escalado las 14 montañas de más de 8.000 m con 30 años y 166 días. Inició su gesta el 23 de mayo de 2010 cuando coronó el Everest, y la culminó en el Shisha Pangma (8.027 m) el 29 de octubre de 2019. En total, el proyecto le llevó 9 años y 159 días. En la imagen aparece en la cumbre del Manaslu (ver a la derecha).

La ascensión más rápida al Manaslu sin oxígeno suplementario

Los días 25 y 26 de septiembre de 2019, François Cazzanelli (Italia) ascendió desde el campo base hasta la cima del Manaslu (8.163 m), la octava montaña a más altitud, en 13 h exactas. Inició la ascensión a las 9 de la noche del 25 de septiembre y llegó a la cumbre a las 10 de la mañana del día siguiente. Formaba parte de un grupo, pero al tratarse de un alpinista experimentado se adelantó a los demás.

La travesía Lhotse-Everest más rápida (mujeres)

El récord femenino del trayecto desde la cima del Lhotse (8.516 m) hasta la cima del Everest (enfrente del Lhotse y separado de él por un collado) es de 21 h y 30 min, establecido por Qu Jiao-Jiao (China, izquierda) entre el 20 y el 21 de mayo de 2018. El récord en dirección inversa, la **travesía Everest-Lhotse más rápida (mujeres)**, es de 22 h y 40 min, establecido por Élisabeth Marie Bernadette Revol (Francia), entre el 23 y el 24 de mayo de 2019.

Los primeros hermanos en escalar todos los ochomiles

Los nepaleses Mingma y Chhang Dawa Sherpa son los primeros hermanos en conquistar todas las montañas de más de 8.000 m de altura; Mingma entre 2000 y 2011, y Dawa entre 2001 y 2013. Ambos utilizaron oxígeno suplementario en las cuatro montañas más altas. A día de hoy, estos hermanos dirigen la empresa de expediciones Seven Summit Treks, que organiza ascensiones y rutas senderistas con asistencia por Nepal, Pakistán y China.

BREVE HISTORIA DE LA AVENTURA

1522

La primera circunnavegación del mundo

El 8 de septiembre, la nave española *Victoria*, capitaneada por Elcano, llega a Sevilla. Había zarpado de España el 20 de septiembre de 1519 al mando de Magallanes (ver pág. 146).

1775

La primera mujer en circunnavegar el mundo

Disfrazada de hombre, Jeanne Baret sirve como botánico ayudante en el primer viaje francés alrededor del mundo en 1766-69. Vive una temporada en Mauricio, pero regresa en 1775 y completa su circunnavegación.

1903

El primer vuelo a motor

El 17 de diciembre, Orville Wright recorre 36,5 m a una altitud de 2,5-3,5 m durante unos 12 s con la aeronave *Flyer I*, de 9 kW (12 CV) y con transmisión por cadena, construida junto con su hermano Wilbur (ambos de EE.UU.).

Por encima de los 8.000 m, la proporción de oxígeno en el aire es muy escasa y el organismo se deteriora irreversiblemente. Por ello, algunos escaladores emplean oxígeno suplementario. Los tejidos bien oxigenados son menos propensos a la congelación.

Más ascensiones al Kangchenjunga en una temporada

Con 8.586 m, el Kangchenjunga es la tercera montaña más alta sobre el nivel del mar. La temporada de 2019, la ascendieron 67 veces.

Solo el 15 de mayo, 61 escaladores coronaron este gigante del Himalaya: la **mayor cantidad de ascensiones el Kangchenjunga en un día**.

Más ascensiones a montañas de más de 8.000 m

Entre el 13 de mayo de 1994 y el 21 de mayo de 2019, Kami Rita Sherpa (también conocido como Thapke, Nepal) realizó 36 ascensiones a montañas de más de 8.000 m de altura, incluyendo el récord de **más ascensiones al Everest**. (Descubre más sobre Kami Rita y su homóloga femenina en ascensiones al Everest en las págs. 46-47.)

La travesía más rápida del Everest-Lhotse

Mingma Dorchi Sherpa (Nepal) coronó el Everest y el Lhotse, la montaña a más altitud y la cuarta más alta sobre el nivel del mar respectivamente, con solo 6 h y 1 min de diferencia. Llegó a lo más alto del Everest el 27 de mayo de 2019 a las 12:44 de la noche y desde allí se dirigió vía el collado Sur hasta la cima del Lhotse, donde llegó a las 6:45 de la mañana del mismo día.

La ascensión a los dos ochomiles más altos sin oxígeno suplementario más rápida

La gran diferencia de altitud entre la quinta y la sexta montañas más altas sobre el nivel del mar se refleja en la categoría de los «grandes ochomiles». Juan Pablo Mohr Prieto (Chile) alcanzó la cima de los dos ochomiles más altos en un lapso de 6 días y 20 h. Primero coronó el Lhotse a las 3:30 de la tarde del 16 de mayo de 2019, y luego descendió al campo II antes de acometer la cima del Everest (arriba), donde llegó a las 11:30 de la mañana del 23 de mayo. El campo II se usa para las ascensiones tanto al Everest como a su vecino Lhotse.

El récord de **más ascensiones al Everest en una temporada** es 872, establecido en la temporada de escalada de 2019.

La ascensión más rápida a las tres montañas a más altitud (mujeres)

Viridiana Álvarez Chávez (México) escaló las tres montañas a más altitud del mundo en 729 días. El 16 de mayo de 2017 llegó a la cima del Everest a las 9:30 de la mañana, el 21 de julio de 2018 coronó el K2 a las 9 de la mañana, y el 15 de mayo de 2019 culminó la ascensión al Kangchenjunga (arriba) a las 4:44 de la mañana. Mejoró el récord anterior en tres días.

La ascensión más rápida a todos los ochomiles

Nirmal *Nims* Purja (Nepal) ascendió los 14 ochomiles en solo 189 días. Comenzó con el Annapurna I (8.091 m), el 23 de abril de 2019, y terminó con el Shisha Pangma el 29 de octubre de 2019.

Por el camino, batió el **récord de la ascensión más rápida a los ochomiles más altos**: 70 días. Llegó a la cima del Kangchenjunga el 15 de mayo, a las del Everest y del Lhotse el 22 de mayo, a la del Makalu (8.485 m) el 24 de mayo y a la del K2 el 24 de julio.

Más ascensiones al Everest en un día

El 23 de mayo de 2019, un total de 354 escaladores llegaron a la cima del Everest. El 22 de mayo, *Nims* Purja (ver a la izquierda) tomó una fotografía que plasma esta cifra sin precedentes (que algunos consideran alarmante por la peligrosidad de la acumulacion de personas a tanta altitud). Muestra una hilera continua de escaladores a lo largo del paso Hillary, justo debajo de la cumbre. Alrededor de 100 personas intentaban descender, mientras unas 150 más presionaban por subir a lo largo de esta afilada cresta.

La **montaña más alta sobre el nivel del mar** toma su nombre occidental del que fuera topógrafo general de la India, sir George Everest. En nepalés es conocida como Sagarmāthā y en tibetano recibe el nombre de Chomolungma.

1911

La primera persona en llegar al Polo Sur
El 14 de diciembre, una aguerrida expedición noruega dirigida por el capitán Roald Amundsen (izquierda) alcanza el polo a las 11 de la mañana tras caminar 53 días con trineos tirados por perros.

1924

La primera circunnavegación en avión
Del 6 de abril al 28 de septiembre, cuatro tenientes de EE.UU. dan la vuelta al mundo en dos hidroaviones Douglas DWC del ejército de EE.UU., el *Chicago* y el *New Orleans*.

1929

La primera circunnavegación en coche (mujeres)
La piloto de carreras Clärenore Stinnes (Alemania) y el cineasta Carl-Axel Söderström parten el 25 de mayo de 1927 de Frankfurt, Alemania, y el 24 de junio de 1929 regresan a Berlín.

Natación en aguas abiertas

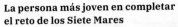

La distancia más larga nadada en agua helada

El 7 de febrero de 2018, Hamza Bakırcıoğlu (Turquía) nadó 3,44 km en Sonthofersee, en los Alpes bávaros, cerca de Sonthofen, Alemania. La temperatura media del agua fue de 4,13 °C.

El récord **femenino** es de 3,30 km, establecido por Carmel Collins (Irlanda) en una piscina exterior de agua dulce en Wild Water en Armagh, Irlanda del Norte, R.U., el 21 de febrero de 2016. La temperatura media del agua fue de 4,63 °C. Ambos récords fueron ratificados por la IISA.

El baño a más altura

El 4 de enero de 2020, el aventurero australiano Daniel Bull se dio un gélido baño a 6.370 m de altura en Copiapó, Chile. El 27 de abril de 2017, durante su exitoso intento de convertirse en la **persona más joven en escalar las Siete Cumbres y las Siete Cumbres Volcánicas**, Daniel había divisado un lago en el flanco oriental del volcán Ojos del Salado, el **volcán más alto** del planeta y una de las Siete Cumbres Volcánicas.

Más tiempo nadando en el mar (individual)

Del 15 al 18 de septiembre de 2018, Nejib Belhedi (Túnez, abajo), estableció el recorrido a nado en mar abierto sin detenerse de más duración bajo las normas de la WOWSA: 76 h y 30 min. Belhedi nadó unos 120 km por el golfo tunecino de Gabès, en el mar Mediterráneo, entre Sfax y la isla de Yerba.

Del 29 al 31 de agosto de 2006, Veljko Rogošić (Croacia) estableció el récord de la **mayor distancia recorrida a nado en el mar**: 225 km por la costa italiana del mar Adriático.

La persona más joven en completar el reto de los Siete Mares

Inspirada en el desafío alpinista de las Siete Cumbres (ver pág. 148), esta odisea en aguas abiertas bajo supervisión de la WOWSA reta a los participantes a cruzar siete canales o estrechos de todo el mundo. El 29 de agosto de 2013, Darren Miller (EE.UU., n. el 13 de abril de 1983) nadó su última etapa (el canal del Norte, entre Irlanda del Norte y Escocia, R.U.), con 30 años y 138 días.

Elizabeth Fry (EE.UU., n. el 28 de octubre de 1958) fue la **persona de más edad en completar el reto de los Siete Mares** tras cruzar el canal del Norte el 25 de agosto de 2019 (ver pág. 9). La travesía por el canal del Norte es uno de los retos de natación más difíciles del mundo debido a sus gélidas aguas, la fuerza de las corrientes y las numerosas medusas.

El 15 de julio de 2013, Michelle Macy (EE.UU.) estableció el récord del **cruce más rápido del canal del Norte**: 9 h, 34 min y 39 s. El 14 de agosto de 2016, Keith Garry (Irlanda) logró el récord **masculino**: 9 h, 57 min y 28 s. Ambas hazañas fueron ratificadas por la ILDSA.

El menor tiempo para completar seis maratones de natación de 10 km en seis continentes (mujeres)

La ultranadadora Jaimie Monahan (EE.UU.) solo necesitó 15 días, 8 h y 19 min para lograr esta hazaña. El 13 de agosto de 2018, completó la primera maratón en Cartagena, Colombia (Sudamérica), y el 28 de agosto la última en Nueva York (Norteamérica). Es también la **primera persona en completar el Ice Sevens Challenge**.

Diseñado y administrado por WOWSA e IISA, los participantes en el Ice Sevens tienen que nadar en aguas por debajo de 5 °C en siete continentes y subcontinentes distintos. El 2 de julio de 2017, Monahan completó su séptima y

La Ice Mile más rápida (mujeres)

Este reto consiste en nadar 1 milla (1,6 km) en aguas por debajo de 5 °C siguiendo las reglas de la IISA. El 20 de diciembre de 2019, Julia Wittig (izquierda) e Ines Hahn (ambas de Alemania) lo completaron en 21 min y 33 s en el lago Wöhrsee, en Burghausen, Baviera, Alemania.

El 7 de marzo de 2015, Rostislav Vitek (República Checa) estableció el récord de la **Ice Mile más rápida (hombres)** en una cantera inundada en Blansko, República Checa: 20 min y 29 s.

El primer recorrido a nado por debajo de la capa de hielo antártica

El 23 de enero de 2020, el nadador de resistencia Lewis Pugh (R.U.) recorrió 1 km por un «río subglacial» en la Antártida Oriental para llamar la atención sobre el derretimiento de los glaciares del continente. Solo con unas gafas y un gorro de natación, pasó por un túnel de hielo a una temperatura de 0,1 °C durante 10 min y 17 s.

Como embajador de los océanos de la ONU, Pugh ha realizado muchas travesías a nado inéditas para concienciar sobre el cambio climático, entre ellas una travesía del canal de la Mancha que se prolongó 49 días (detalle; ver tabla a la derecha).

Pugh intenta ganar apoyos en todo el mundo para crear un área marina protegida alrededor de la Antártida Oriental, algo que ya logró en el mar de Ross, también en la Antártida, en 2016.

BREVE HISTORIA DE LA AVENTURA

1947
El primer vuelo supersónico
El 14 de octubre, el capitán Charles *Chuck* Elwood Yeager (EE.UU.) llega a Mach 1,06 (1.127 km/h) en el avión a reacción Bell XS-1. El vuelo tiene lugar sobre Rogers Dry Lake, California, EE.UU.

1949
El primer avión a reacción de pasajeros
El 27 de julio, despega el Havilland Comet 1, un avión británico de 36 plazas. El 2 de mayo de 1952, realiza su primer vuelo programado de pasajeros entre Londres, R.U., y Johannesburgo, Sudáfrica.

1953
La primera ascensión al Everest
El 29 de mayo a las 11:30 de la mañana, Edmund Percival Hillary (Nueva Zelanda, izquierda) y Tenzing Norgay (India/Tíbet) coronan la **montaña a más altura**. Henry Cecil John Hunt (R.U.) encabeza la expedición.

Gallant-Charette es también la **persona de más edad en completar la Triple Crown of Lake Monster** (tres lagos donde se dice que vive una bestia mítica). Selló su monstruosa hazaña el 1 de agosto de 2019, con 68 años y 180 días.

La vuelta a nado a Kauai por etapas más rápida

Entre el 1 y el 19 de julio de 2019, Terence Bell (Australia) rodeó la cuarta isla más grande de Hawái, EE.UU., tras 27 etapas y un tiempo total de 51 h y 57 min. En total, nadó una distancia de 177,48 km y dio 76.532 brazadas para completar la primera circunnavegación de la isla de todos los tiempos. La temperatura media del agua durante su hazaña fue de unos agradables 26 °C.

última milla helada en el canal Beagle, cerca de Ushuaia, Argentina, en 29 min y 5 s, y lo hizo sin traje ni gorro de neopreno.

Los 5 km a nado con grilletes en las piernas más rápidos

El 4 de octubre de 2019, durante el Ocean Fest de WOWSA en Redondo Beach, California, EE.UU., Pablo Fernández Álvarez (España) nadó 5 km por la bahía de Santa Mónica en 1 h y 58 min.

LOS PRIMEROS EN...

Doblar el cabo de Hornos a nado

El 22 de febrero de 2011, Ram Barkai, Andrew Chin, Kieron Palframan, Ryan Stramrood y Toks

Viviers (todos de Sudáfrica) se convirtieron en las primeras personas en doblar el extremo más al sur de Sudamérica. Cubrieron a nado 3,18 km por el pasaje de Drake, donde se encuentran los océanos Atlántico, Pacífico y Antártico, famoso por la agitación de sus aguas, los vientos intempestivos (*williwaws*) y los icebergs.

Cruzar a nado el mar Muerto

El 15 de noviembre de 2016, 25 nadadores de 12 países cruzaron el mar Muerto para alertar sobre la difícil situación de este cuerpo de agua cuyo tamaño no deja de disminuir. El grupo comenzó en el delta del río Wadi Mujib, Jordania, y nadó hasta Ein Gedi, Israel (17,5 km). La elevada salinidad del agua puede causar problemas respiratorios si se ingiere, lo que planteó un desafío particular. Tuvieron que usar máscaras de esnórquel que les protegieran la cara y descansar regularmente para beber y comer sin salir del agua.

La inmersión a mayor altitud

El 13 de diciembre de 2019, Marcel Korkus (Polonia) se zambulló en un lago situado a 6.395 m sobre el nivel del mar. El lugar de la inmersión fue el **volcán activo a mayor altitud**, el Ojos del Salado (6.887 m), en la frontera entre Chile y Argentina (ver también a la izquierda).

La persona de más edad en completar la Triple Corona de natación en aguas abiertas

Pat Gallant-Charette (EE.UU., n. el 2 de febrero de 1951) tenía 67 años y 148 días cuando completó los 45,8 km del recorrido de la 20 Bridges Circumnavigation Swim of Manhattan el 30 de junio de 2018. El 18 de octubre de 2011, había cruzado a nado el canal de Catalina (32,5 km), entre la isla de Santa Catalina y la California continental, y el 17 de junio de 2017, el canal de la Mancha (33,6 km).

Cruzar el estrecho de Bering por relevos

El International Relay Swim Across the Bering Strait, un proyecto internacional liderado por Rusia, se concretó del 5 al 11 de agosto de 2013. Partió del cabo Dezhnev en Chukotka, Rusia continental, y tras seis días de relevos por etapas llegó al cabo Príncipe de Gales, Alaska continental, EE.UU. En total, participaron 65 nadadores de 16 países diferentes que permanecieron en el agua helada en turnos de entre 10 y 15 min. Los 86 km previstos terminaron siendo 134 km como consecuencia de las corrientes de marea.

El canal de la Mancha a nado: primeras veces		
Persona*	24-25 ago 1875	Matthew Webb (R.U.)**
Mujer	6 ago 1926	Gertrude Caroline Ederle (EE.UU.)
Cruce doble por un equipo de relevos de dos personas	9 jul 2018	Equipo Rugby for Heroes: John Robert Myatt y Mark Leighton (ambos de R.U.)
Cruce doble por un equipo de relevos de tres personas	22 jul 2018	Equipo Sportfanatic: Dezider Pék, Ondrej Pék y Richard Nyáry (todos de Eslovaquia)
Relevo estilos	18 sep 2010	Julie Bradshaw (mariposa), Susan Ratcliffe (espalda), Peter May (braza) y Kim Owen (crol) (todos de R.U.)
Persona en nadarlo a lo largo	12 jul-29 ago 2018	Lewis Pugh (R.U.; ver página anterior)

*Sin chaleco salvavidas **El soldado napoleónico Giovan Maria Salatti (Italia) podría haber escapado de una barcaza prisión frente a las costas de Dover y nadado hasta Boulogne hacia jul/ago de 1815.*

Fuentes: Channel Swimming Association, Channel Swimming & Piloting Federation (CS&PF), International Ice Swimming Association (IISA), Irish Long Distance Swimming Association (ILDSA) y Asociación Mundial de Natación en Aguas Abiertas (WOWSA).

Más cruces a nado del canal de la Mancha consecutivos

El 15 de septiembre de 2019, la ultranadadora estadounidense Sarah Thomas partió de la playa de Shakespeare en Dover, Kent, R.U. justo después de medianoche, y puso rumbo a Cap Gris-Nez, en Francia. Tras llegar, nadó de regreso a Dover, y luego repitió el viaje de ida y vuelta. Terminó su periplo en R.U. dos días después de comenzar, a las 6:30 de la mañana (horario de verano del R.U.), tras 54 h y 10 min. El **primer cruce cuádruple del canal de la Mancha** fue ratificado por la CS&PF.

1958

El primer cruce del continente antártico

Dirigida por Vivian Ernest Fuchs (R.U.), una expedición de 12 hombres completa un recorrido a pie de 3.473 km a la 1:47 de la tarde del 2 de marzo. Su aventura de 99 días comienza el 24 de noviembre de 1957.

1960

La primera inmersión en el abismo de Challenger de una embarcación tripulada

El 23 de enero, Jacques Piccard (Suiza; izquierda, detrás) y Donald Walsh (EE.UU.), piloto del batiscafo *Trieste*, alcanzan una profundidad de 10.911 m (descubre más sobre el abismo de Challenger, el **punto más profundo del mar**, en las págs. 160-61).

1961

La primera persona en el espacio

El cosmonauta soviético Yuri Gagarin realiza el primer vuelo espacial tripulado a bordo de la *Vostok 1* el 12 de abril. Completa una sola órbita a la Tierra, en la que cubre 40.868 km en 1 h y 48 min, y aterriza en Sarátov, Rusia.

Remo oceánico

La primera persona en cruzar a remo el Pacífico Sur (oeste a este)

Entre el 6 de diciembre de 2018 y el 9 de mayo de 2019, el explorador ruso Fyodor Konyukhov remó desde Port Chalmers, Nueva Zelanda, hasta las islas Diego Ramírez, frente a la costa de Chile. Cubrió 4.036 millas náuticas (7.475 km) en 154 días, 13 h y 37 min. Al comienzo de su viaje, Konyukhov (n. el 12 de diciembre de 1951) tenía 66 años y 359 días, la **persona de más edad en cruzar el Pacífico a remo en solitario**.

La primera persona en circunnavegar Gran Bretaña a remo en solitario

El 4 de noviembre de 2018, Andrew Hodgson (R.U.) llegó a la Torre de Londres, R.U., tras haber bordeado la costa de Gran Bretaña a remo en 175 días, 2 h y 51 min. Partió el 13 de mayo a bordo del *Spirit of Acab*. Tras 146 días en el mar, Hodgson hizo una pausa de 10 días en Grimsby, Lincolnshire, donde se reabasteció de comida, pero no desembarcó.

En las últimas semanas de su viaje, Hodgson se cruzó varias veces con Ross Edgley (R.U.), quien estaba completando la **primera vuelta a nado a Gran Bretaña por etapas**.

La persona más joven en cruzar a remo el Pacífico Medio (este a oeste)

Michael Prendergast (R.U., n. el 18 de abril de 1995) tenía 23 años y 50 días cuando el 7 de junio de 2018 tomó la salida en la carrera anual Great Pacific Race. Con sus compañeros de equipo de las «Naciones Unidas» (Robert Behny, Evan Buckland y Jordan Godoy), remó en el *Isabel* desde Monterrey, California, hasta Waikiki, Hawái, EE.UU. Llegaron el 27 de julio de 2018 y ganaron con un tiempo de 49 días, 23 h y 15 min.

El equipo de tres miembros más joven en cruzar a remo un océano

Megan Hoskin (R.U., n. el 25 de diciembre de 1983), Caroline Lander (R.U., n. el 21 de agosto de 1989) y Eleanor Carey (Australia, n. el 21 de agosto de 1989) tenían una edad combinada de 33.617 días (92 años y 14 días) el 7 de junio de 2018, día de inicio de la Great Pacific Race.

Más travesías oceánicas a remo en solitario

El 14 de junio de 2019, Emmanuel Coindre (Francia) completó su séptima travesía en solitario cuando llegó a bordo del *Onoff* a Dégrad des Cannes, en la Guayana Francesa. Necesitó 58 días para cruzar el Atlántico desde Dakar, Senegal, y era la quinta vez que cruzaba ese océano. Coindre también ha recorrido a remo el Pacífico y el Índico, y en otra ocasión cruzó el Atlántico pedaleando en un hidrociclo.

El primer equipo de tres hermanos en cruzar a remo un océano

Ewan, Jamie y Lachlan Maclean (todos de R.U.) participaron en el Talisker Whisky Atlantic Challenge de 2019, que cruza a remo el océano Atlántico de este a oeste desde La Gomera hasta Antigua, a bordo del *BROAR*. Terminaron la carrera en tercera posición con un tiempo de 35 días, 9 h y 9 min. Recaudaron fondos para las organizaciones benéficas Feedback Madagascar y Children 1st.

Su equipo, el «Pacific Terrific», terminó la carrera en segundo lugar en el *Danielle*, tras 62 días, 18 h y 36 min. Tuvieron que lidiar con olas de 12 m, tiburones y huracanes. Se convirtieron en el **primer equipo de tres miembros en cruzar a remo el Pacífico Medio (este a oeste)**.

La primera persona ciega en cruzar a remo el Pacífico Medio de la que se tiene constancia (este a oeste)

El exmarine real Steve Sparks (R.U.), que perdió la vista en un accidente de buceo, se unió a Michael Dawson para participar en la Great Pacific Race de 2018, y juntos llegaron a Waikiki a bordo del *Bojangles* el 28 de agosto. Su viaje duró 82 días, 13 h y 54 min. Sparks podía distinguir entre el cielo y el mar, pero no veía las olas, lo que convirtió su viaje un desafío todavía mayor. El **primer remero oceánico ciego del que se tiene constancia** fue Alan Lock (R.U.), quien hizo la travesía del Atlántico a remo en 2008.

El primer equipo de hermano y hermana en cruzar un océano a remo

Anna (R.U./EE.UU.) y Cameron McLean (R.U.) unieron sus fuerzas para participar en el Talisker Whisky Atlantic Challenge de 2019. «The Seablings» remaron en el *Lily* de este a oeste del océano Atlántico desde La Gomera, islas Canarias, hasta Antigua. Cruzaron la línea de meta en decimoctava posición con un tiempo de 43 días, 15 h y 22 min.

Se han establecido varios récords durante el Talisker Whisky Atlantic Challenge, una carrera (ahora anual) entre las islas Canarias y las Indias Occidentales.

La pareja más veterana en cruzar un océano a remo	61 años y 287 días (edad media)	Peter Ketley y Neil Young (ambos de R.U.)
La travesía del Atlántico a remo más rápida	3,59 nudos (6,64 km/h)	Stuart Watts, Richard Taylor, George Biggar y Peter Robinson (todos de R.U.)
La pareja más rápida	2,85 nudos (5,27 km/h)	Max Thorpe y David Spelman (ambos de R.U.)
El trío más rápido (mujeres)	2,14 nudos (3,96 km/h)	Maureen O'Brien, Bridie Bird Watts y Claire Allinson (todas de R.U.)
El quinteto más rápido	2,96 nudos (5,48 km/h)	Kevin Gaskell, William Hollingshead, Samuel Coxon, Christopher Hodgson y Matthew Gaskell (todos de R.U.)

Fuente: Ocean Rowing Society. Todos los récords corresponden a la categoría abierta/clásica.

BREVE HISTORIA DE LA AVENTURA

1963

La primera mujer en el espacio
El 16 de junio, la cosmonauta soviética Valentina Tereshkova despega a bordo del *Vostok 6* desde Baikonur. Completa un vuelo de 2 días, 22 h y 50 min, y orbita la Tierra 48 veces.

1965

El primer paseo espacial
El 18 de marzo, el teniente coronel soviético Alexei Leonov pasa 12 min y 9 s fuera de la nave espacial *Voskhod 2*. Su traje espacial se hincha en el vacío y tiene que abrir una válvula para volver al interior de la cápsula.

1969

La primera persona en circunnavegar el mundo a vela (solo, sin escalas)
El 22 de abril, Robin Knox-Johnston (R.U.) llega a Falmouth, en Cornwall, R.U., en el marco de la Sunday Times Golden Globe Race. Había zarpado el 14 de junio de 1968.

1969

Las primeras personas en pisar la Luna
El 20 de julio, el astronauta de la NASA Neil Armstrong abandona del módulo *Eagle* y camina sobre la superficie lunar seguido por Buzz Aldrin (izquierda, ambos de EE.UU.). Michael Collins permanece en órbita.

Más tiempo remando a través de un océano sin escalas y en solitario

El 8 de junio de 2019, Jacob Adoram (EE.UU.) llegó a Trinity Beach, en Queensland, Australia, después de una épica travesía a remo en solitario que se prolongó 335 días, 22 h y 30 min. Este expiloto de combate había salido de Neah Bay, en Washington, EE.UU., el 7 de julio de 2018, y cruzó el Pacífico a remo de este a oeste a bordo del *Emerson*.

La travesía del Atlántico a remo más rápida de una pareja (mujeres, este a oeste)

El equipo «Whale of a Time», compuesto por Jemma Rix y Lauren Woodwiss (ambas de R.U.), pasó 50 días, 5 h y 53 min remando a bordo del *Boudicea* para ir desde La Gomera, en las islas Canarias, hasta English Harbour, en Antigua, entre el 12 de diciembre de 2018 y el 31 de enero de 2019. La pareja, que se conoció cuando estudiaban en el club de hockey de la Universidad de Reading, competía en el Talisker Whisky Atlantic Challenge y batió el récord anterior por poco más de una hora.

La persona más joven en cruzar a remo un océano en solitario

Lukas Michael Haitzmann (R.U./Italia/Austria, n. el 20 de abril de 2000) tenía 18 años y 236 días cuando

comenzó su travesía a remo del Atlántico de este a oeste. Necesitó 59 días, 8 h y 22 min, del 12 de diciembre de 2018 al 9 de febrero de 2019, para ir de La Gomera a Antigua a bordo del *Cosimo*.

La travesía a remo del Pacífico Medio (este a oeste) más rápida en la categoría pareja clásica

El equipo «Sons of the Pacific», formado por Louis Bird (R.U.) y Erden Eruç (EE.UU./Turquía), remó 2.090 millas náuticas (3.870 km) a bordo del *Yves* desde Monterey, California, hasta O'ahu, Hawái, EE.UU. Navegaron 54 días, entre el 5 de junio y el 29 de julio de 2016, a una velocidad media de 1,61 nudos (2,98 km/h). Louis es hijo de Peter Bird (R.U.), quien en 1983 se convirtió en la **primera persona en cruzar a remo el Pacífico en solitario**. Louis realizó esta travesía en memoria de su padre, quien murió en 1996 cuando intentaba cruzar de nuevo el Pacífico.

Más récords «imposibles» de remo

La primera travesía del océano Antártico	13-25 dic 2019	Fiann Paul (Islandia)
El primer viaje a remo a la Antártida		Colin O'Brady (EE.UU.), Andrew Towne (EE.UU.), Cameron Bellamy (Sudáfrica), Jamie Douglas-Hamilton (R.U.) y John Petersen (EE.UU.)
El punto de partida más al sur de una expedición a remo	56,96 °S	
El punto más meridional alcanzado por una embarcación a remo	64,21 °S	
La primera persona en remar en aguas abiertas en las dos regiones polares	2017 y 2019	Fiann Paul
Más travesías polares en aguas abiertas completadas por un remero	3	

Fuente: Open Rowing Society

La primera persona en lograr el Ocean Explorers Grand Slam

Fiann Paul (Islandia) ha cruzado a remo el océano Atlántico (2011), el Índico (2014), el Pacífico Medio (2016), el Ártico en aguas abiertas (2017) y el Antártico (2019, ver abajo). Todos menos el último comprenden la marca de **más récords de velocidad de cruces a remo de distintos océanos ostentados de forma simultánea**: cuatro.

La primera travesía a remo del pasaje de Drake

El 25 de diciembre de 2019, el equipo «Impossible Row» completó el primer cruce en bote de remos del famoso por su peligrosidad pasaje de Drake, entre el cabo de Hornos, Chile, y Charles Point, en la península Antártica. Los miembros de la tripulación, compuesta por el capitán Fiann Paul (Islandia, ver arriba), el primer oficial Colin O'Brady (EE.UU.), Andrew Towne (EE.UU.), Cameron Bellamy (Sudáfrica), Jamie Douglas-Hamilton (R.U.) y John Petersen (EE.UU.), aparecen arriba recibiendo sus certificados en las oficinas de GWR en Londres.

1972

La primera mujer en cruzar un océano a remo
Entre el 26 de abril de 1971 y el 22 de abril de 1972, Sylvia Cook y John Fairfax (ambos de R.U.) completan la **primera travesía del Pacífico a remo** en el *Britannia II*. Cook salva a Fairfax del ataque de un tiburón.

La primera expedición en solitario al Polo Norte
El 29 de abril, Naomi Uemura (Japón) alcanza el Polo Norte y completa un viaje sin asistencia de 770 km en un trineo tirado por perros. Había partido el 5 de marzo de cabo Edward, en la isla de Ellesmere, al norte de Canadá.

1978

La primera ascensión en solitario al Everest
El 20 de agosto, tras una ascensión de tres días desde el campo base avanzado, a 6.500 m de altura, Reinhold Messner (Italia) alcanza la cumbre del Everest sin oxígeno suplementario.

1980

Alrededor del mundo

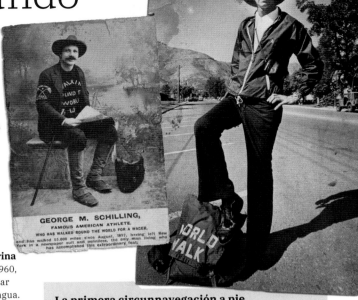

GEORGE M. SCHILLING,
FAMOUS AMERICAN ATHLETE.

WHO HAS WALKED ROUND THE WORLD FOR A WAGER,
and has walked 55.000 miles since August, 1897, having left New
York in a newspaper suit and penniless, the only man living who
has accomplished this extraordinary feat.

La primera circunnavegación
El primer viaje conocido alrededor del mundo se realizó hace 500 años. Descubre la historia completa en la pág. 146.

La primera circunnavegación (mujeres)
Jeanne Baret (alias *Baré* o *Barret*, Francia) se unió al explorador Louis-Antoine de Bougainville en su expedición científica alrededor del mundo entre 1766 y 1769. En esa época, las mujeres no podían subir a bordo de los barcos de la armada francesa, y Baret viajó disfrazada de ayudante de cámara del naturalista de la expedición, Philibert Commerson.

La primera circunnavegación submarina
Entre el 24 de febrero y el 25 de abril de 1960, el submarino militar de propulsión nuclear USS *Triton* dio la vuelta al mundo bajo el agua. El capitán Edward L. Beach navegó 49.491 km (26.723 millas náuticas) en 60 días y 21 horas. El viaje comenzó y terminó en el archipiélago de San Pedro y San Pablo, en la parte central del océano Atlántico.

La primera circunnavegación circumpolar por superficie
Sir Ranulph Fiennes y Charles Burton (ambos de R.U.), de la expedición británica TransGlobe, pusieron rumbo hacia el sur desde Greenwich, Londres, Reino Unido, el 2 de septiembre de 1979 y cruzaron el Polo Sur el 15 de diciembre de 1980 y, posteriormente, el Polo Norte el 10 de abril de 1982. Regresaron a Greenwich el 29 de agosto de 1982, tras recorrer 56.000 km.

La primera circunnavegación a pie
George Matthew Schilling (EE.UU., izquierda) está considerada la primera persona que dio la vuelta al mundo a pie, concretamente entre 1897 y 1904, según se dice para ganar una apuesta, aunque esta hazaña no ha podido verificarse. La primera circunnavegación a pie verificada la realizó David Kunst (EE.UU., derecha) entre el 20 de junio de 1970 y el 5 de octubre de 1974. Caminó 23.250 km a lo largo de cuatro continentes. Su hermano John, que emprendió el viaje con él, murió en Afganistán durante la travesía.

La primera circunnavegación en globo en solitario
Entre el 19 de junio y el 2 de julio de 2002, Steve Fossett (EE.UU.) voló alrededor del mundo en el *Bud Light Spirit of Freedom*, un globo de gas mixto de 42,6 m de altura. Despegó de Northam, Australia Occidental, y aterrizó en Eromanga, Queensland, Australia, tras haber recorrido una distancia total de 33.195 km.

La primera circunnavegación en avión
Dos hidroaviones Douglas DWC del ejército de EE.UU. dieron la vuelta al globo en 57 «saltos» entre el 6 de abril y el 28 de septiembre de 1924. Lowell H. Smith (abajo a la derecha, con su copiloto Leslie Arnold) pilotó el *Chicago*, y Erik Nelson y su copiloto Jack Harding (todos de EE.UU.), el *New Orleans*.

Los vuelos comenzaron y finalizaron en Seattle, Washington, EE.UU., y cubrieron 42.398 km.

La primera circunnavegación en coche
La piloto de carreras Clara Eleonore *Clärenore* Stinnes (Alemania, tercera por la derecha) y el cineasta sueco Carl-Axel Söderström (primero por la derecha) partieron de Frankfurt, Alemania, el 25 de mayo de 1927 al volante de un Adler Standard 6 de tres velocidades y 50 CV. El 24 de junio de 1929, 2 años y 30 días después, llegaron a Berlín, Alemania, tras conducir 46.063 km. Se casaron al cabo de un año.

BREVE HISTORIA DE LA AVENTURA

1986

Patrick Morrow (Canadá) corona el Puncak Jaya, en Indonesia, y se convierte en la **primera persona en escalar las Siete Cumbres**, las cimas de cada continente según la lista del alpinista Reinhold Messner (que incluye el Puncak Jaya en lugar del monte Kosciuszko, en Australia).

1986

La **primera persona en llegar al Polo Norte en solitario** es el Dr. Jean-Louis Etienne (Francia). Esquía arrastrando un trineo sin la ayuda de perros durante 63 días, aunque recibe abastecimiento por el camino. Su media diaria fue de 20 km u 8 horas esquiando.

1987

Entre el 2 y el 3 de julio, Richard Branson (R.U., arriba) y Per Lindstrand (Suecia, abajo) vuelan 4.947 km desde Maine, EE.UU., hasta Irlanda del Norte, R.U., a bordo del *Virgin Atlantic Flyer*: la **primera travesía transatlántica en globo aerostático**.

La circunnavegación más rápida en bicicleta

Mark Beaumont (R.U.) realizó su segunda (y más rápida) vuelta al mundo en bicicleta del 2 de julio al 18 de septiembre de 2017. Tardó 78 días, 14 h y 40 min, y comenzó y terminó en París, Francia.

El récord ◗ **femenino** es de 124 días y 11 h, establecido por la ciclista escocesa Jenny Graham (R.U.). Salió de Berlín, Alemania, el 16 de junio de 2018 y regresó el 18 de octubre.

Entre el 7 de agosto de 2018 y el 16 de mayo de 2019, Lloyd Edward Collier y Louis Paul Snellgrove (ambos de R.U.) completaron la ◗ **circunnavegación más rápida en bicicleta tándem**: 281 días, 22 h y 20 min. Partieron y regresaron al mismo punto: Adelaida, Australia.

La persona más joven en circunnavegar el planeta en moto

Kane Avellano (R.U., n. el 20 de enero de 1993) tenía 23 años y 365 días al terminar su épico viaje alrededor del mundo en el ayuntamiento de South Shields, Tyne and Wear, R.U., el 19 de enero de 2017.

La primera circunnavegación en barco impulsado por energía solar

Del 27 de septiembre de 2010 al 4 de mayo de 2012, el MS *TÛRANOR PlanetSolar* (Suiza) circunnavegó el mundo en dirección oeste propulsado exclusivamente con energía solar. Tras 1 año y 220 días, el barco, cuyo viaje empezó y terminó en el Principado de Mónaco, había acumulado 32.410 millas náuticas (60.023 km).

La primera circunnavegación en autogiro

El 22 de septiembre de 2019, James Ketchell (R.U.) completó un vuelo de 175 días alrededor del mundo en el que recorrió unos 44.450 km a bordo de un autogiro Magni M16C. Esta nave de cabina abierta alcanza una velocidad máxima de 129 km/h, más o menos la mitad que un helicóptero convencional.

La circunnavegación más rápida en coche

Saloo Choudhury y su esposa Neena Choudhury (ambos de la India) ostentan el récord de **primer hombre** y **primera mujer en circunnavegar la Tierra en coche con mayor rapidez**. Cruzaron seis continentes según las reglas vigentes en 1989 y 1991, con una distancia recorrida superior a la longitud del Ecuador (40.075 km). El viaje duró 69 días, 19 h y 5 min, desde el 9 de septiembre al 17 de noviembre de 1989. La pareja, que conducía un Hindustan «Contessa Classic» de 1989, empezó y terminó su viaje en Delhi, India.

La primera circunnavegación en solitario impulsado por energía humana

Entre el 10 de julio de 2007 y el 21 de julio de 2012, Erden Eruç (Turquía) remó, hizo kayak, caminó y pedaleó alrededor del mundo. Su viaje, que comenzó y terminó en Bodega Bay, California, EE.UU., duró 5 años, 11 días, 12 h y 22 min. Pedaleó por tres continentes (Norteamérica, Australia y África) y cruzó a remo tres océanos (Pacífico, Índico y Atlántico).

La circunnavegación más rápida en helicóptero (mujeres)

Del 31 de mayo al 6 de septiembre de 2000, Jennifer Murray (R.U., n. en EE.UU.) pilotó a la edad de sesenta años su helicóptero Robinson R44 alrededor del mundo en tan solo 99 días. El viaje comenzó y terminó en el aeródromo Brooklands, en Surrey, R.U., y pasó por 30 países.

La persona más joven en completar una circunnavegación en solitario en avión

Mason Andrews (EE.UU., n. el 26 de abril de 2000) tenía 18 años y 163 días cuando, el 6 de octubre de 2018, terminó su vuelo alrededor del mundo en Monroe, Luisiana, EE.UU. El viaje se prolongó 76 días.

La **persona de más edad** en lograr esta hazaña es Fred Lasby (EE.UU., n. el 28 de mayo de 1912), que completó su viaje en solitario alrededor del mundo con 82 años y 84 días. Su aventura, que se prolongó del 30 de junio al 20 de agosto de 1994, comenzó y terminó en Fort Myers, Florida, EE.UU.

Kay Cottee (Australia) se convierte en la **primera mujer en navegar alrededor del mundo en solitario y sin escalas** tras un viaje de 189 días sin asistencia en su velero *First Lady*. Kay partió de Sídney, Australia, el 29 de noviembre de 1987, y regresó el 5 de junio del año siguiente.

1988

1989

El 17 de enero, Shirley Metz y Victoria *Tori* Murden (ambas de EE.UU.) se convierten en las **primeras mujeres en llegar al Polo Sur por tierra**. Habían partido de la ensenada de Hércules el 27 de noviembre de 1988, y usaron esquís y motos de nieve.

FROM THE SEA TO THE SUMMIT!

1990

Tim Macartney-Snape (Australia) hace historia al convertirse en la **primera persona en escalar el Everest desde el nivel del mar**. A lo largo de tres meses camina desde la costa de la India hasta la cima del Everest sin la ayuda de oxígeno suplementario ni sherpas.

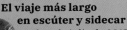

Viajes épicos

eléctrico una distancia de 56,8 km el 7 de diciembre de 2018. El vuelo tuvo lugar en Los Alamitos, California, EE.UU.

En *rickshaw*/bicitaxi
Entre el 1 de junio y el 17 de septiembre de 2018, Len Collingwood (R.U.) recorrió 6.248,28 km en *rickshaw*. Comenzó en Edimburgo, R.U., y pasó por 12 países antes de terminar en Estambul, Turquía.

En vehículo eléctrico (prototipo)
Entre el 17 de julio y el 7 de septiembre de 2019, un U5 SUV eléctrico del fabricante de automóviles Aiways (China) recorrió 15.022 km entre Xi'an, Shaanxi, China, y Frankfurt, Alemania.

La primera persona en cruzar el canal de la Mancha en paramotor (mujeres)
El 5 de diciembre de 2016, Sacha Dench (R.U.) cruzó volando el canal de la Mancha en un parapente con motor. Partió a las 11 de la mañana de Saint-Inglevert, Francia, y llegó a las 12:38 de la tarde a Dover, Kent, R.U. La travesía era parte de un viaje de seguimiento de 7.000 km de los cisnes de Bewick (*Cygnus columbianus*), en peligro de extinción, durante su migración invernal desde Rusia.

El viaje más largo en monopatín eléctrico
Entre el 19 y el 31 de mayo de 2019, Daniel Roduner (izquierda) y Dwayne Kelly (ambos de Australia) recorrieron 1.036,42 km por territorio de Texas, EE.UU., subidos en sus monopatines. Su viaje sirvió para recaudar fondos para Melanoma Patients Australia.

Más países visitados en 24 horas en patinete
El 3 de agosto de 2019, Felix Frenzel (Alemania) pasó por cinco países. Partió de Montespluga, Italia, y patinó por Suiza, Liechtenstein y Austria antes de terminar en Lindau, Alemania. Recorrió unos 160 km.

La persona de más edad en cruzar Canadá en bicicleta (mujeres)
El 26 de agosto de 2018, Lynnea Salvo (EE.UU., n. el 21 de septiembre de 1949) tenía 68 años y 339 días cuando llegó en bicicleta a Lawrencetown Beach, Nueva Escocia, Canadá. Había partido de Tofino, en la Columbia Británica, el 18 de junio.

EL VIAJE MÁS LEJOS...

En helicóptero eléctrico (prototipo)
Martine Rothblatt, Lung Biotechnology, Tier 1 Engineering y Ric Webb (todos de EE.UU.) colaboraron para hacer volar un helicóptero

Los 100 km en bicicleta en solitario por carretera más rápidos
Según verificó la Asociación Mundial de Ultraciclismo, el 23 de agosto de 2019 Marcello Danese (Italia) recorrió 100 km en bicicleta en 2 h, 45 min y 35 s y mejoró el récord anterior por más de 8 min; en Verona, Italia.

En escúter de 50 cc
Los fundadores del colectivo Wheeling for the World (W4W), Michael Reid (EE.UU.) y Yonatan Belik (Israel), recorrieron 15.925,41 km en un par de escúteres de 50 cc por los 48 estados contiguos de EE.UU. Comenzaron el 7 de septiembre de 2019 y terminaron el 19 de noviembre, y siempre que pudieron circularon por caminos rurales.

LOS MÁS RÁPIDOS EN...

Recorrer el Támesis en una tabla tándem de paddle surf
Mark Horne y James Smith (ambos de R.U.) recorrieron el Támesis, el segundo río más largo de R.U., en 2 días, 9 h y 20 min. Salieron el 15 de julio de 2019 de Lechlade, Gloucestershire, y llegaron a Teddington Lock, en el sudoeste de Londres, dos días después.

El viaje más largo en escúter y sidecar
Del 21 de julio de 2017 al 20 de enero de 2019, Matt Bishop (izquierda) y Reece Gilkes (ambos de R.U.) recorrieron 54.962 km por 35 países y cinco continentes. El propósito de su viaje era llamar la atención sobre la esclavitud moderna y recaudar fondos para la entidad benéfica Unseen UK. Matt y Reece, que no tenían experiencia con las motos antes de emprender su viaje, se turnaron a los mandos del escúter.

BREVE HISTORIA DE LA AVENTURA

1994

La primera persona en completar el Desafío de los Tres Polos
Tras alcanzar el Polo Norte el 8 de mayo de 1990 y el Polo Sur el 7 de enero de 1993, Erling Kagge (Noruega) llega a la cumbre del Everest el 8 de mayo de 1994.

1995

La primera travesía del Pacífico en globo en solitario
Entre el 17 y el 21 de febrero de 1995, Steve Fossett (EE.UU.) cruza el océano Pacífico desde el estadio Olímpico de Seúl, Corea del Sur, hasta Mendham, en Saskatchewan, Canadá.

1997

La primera pareja madre e hijo en cruzar a remo un océano
Entre el 12 de octubre de 1997 y el 21 de enero de 1998, Jan Meek y Daniel Byles (ambos de R.U.) cruzan el Atlántico de este a oeste remando.

1998

El primero en completar el Adventurers Grand Slam
Este desafío incluye escalar la montaña más alta de todos los continentes y llegar caminando hasta ambos polos. David Hempleman Adams (R.U.) comienza en 1980 escalando el Denali, en Alaska, EE.UU., y termina 18 años después, en mayo de 1998, en el Polo Norte.

Volar desde Land's End hasta John o 'Groats en paramotor

Del 8 al 9 de julio de 2019, James Du Pavey (R.U.) cruzó R.U. a lo largo en 1 día, 12 h y 19 min.

Recorrer en bicicleta la longitud de...

• **Japón**: del 19 al 26 de julio de 2018, Hiroki Nagaseki (Japón) pedaleó en dirección sur desde Cape Sōya, en Hokkaidō, hasta Cabo Sata, en Kyūshū, en 7 días, 19 h y 37 min.

• **India**: del 25 de octubre al 4 de noviembre de 2018, Vikas Lnu (India) pedaleó desde Srinagar, en el norte de la India, hasta cabo Comorín, en el sur, en 10 días, 3 h y 32 min.

Del 25 de abril al 21 de julio de 2019, Sufiya Khan (India) cubrió la misma distancia a pie en 87 días, 2 h y 17 min, el **menor tiempo en cruzar a pie la India a lo largo (mujeres)**.

• **La carretera Panamericana**: entre el 23 de julio y 16 de octubre de 2018, Michael Stresser (Austria) pedaleó desde Prudhoe Bay en Alaska, EE.UU., hasta Ushuaia, Argentina, cubriendo esta ruta de 22.642 km en solo 84 días, 11 h y 50 min. Durante el camino, también batió el récord de **Sudamérica** al cruzar el continente de norte a sur en 41 días y 41 min.

El viaje más rápido desde Land's End a John o 'Groats en bicicleta triple

Del 16 al 22 de junio de 2019, Robert Fenwick, Alexander Lord y James Tyson (todos de R.U., de izquierda a derecha) cruzaron R.U. pedaleando sobre su bicicleta para tres personas en 6 días, 9 h y 35 min. Los ciclistas, que se conocieron en la escuela, mejoraron el récord anterior en casi cuatro horas a pesar de dos pinchazos que les hicieron perder bastante tiempo.

El cruce más rápido del lago Baikal a pie

Aprovechando que el lago Baikal, en Siberia, Rusia, estaba congelado, Michael Stevenson (R.U.) lo recorrió a lo largo, a pie y con esquíes, en 11 días, 14 h y 11 min. El 25 de febrero de 2020, se embarcó en su expedición en solitario de 652,3 km en Kultuk, en el extremo sur, y alcanzó Nizhneangarsk, en el norte, el 7 de marzo, tirando de un trineo con suministros de 66,3 kg.

La circunnavegación de Australia en velero en solitario más rápida (monocasco)

Según lo confirmado por el World Sailing Speed Record Council, la circunnavegación de Australia en un barco monocasco más rápida en solitario y sin escalas se realizó en 58 días, 2 h y 25 min. La marca fue establecida por Lisa Blair (Australia), que el 20 de octubre de 2018 partió de d'Albora Marinas Rushcutters Bay, en Sydney Harbour, y regresó al mismo lugar el 17 de diciembre.

El 25 de julio de 2017, Lisa se convirtió en la primera mujer en navegar alrededor de la Antártida: 183 días, 7 h y 21 min.

1999

La primera travesía de un océano a remo en solitario (mujeres)
El 3 de diciembre de 1999, Victoria *Tori* Murden (EE.UU.) llega a la isla caribeña de Guadalupe tras cruzar a remo el océano Atlántico en 81 días, 7 h y 31 min. Zarpa desde Tenerife, en las islas Canarias, el 13 de septiembre.

2000

La primera circunnavegación no motorizada por el ecuador
Entre el 2 de junio de 1999 y el 27 de octubre de 2000, Mike Horn (Sudáfrica) recorre el ecuador en 513 días. Horn viaja en bicicleta, piragua, trimarán de vela y a pie. Su periplo comienza y termina cerca de Libreville, Gabón, en la costa oeste de África.

2001

Las primeras mujeres en alcanzar ambos polos
Entre el 5 de noviembre de 1999 y el 4 de enero de 2000, Catherine Hartley y Fiona Thornewill (ambas de R.U.) esquían hasta el Polo Sur. El 5 de mayo de 2001 llegan al Polo Norte. Acompañadas por el marido de Fiona, Mike (R.U.), la pareja se convierte en el **primer matrimonio en llegar a ambos polos**.

Recopilatorio

Más ascensiones a ochomiles sin oxígeno suplementario
Denis Urubko (Kazajistán/Rusia) ha realizado 20 ascensiones a montañas de más de 8.000 m de altura sin oxígeno suplementario. Comenzó con el Everest el 24 de mayo de 2000, y terminó con el Kangchenjunga el 19 de mayo de 2014. En 2019, fue nombrado junto a Adam Bielecki Aventurero del Año por National Geographic tras abandonar su expedición al K2 para ayudar a unos escaladores en apuros. Sin este imprevisto, podrían haber completado la primera ascensión invernal al K2.

Los puntos a mayor y menor altitud visitados por tierra
David Tait (R.U.) ha visitado dos puntos de la Tierra separados por una elevación de 10.910 m. Ha escalado el Everest (8.848 m) cinco veces, la última en 2013. Más tarde, el 18 de marzo de 2019, descendió 2.062 m por debajo del nivel del mar en la mina de oro Mponeng en Gauteng, Sudáfrica. (Ver la **primera persona en alcanzar los puntos a mayor y menor altitud de la Tierra** en la cronología de abajo).

A mayor altitud...
- **Cena**: 7.056 m, en North Col, Región Autónoma del Tíbet, China, el 30 de abril de 2018. Los comensales fueron (arriba, de izquierda a derecha): Nima Kanchha Sherpa (Nepal), Jane Chynoweth (Australia), Sadie Whitelocks y Neil Laughton (ambos de R.U.).
- **Recital de arpa**: 4.954 m, por Siobhan Brady (Irlanda), con Desmond Gentle y Anna Ray (ambos de R.U.) en el paso Singla, India, el 6 de septiembre de 2018.
- **Baile**: 5.892 m, organizado por un equipo estadounidense de ocho personas, con Keith, Emma y JoJo Rinzler entre ellos, en la cima del monte Kilimanjaro, Tanzania, el 4 de agosto de 2019.

La mujer de más edad en circunnavegar el mundo a vela en solitario y sin escalas
Jeanne Sócrates (R.U., n. el 17 de agosto de 1942) tenía 76 años y 47 días el 3 de octubre de 2018, día de inicio de su exitosa vuelta al mundo.
El **hombre de más edad** en lograr esta proeza es Bill Hatfield (Australia, n. el 14 de enero de 1939). Tenía 80 años y 145 días cuando empezó su viaje en dirección oeste, y llegó a The Spit, en Gold Coast, Australia, el 22 de febrero de 2020 con 81 años y 39 días.

La primera persona en recorrer el río Yangtsé
Del 26 de agosto de 2018 al 12 de agosto de 2019, Ash Dykes (R.U.) caminó los 6.437 km de longitud del río chino Yangtsé, el tercer río más largo del mundo.

El primer salto en paracaídas desde una corriente en chorro
A entre 6.000 y 9.000 m de altura, se encuentran las corrientes en chorro (ver pág. 38), corrientes de aire serpenteantes que se mueven a unos 400 km/h. El 30 de junio de 2018, Marc Hauser (Suiza) se convirtió en la primera persona en saltar en paracaídas desde una de estas corrientes cerca de Forbes, Australia. Lo hizo desde un globo de aire caliente a 7.400 m de altitud.

Debido a la pandemia por COVID-19, Marsden y Dixon tuvieron que darse prisa para terminar su vuelta ciclista al mundo antes del cierre de las fronteras europeas.

La circunnavegación al mundo más rápida en bicicleta tándem
Del 29 de junio de 2019 al 18 de marzo de 2020, la enfermera Rachael Marsden (a la derecha de la imagen) y su amiga Catherine Dixon (ambas de R.U.) dieron la vuelta al mundo en una bicicleta tándem en 263 días, 8 h y 7 min. Montaron su biplaza rosa, llamada *Alice*, por los cinco continentes, y recorrieron más de 28.960 km. Recaudaron 45.260 dólares para Oxfam y la Motor Neurone Disease Association.

BREVE HISTORIA DE LA AVENTURA

2002

La primera circunnavegación al mundo en globo en solitario
Entre el 19 de junio y el 2 de julio, Steve Fossett (EE.UU.) da la vuelta al mundo (33.195 km) en el *Bud Light Spirit of Freedom*, un globo de gas mixto de 42,6 m de altura.

2004

La circunnavegación al mundo a vela en solitario y sin escalas en dirección oeste más rápida (hombres)
Jean-Luc Van Den Heede (Francia) da la vuelta al mundo en 122 días, 14 h, 3 min y 49 s a bordo del *Adrien*, del 7 de noviembre de 2003 al 9 de marzo de 2004.

La primera persona en completar el Explorers Grand Slam
Park Young-seok (Corea del Sur) llega al Polo Norte el 30 de abril. Con anterioridad, había alcanzado el Polo Sur y escalado las Siete Cumbres.

2005

2006

La primera circunnavegación a vela en solitario y sin escalas en dirección oeste (mujeres)
Dee Caffari (R.U.) parte de Portsmouth, R.U., el 20 de noviembre y tarda 178 días, 3 h, 5 min y 34 s en rodear el globo en su monocasco *Aviva*.

La mujer de más edad en cruzar a remo un océano

El 12 de diciembre de 2019, Sara Brewer (n. el 12 de enero de 1956) partió a la edad de 63 años y 355 días de las islas Canarias para cruzar el Atlántico a remo con su compañera de 35 años Ann Prestidge (ambas de R.U.), con quien formaba el equipo «Row off the Wall». Su viaje de 86 días se desarrolló durante el Talisker Whisky Atlantic Challenge. Llegaron a Antigua, en el Caribe, el 7 de marzo de 2020, víspera del Día Internacional de la Mujer. (Para la **persona de más edad en cruzar un océano a remo y en solitario**, consultar la pág. 80).

EL MÁS RÁPIDO EN...

Convertirse en un «Iron Iceman»

Alexandre Fuzeau (Francia) fue la primera persona en terminar una Ice Mile de natación y una triatlón IRONMAN® en un año de calendario, hazaña que le llevó 198 días. El 18 de enero de 2019, nadó una milla helada bajo las normas de la Ice Swimming Association en una piscina a 4,97 °C en Volendam, Países Bajos. El 4 de agosto de 2019, completó un triatlón IRONMAN en Hamburgo, Alemania.

Escalar las cumbres más altas de Europa

Entre el 2 de abril y el 23 de septiembre de 2019, Adam Stevenson (R.U.) escaló las montañas más altas de Europa en 173 días, 20 h y 45 min.

Llegar esquiando al Polo Sur sin apoyo ni asistencia

Anja Blacha (Alemania) necesitó 57 días, 18 h y 50 min para llegar esquiando al Polo Sur desde la isla de Berkner, proeza que completó el 8 de enero de 2020. Al final de los 1.400 km de travesía, plantó una bandera con el provocador lema de su aventura: «No está mal para una chica, y casi imposible para todos los demás».

Nadar 100 km en aguas abiertas

El 29 de julio de 2019, Pablo Fernández Álvarez (España) nadó 100 km frente a las costas de Júpiter, sur de Florida, EE.UU., en 12 h, 21 min y 14 s. Con este desafío, Pablo quería promover la causa de la conservación de los océanos. (Para saber más sobre sus hazañas a nado, consulta la pág. 151).

Completar una maratón con un caminador robótico

El 11 de enero de 2020, Adam Gorlitsky (EE.UU.) terminó la maratón de Charleston en 33 h, 16 min y 28 s con la ayuda de un exoesqueleto robótico ReWalk. Su esfuerzo, que tuvo lugar en Carolina del Sur, EE.UU., sirvió para recaudador fondos para atletas con discapacidades físicas.

▶ La persona más joven en llegar al Polo Sur en solitario, sin apoyo y sin asistencia

Matthieu Tordeur (Francia, n. el 4 de diciembre de 1991) tenía 27 años y 40 días cuando completó este desafío de resistencia individual. Su viaje desde la ensenada de Hércules hasta el Polo Sur terminó el 13 de enero de 2019. El momento más peligroso para Tordeur llegó el primer día, al caer en un agujero hasta la cintura.

La mayor distancia esquiada en la Antártida en solitario, sin apoyo ni asistencia

Entre el 18 de diciembre de 2012 y el 15 de enero de 2020, Richard Parks (R.U.) esquió 3.700 km en cuatro expediciones antárticas desde la ensenada de Hércules hasta el Polo Sur geográfico. Sus cuatro expediciones hasta la fecha incluyen dos visitas al Polo Sur y suponen el récord de **más viajes a la Antártida en solitario, sin apoyo ni asistencia**. Parks es oriundo de Pontypridd, Gales, de ahí que aparezca en la imagen de detalle con la bandera nacional galesa.

Antes de convertirse en atleta de resistencia extrema, Parks jugó a rugby con el Barbarian y la selección de su país (ver derecha).

2006

El primer amputado doble en escalar el Everest
El 15 de mayo, Mark Inglis (Nueva Zelanda) llega a la cumbre por la cara norte con ayuda de oxígeno suplementario. En 1982, tuvieron que amputarle las piernas por congelación.

2008

La circunnavegación del mundo en helicóptero más rápida
Edward Kasprowicz y su copiloto Steve Sheik (ambos de EE.UU.) circundan el globo a una velocidad media de 136 km/h en un helicóptero AgustaWestland Grand en 11 días, 7 h y 5 min, finalizando el 18 de agosto.

2012

La primera circunnavegación impulsándose solo con fuerza humana
Del 10 de julio de 2007 al 21 de julio de 2012, Erden Eruç (Turquía) da la vuelta al mundo a remo, en kayak, a pie y pedaleando. Durante 5 años, 11 días, 12 h y 22 min recorre Norteamérica, Australia y África, y cruza el Pacífico, el Índico y el Atlántico.

2019

La primera persona en llegar a los puntos a mayor y menor altitud de la Tierra
El 28 de abril, Victor Vescovo (EE.UU.) llega al fondo del abismo de Challenger con el sumergible *Limiting Factor*. El 24 de mayo de 2010, había subido al Everest. (Para saber más, ¡pasa la página!)

159

SALÓN DE LA FAMA

Victor **Vescovo**

Conocemos mejor la superficie de Marte que las profundidades de los océanos terrestres. Solo un puñado de exploradores se ha aventurado en esas aguas oscuras. Victor Vescovo (EE. UU.) es uno de ellos.

El abismo de Challenger es un valle ubicado en lo más profundo del fondo del mar. En el océano Pacífico, a casi 11 km por debajo de la superficie, el **punto conocido más profundo de la Tierra**. El 23 de marzo de 1875, lo sondeó por primera vez con un cabo ponderado, el buque de prospección británico HMS *Challenger*, del que toma su nombre. Victor Vescovo es el más profundo de la fosa de las Marianas.

Solo tres sumergibles tripulados han llegado a esta remota región del fondo del mar. El primero fue el batiscafo *Trieste* en 1960 (ver más abajo), al que siguió el *DEEPSEA CHALLENGER* el 25 de marzo de 2012, pilotado por el cineasta James Cameron (Canadá): la **primera inmersión en solitario en el abismo Challenger**. El *Limiting Factor* de Victor fue la última nave en unirse a este exclusivo club. A lo largo de dos inmersiones, el 28 de abril y el 1 de mayo de 2019, este exofficial naval guio en solitario a su submarino por la «piscina oriental» del valle a una profundidad registrada **a más profundidad de un sumergible tripulado media de 10.925 m: la inmersión más profunda registrada.**

El descenso fue la cuarta etapa de la «Five Deeps Expedition» de los cinco océanos profundos de la Tierra. La misión comenzó en la fosa de Puerto Rico, que tenía como objetivo mapear los puntos más profundos del Sándwich del océano Atlántico, a la que siguieron la fosa de Java (océano Índico). Terminó el en el Atlántico, a la que siguió al fondo de la fosa Molloy, Sur (océano Ártico), cuando Victor llegó al fondo de la fosa, la **primera persona en visitar el punto más profundo de cada océano.**

24 de agosto de 2019, y se convirtió en el océano Antártico) y **el punto más profundo de Challenger aún en el océano Ártico, previsto regresar al abismo de 2019 y tal vez encontrar un punto aun más profundo para intentar **visitar el punto más profundo de cada océano.**** como para intentar los rincones más inexplorado como para intentar los rincones

En 2020, Victor tiene sus lecturas de 2019 y tal vez encontrar un punto aun para ratificar sus logros. Pero para para ratificar alguien tan intrépido como para intentar los rincones más profundo. Pero el verdadero logro es explorar, regresar. más profundo como esta, el verdadero mundo y, por supuesto, regresar. una hazaña como esta, el verdadero mundo y, por supuesto, más desconocidos de nuestro mundo y, por supuesto,

Durante su visita al abismo de Challenger, el *Limiting Factor* depositó un vaso de poliestireno. Los submarinistas a menudo portan vasos como este más profundo. Los submarinistas a para mostrar el efecto de la presión a profundidades extremas.

CHALLENGER DEEP MID 9000 APRIL 2019

CERTIFICATE

The deepest dive by a crewed vessel is 10,925 m (35,843 ft), achieved by explorer Victor Vescovo (USA) on reaching the bottom of the Challenger Deep in the submersible *Limiting Factor* during two descents on 28 Apr–1 May 2019

OFFICIALLY AMAZING

DSSV PRESSURE

1: Víctor y su equipo estudian los puntos de inmersión. La «Five Deeps Expedition» fue en gran parte un esfuerzo científicos, ingenieros y de inmersión. De pie a izquierda está Patrick Lahey, presidente de la empresa que construyó el que colaboraron en sonar, entre otros. De pie a especialistas en sonar, entre otros. De pie a su izquierda está Patrick Lahey, la empresa que construyó su Triton Submarines, Factor.

Triton Submarines, Factor.

2: Don Walsh (Suiza), quien, junto con el DSV Limiting Factor, formó parte de la primera **inmersión tripulada en el abismo de** Jacques Piccard (Suiza), formó parte de la **primera inmersión tripulada**. El 23 de enero de la batiscafo de la suiza *Trieste* **Challenger**, felicita a Víctor. El batiscafo de la 1960, Don y Jacques pilotaron la construcción suiza *Trieste* Armada de EE.UU. de construcción cinco horas. en una inmersión que duró casi cinco horas.

3: El 24 de mayo de 2010, el orgulloso tejano Víctor llega a la cumbre del Everest, que con sus 8.848 m de altura es la **montaña más alta** a nivel **del mar**, guiado por su compañera de récords Kami Rita Sherpa en la **primera persona** Esto convierte a Víctor a **más altura y a más** **en alcanzar el punto a más altura y a más** **profundidad de la Tierra.**

4: Una medusa filmada por el equipo de Víctor en la fosa de Java, profundidad en la fosa de Java, a 7.450 m de profundidad, el 16 de abril de 2019. Los en el océano índico, el equipo creen que se trata de científicos de su especie exacta a la que un tunicado, aunque la especie sigue siendo un misterio. pertenece el *Limiting Factor* cerca del científicos, aunque la especie sigue siendo un misterio.

5: Víctor pilota el *Limiting Factor*. La presión fondo de la fosa de las Marianas. La presión del agua a tales profundidades a nivel del mar. 1.000 veces la existente a nivel del mar.

Antaño un buque cazador de submarinos de la Armada de EE.UU., el DSSV *Pressure Drop* fue reacondicionado como barco de apoyo de última generación. Entre sus características técnicas el submarino con el que Víctor visitó los puntos más profundos de los océanos. En caso de un corte de energía En el detalle aparece el *Limiting Factor*, se liberan unos lastres que le permiten salir a flote. los puntos más profundos de titanio de 9 cm de grosor. se cuenta un casco durante una inmersión, se liberan unos lastres que le permiten salir a flote.

2

3

4

5

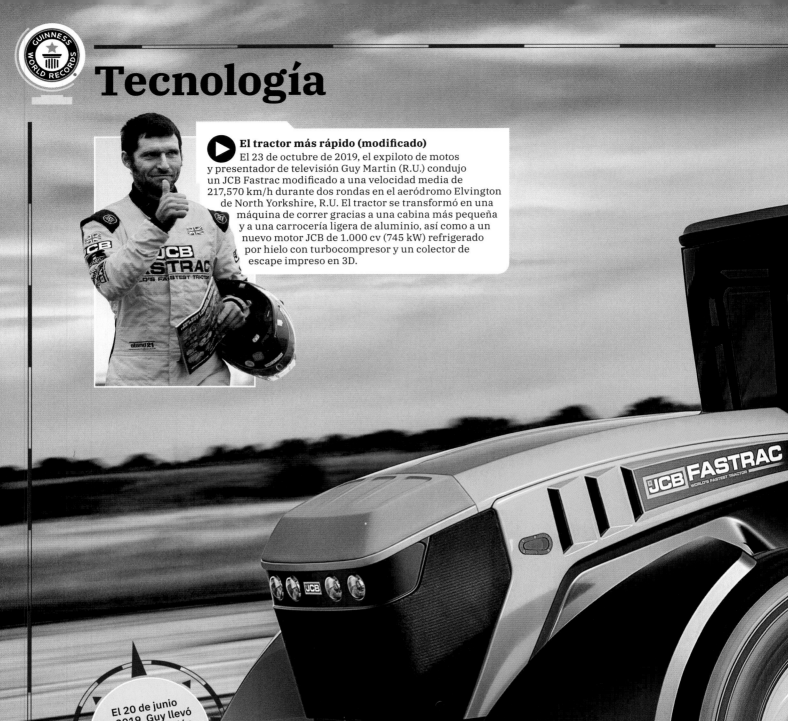

El tractor más rápido (modificado)

El 23 de octubre de 2019, el expiloto de motos y presentador de televisión Guy Martin (R.U.) condujo un JCB Fastrac modificado a una velocidad media de 217,570 km/h durante dos rondas en el aeródromo Elvington de North Yorkshire, R.U. El tractor se transformó en una máquina de correr gracias a una cabina más pequeña y a una carrocería ligera de aluminio, así como a un nuevo motor JCB de 1.000 cv (745 kW) refrigerado por hielo con turbocompresor y un colector de escape impreso en 3D.

El 20 de junio de 2019, Guy llevó la primera versión de este tractor hasta los 166,79 km/h.

DESTINOS

No importa de qué máquina hablemos: Guy Martin la pondrá a toda pastilla. El 16 de octubre de 2014, condujo la **carrilana más rápida** a 137,78 km/h.

Montañas rusas

El parque temático más visitado

Magic Kingdom, en Walt Disney World, Florida, EE.UU., tuvo 20.859.000 visitantes en 2018 según el *Global Attractions Attendance Report* de 2018. Magic Kingdom tiene cuatro montañas rusas, entre ellas la clásica *Space Mountain*; en 2021 abrirá una nueva atracción inspirada en *TRON*.

Más montañas rusas (país)

A 21 de noviembre de 2019, en China había 1.518 montañas rusas de diferentes tipos. Esto supone casi el doble que las del siguiente país, EE.UU., con 826. Japón era el tercero con 244.

Asia alberga el **mayor número de montañas rusas (continente)**: 50,5%, con un total de 2.549. Por el contrario, en toda África solo hay 79.

La montaña rusa invertida más larga

Banshee, en Kings Island, Mason, Ohio, EE.UU., mide 1.257 m. Como todas las montañas rusas invertidas, los pasajeros están sentados debajo del raíl en lugar de encima. *Banshee* transporta a sus pasajeros a velocidades de hasta 109 km/h por siete tramos invertidos distintos que incluyen un bucle, una caída de gravedad cero y un «nudo de pretzel».

La montaña rusa voladora más rápida

Los vagones de la *Flying Dinosaur* son remolcados por un «Pteranodon fuera de control» a una velocidad máxima de 100 km/h. La atracción, ubicada en Universal Studios Japan en Konohana, Osaka, también es la **montaña rusa voladora más larga**, con un recorrido total de 1.124 m. En las montañas rusas voladoras se simula la sensación del vuelo suspendiendo a los pasajeros, que van tumbados en horizontal debajo de los vagones.

La montaña rusa restaurada completamente más antigua

Leap-the-Dips, una montaña rusa tradicional de madera ubicada en Lakemont Park, Altoona, Pensilvania, EE.UU., fue construida por la Edward Joy Morris Company en 1902. En 1985, se cerró al público y llegó aparentemente al final de su vida, pero se restauró y en 1999 volvió a abrir.

La **montaña rusa más antigua en servicio ininterrumpido** es *The Great Scenic Railway*, ubicada en el Luna Park de Melbourne, Victoria, Australia. Se abrió al público el 13 de diciembre de 1912 y ha permanecido en funcionamiento desde entonces.

La montaña rusa de acero más empinada

La *TMNT Shellraiser*, en el parque temático Nickelodeon Universe de East Rutherford, Nueva Jersey, EE.UU., cuenta con una torre de elevación vertical de 43 m de altura desde la que se desciende por un raíl que se curva en un ángulo de 121,5°. Abrió al público el 25 de octubre de 2019.

La **montaña rusa de madera más empinada** es *Goliath*, con una caída en un ángulo de 85,13°. Abrió al público el 19 de junio de 2014 en Six Flags Great America, Gurnee, Illinois, EE.UU.

El tobogán alpino más largo

Los toboganes alpinos consisten en carriles que simulan unas colinas o montañas por los que corren vagones, generalmente para una o dos personas. *Tobotronc*, en el complejo Naturlandia cerca de Sant Julià de Lòria, Andorra, tiene un carril con una longitud total de 5,3 km. Su etapa de descenso rápido mide 3,6 km de largo y recorre una distancia vertical de nada menos que 400 m.

Las primeras montañas rusas se construyeron en la Rusia del siglo XVI. Los vagones de madera caían por unas «montañas voladoras» de hielo a velocidades de 80 km/h.

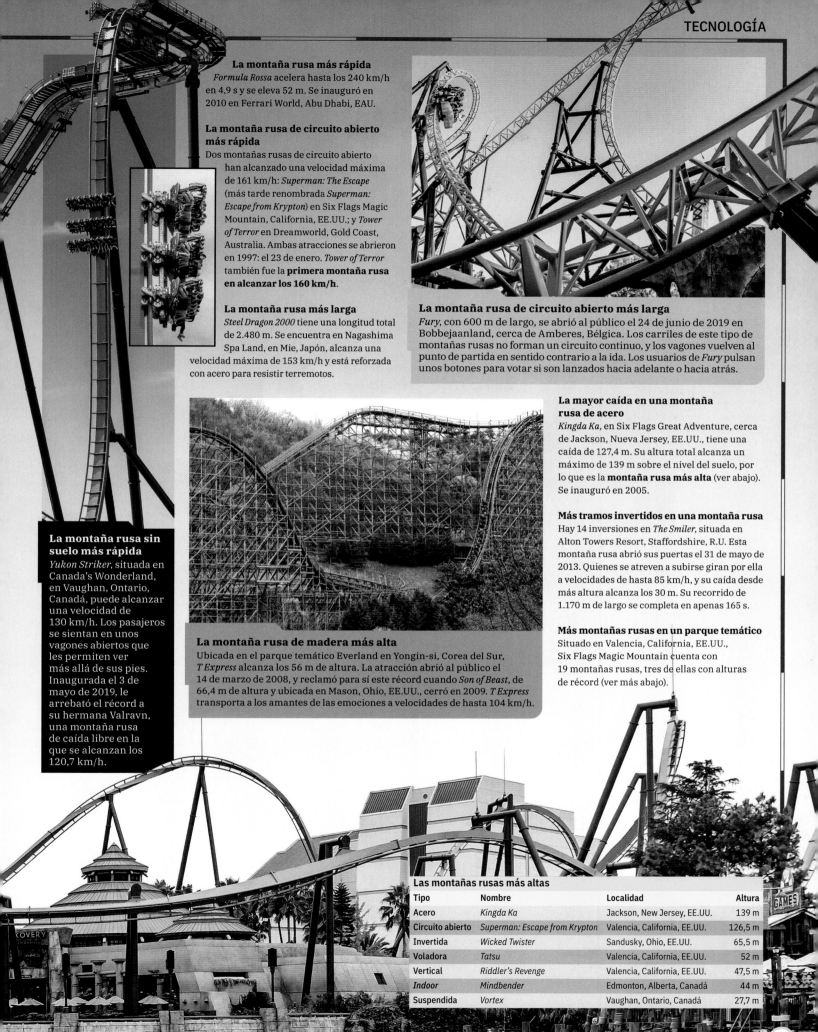

La montaña rusa más rápida

Formula Rossa acelera hasta los 240 km/h en 4,9 s y se eleva 52 m. Se inauguró en 2010 en Ferrari World, Abu Dhabi, EAU.

La montaña rusa de circuito abierto más rápida

Dos montañas rusas de circuito abierto han alcanzado una velocidad máxima de 161 km/h: *Superman: The Escape* (más tarde renombrada *Superman: Escape from Krypton*) en Six Flags Magic Mountain, California, EE.UU.; y *Tower of Terror* en Dreamworld, Gold Coast, Australia. Ambas atracciones se abrieron en 1997: el 23 de enero. *Tower of Terror* también fue la **primera montaña rusa en alcanzar los 160 km/h.**

La montaña rusa más larga

Steel Dragon 2000 tiene una longitud total de 2.480 m. Se encuentra en Nagashima Spa Land, en Mie, Japón, alcanza una velocidad máxima de 153 km/h y está reforzada con acero para resistir terremotos.

La montaña rusa de circuito abierto más larga

Fury, con 600 m de largo, se abrió al público el 24 de junio de 2019 en Bobbejaanland, cerca de Amberes, Bélgica. Los carriles de este tipo de montañas rusas no forman un circuito continuo, y los vagones vuelven al punto de partida en sentido contrario a la ida. Los usuarios de *Fury* pulsan unos botones para votar si son lanzados hacia adelante o hacia atrás.

La mayor caída en una montaña rusa de acero

Kingda Ka, en Six Flags Great Adventure, cerca de Jackson, Nueva Jersey, EE.UU., tiene una caída de 127,4 m. Su altura total alcanza un máximo de 139 m sobre el nivel del suelo, por lo que es la **montaña rusa más alta** (ver abajo). Se inauguró en 2005.

Más tramos invertidos en una montaña rusa

Hay 14 inversiones en *The Smiler*, situada en Alton Towers Resort, Staffordshire, R.U. Esta montaña rusa abrió sus puertas el 31 de mayo de 2013. Quienes se atreven a subirse giran por ella a velocidades de hasta 85 km/h, y su caída desde más altura alcanza los 30 m. Su recorrido de 1.170 m de largo se completa en apenas 165 s.

Más montañas rusas en un parque temático

Situado en Valencia, California, EE.UU., Six Flags Magic Mountain cuenta con 19 montañas rusas, tres de ellas con alturas de récord (ver más abajo).

La montaña rusa sin suelo más rápida

Yukon Striker, situada en Canada's Wonderland, en Vaughan, Ontario, Canadá, puede alcanzar una velocidad de 130 km/h. Los pasajeros se sientan en unos vagones abiertos que les permiten ver más allá de sus pies. Inaugurada el 3 de mayo de 2019, le arrebató el récord a su hermana Valravn, una montaña rusa de caída libre en la que se alcanzan los 120,7 km/h.

La montaña rusa de madera más alta

Ubicada en el parque temático Everland en Yongin-si, Corea del Sur, *T Express* alcanza los 56 m de altura. La atracción abrió al público el 14 de marzo de 2008, y reclamó para sí este récord cuando *Son of Beast*, de 66,4 m de altura y ubicada en Mason, Ohio, EE.UU., cerró en 2009. *T Express* transporta a los amantes de las emociones a velocidades de hasta 104 km/h.

Las montañas rusas más altas			
Tipo	Nombre	Localidad	Altura
Acero	*Kingda Ka*	Jackson, New Jersey, EE.UU.	139 m
Circuito abierto	*Superman: Escape from Krypton*	Valencia, California, EE.UU.	126,5 m
Invertida	*Wicked Twister*	Sandusky, Ohio, EE.UU.	65,5 m
Voladora	*Tatsu*	Valencia, California, EE.UU.	52 m
Vertical	*Riddler's Revenge*	Valencia, California, EE.UU.	47,5 m
Indoor	*Mindbender*	Edmonton, Alberta, Canadá	44 m
Suspendida	*Vortex*	Vaughan, Ontario, Canadá	27,7 m

Automóviles

media de 26 km/h. *La Marquise* solo ha tenido cinco propietarios desde que se construyó. El actual compró el auto por 4,62 millones de dólares en una subasta celebrada el 7 de octubre de 2011 en Hershey, Pensilvania, EE.UU.

El coche más largo
American Dream era una limusina de 26 ruedas que medía 30,5 m de largo, aproximadamente tres veces y media la longitud de un autobús londinense Routemaster. Contaba con una piscina y un helipuerto, y estaba articulado para posibilitar su giro. Esta limusina de lujo fue diseñada por Jay Ohrberg (EE.UU.), el «rey de los coches espectáculo», quien también creó el *DeLorean* de *Regreso al futuro* (EE.UU., 1985).

El bucle más amplio en coche
El 25 de noviembre de 2019, Terry Grant (R.U.) condujo un Jaguar F-Pace por un bucle Hot Wheels con un diámetro de 19,49 m en Riad, Arabia Saudí. Batía así su propio récord de 19,08 m, vigente desde el 14 de septiembre de 2015.

El 11 de julio de 2017, este especialista en escenas de acción estableció el récord del **salto más largo de un automóvil girando sobre sí mismo** con un Jaguar E-Pace: 15,3 m, en Londres, R.U.

El primer coche de pasajeros
El 24 de diciembre de 1801, el inventor e ingeniero de minas Richard Trevithick (R.U.) llevó a siete pasajeros a dar un paseo por Camborne, Cornwall, R.U., en un automóvil de vapor llamado *Puffing Devil*.

El coche más antiguo en funcionamiento
La Marquise es un vehículo de vapor de cuatro ruedas para cuatro pasajeros fabricado por De Dion, Bouton et Trépardoux (Francia) en 1884. En 1887, cubrió los 30,5 km que separan París de Neuilly, Francia, a una velocidad

El camión monstruo más grande
Bigfoot 5 mide 4,7 m de alto y pesa 17,2 toneladas. Construido por Bob Chandler (EE.UU.) en 1986, es uno de los 21 camiones monstruo de la serie *Bigfoot*. Sus gigantescos neumáticos de 3 m de altura proceden de un tren terrestre experimental utilizado por el ejército de EE.UU. *Bigfoot 5* está ahora aparcado de forma permanentemente en San Luis, Misuri, EE.UU.

La bañera de hidromasaje motorizada más rápida
El 10 de agosto de 2014, *Carpool DeVille* promedió una velocidad de 84,14 km/h en dos vueltas en Wendover, Utah, EE.UU. Sus creadores, Phillip Weicker y Duncan Forster (ambos de Canadá) tomaron un Cadillac de 1969 y lo equiparon con un depósito de fibra de vidrio. Un intercambiador de calor de líquido a líquido con el refrigerante procedente del motor calentaba el agua del *jacuzzi* hasta 38,8 °C.

La derrapada más larga de un automóvil
El 15 de octubre de 1964, mientras desaceleraba después de un intento de récord de velocidad en tierra en el salar de Bonneville, Utah, EE.UU., el piloto Craig Breedlove (EE.UU.) perdió el control del coche a reacción *Spirit of America*. El vehículo se deslizó unos 10 km por el desierto antes de tumbar unos postes de telégrafo y estrellarse en un estanque de sal. Increíblemente, Breedlove salió del vehículo ileso y por su propio pie.

El coche más bajo apto para circular
Mirai mide solo 45,2 cm desde el suelo hasta su parte más alta, tal y como pudo verificarse el 15 de noviembre de 2010. Fue creado por los estudiantes y profesores del curso de ingeniería del automóvil del instituto de secundaria Okayama Sanyo de Asakuchi, Japón.

El coche más peludo
Maria Lucia Mugno y Valentino Stassano (ambos de Italia) cosieron 120 kg de cabello humano en el interior y el exterior del Fiat 500 de Maria. El 15 de marzo de 2014 se pesó al melenudo automóvil en una báscula pública en Salerno, Italia.

Los pilotos de las carreras de demolición pueden ser descalificados por «conducción pasiva», es decir, ¡por evitar el contacto con el resto de coches!

La carrera de demolición más multitudinaria
El 3 de agosto de 2019, el Festival de la Galette de Sarrasin albergó un combate cuerpo a cuerpo motorizado con 125 participantes en Saint-Lazarede-Bellechasse, Quebec, Canadá. El evento fue organizado por Nicolas Tremblay, Julien Fournier y Paul Morin (todos de Canadá). Mathieu Langlois, a los mandos de un Toyota Corolla de 2001, fue declarado ganador después de 50 minutos de colisiones.

El coche eléctrico más rápido (aprobado por la FIA)

El 19 de septiembre de 2016, el *Venturi Buckeye Bullet 3* logró una velocidad media de 549,211 km/h en ambos sentidos de un mismo tramo de 1,6 km de longitud en el salar de Bonneville, Utah, EE.UU. Este coche eléctrico fue diseñado y construido por estudiantes de ingeniería del Centro de Investigación del Automóvil de la Universidad del Estado de Ohio en asociación con Venturi, un fabricante francés de automóviles eléctricos. Roger Schroer (EE.UU.) iba al volante.

La aceleración más rápida de 0 a 160 km/h de un cortacésped

El 6 de mayo de 2019, la piloto de la W Series Jessica Hawkins (R.U.) cambió su coche de carreras por *Mean Mower V2*, que aceleró de de 0 a 160 km/h en 6,29 s en Klettwitz, Alemania. El cortacésped, construido por Honda y Team Dynamics (R.U.), estaba equipado con un motor de cuatro cilindros y 200 CV procedente de una moto deportiva Honda Fireblade.

El *tuk-tuk* más rápido

El 13 de febrero de 2020, Ray Macdonald y Rojjaporn Lertworawanich (ambos de Tailandia) condujeron un carricoche modificado de tres ruedas a 130,45 km/h en el aeródromo de Sangtawan, Bangkok, Tailandia. Superaron la marca de 119,58 km/h que Matt Everard y Russell Shearman (ambos de R.U.) habían establecido el 13 de mayo de 2019 en el aeródromo de Elvington, North Yorkshire, R.U.

La vuelta más rápida al trazado Nordschleife del circuito de Nürburgring en un coche eléctrico

El 3 de junio de 2019, Romain Dumas (Francia), a los mandos del prototipo de Volkswagen ID.R, dio una vuelta a este icónico circuito alemán de 20,81 km de longitud en 6 min y 5,336 s. El ID.R tiene dos motores eléctricos que generan de forma combinada 500 kW (670 CV). Según la información facilitada, pesa menos de 1.100 kg y acelera de 0 a 100 km/h en 2,25 s.

El primer vehículo híbrido

La empresa de carrocerías Jacob Lohner and Company construyó en 1900 el primer automóvil híbrido, el Lohner-Porsche *Semper Vivus* en Viena, Austria. Combinaba dos motores eléctricos de rueda «Systeme Porsche» con un par de motores de gasolina, lo que hoy se conoce como disposición «híbrida en serie».

Más victorias en la World Solar Challenge (clase crucero)

La clase crucero de la World Solar Challenge (ver abajo) se creó en 2013 para alentar el desarrollo de vehículos solares útiles en la práctica. Los criterios de valoración de los contendientes incluyen la eficiencia energética, la facilidad de acceso y la comodidad de los pasajeros. El 21 de octubre de 2019, Solar Team Eindhoven (Países Bajos) se hizo con su cuarto título de la categoría con el *Stella Era*, un vehículo de cuatro plazas.

El mayor desfile de...

• **Coches Mercedes-Benz:** 384, en Huizhou, Guangdong, China, el 28 de diciembre de 2019. La oficina en Guangzhou de la empresa UNICLUB (China), dedicada a las tecnologías de la información, organizó un desfile con magníficas vistas por la cordillera de Nankun.

• **Motos Harley-Davidson:** 3.497, en Paris, Texas, EE.UU., el 5 de octubre de 2019. Moteros procedentes de todo EE.UU. se reunieron para viajar junto al motero nómada y *youtuber* estadounidense Adam Sandoval.

• **Autocaravanas:** 868, en Barcaldine, Queensland, Australia, el 26 de mayo de 2019, organizado por el Australian Motorhoming Lions Club.

• **Autobuses:** 503, en Prayagraj, Uttar Pradesh, India, el 28 de febrero de 2019. El gobierno local quiso mostrar el tamaño de su flota antes de la llegada de los peregrinos al festival Kumbh Mela.

• **Furgonetas de helados:** 84, en la reunión anual de operadores británicos de furgonetas de helados celebrada en Crewe, Cheshire, R.U., el 16 de octubre de 2018. Uno de los vehículos participantes fue la **camioneta de helados eléctrica más rápida**, de Edd China (ver pág. 1).

Más victorias en la World Solar Challenge

La World Solar Challenge es una carrera bienal de 3.020 km en la que participan automóviles propulsados con energía solar en el desierto australiano. Vattenfall Solar Team (Países Bajos), de la Universidad de Tecnología de Delft, se impuso en siete ocasiones entre 2001 y 2017 (en la foto). Su última participación fue en 2019, en la que el *Nuna X* se incendió cuando lideraba la carrera. Nadie resultó herido, pero el incidente acabó con las esperanzas del equipo de lograr su octava victoria.

Medios de transporte

El primer avión supersónico de pasajeros

El Tupolev soviético Tu-144 realizó su primer vuelo supersónico el 5 de junio de 1969, cuatro meses antes de que el Concorde anglo-francés lo emulara. El año siguiente, el prototipo Tu-144 alcanzó una velocidad de 2.430 km/h en un vuelo de prueba y se convirtió en el **avión de pasajeros más rápido**. Aunque funcionó bien durante la fase de ensayos, el desarrollo del Tu-144 dio problemas y Concorde se llevó el título de **primer avión supersónico de pasajeros** al entrar en servicio comercial el 21 de enero de 1976.

El aterrizaje de un helicóptero a mayor altura

El 14 de mayo de 2005, el piloto de caza Didier Delsalle (Francia) aterrizó en la cima del Everest (8.848 m) a los mandos de un Eurocopter AS350 B3. El aire con poco oxígeno propio de altitudes tan altas dificulta que los helicópteros se mantengan en vuelo, y hace casi imposible llevar cargas importantes.

El primer avión de ala oblicua

El NASA AD-1, que realizó su primer vuelo el 21 de diciembre de 1979, contaba con una sola ala unida al fuselaje por un pivote central. Una vez en vuelo, podía girar hasta 60°, lo que significa que el ala podía desplazarse hacia delante por un lado del avión y hacia atrás por el otro. Este diseño se propuso por primera vez en la década de 1940, pero entonces no se llevó a la práctica.

El vuelo programado sin escalas de mayor duración

El vuelo de Singapore Airlines SQ21 tiene una duración estimada de 18 h y 30 min, y comunica el aeropuerto internacional Newark Liberty de New Jersey, EE.UU., con el aeropuerto Changi de Singapur. El primer vuelo programado se realizó el 11 de octubre de 2018, con servicios diarios a partir del 18 de octubre. En octubre de 2019, Qantas QF7879 realizó un vuelo de prueba de 19 h y 16 min entre Nueva York, EE.UU., y Sídney, Australia, aunque todavía no opera como vuelo regular con pasajeros.

La ruta de tranvía más larga (transporte urbano)

La 501 Queen de Toronto, Canadá, mide 24,5 km de largo. Esta línea este-oeste presta servicio ininterrumpido las 24 horas a unos 52.000 pasajeros al día de promedio.

El ala oblicua mejoraba el rendimiento a altas velocidades, pero resultaba difícil de controlar.

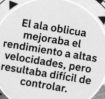

NASA 805

El avión más grande en volar bajo un puente

El 24 de abril de 1959, el capitán John Lappo de la Fuerza Aérea de EE.UU. hizo pasar un RB-47E Stratojet a 724 km/h por un vano de 47 m de altura del puente Mackinac (detalle) en Michigan, EE.UU. El avión pesaba 93.757 kg y tenía una envergadura alar de 35,3 m. Esta maniobra improvisada le costó a Lappo su licencia de vuelo.

La ruta de autobús más larga

La empresa peruana Ormeño opera una ruta de autobús de 6.200 km, casi la misma longitud que la del río Yangtsé, en China. Conecta la capital peruana, Lima, con Río de Janeiro, Brasil. Los autobuses de esta ruta, conocida como la Transoceánica, suben hasta 3.500 m de altura en un viaje de 102 horas a través del Amazonas y de los Andes.

El autobús más largo de todos los tiempos

Los autobuses articulados DAF Super CityTrain, que prestaban servicio en la República Democrática del Congo, medían 32,2 m de largo y podía acomodar a 350 pasajeros. Pesaban 28 toneladas sin carga.

El reactor privado más grande

Desde 2007, se han entregado once unidades del Boeing Business Jet 747-8 a clientes archimillonarios que han desembolsado 364 millones de dólares para hacerse con uno de estos aviones, que salen de fábrica en un estado «verde», sin accesorios interiores aparte de la cabina, lo que permite personalizarlos con todo lujo. Un modelo reciente, completado por Greenpoint Technologies (EE.UU.), cuenta con un salón de gala, salas de estar, comedor y un dormitorio principal palaciego (ver detalles). El 747-8 tiene un peso máximo al despegue de 447.700 kg.

BOEING BUSINESS JETS

Cuando hay mucha demanda, *The Ghan* se puede ampliar hasta los 44 vagones, una longitud de 1.096 m, cuatro veces la del *Titanic*.

Locomotora de vapor

El 3 de julio de 1938, la locomotora «Clase A4» Nº 4468 *Mallard* alcanzó los 201 km/h en Stoke Bank, cerca de Essendine, Rutland, R.U. Tiraba de siete vagones.

Tren de levitación magnética

El 21 de abril de 2015, un tren de levitación magnética de la serie L0 (A07) alcanzó una velocidad de 603 km/h en la línea Yamanashi Maglev, Japón.

La **locomotora eléctrica más rápida** es la multisistema eléctrica 1216 050 (tipo ES 64 U4), que alcanzó los 357 km/h el 2 de septiembre de 2006 en la línea de alta velocidad entre Ingolstadt y Núremberg, Alemania.

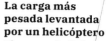

La carga más pesada levantada por un helicóptero

El enorme helicóptero ruso Mil Mi-26 puede levantar desde los restos de un mamut lanudo preservado en hielo hasta un avión de pasajeros Tupolev Tu-134 fuera de servicio (en la foto). La carga más pesada que ha transportado un Mi-26 fue una masa de 56.768,8 kg izada hasta 2.000 m de altura cerca de Moscú.

El tren de pasajeros en servicio programado más largo

The Ghan es un tren nocturno que presta servicio una vez por semana entre Adelaida y Darwin, Australia, en un viaje de 54 horas. Aunque el tamaño del tren varía según el número de pasajeros, un convoy típico comprende dos locomotoras y 30 vagones, lo que supone una longitud total de 774 m.

La red de teleféricos de transporte público más extensa

«Mi Teleférico» conecta algunos barrios de La Paz, la montañosa capital de Bolivia, y de su ciudad hermana de El Alto. A 9 de marzo de 2019, cuando se abrió la Línea Plateada, la red contaba con 33 estaciones y 10 líneas de teleférico, con una longitud total de 33 km.

LOS MÁS RÁPIDOS...

Vuelo subsónico transatlántico

A las 4:17 de la noche del 9 de febrero de 2020, el vuelo BA112 de British Airways aterrizó en el aeropuerto londinense de Heathrow tras haber despegado del JFK de Nueva York tan solo 4 h y 56 min antes, con alrededor de 1 h y 20 min de antelación respecto al horario previsto. Esto fue posible por la llegada anticipada del ciclón Ciara, que aceleró los vientos oeste-este (ver pág. 38) sobre el Atlántico hasta velocidades excepcionalmente altas, que impulsaron el avión.

Navegación a vela

El 24 de noviembre de 2012, Paul Larsen (Australia) alcanzó los 65,45 nudos (121,21 km/h) a los mandos del *Vestas Sailrocket 2* en Walvis Bay, Namibia. Se trata de la velocidad más alta alcanzada por una embarcación a vela en el agua mantenida durante más de 500 m.

Aerodeslizador sobre agua

Bob Windt (EE.UU.) pilotó un aerodeslizador Universal UH19P adaptado llamado *Jenny II* que alcanzó los 137,4 km/h en los World Hovergraft Championships celebrados en 1995 en Peso de Régua, Portugal.

El primer tren movido por energía solar

El Byron Bay Solar Train recorre un tramo de 3 km de la línea Murwillumbah, previamente en desuso, que une North Belongil Beach y Byron Beach en Nueva Gales del Sur, Australia. El tren consta de un par de vagones antiguos y cuenta con un conjunto de baterías de 77 kW/h y paneles solares de película fina en el techo de 6,5 kW.

El SS *United States* dejó de prestar servicio en 1969. En la actualidad, está amarrado en Filadelfia.

El transatlántico más rápido

El SS *United States* alcanzó velocidades superiores a 44 nudos (81,48 km/h) durante las pruebas preliminares realizadas en mar abierto, y en 1952 cruzó el Atlántico a una velocidad media de 34,51 nudos (63,91 km/h). La velocidad de este buque se debía a su relativa ligereza (resultado de la gran cantidad de aluminio utilizado en su construcción) y a sus potentes motores de 180.000 kW.

UNITED STATES

El transatlántico más rápido en cruzar el Atlántico recibía un galardón no oficial, pero prestigioso, conocido como la «Banda Azul».

Torre

Anteriormente conocida como la New Tokyo Tower, la Tokyo Skytree, ubicada en el distrito Sumida de la capital de Japón, alcanza los 634 m de altura. Esta torre de radiodifusión y observación se terminó en febrero de 2012.

Edificios gemelos

Los 88 pisos de las Torres Petronas, en Kuala Lumpur, Malasia, miden 451,9 m. Inauguradas en 1996, se comunican entre sí a través de una pasarela aérea a la altura de las plantas 41 y 42.

Edificio con forma de zapato

La High-Heel Wedding Church en Chiayi, Taiwán, mide 25,16 m de largo, 17,76 m de alto y 11,91 m de ancho. Se dice que la iglesia, que no celebra servicios religiosos y se emplea como salón de bodas, alude a una leyenda local sobre una chica cuyo compromiso matrimonial se rompió después de que perdiera las piernas por la enfermedad del pie negro.

Este zapato del número 3.700 debe su llamativo color a 320 paneles de cristal tintados de azul.

Edificio

El Burj Khalifa (Torre Khalifa) mide 828 m de altura. Construido por Emaar Properties, se inauguró oficialmente el 4 de enero de 2010 en Dubái, EAU. Es casi 200 m más alto que su rival más cercano, la Torre de Shanghái, y duplica la altura del Empire State Building.

Los amantes del vértigo pueden subir hasta el piso 148 y visitar At the Top, Burj Khalifa Sky, la **plataforma de observación al aire libre a más altura**, situada a 555,7 m, y tras eso descender hasta el At.mosphere, el **restaurante a más altura**, a 441 m.

Edificio en voladizo

Inaugurada en 2016, la King Power MahaNakhon es una torre de uso mixto de 78 pisos y 314,2 m de altura situada en Bangkok, Tailandia. El 30 % del total del suelo del edificio está en voladizo, con pisos que se proyectan hasta 10 m desde sus soportes verticales. Una espectacular franja pixelada recorre el exterior de la torre rodeándola.

Estructura de ladrillo

La Anaconda Smelter Stack, en Montana, EE.UU., mide 169,2 m de altura, 178,3 m si se incluye su pedestal de cimentación. Esta chimenea industrial, que formaba parte de la fundición Washoe, se construyó con 2.446.392 ladrillos y se completó el 1 de diciembre de 1918. Hoy es todo lo que queda de aquel complejo, y solo puede contemplarse desde la distancia debido a los metales pesados tóxicos que todavía restan presentes en el área.

Edificio residencial

El número 432 de Park Avenue, situado en Nueva York, EE.UU., es el edificio de uso exclusivamente residencial más alto con 425,5 m. Se dice que su diseño se inspiró en una papelera de 1905. Se prevé que este edificio icónico será superado por dos edificios residenciales todavía más altos, también en Nueva York: la Central Park Tower (472,4 m) y el 111 West 57th Street (435,3 m).

Chimenea

La central eléctrica GRES-2, en Ekibastuz, Kazajistán, cuenta con una enorme chimenea de hormigón de 420 m de altura y 60.000 toneladas de peso. En la región es conocida como el «mechero». En esta central es donde empieza la línea de alta tensión Ekibastuz-Kokshetau, la línea con la **mayor transmisión de voltaje**: 1.150 kilovoltios.

Aguja de catedral

La catedral protestante de Ulm, en Alemania, tiene una aguja de 161,5 m de altura. Aunque la construcción del edificio comenzó en 1377, la torre de la fachada oeste no se completó hasta 1890.

Pagoda

Terminada en 2007, los 13 pisos de la pagoda Tianning, en Changzhou, China, se elevan hasta los 153,7 m de altura. Está rematada por una aguja dorada con una campana de bronce que puede oírse a 5 km de distancia.

Hospital

El bloque Li Shu Pui, en el sanatorio y hospital de Hong Kong, mide 148,5 m de altura. Los 38 pisos de esta estructura de hormigón y acero construida en 2008 acogen uno de los hospitales privados más grandes de China, con más de 400 camas.

Torre de control de aeropuerto

La torre Oeste del aeropuerto internacional de Kuala Lumpur, Malasia, mide 133,8 m de altura y tiene 33 pisos. Con forma de antorcha olímpica, se construyó como parte de la nueva terminal del aeropuerto KLIA2.

Pagoda de madera

Ubicada en el condado de Yingxian, Shanxi, China, la pagoda Sakyamuni del templo Fogong mide 67,3 m de altura. Se construyó en 1056.

El **edificio de madera más alto** es el Mjøstårnet, una estructura de 18 pisos de uso mixto en Brumunddal, Noruega (detalle). Mide 85,4 m de altura y es obra de Voll Arkitekter y de las constructoras HENT y Moelven Limtre (todos de Noruega).

Edificio vacío

La construcción del hotel Ryugyong en Pyongyang, Corea del Norte, se detuvo en 1992. A pesar de haber alcanzado su altura máxima de 330 m, el edificio finalmente se quedó sin terminar. Al construirse con hormigón armado, en lugar de acero, más ligero, tuvo que diseñarse con forma de pirámide para poder soportar el peso de los pisos superiores.

Estructura de hierro

La torre Eiffel, en París, Francia, mide 300 m de altura, 324 m si se contabiliza la antena de televisión añadida en la década de 1950. En el momento de su inauguración, el 31 de marzo de 1889, era la estructura más alta del mundo, título que mantuvo hasta la finalización del edificio Chrysler de Nueva York el 27 de mayo de 1931.

Fachada con iluminación LED

El 1 de enero de 2019, día de Año Nuevo, el Burj Khalifa, el **edificio más alto del mundo** (ver arriba a la izquierda), en Dubái, EAU, ofreció un impactante espectáculo con luces LED que iluminaron 790,8 m de su fachada. Con una superficie total de 44.956,77 m², fue también la **fachada más grande iluminada con luces LED.**

Silo

La torre Swissmill, en Zúrich, Suiza, mide 118 m de altura y puede contener hasta 35.000 toneladas de grano. Se necesitaron tres años para construir este gran silo, que se completó en abril de 2016.

Templo hindú

Un gopura o gopuram (torre de entrada) de 13 pisos en el templo de Sri Ranganathaswamy, en la isla india de Srirangam, alcanza una altura de 72 m. El templo, que está dedicado a Ranganatha, una forma de la deidad hindú Visnú, tiene más de 1.000 años.

Castillo

El punto más alto del castillo de Neuschwanstein, que domina el pueblo de Hohenschwangau, en Baviera, Alemania, alcanza los 65 m de altura. El edificio se construyó en el siglo xix sobre las ruinas de otros tres castillos.

Cementerio

Ubicado cerca de São Paulo, en Brasil, el Memorial Necrópole Ecumênica de Santos cuenta con 14 pisos iluminados permanentemente que se levantan hasta los 46 m de altura. Acogió el primer entierro el 28 de julio de 1984.

Edificio con forma de marco

Las torres Dubai Frame, frente al parque Zabeel de Dubái, EAU, miden 150,2 m de alto y 95,5 m de ancho. Estas icónicas torres, diseñadas por el arquitecto mexicano Fernando Donis, están unidas por una galería panorámica de 48 m² con una pasarela con el suelo de vidrio. Se terminaron el 1 de enero de 2018.

Inventos caseros

La pistola de agua más grande
El ingeniero Mark Rober y sus amigos Ken Glazebrook, Bob Clagett y Dani Yuan (todos de EE.UU.) construyeron una pistola de agua de 1,22 m de alto por 2,22 m de largo, tal y como se comprobó el 6 de noviembre de 2017. Cuenta con un tanque de nitrógeno presurizado que le permite disparar un chorro de agua... ¡con la fuerza suficiente para romper el cristal!

El taladro usable más pequeño
El 28 de noviembre de 2017, Gaya Prasad Agarwal (India) presentó un taladro que medía 6,93 mm de alto, 8,4 mm de largo y 6,4 mm de ancho.

El claxon para bicicleta más potente
Cansado de quedar atrapado en atascos, Yannick Read (R.U.) creó «The Hornster», una versión modificada de un silbato para trenes de mercancías conectado a una botella de oxígeno de buceo que integró en el cuadro de una bicicleta. El 13 de febrero de 2013, produjo un nivel de presión acústica de 136,2 dB(A) en Surrey, R.U. Un sonido de 150 dB es lo que emite un motor a reacción a 25 m.

La tostadora que proyecta a más altura
Matthew Lucci, de 14 años, (EE.UU.) turboalimentó una tostadora añadiéndole un motor de 12.000 rpm. El 19 de noviembre de 2012, lanzó una tostada a 4,57 m de altura.

El helicóptero más pequeño
El inventor japonés Gennai Yanagisawa (Japón) construyó el GEN H-4, un helicóptero de 70 kg con un rotor de 4 m de longitud. Consiste en un asiento y una fuente de alimentación, y a diferencia de los helicópteros tradicionales, tiene dos juegos de rotores coaxiales, lo que hace innecesario añadir un rotor de cola que lo estabilice.

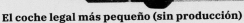

100%

La aspiradora más pequeña
El estudiante de ingeniería Salvendar Ghansheed Baba (India) recoge materiales de desecho y los transforma en electrodomésticos en miniatura. Su diminuta aspiradora (arriba) funciona a 3,7 V y su eje más largo mide 3,6 cm, tal como pudo verificarse el 9 de abril de 2019 en Vijayawada, India.

La sierra radial usable más pequeña
Otro diseñador amante del tamaño reducido es Lance Abernethy (Nueva Zelanda). El 23 de abril de 2015, imprimió en 3D una sierra radial inalámbrica diseñada por él mismo que medía 14,3 × 18,9 × 10,6 mm. Estaba equipada con una cuchilla usable de 12 mm y alimentada con una pila para audífonos.

El coche legal más pequeño (sin producción)
Austin Coulson (EE.UU., junto a su prometida Lisa Stoll, aquí en una imagen de 2013) construyó un automóvil que mide 63,5 cm de alto, 65,4 cm de ancho y 126,4 cm de largo, tal y como pudo verificarse el 7 de septiembre de 2012. Tiene permiso para circular por la vía pública y alcanza una velocidad máxima de 40 km/h.

El sofá más rápido
El 26 de septiembre de 2011, Glenn Suter (Australia) condujo un sofá motorizado a 163,117 km/h en el aeropuerto de Camden, Nueva Gales del Sur, Australia, en un evento organizado por el fabricante de bebidas australiano Ice Break. El sofá móvil iba unido a una mesa de café que mejoraba la aerodinámica y permitió aumentar la velocidad del vehículo.

El cobertizo de jardín más rápido
Kevin Nicks (R.U.) convirtió un Volkswagen Passat en un cobertizo motorizado al instalarle un motor V6 biturbo de 450 caballos procedente de un Audi RS4. El 22 de septiembre de 2019, arrancó el cobertizo en parado y lo condujo a una velocidad máxima de 170,268 km/h a lo largo de 1,6 km en Pendine Sands, Gales, R.U.

CUESTIÓN DE INGENIO

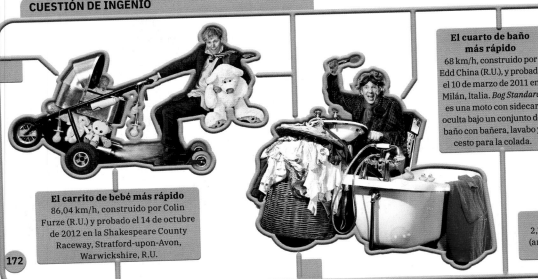

El cuarto de baño más rápido
68 km/h, construido por Edd China (R.U.), y probado el 10 de marzo de 2011 en Milán, Italia. *Bog Standard* es una moto con sidecar oculta bajo un conjunto de baño con bañera, lavabo y cesto para la colada.

El carrito de bebé más rápido
86,04 km/h, construido por Colin Furze (R.U.) y probado el 14 de octubre de 2012 en la Shakespeare County Raceway, Stratford-upon-Avon, Warwickshire, R.U.

El Cozy Coupe más grande
2,7 m de largo, construido por John y Geof Bitmead (ambos del R.U.) y medido el 14 de agosto de 2016 en Ambrosden, Oxfordshire, R.U.

El sacapuntas más potente

En 1999, Peter Svensson (Suecia) rediseñó un sacapuntas a lo grande añadiéndole un motor V12 de 499,6 kw (670 CV) procedente de un tanque. Aunque el motor funcionaba aproximadamente a 2.500 rpm, diseñó la máquina para que el sacapuntas funcionara a una velocidad casi normal.

El robot más rápido resolviendo un cubo de Rubik

Albert Beer (Alemania) dedicó unas 2.000 h a construir una máquina para resolver el icónico rompecabezas con forma de cubo en un ábrir y cerrar de ojos. Mediante un algoritmo, un microcontrolador y seis brazos mecánicos, «Sub1 Reloaded» resolvió un cubo de Rubik en 0,637 s en una feria de electrónica celebrada en Múnich, Alemania, el 9 de noviembre de 2016.

El modelo de microprocesador operativo más grande

El 22 de junio de 2016, el ingeniero James Newman (R.U.) terminó su ordenador Megaprocessor. En lugar de los circuitos integrados de escala nanométrica de los ordenadores convencionales, utilizó 42.370 transistores pequeños. Con un tamaño de 10 × 2 m, se encienden 10.500 luces led cuando el ordenador está funcionando.

El robot hexápodo más grande en el que se puede montar

Mantis es un robot de seis patas de 2,8 × 5 m, tal y como pudo verificarse el 15 de noviembre de 2017 en Wickham, Hampshire, R.U. Lo construyó el diseñador de efectos especiales Matt Denton (R.U.), quien puede conducirlo desde su cabina o manejarlo de forma remota a través de una aplicación. *Mantis* pesa 1,9 t y se mueve gracias a un motor turbodiésel de 2,2 l.

La moto manejable más alta

Fabio Reggiani (Italia) construyó una moto mastodóntica que tiene una altura de 5,10 m desde el suelo hasta la parte superior del manillar, lo mismo que una jirafa. Con un peso de 5.000 kg, *Big Bike* funciona con un motor V8 de 5,7 l. El 24 de marzo de 2012, esta extraordinadia chopper recorrió más de 100 m en Montecchio Emilia, Italia.

Big Bike es seis veces más grande que una chopper estándar, y sus ruedas proceden de excavadoras industriales.

El kart con motor a reacción más rápido

180,72 km/h (112.29 mph), probado por Tom Bagnall (R.U.) en York, North Yorkshire, R.U., el 5 de septiembre de 2017.

El monociclo motorizado más rápido

117,34 km/h, por el UK Monowheel Team y el piloto Mark Foster (todos de R.U.), quien condujo *Trojan* el 22 de septiembre de 2019 en el aeródromo de Elvington, en North Yorkshire, R.U.

El carrito de supermercado motorizado más rápido

113,29 km/h, por Matt McKeown (R.U.) el 18 de agosto de 2013 en East Yorkshire, R.U. El carrito funcionaba con un motor de arranque modificado de un helicóptero Chinook y un motor Honda de 250 cc.

Recopilatorio

La primera fotografía de un copo de nieve

Wilson Bentley (EE.UU.) pasó 40 años haciendo miles de fotografías de copos de nieve desde que lograra capturar un cristal de nieve individual por primera vez el 15 de enero de 1885 en la granja de su familia, en Vermont, EE.UU. Bentley experimentó con una cámara de placas de vidrio montada en un microscopio para fotografiar los delicados cristales en toda su complejidad.

▶ El edificio cubierto de espejos más grande

Ubicado en el sitio Patrimonio Mundial de la UNESCO de Al-Hijra, en Al-Ula, Arabia Saudí, el Maraya Concert Hall, con capacidad para 500 espectadores, está cubierto por un muro de espejos de 9.740 m². El edificio, construido por la Comisión Real para Al-Ula (Arabia Saudí) e inspeccionado el 26 de diciembre de 2019, refleja espectacularmente el paisaje volcánico del área.

El salvamento a más profundidad

El 21 de mayo de 2019, se recuperaron los restos de un avión de transporte de la marina estadounidense del fondo del mar de Filipinas, a los 5.638 m por debajo de la superficie. Un equipo de la US [Navy] Supervisor of Salvage [and Diving] (SUPSALV) realizó [la operación] desde el buque de [investiga]ción oceanográfica

[El ascensor] más rápido

[En la torre] CTF Finance [Center de Guan]gdong, China, [hay un as]censor capaz de alcanzar una velocidad de 75,6 km/h. Puede transportar hasta 21 personas y subir 95 pisos en unos 42 s. El aparato fue diseñado por Hitachi Building Systems (Japón) e instalado por Hitachi Elevator (China) el 10 de septiembre de 2019.

La primera grabación de la rotación de una molécula

Un equipo internacional de científicos grabó en vídeo la rotación de una molécula de sulfuro de carbonilo tras capturar 651 imágenes en 125 billonésimas de segundo. Los investigadores del Center

La aceleración más rápida de 0 a 60 millas [por hora en un] kart eléctrico

[En 2]019, Luis Mengual (España) aceleró su [kar]t con tracción a las cuatro ruedas de [96 km/h) en 2,218 s en el Kartódromo [Lucas] Guerrero de Valencia, España. Luis [hab]ía pasado dos años construyendo [su] bólido eléctrico, con el que batió el [réc]ord anterior por 0,417 s.

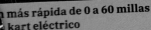

Los fuegos artificiales aéreos más grandes

El 8 de febrero de 2020, el Steamboat Springs Winter Carnival, que se celebra en Colorado, EE.UU., se clausuró por todo lo alto con el lanzamiento de un dispositivo pirotécnico de 1,26 t compuesto por 380 cohetes tipo cometa que tiñeron el cielo de rojo. Fue obra de los pirotécnicos James Cowden Widmann, Eric Krug, Ed MacArthur y Tim Borden (todos de EE.UU.).

for Free-Electron Laser Science de la Universidad de Hamburgo, el Instituto Max Born (todos de Alemania) y la Universidad de Aarhus (Dinamarca) publicaron el resultado de su trabajo en la revista *Nature* el 29 de julio de 2019.

El fenómeno radiactivo más infrecuente observado

Un equipo de investigación que buscaba materia oscura, la sustancia más elusiva del universo, pudo observar la desintegración de un isótopo de xenón-124 gracias al instrumento XENON1T, sumergido en agua a 1.500 m de profundidad bajo la montaña Gran Sasso, Italia. El xenon-124 tiene una vida media de $1,8 \times 10^{22}$ años, un billón de veces la edad del universo. Los resultados de XENON Collaboration fueron publicados en *Nature* el 24 de abril de 2019.

El mayor peso levantado con pegamento

El 12 de julio de 2019, el fabricante de adhesivos industriales DELO (Alemania) mantuvo suspendido en el aire un camión de 17,48 t durante una hora con la ayuda de apenas 3 g de un pegamento especial en Windach, Alemania. El vehículo fue colgado de una grúa a través de un enlace cilíndrico de aluminio de 3,5 cm de radio.

¿Quieres ver el kart de Luis frente a un cortacésped especialmente modificado? Consulta las págs. 166-67.

La barca impresa en 3D más grande

3Dirigo es una barca de 7,72 m de eslora apta para navegar creada por el Advanced Structures and Composites Center de la Universidad de Maine (EE.UU.). Lleva el nombre del lema del estado de Maine, «Dirigo» («Yo dirijo»). El 10 de octubre de 2019, se completó su impresión en 72 horas en Orono, Maine, EE.UU. Fue necesaria la **impresora de polímero 3D más grande**, con un volumen máximo de impresión de 343,61 m³.

El primer lenguaje de programación en chino clásico

Wenyan-lang es un lenguaje de programación de propósito general desarrollado en diciembre de 2019 por el estudiante Lingdong Huang (China) en Pittsburgh, Pensilvania, EE.UU. Está escrito en chino clásico gramaticalmente correcto y permite que las máquinas puedan leer código en el idioma de Confucio.

El primer brazo protésico funcional de bloques de LEGO® construido por su usuario

El andorrano David Aguilar, que nació sin el antebrazo derecho, diseñó y construyó un brazo totalmente funcional con los elementos del helicóptero del set de LEGO® Technic 9396. Completó la primera versión de su brazo en 2017. Su obra más reciente, el MK-IV de 2019, es un miembro motorizado con dedos que controla mediante movimientos sutiles de su brazo residual.

La prótesis MK-IV de David está construida con piezas del set de LEGO Technic Rough Terrain Crane (#42082).

La colección de lavadoras más grande

A 5 de agosto de 2019, el ingeniero Lee Maxwell (EE.UU.) había reunido 1.350 lavadoras distintas (todas menos seis restauradas y en buen funcionamiento). Recientemente, Lee ha comenzado a construir lo que él llama «Patent Demos», maquetas funcionales a pequeña escala de diseños patentados pero que nunca se construyeron o que se construyeron y se perdieron.

El valor más preciso de pi

El 14 de marzo de 2019, Emma Haruka Iwao (Japón) calculó la constante matemática π hasta alcanzar 31.415.926.535.897 dígitos con el apoyo de Google (EE.UU.), en Seattle, Washington, EE.UU.

El récord se estableció el Día de pi para demostrar la capacidad de Google Cloud.

La marca de teléfonos inteligentes más vendida

Según un estudio fechado el 27 de febrero de 2020, se estima que Samsung (Corea del Sur) vendió unos 260.247.100 teléfonos inteligentes en 2019. El rival más cercano de Samsung, Apple (EE. UU.), colocó 201.151.700 unidades.

El codescubridor de un planeta circumbinario más joven

Wolf Cukier (EE.UU., n. el 4 de junio de 2002) tenía 17 años y 27 días cuando hizo las primeras observaciones que facilitaron el descubrimiento del exoplaneta TOI 1338 b. Wolf lo detectó el 1 de julio de 2019, cuando leía una base de datos de estrellas durante unas prácticas en el Goddard Space Flight Center de la NASA, en Maryland, EE.UU.

El conjunto de radiotelescopios combinados de mayor resolución

El Telescopio del Horizonte de Sucesos (EHT) combina datos de ocho radiotelescopios instalados por todo el mundo. Tiene una resolución práctica de 43 microarcosegundos, lo que significa que puede enfocar un objeto de un tamaño aparente al de un disco de 8 cm de diámetro situado sobre la Luna (vista desde la Tierra). El EHT proporcionó la **primera imagen directa de un agujero negro** (detalle), tal como se anunció el 10 de abril de 2019.

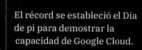

Este agujero negro supermasivo se encuentra en la galaxia Messier 87, a 54 millones de años luz de la Tierra.

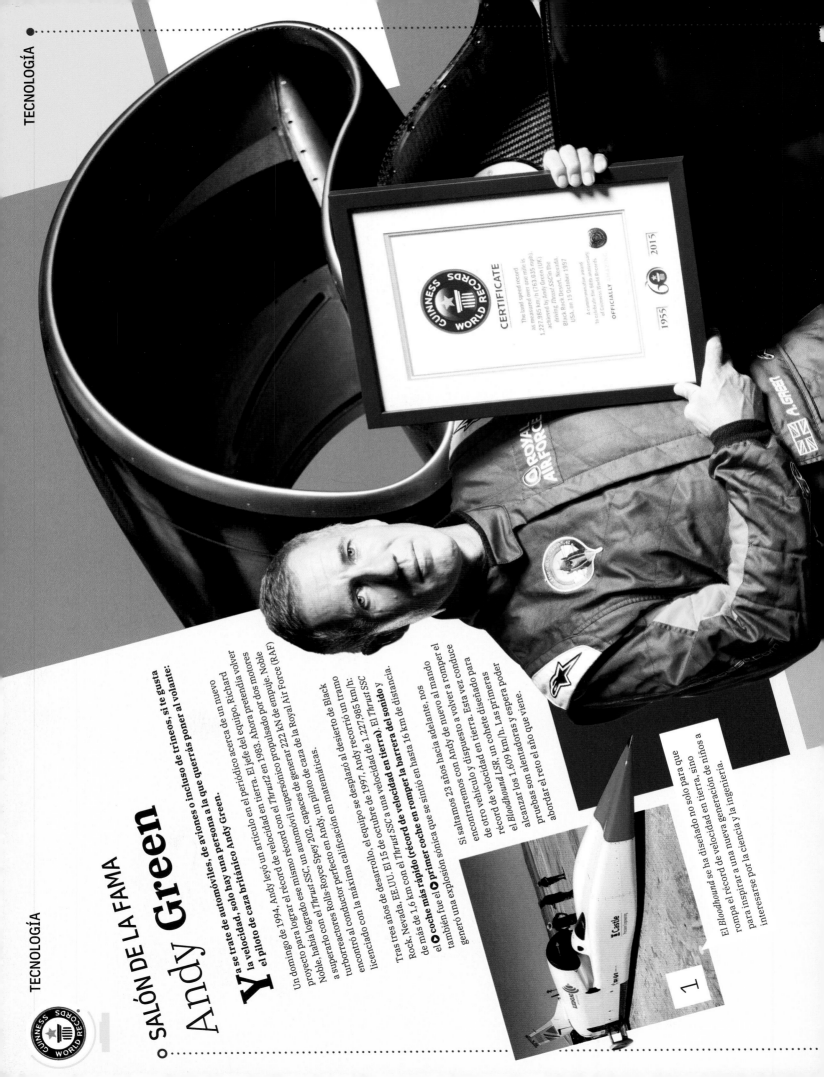

○ SALÓN DE LA FAMA

Andy Green

Ya se trate de automóviles, de aviones o incluso de trineos, si te gusta la velocidad, solo hay una persona a la que querrás poner al volante: **el piloto de caza británico Andy Green.**

Ya se trate de automóviles, de aviones o incluso de trineos, si te gusta la velocidad, solo hay una persona a la que querrás poner al volante:

Un domingo de 1994, Andy leyó un artículo en el periódico acerca de un nuevo proyecto para lograr ese mismo récord con el *Thrust2* en 1983. Ahora pretendía volver a superarlo con el *Thrust SSC*, un automóvil supersónico propulsado por dos motores Noble, había logrado ese mismo récord de velocidad en tierra. El jefe del equipo, Richard turborreactores Rolls-Royce Spey 202, capaces de generar 222 kN de empuje. Noble encontró al conductor perfecto en Andy, un piloto de caza de la Royal Air Force (RAF) licenciado con el *Thrust SSC* a la máxima calificación en matemáticas.

Tras tres años de desarrollo, el equipo se desplazó al desierto de Black Rock, Nevada, EE.UU. El 15 de octubre de 1997, Andy recorrió un tramo de más de 1,6 km con el *Thrust SSC* a una velocidad de 1.227,985 km/h: el ○ **primer coche más rápido (récord de velocidad en tierra)**. El *Thrust SSC* también fue el ○ **primer coche en romper la barrera del sonido** y generó una explosión sónica que se sintió en hasta 16 km de distancia.

Si saltamos 23 años hacia adelante, nos encontraremos con Andy de nuevo al mando de otro vehículo y dispuesto a volver a romper el récord de velocidad en tierra. Esta vez conduce el *Bloodhound LSR*, un cohete diseñado para alcanzar los 1.609 km/h. Las primeras pruebas son alentadoras y espera poder abordar el reto el año que viene.

1

El *Bloodhound* se ha diseñado no solo para que rompa el récord de velocidad en tierra, sino para inspirar a una nueva generación de niños a interesarse por la ciencia y la ingeniería.

The land speed record over one mile is as measured over one mile is 1.227,985 km/h (763.035 mph), achieved by Andy Green (UK) driving *Thrust SSC* in the Black Rock Desert, Nevada, USA, on 15 October 1997

A commemorative award to celebrate the 60th anniversary of Guinness World Records

OFFICIALLY AMAZING

CERTIFICATE

1955   2015

El único del miembro del equipo del *Thrust SSC* la que no pudo oír la explosión sónica del automóvil fue el propio Andy.

Descubre más cosas sobre Andy en la sección del Salón de la Fama en **www.guinnessworldrecords.com/2021**.

5

1: Probando el *Bloodhound LSR* en 2019 en Sudáfrica, donde alcanzó una velocidad de 1.010 km/h.

2: El *Thrust SSC* rompe el récord de **velocidad en tierra** (y de paso la barrera del sonido) en el desierto de Nevada en 1997.

3: Andy se lanza por el tobogán de hielo Cresta Run en Suiza en 2011, cuando representó a la RAF en los Interservices Championships.

4: Celebrando haber logrado el récord del **automóvil con motor diésel más rápido** (ver abajo). el equipo del *JCB Dieselmax* de la RAF en 2018.

5: Andy en el Museo de la RAF en 2018.

2

3

4

El 23 de agosto de 2006, en el salar de Bonneville, Utah, EE.UU., Andy condujo el *JCB Dieselmax* a una velocidad de 563,418 km/h, el **coche con motor diésel más rápido**. Sorprendentemente, ni siquiera lo puso a la máxima potencia.

JCB DIESELMAX

Videojuegos

El mayor premio económico en una competición de videojuegos (un jugador)

El 28 de julio de 2019, el Arthur Ashe Stadium de Nueva York, EE.UU., albergó la final de la competición individual de la Copa Mundial de *Fortnite*, con un premio acumulado de 15.287.500 $ en disputa. La bolsa se repartió entre los 100 finalistas, el último de los cuales se llevó 50.000 $. Frente a una multitud enfervorizada y con 2 millones de espectadores en línea, Kyle Giersdorf, de 16 años (EE.UU.), también conocido como «Bugha», se convirtió en el **primer campeón mundial individual de *Fortnite*** y se embolsó 3 millones de $. Un día antes, fueron coronados los **primeros campeones mundiales por parejas de *Fortnite***: «Nyhrox», alias de Emil Bergquist Pedersen (Noruega, abajo a la izquierda), y «aqua», alias de David Wang (Austria, abajo a la derecha).

«Bugha» apareció en un anuncio durante la media parte de la Super Bowl LIV, prueba de su enorme popularidad recién adquirida.

El jugador que aparece en las pantallas gigantes es la superestrella de *Fortnite* por *streaming* «Ninja» (alias de Richard Tyler Blevins).

DESTINOS

La **mayor bolsa de premios en una competición** fueron los 34 millones de $ en disputa en el campeonato The International de *Dota 2*, de Valve, celebrado del 20 al 25 de agosto de 2019.

Speed-runs

SPEEDRUN.COM

GWR en Speedrun.com

Aquí se enumeran los 60 títulos más populares en los que se compite en Speedrun.com, el sitio web con tablas de clasificaciones de speed-running más importante de internet. Nos hemos asociado con Speedrun.com para reconocer formalmente el speed-running como categoría en la base de datos de GWR, y hemos creado una serie de desafíos únicos que puedes encontrar en speedrun.com/gwr. Todo lo que tienes que hacer es llegar a lo más alto de una tabla de clasificación y hacer una captura de pantalla que lo demuestre; a continuación, sigue el enlace que lleva al sitio web de GWR y haz tu solicitud oficial.

Bob Esponja: Battle for Bikini Bottom (100 %)

El 3 de marzo de 2020, el jugador de Xbox «SHiFT» (EE.UU.) salvó Bikini Bottom de una invasión de robots en 1 h, 18 min y 26 s. Lanzado en 2003, este derivado de la serie de dibujos animados se había convertido en un juego de culto entre los speed-runners. Con 4.243 carreras, es el 14.º juego más popular en Speedrun.com.

Los 60 juegos más populares en Speedrun.com

Juego	Tipo	Jugador	Tiempo
A Hat in Time (PC)	Any%	«Enhu» (Argentina)	36:07,7
Banjo-Kazooie (N64)	100 %; N64	«Stivitybobo» (EE.UU.)	1:57:39
Bloodborne (PS4)	Any%; all quitouts	«InSilico_» (Irlanda)	19:54
Celeste (PC)	Any%	«Marlin» (Alemania)	27:0,7
CELESTE Classic (PC)	Any%	«Meep_Moop» (Canadá)	1:43
Crash Bandicoot: N. Sane Trilogy (PC)	Crash Bandicoot; Any%	«DepCow» (EE.UU.)	42:10
Crossy Road (Android)	25 saltos; móvil	«ENOOPS» (Rusia)	3,8
Cuphead	Todos los jefes; dificultad media, versión Legacy	«SBDWolf» (Italia)	23:16
Destiny 2 (PC)	Jardín de la Salvación	«Treezy» (R.U.), «purdy» (R.U.), «Intubate» (EE.UU.), «qassimks» (EE.UU.), «Crayonz» (EE.UU.), «Poots»	12:38
Diablo II: Lord of Destruction (PC)	Any% normal; softcore; jugadores 1; SOR	«Indrek» (Estonia)	1:04:44
Final Fantasy VII Remake (PS4)	Demo Any%; normal	«desa3579» (Alemania)	13:25
Getting Over It with Bennett Foddy (PC)	Sin glitches	«Blastbolt»	1:13,2
Grand Theft Auto V (PC)	Classic%	«burhác» (Hungría)	6:03:27
Grand Theft Auto: San Andreas (PC)	Any% (no AJS)	«Ielreset»	3:52:07
Guild Wars 2 (PC)	Valle Espiritual; Guardián del Valle; restringido	«Deathlyhearts» (Rumanía), «qT Diablo», «Decados», «Codzka», «Tolgon», «Heldor», «qT Luigi», «BDaddl.7105», «qT Fennec», «eS Tim»	1:36
Hollow Knight (PC)	Any%; sin grandes fallos técnicos	«fireb0rn» (Canadá)	33:07
Human: Fall Flat (PC)	Any%; solitario	«Retr0virus11» (Canadá)	8:49,6
Jump King (PC)	Any%	«Ny» (China)	4:24,7
Katana ZERO (PC)	Todas las pantallas; normal; katana	«Lastnumb3r» (Polonia)	15:57,7
League of Legends (PC)	Tutorial; temporada 10; parte 1	«Xinipas» (Brasil)	2:07
LEGO Star Wars: The Complete Saga (PC)	Any%; solitario	«WiiSuper» (EE.UU.)	2:42:27
Luigi's Mansion 3 (Switch)	Any%; solitario	«chris_runs» (Austria)	2:28:39
Mario Kart 8 Deluxe (Switch)	Circuitos Nitro; objetos; 150 cc	«HitsujiOmochi» (Japón)	40:27
Minecraft: Java Edition (PC)	Any% sin glitches; set seed; pre 1.9	«Illumina» (Canadá)	4:56,7
New Super Mario Bros. Wii (Wii)	Any%	«FadeVanity» (R.U.)	24:28,3
Ori and the Blind Forest: Definitive Edition (PC)	Todas las habilidades; sin OB/TA	«Lucidus»	27:26
Outlast (PC)	Any%; juego principal; PC	«HorrorDoesSpeedRuns» (EE.UU.)	8:12,2
Pencil Sharpening Simulator (PC)	Any%; 100 lápices	«Jangoosed» (R.U.)	38:08

Ori and the Blind Forest: Definitive Edition (todas las habilidades; sin salir de los límites ni teletransportarse a ningún lugar)

El 12 de febrero de 2020, «Lucidus» condujo al espíritu guardián Ori y a su compañero Sein por esta expansión de 2016 del juego de plataformas atmosférico de Monn Studios en 27 min y 26 s. Su carrera mejoró en casi medio minuto el récord anterior.

Celeste (any%)

El jugador alemán «Marlin» recorrió el juego de plataformas de Matt Makes Games para PC en 27 min y 0,7 s. Lanzado en enero de 2018, Celeste se convirtió inmediatamente en un éxito entre los speed-runners, y a 22 de abril de 2020, se había convertido en el quinto juego con más carreras registradas en Speedrun.com: 7.049.

Spyro the Dragon (any%)

El 17 de junio de 2018, «ChrisLBC» (Canadá) completó este juego de plataformas para PS2 en 38 min y 31 s, un tiempo que sigue siendo el mejor en la tabla de clasificación, aunque solo sea por 1 s.

«ChrisLBC» es también el **más rápido en completar Spyro the Dragon (Spyro Reignited Trilogy) en any%**: 6 min y 9 s sin contar las cargas.

Pokémon Rojo/Azul (Game Boy Player)	Any% sin glitches; ENG	«pokeguy» (EE.UU.)	1:45:21
Pokémon Sword/Shield (Switch)	Any%; ENG	«ringo777» (Japón)	4:04:13
Portal (PC)	Fuera de límites	«Shizzal» (EE.UU.)	6:53,9
Portal 2 (PC)	Un solo jugador; dentro de límites	«CantEven» (EE.UU.)	59:47,4
Refunct (PC)	Any%; normal	«xzRockin» (EE.UU.)	2:42,4
Resident Evil 2 (PC)	PC; Leon A; any%; normal	«Se3cret» (Colombia)	48:44
Resident Evil 2 (2019) (PC)	Juego nuevo (PC); Leon; estándar; 120	«7rayD» (Finlandia)	52:10
Resident Evil 3: Nemesis (PC)	PC (TWN); any%; original	«Orchlon» (Mongolia)	40:55
Resident Evil 4 (Console)	Juego nuevo; PS4; profesional	«tanoshimu» (Japón)	1:36:03
ROBLOX: Speed Run 4 (PC)	Sin saltos; 5 niveles	«kriptopolis» (EE.UU.)	1:57,6
Sekiro: Shadows Die Twice (PC)	Final Shura; PC; sin restricciones	«LilAggy» (EE.UU.)	21:19
Bob Esponja: Battle for Bikini Bottom (Xbox)	100 %	«SHiFT» (EE.UU.)	1:18:26
Spyro the Dragon	Any%	«ChrisLBC» (Canadá)	38:31
Super Mario 64 (N64)	120 estrellas; N64	«cheese» (España)	1:38:54
Super Mario Bros. (NES)	Any%	«Kosmic» (EE.UU.)	4:55,6
Super Mario Galaxy (Wii)	Any%; Mario	«Mr.CloudKirby» (EE.UU.)	2:31:21
Super Mario Maker 2 (Switch)	Modo historia (any%); sin ayuda de Luigi	«IamUncleSlam» (EE.UU.)	1:41:06
Super Mario Odyssey (Switch)	Any%; 1J	«Tyron18» (Italia)	58:36
Super Mario Sunshine (Wii)	Any%; normal	«Weegee» (EE.UU.)	1:14:13
Super Mario World (SNES)	96 salidas	«Lui» (Italia)	21:57,4
Super Metroid (SNES)	Any%	«zoast» (EE.UU.)	40:56
The Legend of Zelda (NES)	Any% sin Up+A; NES	«rcdrone» (EE.UU.)	28:15
The Legend of Zelda: A Link to the Past (SNES)	Sin glitches principales; any%	«RealAlphaGamer» (EE.UU.)	1:23:07
The Legend of Zelda: Breath of the Wild (Switch)	Any%	«sketodara01417» (Japón)	27:29,5
The Legend of Zelda: Ocarina of Time (N64)	Any%	«Zudu» (EE.UU.)	7:48,1
The Simpsons: Hit & Run (PC)	Todas las misiones de la historia; PC	«LiquidWiFi» (Australia)	1:22:45
Bob Esponja: La película (Xbox)	Any%	«Purple» (R.U.)	1:09:10
Titanfall 2 (PC)	Any%; estándar	«bryonato» (EE.UU.)	1:19:41
Tom Clancy's Rainbow Six Siege (PC)	Situaciones; situación #01 - CQB basics; normal	«bezzles» (R.U.)	18,0
Undertale (Linux)	Neutral; 1.00-1.001	«Shayy» (EE.UU.)	55:37
Untitled Goose Game (Xbox One)	Any%	«Vitek» (EE.UU.)	2:11
Wii Sports Resort (Wii U)	Todos los deportes	«Alaskaxp2» (EE.UU.)	16:35

Fuente: Speedrun.com; tiempos en h, min y s

Portal 2 (sin salir de los límites)

El 19 de julio de 2019, «CantEven» (EE.UU.) completó este rompecabezas de plataformas de Valve en 59 min y 47,4 s sin salirse de los límites del mapa. Nadie más lo ha logrado en menos de una hora.

Con una aprobación del 97,48 %, *Portal 2* sigue siendo el **videojuego mejor valorado en Steam**.

The Simpsons: Hit & Run (todas las misiones de la historia; PC)

«LiquidWiFi» (Australia) salvó a Springfield del desastre en 1 h, 22 min y 45 s. Desarrollado por Radical Entertainment, la 22.ª entrega de la franquicia de videojuegos de *Los Simpson* se lanzó en 2003 y es un mundo abierto de acción y aventura con muchas influencias de *Grand Theft Auto III*.

Cuphead (todos los jefes; dificultad media; versión legacy)

El 13 de junio de 2019, «SBDWolf» (Italia) completó este dificilísimo juego de disparos para PC desarrollado en 2017 por StudioMDHR en 23 min y 16 s. Mejoró el récord anterior en solo 2 segundos. «Buena carrera, ¡feliz por el momento vivido!», escribió más tarde.

Super Mario Odyssey (any%; sin ayuda)

«Tyron18» (Italia) completó esta aventura saltarina de Mario de 2017 en la Nintendo Switch (versión 1.3.0) en 58 min y 36 s.

Super Mario Odyssey es el segundo título más popular en Speedrun.com, con 12.451 carreras registradas a 22 de abril de 2020. El juego que lo supera también tiene como protagonista a este popular fontanero (ver abajo).

El **juego con más speed-runs** es *Super Mario 64* (Nintendo, 1996). A 22 de abril de 2020, se habían registrado 14.499 en Speedrun.com.

Acción y aventura

El videojuego de acción y aventura más vendido

A fecha de febrero de 2020, el juego de temática criminal *Grand Theft Auto V* (2013) de Rockstar había acumulado unas ventas de más de 120 millones de unidades, según las cifras facilitadas por su editor, Take-Two Interactive. La versión en línea de *GTA V* generó por sí sola más de 1.000 millones de $ en sus primeros cuatro años.

El elenco de un videojuego más extenso

Un total de 1.200 actores aparecen en *Red Dead Redemption II* (Rockstar Games, 2018), una aventura ambientada en el salvaje oeste. De unos 500 de ellos se capturó el movimiento.

El director de videojuegos con más seguidores en Instagram

A 30 de abril de 2020, Hideo Kojima (Japón) tenía 1.193.983 seguidores en Instagram. El director de *Metal Gear* lanzó el título de acción distópica *Death Stranding* a través de Kojima Productions en noviembre de 2019 (ver derecha).

Más candidaturas de un videojuego a los premios BAFTA

The Last of Us (Naughty Dog, 2013) y su contenido descargable, *Left Behind* (2014), recibieron un total de 12 nominaciones a los BAFTA. Los juegos ganaron siete premios en dos años, y Ashley Johnson, que dio vida a Ellie en ambos títulos, recibió dos veces el premio a la mejor interpretación.

Más candidaturas de un videojuego a los premios BAFTA (un año)

En 2020, dos títulos fueron candidatos a 11 premios BAFTA de videojuegos: *Death Stranding* (Kojima Productions, 2019, arriba del todo) y *Control* (Remedy Entertainment, 2019, arriba). En la retransmisión en directo de la ceremonia celebrada el 2 de abril, solo el primero consiguió un premio, el dedicado a los logros técnicos. Ambos juegos comparten la colaboración con Hideo Kojima, quien desarrolló *Death Stranding* y aparece en *Control* haciendo un cameo de voz.

El trofeo de platino logrado más veces

A 17 de marzo de 2020, un total de 182.420 jugadores habían obtenido el trofeo de platino «Enjoy Your Powers» jugando a *inFAMOUS: Second Son* (Sucker Punch Productions, 2014) en la PS4, según PSNProfiles. Para ganar este premio virtual, se tenía que completar el videojuego por lo menos dos veces, unas 20 horas de dedicación, ¡relativamente poco para un jugador empedernido!

El primer videojuego para consola con la función «guardar»

El lanzamiento internacional del clásico de Nintendo *The Legend of Zelda* (1987) se hizo en formato cartucho con un chip de memoria alimentado con pilas que podía almacenar el estado en el que se había dejado la partida cuando la consola se apagaba.

Más dinero recaudado para un videojuego en Kickstarter

Los fans de la épica serie de rol de acción *Shenmue* se quedaron con la miel en los labios cuando esta se canceló en 2001, tras solo dos juegos. Es fácil entender por qué corrieron a por sus carteras cuando apareció *Shenmue III* en Kickstarter en 2015. El juego recaudó 6,3 millones de $ en este sitio de microfinanciación, y estableció un nuevo récord del **millón de $ en promesas de financiación recaudado más rápido por un videojuego**: 1 h y 44 min. *Shenmue III* se lanzó finalmente el 19 de noviembre de 2019.

El videojuego mejor valorado por la crítica

Lanzado para la N64 en 1998, *The Legend of Zelda: Ocarina of Time* (Nintendo) es el único videojuego que ha logrado una valoración del 99 % en Metacritic. El título tomó la temática de acción y aventura y la narración épica de los anteriores juegos de *Zelda* (ver izquierda) y las combinó con impresionantes gráficos en 3D. IGN predijo que el juego «sería el referente del género de rol de acción de los próximos años».

Ocarina of Time se ha remasterizado para GameCube (2002), para consola virtual para Wii (2007) y para 3DS (2011).

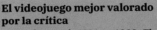

Plataformas

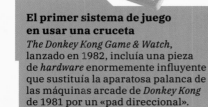

El videojuego de plataformas mejor valorado en Steam

Terraria (Re-Logic, 2011) es un juego de bloques en 2D con grandes dosis de combates y plataformas. A 23 de marzo de 2020, se había ganado una valoración de 96,77 %, de acuerdo con steamdb.info. Con 425.831 comentarios positivos, también es el **videojuego de plataformas que más gusta** en Steam.

El primer uso de escenas cinemáticas para contar una historia en un videojuego

En julio de 1981, Nintendo lanzó el juego arcade original de *Donkey Kong*, diseñado por Shigeru Miyamoto en Kyoto, Japón. Incluía una historia completa con escenas a lo largo del juego, como la animación introductoria que muestra a la novia de Jumpman/Mario siendo secuestrada por el gorila que da nombre al título.

El primer videojuego de plataformas de Disney

Mickey Mousecapade, un juego de plataformas de desplazamiento lateral protagonizado por el famoso ratón de Disney, salió para la NES en 1988. Abrió el camino a otros clásicos de Disney, como *DuckTales* (1989) y *Castle of Illusion Starring Mickey Mouse* (1990).

El personaje de videojuego más omnipresente

A 23 de abril de 2020, Mario había aparecido en los títulos de 225 videojuegos distintos, excluyendo *remakes* y relanzamientos. Además de sus 35 aventuras de plataformas, Mario también se ha interesado por la medicina (*Dr. Mario*), las bellas artes (*Mario Artist: Paint Studio*) y todo tipo de deportes, incluidos el tenis y las carreras de karts. Mario también ostenta el récord de **más apariciones de un personaje en el top 50 de los videojuegos más vendidos**: 14.

El personaje de un videojuego más seguido en Twitter

A 30 de abril de 2020, la cuenta oficial de Twitter del erizo Sonic (@sonic_hedgehog) tenía 5.853.082 seguidores, más que la propia cuenta de Sega, con 1.805.238. El Twitter de Sonic es famoso por el estilo de sus publicaciones, que parecen salidas directamente de la boca del erizo.

La finalización más rápida de *Yoshi's Crafted World*

A mediados de la década de 1990, los grandes nombres de los juegos de plataformas dieron el salto de los juegos de desplazamientos laterales en 2D a los mundos en 3D, pero en los últimos tiempo algunos han elegido volver atrás. *Yoshi's Crafted World* (Nintendo, 2019) ha sido un gran

Más videojuegos de plataformas protagonizados como personaje jugable

A 26 de marzo de 2020, Sonic era jugable en 41 videojuegos de plataformas, seis por delante de Mario (ver izquierda). Este erizo hiperactivo debutó en el clásico de 1991 de Sega Mega Drive *Sonic the Hedgehog*. En 2020, se estrenó una película con el mismo nombre en la que Ben Schwartz ponía voz a este espinoso y veloz personaje (arriba).

El primer sistema de juego en usar una cruceta

The Donkey Kong Game & Watch, lanzado en 1982, incluía una pieza de *hardware* enormemente influyente que sustituía la aparatosa palanca de las máquinas arcade de *Donkey Kong* de 1981 por un «pad direccional». Esta innovación permitió que juegos como *Donkey Kong*, el **primer juego de plataformas**, pudieran disfrutarse en casa.

éxito entre jugadores jóvenes y fans veteranos de las plataformas, que han evitado el modo «suave» del juego a favor de la configuración «clásica» más desafiante. A 11 de marzo de 2020, el speed-runner japonés y gran fan de Yoshi «Be_be_be_» estaba en lo más alto de la tabla de clasificación tras haber completado el juego en solo 2 h, 20 min y 57 s.

Más personajes cruzados en un videojuego de plataformas

El juego de plataformas independiente *Super Meat Boy* (Team Meat, 2010) incluye 18 cameos de diferentes series de juegos, como *Half-Life* (Valve Corporation, 1998), *Braid* (Number None, 2008), *World of Goo* (2D Boy, 2008) y *Minecraft* (Mojang, 2011). Este cruce fue una alentadora muestra de solidaridad entre desarrolladores independientes, y ayudó a que el juego fuera un gran éxito en PC y consolas. En 2021, Meat Boy y Bandage Girl están listas para regresar a la secuela *Super Meat Boy Forever*.

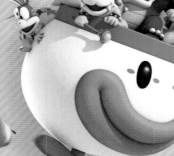

Deportes

Más canales de Twitch para un videojuego deportivo

El 6 de septiembre de 2019, en su momento de máxima popularidad, *NBA 2K20* (2K Sports) se retransmitía simultáneamente a través de 3.029 canales de Twitch. Ha habido 21 versiones principales de la serie *NBA 2K*, de la que, a 7 de abril de 2020, se habían vendido 90 millones de copias según VGChartz: la **serie de videojuegos de baloncesto más vendida**.

La serie de videojuegos de fútbol americano más vendida

Se estima que se habían vendido 130 millones de unidades de la serie *Madden NFL*, de Electronic Arts a 9 de marzo de 2020. *John Madden Football*, que toma el nombre de un famoso comentarista deportivo estadounidense, apareció el 1 de junio de 1988. El 2 de agosto de 2019, 31 años y 62 días después, se lanzó *Madden NFL 20*, la edición más reciente de la **serie de videojuegos deportivos más longeva**.

El videojuego deportivo mejor valorado por la crítica

Tony Hawk's Pro Skater 2 (Activision, 2000) para PlayStation alcanza una valoración del 98 % en Metacritic. Es uno de los cuatro juegos (incluido *Soulcalibur*; ver página siguiente) que ha logrado esta puntuación.

El videojuego deportivo más vendido

A 7 de abril de 2020, se habían vendido 82,88 millones de unidades de *Wii Sports*, un conjunto de cinco juegos (tenis, bolos, golf, boxeo y béisbol) para Nintendo que apareció en 2006.

Su popularidad se vio impulsada al ir incluido con la Wii en el lanzamiento de la consola.

La serie de videojuegos deportivos más vendida

A 7 de abril de 2020, la serie *FIFA* de EA acumulaban unas ventas totales de 282,4 millones. *FIFA 20*, su 27.ª entrega, se lanzó el 27 de septiembre de 2019.

El **jugador con mejor *ranking* del *FIFA 20*** es «Fnatic Tekkz», alias de Donovan Hunt (R.U.), quien a 9 de marzo de 2020, había acumulado 5.420 puntos jugando con la Xbox.

La maratón de *FIFA* más larga

Chris Cook (R.U.) pasó 48 h, 49 min y 41 s jugando al *FIFA 15* (EA Canada, 2014) entre el 5 y el 7 de noviembre de 2014 en Londres, R.U. Hacia el final, ¡Chris tenía que meter las manos en un cubo de hielo para recuperarse entre partida y partida!

El videojuego de fitnes mejor valorado por la crítica

A 9 de marzo de 2020, *Ring Fit Adventure* (Nintendo, 2019) tenía una valoración del 83 % en Metacritic. Los jugadores controlan a los personajes de este juego de rol de acción por medio de los accesorios Ring-Con y Leg Strap, que permiten guiar sus movimientos.

Más partidas de *draft* de *FIFA 20 Ultimate Team* ganadas en 24 horas

Del 16 al 17 de marzo de 2020, Brandon Smith (R.U.) ganó 63 partidas en 24 horas en Chichester, West Sussex, R.U. Brandon, que retransmitió en directo su intento de récord para recaudar fondos para las entidades Cancer Research y Young Minds, ganó todas las partidas y 15 *drafts*.

La llamada «maldición» de las estrellas de la carátula de *Madden* terminó con la victoria de Patrick Mahomes en la Super Bowl LIV (ver pág. 216).

El primer juego oficial de la Copa Mundial de Fútbol

Lanzado en 1986 por US Gold, *World Cup Carnival* obtuvo un 0 % de valoración. Era tan fácil que se podía meter un gol caminando hasta la portería.

La serie de videojuegos de carreras de caballos más longeva

El 12 de marzo de 2020, se lanzó *Winning Post 2020* (Koei Tecmo), 26 años y 289 días después de la aparición del primer título de la franquicia. El primer *Winning Post* se puso a la venta el 28 de mayo de 1993 en Japón para el ordenador Sharp X68000.

La partida de *Football Manager* más larga

Sepp Hedel (Alemania) completó 333 temporadas en *Football Manager 2017* (Sports Interactive, 2016), tal como se confirmó el 25 de septiembre de 2019. Solo dirigió tres clubes, entre ellos el indio Bengaluru FC, a lo largo de 200 temporadas. La vitrina de trofeos virtual de Sepp acumula 729 copas y 258 títulos de liga. Ganó 11.217 de 15.678 partidos y marcó 42.672 goles.

Lucha

El videojuego de lucha mejor valorado por la crítica

A 3 de marzo de 2020, la versión para *Dreamcast* de Soulcalibur (Namco, 1999) tenía una valoración de 98 % en Metacritic. Este juego de lucha en 3D basado en armas, el **juego de Dreamcast mejor valorado por la crítica**, ocupaba el segundo lugar en la clasificación general en este sitio web agregador de reseñas. Para los **videojuegos mejor valorados por la crítica**, ver pág. 182.

La serie de videojuegos de lucha más prolífica

Ha habido un total de 177 juegos diferentes de *Street Fighter* (*ports* incluidos) desde el lanzamiento del original en 1987. Esta cifra excluye los juegos de lucha cruzados sin «Street Fighter» en el título, como *Marvel vs Capcom: Clash of Super Heroes* (1999) y la serie *Puzzle Fighter*.

El jugador de *Street Fighter V* con mejor *ranking*

A 4 de marzo de 2020, «Tokido», alias de Hajime Taniguchi (Japón), había acumulado un total de 335.813 puntos en la versión de 2016 de este juego de lucha uno contra uno de Capcom, según el sitio de juegos de lucha Shoryuken. Famoso por su dominio de Akuma, Hajime está considerado uno de los «cinco dioses», término acuñado para referirse a los jugadores más dominantes e influyentes en juegos de lucha.

El primer personaje secreto en un videojuego de lucha

Mortal Kombat (Midway, 1992) contaba con un luchador secreto llamado Reptil que los jugadores podían desbloquear si lograban dos victorias impecables sin ser bloqueados en la etapa «Pit». Eso tenía que hacerse mientras una silueta se hacía visible frente a la luna, algo que ocurría una vez cada seis partidas.

El elenco de personajes más extenso en un videojuego de lucha

Los jugadores de *Fire Pro Wrestling Returns* (Spike Chunsoft, 2005) podían elegir entre 327 personajes. Por temas de licencias, muchos de ellos se parecían a luchadores de la vida real de Japón, México y EE.UU. que podían inscribirse en competiciones como la Exploding Barbed Wire Deathmatch.

La bolsa de premios más grande en un torneo de e-sports

El Campeonato Internacional de *Dota 2* de 2019 repartió un total de 34.330.068 dólares en premios. A lo largo del torneo, la bolsa fue creciendo a partir de una partida inicial de 1,6 millones de dólares gracias a las compras disponibles desde el mismo juego para jugadores de todo el mundo. El campeonato se celebró del 20 al 25 de agosto de 2019 en el Mercedes-Benz Arena de Shanghái, China.

La serie de videojuegos de carreras más vendida

A 2 de marzo de 2020, la franquicia de carreras callejeras de alto octanaje *Need for Speed* (EA) había vendido 150 millones de copias, casi 8 millones más que la serie Mario Kart de Nintendo. Entre *The Need for Speed* de 1994 y *Need for Speed: Heat* de 2019 han aparecido 24 títulos, la **serie de videojuegos de carreras más prolífica**.

El más rápido en completar el «Bouncing Shot Challenge» de GWR de la *Rocket League*

Rocket League (Psyonix, 2015) combina coches y fútbol y es uno de los juegos favoritos de los aspirantes a batir un récord, por lo que GWR ha creado una serie de desafíos específicos. El 19 de noviembre de 2019, Immanuel Sampath (India) completó el «Bouncing Shot Challenge» en 59,39 s en el centro comercial WAFI de Dubái, EAU.

El videojuego de lucha más vendido

A 3 de marzo de 2020, se habían vendido 17,68 millones de copias de *Super Smash Bros. Ultimate* (Nintendo, 2018), la quinta entrega de este cruce de franquicias en la que luchan los personajes de juegos como *Super Mario* y *The Legend of Zelda*.

El **jugador con mejor *ranking* en *Super Smash Bros. Ultimate*** es «MkLeo», alias de Leonardo López Pérez (México, detalle). Encabeza la clasificación en las listas Panda Global Rankings y Orionrank.

Una cara famosa que no verás en *Super Smash Bros* por cuestiones legales es el James Bond en 3D del clásico de N64 de 1997 *GoldenEye 007*.

Creatividad

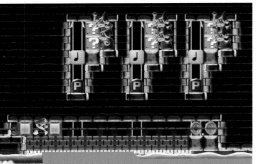

La pantalla de *Super Mario Maker* superada menos veces

El sistema de creación de juegos de Nintendo EAD de 2015 permite construir y compartir pantallas de *Super Mario*. A 28 de febrero de 2020, la más difícil de completar era «Lucky Draw», solo superada 35 veces tras 19.569.423 intentos. Publicada el 29 de octubre de 2018 por el jugador «Phenotype» (Nueva Zelanda), todo depende de la suerte para que los magikoopas que hay por encima de Mario produzcan las monedas que lo salven de la lava ascendente.

Más tiempo dedicado a intentar superar un nivel de *Super Mario Maker*

Antes de compartir un nivel en *Super Mario Maker*, los creadores tienen que demostrar que se puede completar. «ChainChompBraden», alias de Braden Moor (Canadá), acometió «Trials of Death» en enero de 2016. Más de 2.979 horas de juego después (¡lo equivalente a 124 días!), seguía intentando superarlo. Su creación requiere un grado de precisión milimétrico durante ocho minutos de juego.

La pantalla con más estrellas de *Super Mario Maker*

Creado por «MK8» (EE.UU.), «Misión: Imposible» ha recibido 413.323 estrellas. Los jugadores tienen que guiar a Mario por este nivel sin que revele su identidad y haciéndole adoptar disfraces, incluido el de bloque interrogante.

El videojuego creado en *Roblox* más visitado

Roblox es una plataforma de videojuegos multijugador masivos y *sandbox* que permite crear juegos para que otros jueguen y exploren. A 27 de febrero de 2020, «MeepCity» de «Alexnewtron» había acumulado 5.050.061.127 visitas. «MeepCity» es un lugar de encuentro en línea donde los jugadores de *Roblox* socializan o disfrutan de juegos sencillos.

El videojuego mejor valorado desarrollado con *RPG Maker*

A 25 de marzo de 2020, *Rakuen* (2017) tenía una valoración de 84/100 en Metacritic. Creado por la cantante y compositora Laura Shigihara (Japón/EE.UU.) con la herramienta de desarrollo de juegos para principiantes *RPG Maker*, cuenta la historia de un niño que escapa a un mundo de fantasía durante una larga estancia en el hospital.

Más «me gusta» recibidos por una creación en *Dreams*

Publicado por primera vez el 11 de febrero de 2020, *El sueño de Art* es una historia interactiva con la duración de una película. A 28 de febrero de 2020, había obtenido 52.281 muestras de aprobación. Fue creada por los desarrolladores de juegos británicos de Media Molecule para demostrar las posibilidades que ofrece su plataforma *Dreams*.

Además de juegos, también se pueden crear personajes únicos o piezas que reciben el nombre de esculturas. El **modelo de personaje**

El videojuego más vendido

De acuerdo con las cifras publicadas por Microsoft en mayo de 2019, el videojuego de construcción *Minecraft* (Mojang/Microsoft) ha vendido 176 millones de copias desde su lanzamiento en 2011. Además de estas ventas, *Minecraft* se distribuye de forma gratuita en China, con 200 millones de descargas estimadas. A septiembre de 2019, *Minecraft* tenía 112 millones de usuarios activos todos los meses.

El arte píxel más grande creado en *Minecraft*

«Mysticlloyd», alias de Lloyd Hancock (Australia), creó una imagen dramática del mago de *Fairy Tail*, Natsu Dragneel, en *Minecraft* con 1.988.532 bloques. Empezó a trabajar el 25 de julio de 2015 y completó la pieza el 25 de octubre de 2018. Hancock encontró inspiración en ejemplos de arte píxel en Twitch, incluido el trabajo del poseedor del récord anterior, Thorlar Thorlarian.

más votado es «MechaWhale», una creación de «Icecreamcheese». A 25 de marzo de 2020, había recibido 6.244 muestras de aprobación.

El videojuego independiente mejor valorado en Steam

Garry's Mod (Facepunch Studios, 2006) recibió 491.538 comentarios positivos en el servicio de distribución digital de Valve. Esta plataforma para videojuegos *sandbox* es obra de Garry Newman (R.U.).

Durante la primavera de 2020, algunos estudiantes usaron *Minecraft* para recrear el cierre de sus escuelas e incluso graduaciones virtuales durante el confinamiento.

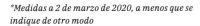

Lógica

La partida contrarreloj de un videojuego de lógica con más participantes
El 28 de febrero de 2020, 5.171 personas compitieron en el videojuego *Portal* (Valve Corporation, 2007) en Speedrun.com.

El videojuego de lógica más valorado
World of Goo para la Nintendo Wii recibió una calificación de 94/100 en Metacritic, según se verificó el 28 de febrero de 2020. Desarrollado por 2D Boy (EE.UU.), fue lanzado el 13 de octubre de 2008.

Más jugadores compitiendo en un juego de estrategia en Steam
El 26 de mayo de 2019, 192.298 jugadores se enfrentaron en *Total War: Three Kingdoms* (Sega, 2019), un videojuego por turnos en el que luchan facciones en la era de los Tres Reinos en China.

El primer videojuego de *auto chess*
En las partidas de *auto chess* los jugadores reclutan ejércitos para luchar en un campo de batalla con forma de cuadrícula en verdaderas carnicerías controladas por ordenador. El primer ejemplo de este subgénero de los juegos de estrategia es *Dota Auto Chess*, desarrollado por Drodo Studio a partir de una modificación de *Defense of the Ancients 2* (*Dota 2*), lanzado en enero de 2019.

El primer premio BAFTA a un videojuego de lógica
El estimulante juego de entrenamiento mental para Nintendo DS *Dr Kawashima's Brain Training* ganó el premio a la innovación en los British Academy Video Games Awards de 2006. El juego propone una serie de desafíos que ponen a prueba las pequeñas células grises de los jugadores, entre ellos test de Stroop y sudokus.

La serie de juegos de lógica más prolífica
Dada la gran cantidad de clones y áreas legales grises, dar una cifra exacta de las variantes de *Tetris* es bastante complicado. Sin embargo, el 1 de febrero de 2017, The Tetris Company reveló que existían unas 220 versiones oficiales y con licencia del clásico rompecabezas de Alexey Pajitnov.

El primer juego de lógica para consola de realidad virtual
El 13 de octubre de 2016 se lanzó *Keep Talking and Nobody* para PlayStation VR. En él, el jugador, con un casco de realidad virtual, tiene que desactivar una bomba siguiendo unas confusas instrucciones que solo sus amigos pueden ver.

La primera película basada en un videojuego de lógica
El 19 de diciembre de 2009, la serie *Professor Layton* de Level-5 hizo su debut en la gran pantalla en *El profesor Layton y la diva eterna* (Japón/Singapur). Esta película de animación relata las aventuras del profesor y de su autoproclamado aprendiz Luke mientras buscan el secreto de la vida eterna.

El campeón del mundo de *Tetris* más joven
El 21 de octubre de 2018, Joseph Saelee (EE.UU.) ganó el Classic Tetris World Championship con 16 años. En la final, derrotó al siete veces campeón Jonas Neubauer.

Joseph también ostenta el récord de la **puntuación más elevada en NES *Tetris* (NTSC)**: 1.357.428, establecida el 28 de diciembre de 2019.

Más jugadores en una partida de competición de un videojuego de lógica
Lanzado el 13 de febrero de 2019, *Tetris 99* para Nintendo Switch hizo adoptar al icónico juego un formato de *battle-royale*, con un total de 99 contendientes colocando tetrominós en caída libre. Las filas completadas generan «basura» que los jugadores pueden enviar a sus oponentes para colmar su tablero.

Disparos

El primer FPS

Steve Colley, Greg Thompson y Howard Palmer (todos de EE.UU.) desarrollaron *Maze War* en 1973 con Imlac PDS-1 en el Centro de Investigación Ames de la NASA, en California, EE.UU. Este juego de disparos en primera persona (FPS) permite que los ordenadores se conecten en red y los jugadores puedan cazarse entre sí en un laberinto en 3D. *Maze War* no se comercializó hasta 1992.

El FPS más vendido

A 9 de marzo de 2020, *Counter-Strike: Global Offensive* (Valve) había vendido 40 millones de copias. La cuarta entrega de la franquicia se lanzó en agosto de 2012.

El FPS mejor valorado por la crítica

A 31 de marzo de 2020, *Metroid Prime* (Retro Studios/Nintendo, 2002), *Perfect Dark* (Rara, 2000) y *Halo: Combat Evolved* (Bungie, 2001) tenían una valoración del 97 % en Metacritic. El juego con más críticas (70) era *Metroid Prime* (arriba). Este fue el primer juego de la franquicia en usar la perspectiva en primera persona.

Más victorias en *Fortnite Battle Royale*

A 1 de abril de 2020, «Mixer Ship» (EE.UU.) había acumulado 14.540 victorias en este juego gratuito de combate cuerpo a cuerpo. En total, había jugado 32.774 partidas, con un porcentaje de victorias del 44,3 %. Este tirador infalible había pasado un total de 173 días, 16 h y 58 min jugando a *Fortnite*, y acabado con las esperanzas de 197.943 rivales.

El videojuego más visionado en Twitch en un día

El 7 de abril de 2020, una prueba beta de acceso cerrado y limitado del videojuego de disparos *Valorant* (Riot Games) acumuló un total de 34 millones de horas de visionado en Twitch. Riot habilitó a jugadores como Jaryd «Summit1g» Lazar y Félix «xQc» Lengyel claves de acceso para que sus seguidores accedieran al videojuego.

Más victorias en la Copa Mundial de *Overwatch*

Corea del Sur ganó las tres primeras ediciones de la Copa Mundial de *Overwatch* en 2016, 2017 y 2018. EE.UU. puso fin a su racha en las semifinales de 2019.

Más canales de Twitch de un videojuego

El 2 de febrero de 2019, en su momento de mayor popularidad, había 66.600 canales en directo dedicados a *Fortnite Battle Royale* (Epic Games, 2017) en la plataforma Twitch.

Las mayores ganancias acumuladas jugando a...*

• *Counter-Strike: Global Offensive*: 1.764.521 $, por «Xyp9x», alias de Andreas Højsleth (Dinamarca).
• *Call of Duty*: 810.909 $, por «Crimsix», alias de Ian Porter (EE.UU.).
• *Overwatch*: 219.730 $, por «Gesto», alias de Hong Jae-hee, y «Profit», alias de Park Joon-yeong (ambos de Corea del Sur).
Récords vigentes a 29 de abril de 2020 según esportsearnings.com.

La primera mujer en la liga de *Overwatch*

Kim «Geguri» Se-yeon (Corea del Sur) se unió a los Shanghai Dragons en febrero de 2018. Destacó jugando a *Overwatch* (Blizzard, 2016) como la tanque Zarya, y es famosa por su excelente puntería. En 2019, la revista *TIME* la seleccionó como una de los «líderes de la Next Generation» por sus importantes logros en los e-sports.

La serie de FPS más vendida

A 4 de febrero de 2020 se habían vendido 300 millones de unidades de la serie *Call of Duty*, de Activision Blizzard, según lo verificado por VGChartz. Desde su primer lanzamiento en 2003, este juego de combate ha ampliado sus horizontes, y tras la ambientación inicial en la Segunda Guerra Mundial ha pasado por la guerra de Vietnam, conflictos modernos e incluso el espacio exterior.

Call of Duty es también la **serie de FPS más prolífica**, con 29 títulos, excluyendo DLC y expansiones.

En 2020, Activision Blizzard lanzó *Call of Duty: Warzone* (en la imagen), un añadido a la serie de estilo *battle royale*.

Rol

El videojuego de rol más valorado por la crítica

A 6 de marzo de 2020, *Mass Effect 2* (BioWare, 2010) para la Xbox 360 había logrado una puntuación de 96 en Metascore de Metacritic (basada en 98 opiniones). La dimensión artística de este videojuego de rol (RPG) lleno de acción también ha recibido el reconocimiento de la crítica: el Smithsonian American Art Museum lo incluyó en su exposición de 2012 *The Art of Videogames*.

El videojuego MMO más vendido

A 5 de marzo de 2020, se habían vendido 36,9 millones de copias de las múltiples expansiones del multijugador masivo en línea (MMO) *World of Warcraft* (Blizzard, 2004).

World of Warcraft también ostenta el récord de **más canales de Twitch de un RPG**, con un pico de 19.080 el 26 de agosto de 2019.

El RPG táctico más vendido

A 5 de marzo de 2020, se habían vendido 2,94 millones de copias de *Fire Emblem: Fates* (Intelligent Systems, 2015) según VGChartz. Desarrollado como el canto del cisne de la serie, se vendieron muchas más copias de *Fates* que de su predecesor. Combina el juego de rol con elementos tácticos de las batallas de escuadrones.

La serie de RPG más longeva

El 27 de septiembre de 2019 se lanzó *Dragon Quest XI S* (Square Enix), 33 años y 123 días después de la aparición del primer juego de la franquicia, *Dragon Quest*, el 27 de mayo de 1986.

La serie de RPG más vendida

A 5 de marzo de 2020 se habían vendido 295,87 millones de copias de la serie *Pokémon*, según VGChartz. Esta cifra solo incluye RPG, y no derivados de la franquicia como *Pokkén Tournament* (2016) o el exitoso juego para móviles *Pokémon GO* (2016), que se ha descargado más de mil millones de veces.

El primer juego, *Pokémon Rojo, Verde y Azul* (Game Freak, 1996), es el **RPG más vendido**, con un total de 31,38 millones de unidades.

La serie de RPG más prolífica

La franquicia de *Final Fantasy* (Square Enix, 1987-actualidad) cuenta con 61 títulos. Aunque no todos sus juegos de rol, como *Chocobo's Dungeon*, llevan el nombre de la serie, sí cuentan con los mismos hechizos, objetos y criaturas mágicas recurrentes, sin mencionar al torpe cazador de espadas Gilgamesh.

La conclusión más rápida del 100 % de *Baten Kaitos: Las alas eternas y el océano perdido*

El 24 de diciembre de 2016, «Baffan» tardó 341 h, 20 min y 3 s en completar todas las búsquedas y adquirir todos los artículos en esta aventura mágica de Namco de 2003. Esta carrera de velocidad de 14 días, de las más largas de los videojuegos, responde a que hay elementos que han de «actualizarse» con progresos en tiempo real.

Más premios Golden Joystick otorgados a un videojuego

El RPG de acción de CD Projekt *The Witcher III: Wild Hunt* (2015) ha sumado siete trofeos en estos prestigiosos premios otorgados en Reino Unido. Ganó en la categoría del videojuego más esperado en 2013 y 2014, a los que se sumaron los de mejor narración, mejor diseño visual, mejor momento del año, mejor juego del año y el premio al estudio del año (para CD Projekt Red) en 2015.

Se estima que la franquicia *Pokémon* ha generado unos ingresos de 95.000 millones de dólares, ¡más que *Star Wars*!

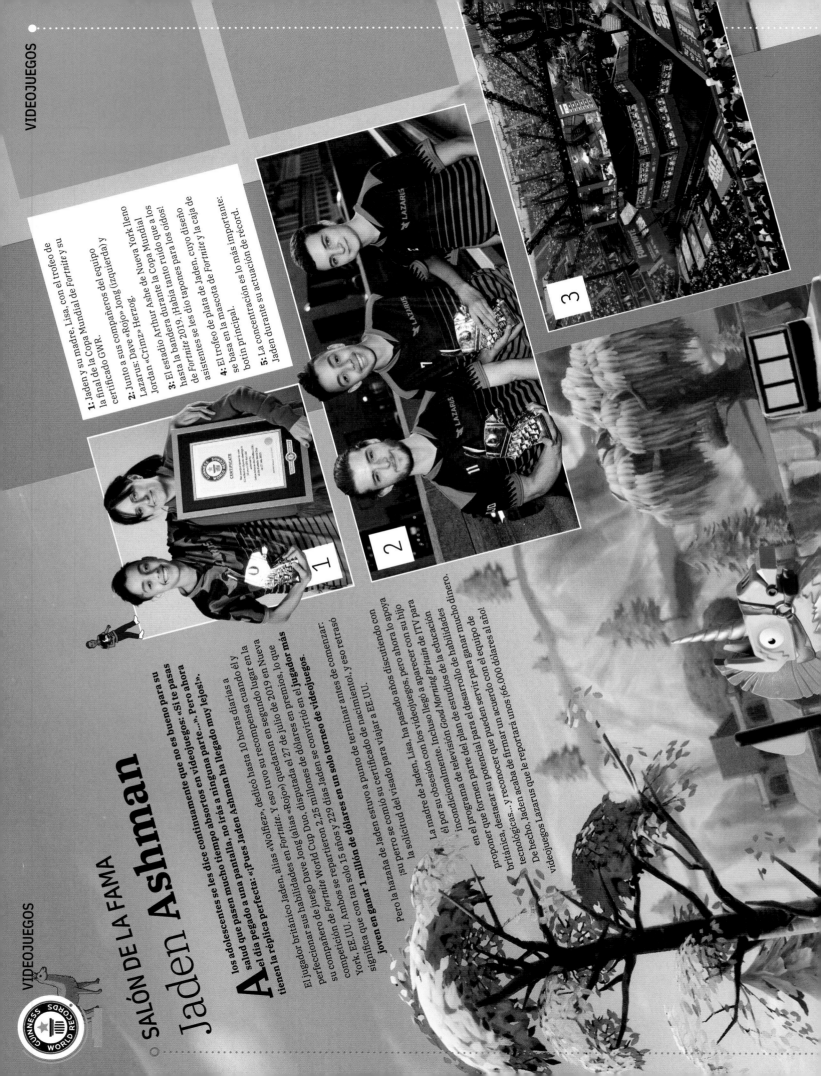

SALÓN DE LA FAMA

Jaden Ashman

A los adolescentes se les dice continuamente que no es bueno para su salud que pasen mucho tiempo absortos en videojuegos, no irás a ninguna parte...». Pero ahora tienen la réplica perfecta: «¡Pues Jaden Ashman ha llegado muy lejos!».

El jugador británico Jaden, alias «Wolfiez», dedicó hasta 10 horas diarias a perfeccionar sus habilidades en *Fortnite*. Y eso tuvo su recompensa cuando él y su compañero de juego Dave Jong (alias «Rojo») quedaron en segundo lugar en la competición de *Fortnite* World Cup Duo, disputada el 27 de julio de 2019 en Nueva York. EE.UU. Ambos se repartieron 2,25 millones de dólares en premios, lo que significa que con tan solo 15 años y 229 días Jaden se convirtió en **el jugador más joven en ganar 1 millón de dólares en un solo torneo de videojuegos.**

Pero la hazaña de Jaden estuvo a punto de terminar antes de comenzar: ¡su perro se comió su certificado del visado para viajar a EE.UU.

La madre de Jaden, Lisa, ha pasado años discutiendo con él por su obsesión con los videojuegos, pero ahora lo apoya la solicitud del visado de Jaden estuvo a punto de terminar antes de comenzar.

Incluso llegó a aparecer de ITV para incondicionalmente en el programa *Good Morning Britain* de la educación él por su obsesión. Incluso llegó a aparecer en el programa de televisión *Good Morning Britain* de la educación en el programa parte del plan de estudios de habilidades del desarrollo mucho dinero. proponer que formen parte del plan de estudios para ganar el equipo de británica, destacar su potencial para servir con el equipo de vídeo tecnológicas... y reconocer que pueden servir un acuerdo con el año! De hecho, Jaden acaba de firmar un acuerdo de firmar unos (66.000 dólares al año! videojuegos Lazarus que le reportará unos (66.000 dólares al año!

1: Jaden y su madre, Lisa, con el trofeo de la final de la Copa Mundial de *Fortnite* y su certificado GWR.

2: Junto a sus compañeros del equipo Lazarus: Dave «Rojo» Jong, Jordan «Crimz» Herzog.

3: El estadio Arthur Ashe de Nueva York lleno hasta la bandera durante la Copa Mundial de *Fortnite* 2019. ¡Había tanto ruido que a los asistentes se les dio tapones para los oídos!

4: El trofeo de plata de Jaden, cuyo diseño se basa en la mascota de *Fortnite* y la caja de botín principal.

5: La concentración es lo más importante: Jaden durante su actuación de récord.

4

Los karts todoterreno de *Fortnite* debutaron de la quinta temporada y pueden acomodar a un equipo de cuatro.

La hazaña de Jaden resulta todavía más extraordinaria si se tiene en cuenta que en su partida más usó un controlador Xbox One en lugar de un ratón. Su elección que suele considerarse la admiración generalizada de hizo que se ganara la admiración generalizada de jugadores en línea de todo el mundo.

Descubre más cosas sobre Jaden en la sección del Salón de la Fama de **www.guinnessworldrecords.com/2021**.

5

WOLFIEZ

100 / 100

Arriba, Jaden sostiene una réplica de un pico Smash, cuyo diseño imita una de las herramientas más costosas de *Fortnite*.

Cultura popular

El Rey León

Al término de la semana acabada el 1 de marzo de 2020, *El Rey León*, la producción de Broadway de Disney Theatrical Productions galardonada con el premio Tony al Mejor Musical, había recaudado 1.680.389.582 dólares desde su estreno en octubre de 1997, cifra que lo convertía en el **musical de Broadway** y en la **producción de Broadway de más éxito de todos los tiempos**.

El musical dirigido por Julie Taymor, también ganadora de un Tony, además de ser el **espectáculo de teatro musical con la mayor recaudación de todos los tiempos**, es también el **espectáculo de entretenimiento con la mayor recaudación de todos los tiempos**, con más de 9.100 millones. Esta cifra incluye la recaudación de Broadway, de las producciones de todo el mundo y de las giras nacionales e internacionales. En el detalle aparece Bradley Gibson, que asumió el papel protagonista de Simba en julio de 2018.

Roger Allers e Irene Mecchi escribieron el libreto del musical. Contiene canciones compuestas por el icono del *rock* Elton John, con letras de Tim Rice y otros autores.

DESTINOS

Originalmente, *El Rey León* se iba a llamar *El rey de la selva*, pero hubo que cambiarlo. ¿Sabes por qué? ¡Porque los leones no viven en la selva!

Vamos al cine

El actor protagonista más taquillero
Las 29 películas protagonizadas por Robert Downey Jr. (EE.UU.) han generado unos ingresos brutos de 14.380.708.898 $ hasta la fecha. La cifra incluye sus apariciones como Iron Man en el Universo Cinematográfico de Marvel.

La también Vengadora Scarlett Johansson (EE.UU.) es la **actriz protagonista más taquillera**. Las 16 películas en las que ha participado han recaudado 13.685.988.403 $ en todo el mundo.

La saga cinematográfica con más ingresos brutos (promedio)
En términos de ingresos brutos promedio por entrega, la saga de *Los Vengadores* de Marvel (EE.UU., 2012-19) aplasta a la competencia con una fuerza digna de Hulk con los 7.767.987.269 $ generados con cuatro películas. Esto supone un promedio de 1.940 millones de $ por filme.

La saga de películas deportivas más exitosa
Las películas de *Rocky*: *Rocky* (1976), *Rocky II* (1979), *III* (1982), *IV* (1985), *V* (1990), *Rocky Balboa* (2006), *Creed* (2015) y *Creed II* (2018; todas de EE.UU.), han recaudado 1.513.939.512 $ a 1 de marzo de 2020. La serie retrata la vida de un boxeador ficticio, Robert *Rocky* Balboa, también conocido como el Potro italiano (interpretado por Sylvester Stallone) y, luego, la de Adonis *Donnie* Creed (Michael B. Jordan), el hijo de Apollo Creed, el mejor amigo y antiguo rival de Balboa.

LOS OSCAR

La persona viva con más nominaciones
A 13 de enero de 2020, el compositor John Williams (EE.UU.) había sido nominado a los premios Oscar en 52 ocasiones (ha ganado cinco estatuillas). Nominado por primera vez en 1968 por *El valle de las muñecas* (EE.UU., 1967), ha vuelto a ser nominado en 36 ceremonias de los premios Oscar, lo que le ha valido también el récord de **más décadas recibiendo una nominación**: siete. En 2020, fue nominado por *Star Wars: el ascenso de Skywalker* (EE.UU., 2019).

El actor principal de un reparto coral más rentable
The-Numbers.com usa su «Índice de rentabilidad» para calcular el valor monetario que aporta una persona a una película. Chris Evans (EE.UU., en la imagen en *Puñales por la espalda*, 2019) encabeza la lista como actor de reparto coral, con 7.371.537 $ por película. Su estatus se ha visto catapultado por sus nueve apariciones como protagonista (y dos cameos) en películas de Marvel. A continuación, encontrarás una lista con otros actores destacados de Hollywood cuya presencia equivale a oro en la taquilla.

Los más rentables...		
Actor	Tom Cruise (EE.UU.)	22.186.586 $
Actriz	Emma Watson (R.U.)	10.158.997 $
Actor de reparto	Jon Favreau (EE.UU.)	14.092.784 $
Actriz de reparto	Robin Wright (EE.UU.)	7.436.541 $
Actriz principal de un reparto coral	Scarlett Johansson (EE.UU.)	8.484.169 $
Director	Zack Snyder (EE.UU.)	14.011.010 $
Productor	Kathleen Kennedy (EE.UU.)	15.643.296 $
Compositor	Alan Silvestri (EE.UU.)	11.036.356 $

Todas las cifras están actualizadas a 1 de abril de 2020.

La película clasificada para mayores de edad con mayores ingresos brutos
Joker (EE.UU., 2019), protagonizada por Joaquin Phoenix, ha recaudado 1.035.731.813 $ a 25 de noviembre de 2019. También es la **primera película para mayores de edad en superar los mil millones de $ de recaudación**, una cifra que superó el 16-17 de noviembre de 2019. Esta película del origen del Joker presenta el posible trasfondo del archienemigo de Batman y narra su descenso desde monologuista cómico bienintencionado a villano psicópata. La película se inspira en parte en la novela gráfica de 1988 *Batman: la broma asesina*, de Alan Moore y Brian Bolland.

La película basada en un videojuego con mayores ingresos brutos
A 20 de abril de 2020, *Pokémon: detective Pikachu* (EE.UU./Japón/R.U./Canadá, 2019) había recaudado 433.005.346 $ en la taquilla global. El filme, que es la **primera película de acción real basada en *Pokémon***, está protagonizado por un Pikachu con gorra de detective (al que pone voz Ryan Reynolds), que se une a Tim Goodman, un exentrenador de Pokémon, para ayudarlo a encontrar a su padre, desaparecido en Ryme City.

Todas las cifras están tomadas de The-Numbers.com. Última fecha de actualización: 31 de marzo de 2020, a no ser que se indique otra cosa.

Joaquin Phoenix ganó el Oscar al mejor actor protagonista (su primera estatuilla tras cuatro nominaciones) en la ceremonia de 2020. Su interpretación también le valió galardones en los BAFTA, en los Globos de Oro y en los Premios del Sindicato de Actores.

El actor cuyas películas han generado mayores ingresos brutos en la taquilla global (papeles secundarios)

Las películas en las que Warwick Davis (R.U.) aparece como personaje secundario suman unos ingresos brutos de 14.529.955.906 $. Davis ha aparecido en algunos de los mayores éxitos cinematográficos de los últimos años, como varias películas de *Harry Potter* y de *Star Wars*.

El director con más nominaciones (vivo)

En 2020, Martin Scorsese (EE.UU.) recibió su novena nominación a los premios de la Academia por *El irlandés* (EE.UU., 2019). Anteriormente, había sido nominado por obras maestras como *Toro salvaje* (EE.UU., 1980) o *Infiltrados* (EE.UU., 2006), largometraje que le reportó su único Oscar hasta la fecha.

El **director más nominado de la historia** es William Wyler (Alemania/Suiza, 1902-81), que fue nominado al mejor director en 12 ocasiones (ganó en tres de ellas) entre 1936 y 1965. El **director con más Oscar** es John Ford (EE.UU., 1894-1974), con cuatro estatuillas (y cinco nominaciones) entre 1935 y 1952.

La película internacional con más premios

Tres películas de lengua no inglesa han ganado cuatro Oscar cada una: *Fanny y Alexander* (Suecia, 1982) en 1984; *Tigre y dragón* (China Taipéi, 2000) en 2001; y *Parásitos* (Corea, 2019, ver más abajo) en 2020.

La película más taquillera

Vengadores: Endgame (EE.UU., 2019) ha recaudado 2.797.800.564 $ brutos. Esta espectacular película de superhéroes es la cuarta entrega de *Los Vengadores* y el 22.º estreno del Universo Cinematográfico de Marvel. Hasta la fecha, solo hay otras cuatro películas que hayan superado el hito de los 2.000 millones de $ en la taquilla global: *Vengadores: Infinity War* (EE.UU., 2018); *Star Wars: Episodio VII: El despertar de la fuerza* (EE.UU., 2015); *Avatar* (R.U./EE.UU., 2009) y *Titanic* (EE.UU., 1997).

La serie de películas de espías con más ingresos brutos

Hasta la fecha, las 26 películas de la franquicia de *James Bond*, desde *Agente 007 contra el Dr. No* (R.U., 1962) a *Spectre 007* (R.U./EE.UU.,2015) han generado 7.119.674.009 $ en la taquilla mundial. Debido a la pandemia por COVID-19, el estreno global de la 27.ª entrega, *Sin tiempo para morir* (R.U./EE.UU., con Daniel Craig, arriba), se ha pospuesto hasta noviembre de 2020.

Las 007 películas de *James Bond* con más ingresos brutos

Skyfall (2012)	1.110.526.981 $
Spectre 007 (2015)	879.620.923 $
Casino Royale (2006)	594.420.283 $
Quantum of Solace (2008)	591.692.078 $
Muere otro día (2002)	431.942.139 $
El mundo nunca es suficiente (1999)	361.730.660 $
GoldenEye (1995)	356.429.941 $

Fuente: The-Numbers.com. Todas de R.U./EE.UU. Cifras no ajustadas a la inflación.

primera película en ganar tanto el Oscar a la jor película internacional como a la mejor película

de febrero de 2020, *Parásitos* (Corea del Sur, 2019) lzó con estos dos preciados premios Oscar en la emonia anual celebrada en Los Ángeles, California, UU. Dirigida por Bong Joon-ho (detalle), esta comedia a con tintes de *thriller* presenta a los Kim, una familia e cuyos miembros se hacen pasar por dos para infiltrarse en una lia acaudalada, los Park, jándose las desigualdades les de Corea del Sur. Los gonistas (abajo, de izquierda cha) son: Choi Woo-sik, Kang-ho, Jang Hye-jin y So-dam.

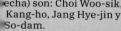

La serie de películas con mayores ingresos brutos

En términos de series de películas con una línea argumental única, las 12 películas de la saga *Star Wars* han generado 10.320.165.229 $. En la imagen aparece el personaje de Rey, interpretado por Daisy Ridley, en la entrega más reciente: *El ascenso de Skywalker* (EE.UU., 2019). Las 26 películas del Universo Cinematográfico de Marvel (ver arriba a la izquierda) han recaudado más del doble (22.587.518.639 $), pero no mantienen un arco argumental continuado.

Películas de animación

Más premios Oscar ganados en toda la vida
La leyenda del cine de animación Walt Disney (EE.UU.) ganó 26 Premios de la Academia entre 1932 y 1969. También recibió la **mayor cantidad de nominaciones al Oscar**: 64. La última, de manera póstuma en 1969 por *Winnie Pu en el bosque encantado* (EE.UU., 1968).

La primera película de animación nominada al Oscar a la mejor película
Hasta 1992 no hubo largometrajes de animación candidatos al Oscar a la mejor película. Ese año, la producción de Disney *La bella y la bestia* (EE.UU., 1991) fue nominada.

La primera película de animación nominada al Oscar a la mejor película extranjera
Vals con Bashir (Israel/Alemania/Francia/EE.UU., 2008) fue nominada en 2009.

El *remake* con mayores ingresos brutos
El *remake* de Jon Favreau de 2019 de la película de Disney *El Rey León* (EE.UU., 1994, detalle) ha recaudado 1.656.313.097 $, lo que supera al *remake* de imagen real de otro clásico de Disney, *La bella y la bestia* (EE.UU., 1991). Aunque la división de acción real de Disney se encargó de «rodar» *El Rey León* (EE.UU., 2019), todas sus tomas excepto una fueron creadas digitalmente por animadores.

La primera película anime en ganar un Oscar
Sen para hihiro no kamikakushi, también conocida como *El viaje de Chihiro* (Japón, 2001), recibió el Oscar a la mejor película de animación el 23 de marzo de 2003.
A 7 de enero de 2020, la **película de animación japonesa con mayores ingresos brutos** es la fantasía romántica *Tu nombre* (*Kimi no na wa*, Japón, 2016), con 359.889.749 $. Fue escrita y dirigida por Makoto Shinkai.

Más premios ganados por un cortometraje de animación
Al 31 de diciembre de 2018, *Cuerdas* (España, 2014), escrita y dirigida por Pedro Solís García (España), había ganado 384 premios. Cuenta una historia de amistad entre dos niños.

El mayor lanzamiento de una película (fin de semana de estreno)
El *remake* de *El Rey León* de Disney se estrenó el 19 de julio de 2019 en 4.725 cines de Norteamérica. (Sobre *El Rey León*, ver arriba).

La película de animación en recaudar mil millones de dólares brutos con mayor rapidez (mercado doméstico)
Producida por Pixar, *Los Increíbles 2* (EE.UU., 2018) tardó solo 47 días en recaudar mil millones de

El acetato en color de una película de animación más cara
En 1999, un acetato pintado a mano de *El Concierto* de Disney (EE.UU., 1935), la primera animación en color de Mickey Mouse, se vendió mediante un acuerdo entre particulares por unos 420.000 $.
El **acetato en blanco y negro más caro de una película de animación** es un dibujo de *The Orphan's Benefit* de Disney (EE.UU., 1934), vendido por 286.000 $ en una subasta de Christie's en Nueva York, EE.UU., el 16 de mayo de 1989.

La serie de películas animadas con mayores ingresos brutos
Las cuatro películas de la franquicia *Gru, mi villano favorito* lanzadas hasta enero de 2020 han recaudado 3.713.742.291 $ en todo el mundo. La más exitosa es *Los minions* (EE.UU., 2015), con una recaudación de 1.160.336.173 $. El lanzamiento de una quinta entrega, *Minions: El origen de Gru*, está programado para el 3 de julio de 2020.

La primera película de animación en recaudar mil millones de dólares brutos
Lanzada en junio de 2010, *Toy Story 3* (EE.UU.) había recaudado mil millones de dólares en las taquillas de todo el mundo en diciembre de ese mismo año. Recaudó 1.063.171.911 $ en los seis meses posteriores a su estreno en cines.
Toy Story (EE.UU., 1995) fue el **primer largometraje de animación por ordenador**. Con 81 min de duración, sigue siendo la película más corta de la franquicia y la película más corta producida por Pixar hasta la fecha.

Todas las cifras están tomadas de The-Numbers.com. Última fecha de actualización: 7 de enero de 2020, a menos que se indique lo contrario.

La primera película animada

The Humpty Dumpty Circus de Vitagraph (EE.UU., 1897) fue concebida por el cofundador de la compañia, Albert E. Smith (EE.UU., n. en R.U.), que tomó prestado el circo de juguete de su hija y usó la técnica de *stop-motion* para filmar a sus acróbatas y animales fotograma a fotograma, cambiando sus posiciones muy ligeramente entre disparos.

Lanzado en 2019, *Pokémon: Detective Pikachu* (EE.UU./Japón/R.U./Canadá), con Ryan Reynolds desempeñando el papel principal, fue la primera película de la serie *Pokémon* de acción real. (Más información en las págs. 194-95).

La **película de animación basada en un videojuego con mayores ingresos brutos** es *Angry Birds* (EE.UU./Finlandia, 2016): 349.334.510 $ en todo el mundo hasta la fecha.

El tráiler de una película de animación más visto en 24 horas

Estrenado el 13 de febrero de 2019, un tráiler de *Frozen II* (EE.UU., 2019) fue visto 116,4 millones de veces en sus primeras 24 horas en distintas plataformas. Superó así los 113,6 millones de visionados del tráiler de *Los Increíbles 2* (EE.UU., 2018), lanzado el 18 de noviembre de 2017.

Hans, Kristoff, Anna y Sven: los nombres de los personajes aluden al escritor de la historia en la que *Frozen* se inspira.

dólares en Norteamérica. La película, la séptima de animación en alcanzar esa cifra, es una secuela tardía de la aclamada película de 2004 protagonizada por la familia de superhéroes Parr.

Los Increíbles 2 es también la **película de animación con guion original con mayores ingresos brutos**: 1.242.805.359 $ hasta la fecha. Solo *Frozen* y *Frozen II* (ver a la derecha), inspiradas en el cuento de Hans Christian Andersen *La reina de las nieves* (1844), han funcionado mejor en taquilla.

La película animada en *stop-motion* con mayores ingresos brutos

Hasta la fecha, el largometraje de Aardman Animations *Evasión en la granja* (EE.UU. /R.U./ Francia, 2000) ha recaudado 227.793.915 $ en todo el mundo.

Más *spin-offs* de una serie de videojuegos

A 7 de enero de 2020 y desde su debut en 1996, *Pokémon* de Nintendo había inspirado 22 largometrajes animados. El estreno de *Pocket Monsters the Movie: Coco*, previsto para julio de 2020, se pospuso debido a la pandemia por COVID-19.

La película de animación más larga de Disney

Con una duración de 124 min, *Fantasía* de Walt Disney (EE.UU., 1940) es la película de animación más larga del estudio hasta la fecha, y la única que supera las dos horas. Un proyecto muy ambicioso en su momento, actualmente está considerada como un hito de la animación. En una de sus secuencias más famosas, Mickey Mouse aparece en el cuento «El aprendiz de brujo» (arriba).

La película de animación con mayores ingresos brutos

Frozen II (EE.UU., 2019, detalle) ha recaudado 1.324.788.837 $ hasta la fecha. También es la **película de animación con mayores ingresos brutos el fin de semana de estreno**: 358.200.000 $ gastados por sus fervientes fans entre el 22 y el 24 de noviembre.

Frozen (EE.UU., 2013), desplazada a la segunda posición de la lista de las películas de animación con mayores ingresos brutos de todos los tiempos, fue coescrita y codirigida por Jennifer Lee (EE.UU.), lo que la convierte en la **primera película con una directora en recaudar mil millones de dólares**.

Artículos de colección de cine

¡No vas a creerte por cuánto se han subastado los accesorios, vestidos, pósteres y guiones más caros de la historia!*

Incluida la prima del comprador

Lote 1: Vestido plisado con escote halter
El vestido más caro del cine

Traje que lució Marilyn Monroe en la famosa escena del metro de la película *La tentación vive arriba* (EE.UU., 1955). Primero lo adquirió la actriz Debbie Reynolds en 1971 con el resto del vestuario de la 20th Century Fox que usó Monroe. Fue subastado el 18 de junio de 2011 en Profiles in History, California, EE.UU.
5.520.000 $

Lote 2: Paneles de acrílico, armazón y 250 bombillas
El decorado más caro

Pista de la discoteca de *Fiebre del sábado noche* (EE.UU., 1977) donde John Travolta realizó sus icónicos bailes. Sus 288 cuadrados de colores tienen una superficie de 7,3 × 5 m. Se subastó en Calabasas, California, EE.UU., el 27 de junio de 2017.
1,2 millones de $

Lote 3: Disfraz hecho con pelo de león y peluca de cabello humano
Los artículos de colección más caros de *El mago de Oz*

Disfraz del diseñador de vestuario de Hollywood Adrian que lució Bert Lahr en *El mago de Oz* (EE.UU., 1939). El rostro se moldeó a imagen de Lahr. «Cuidadosamente envuelto, estaba guardado en uno de los edificios más antiguos del almacén de MGM», dijo el subastador Bonhams. Se subastó el 24 de noviembre de 2014 en Nueva York, EE.UU.
3,1 millones de $

Lote 4: Manuscrito de 140 páginas con notas en tinta turquesa y algunas esquinas plegadas o recortadas
El guion cinematográfico más caro

Guion de Audrey Hepburn para *Desayuno con diamantes* (EE.UU., 1961), con sus anotaciones a mano. Lo compró la joyería Tiffany & Co. el 27 de septiembre de 2017 en Christie's, Londres, R.U.
851.515 $

Lote 5: Coche de segunda mano de un propietario poco cuidadoso
El artículo de colección más caro de *James Bond*

Uno de los cuatro Aston Martin DB5 de 1965 fabricados para los primeros filmes de Bond protagonizados por Sean Connery. Conocido como «el coche más famoso del mundo», incluye, entre otros accesorios, las ametralladoras Browning en el capó y un protector antibalas en el maletero. Se subastó el 15 de agosto de 2019 en Sotheby's, California, EE.UU.
6.385.000 $

Lote 6: Hacha de madera, con la hoja aún afilada
El accesorio más caro de una película de terror
La temible hacha que utilizó el personaje interpretado por Jack Nicholson para echar abajo la puerta del baño en la película *El resplandor*, de Stanley Kubrick (R.U./EE.UU., 1980). Se subastó el 1 de octubre de 2019 en Londres, R.U. «Está en perfectas condiciones, con algunas muescas y rayones debido al uso durante los largos días de rodaje», según la casa de subastas.
211.764 $

Lote 7: Recuerdo cinematográfico,
con algunos agujeritos visibles
El póster de una película más caro
Póster de *Drácula* (EE.UU., 1931), uno de los dos únicos ejemplares que se sabe que existen con este diseño. Subastado en Dallas, Texas, EE.UU., el 18 de noviembre de 2017. Muestra el rostro del actor húngaro Bela Lugosi, que interpretó al vampiro más famoso del mundo en este clásico del cine de terror.
525.800 $

Lote 8: Traje de látex, ideal para Halloween
El traje más caro de un monstruo cinematográfico
Traje de xenomorfo que se lució en la película de ciencia ficción y terror *Alien* (R.U./EE.UU., 1979), del director Ridley Scott, subastado en Profiles in History, California, EE.UU., el 5 de abril de 2007. El emblemático diseño es una creación del artista suizo H. R. Giger, cuyas pinturas macabras fueron claves para inspirar el ambiente de la película.
126.500 $

Lote 9: Casco de fibra de vidrio y espuma
La máscara cinematográfica más cara
Casco y máscara originales de Darth Vader, que lució el actor David Prowse en *El Imperio contrataca* (EE.UU., 1980). Subastado en Profiles in History el 26 de septiembre de 2019, fue descrito por los subastadores como un «santo grial de las películas de ciencia ficción». La máscara apareció en pantalla en el memorable momento en que Darth Vader revela que —¡cuidado, *spoiler*!— es el padre de Luke Skywalker.
1.152.000 $

Lote 10: Robot, montado con piezas sueltas
El artículo de colección más caro
de la saga *Star Wars*
Uno de los droides R2-D2 originales de la primera película de la saga *Star Wars*, de 1977. Subastado el 28 de junio de 2017 en California. La unidad, de 109 cm de alto, contiene piezas añadidas durante el rodaje de la trilogía original (1977-1983), *La amenaza fantasma* (EE.UU., 1999) y *El ataque de los clones* (EE.UU., 2002).
2,76 millones de $

Lote 11: Réplica de pistola hecha a medida
El arma cinematográfica más cara
Pistola bláster BlasTech DL-44 que usó Han Solo, interpretado por Harrison Ford, en *El retorno del Jedi* (EE.UU., 1983). Perteneció durante 35 años a James Schoppe, director artístico de *Star Wars*. Se subastó en la ciudad de Nueva York, EE.UU., el 23 de junio de 2018.
550.000 $

Música

La canción más reproducida en Spotify (actualidad)

Señorita, de Shawn Mendes (Canadá) y Camila Cabello (Cuba/EE.UU.) fue reproducida más de 1.000 millones de veces en Spotify en 2019. A 26 de febrero de 2020, había acumulado 1.266.783.415 reproducciones, convirtiéndose en una de las 20 canciones más populares de todos los tiempos de esta plataforma musical solo ocho meses tras su lanzamiento, el 21 de junio de 2019.

La **canción más reproducida en Spotify de todos los tiempos** es *Shape of You*, de Ed Sheeran (R.U.), con 2.426.887.308 reproducciones a 20 de febrero de 2020. Le sigue en segunda posición *rockstar* (2017), interpretada por Post Malone (ver abajo) en colaboración con 21 Savage, con 1.825.491.185 reproducciones, y a continuación *One Dance* (2016), de Drake en colaboración con Wizkid & Kyla, con 1.814.140.253 reproducciones.

La **canción más reproducida en Spotify en 24 horas (hombres)** es otro tema de Ed Sheeran interpretado con Justin Bieber (Canadá): *I Don't Care*, reproducido 10.977.389 veces el 10 de mayo de 2019 (ver pág. siguiente).

El sencillo digital de EE.UU. que ha logrado más rápido el certificado de diamante

El 22 de octubre de 2019, un *remix* de *Old Town Road*, de Lil Nas X (n. Montero Hill, a la derecha), con la colaboración de Billy Ray Cyrus (ambos de EE.UU.; a la izquierda), recibió un certificado de diamante por la Asociación de la Industria Discográfica de Estados Unidos por los 10 millones de ventas/reproducciones equivalentes a unidades vendidas. Lanzado solo 200 días antes, el 5 de abril de 2019, también es el **sencillo en encabezar las listas en EE.UU. durante más semanas**: 19 semanas consecutivas entre el 13 de abril y el 17 de agosto de 2019.

El artista más galardonado en los Premios *Billboard* de la Música Latina en un año

Ozuna (Puerto Rico) hizo honor a su reputación del «nuevo rey del reguetón» al obtener 11 galardones en los Premios *Billboard* de la Música Latina el 25 de abril de 2019. Tras partir con 23 nominaciones en 15 categorías, finalmente consiguió varios de los premios más prestigiosos, como el del artista del año. Su álbum *Odisea* se mantuvo en lo más alto de la lista de los álbumes latinos durante 46 semanas en 2017-18, algo que solo ha igualado un compatriota suyo (ver pág. 204).

El músico con mayores ingresos brutos anuales (actualidad)

Taylor Swift (EE.UU.) ganó 185 millones de $ del 1 de junio de 2018 al 1 de junio de 2019, según *Forbes*. Su *Reputation Stadium Tour* de 2018 generó 266,1 millones de $ netos, convirtiéndose en la gira más lucrativa en la historia de EE.UU. En 2019, Swift también logró aumentar su increíble cifra de premios de la American Music Awards a 29, tras cosechar nueve nuevos galardones.

El álbum más vendido (actual)

En 2019, se vendieron 3,3 millones de copias del álbum de éxitos *5x20 All the BEST!! 1999-2019* del grupo japonés Arashi, según las cifras publicadas por la Federación Internacional de la Industria Fonográfica. El lote de 4 CD, que incluye 64 temas, se publicó el 26 de junio de 2019 y superó en ventas los trabajos de Taylor Swift, BTS y Billie Eilish (ver pág. siguiente).

Más entradas en las listas de éxitos de sencillos de EE.UU.

Drake (Canadá) se convirtió con *Oprah's Bank Account* en el cantante que en más ocasiones ha alcanzado el Hot 100 de *Billboard*, 208 veces. El tema entró en el número 89 de la lista el 21 de marzo de 2020, casi 11 años después de que lo hiciera su primer sencillo, *Best I Ever Had*. De esta forma, Drake superó los 207 temas que entre 2009 y 2013 colocaron en el Hot 100 el elenco de *Glee*, que sigue siendo el **grupo con más entradas en la lista de éxitos de sencillos de EE.UU.**

Más debuts consecutivos en el n.º 1 en la lista de álbumes de EE.UU.

El rapero Eminem (nombre artístico de Marshall Mathers III, EE.UU.) logró alcanzar por décima vez el n.º 1 de la lista de álbumes *Billboard* 200 de EE.UU. en la semana del debut de un álbum con *Music to be Murdered By*, en la lista publicada el 1 de febrero de 2020. Además, también logró convertirse en el **álbum con más n.º 1 consecutivos en la lista de álbumes de EE.UU.**

El artista más escuchado en Spotify (actualidad)

Los temas del rapero Post Malone (nombre artístico de Austin Post, EE.UU.) se reprodujeron más de 6.500 millones de veces en Spotify en 2019. *Rockstar, Sunflower, Better No* y *Congratulations* cuentan con más de 1.000 millones de reproducciones cada una. A 20 de febrero de 2020, *rockstar* (1.800 millones) y *Sunflower* (1.300 millones) eran la segunda y la octava canción más reproducidas en Spotify (ver arriba las **canciones más reproducidas en streaming**).

Entre los numerosos tatuajes de Post Malone, cabe destacar los retratos que luce en sus dedos de músicos como Elvis Presley, John Lennon y Kurt Cobain.

La canción más larga en entrar en el Hot 100 de *Billboard*

Fear Inoculum, la canción de 10 min y 21 s que da título al quinto álbum de estudio de la banda de *rock* Tool (EE.UU.), debutó en el n.º 93 en la lista de EE.UU. de sencillos el 17 de agosto de 2019. Fue el primer tema de más de 10 min de duración que logró entrar en la lista.

Más semanas en el n.º 1 de la lista de los mejores álbumes *country* de EE.UU.

A 2 de noviembre de 2019, *This One's for You*, de Luke Combs (EE.UU.) había ocupado durante 50 semanas la primera posición de la lista de los mejores álbumes *country* de *Billboard*, récord compartido con *Come on Over*, de Shania Twain (Canadá).

Más semanas en el n.º 1 de la lista Hot Christian Songs de EE.UU.

You Say, de Lauren Daigle (EE.UU.) estuvo 66 semanas no consecutivas en lo más alto de la lista Hot Christian Songs de *Billboard*, entre el 28 de julio de 2018 y el 2 de noviembre de 2019.

El videoclip más antiguo en alcanzar mil millones de visualizaciones en YouTube

El vídeo de *Bohemian Rhapsody* del grupo de *rock* Queen (R.U.) alcanzó los mil millones de visualizaciones el 22 de julio de 2019. La icónica canción, grabada el 10 de noviembre de 1975 y publicada por primera vez en YouTube el 1 de agosto de 2008, tenía 43 años y 254 días de vida.

La gira musical con mayores ingresos brutos

La gira ÷ *[Divide] Tour* del cantante y compositor Ed Sheeran recaudó unos ingresos brutos de 776,2 millones de $ entre el 16 de marzo de 2017 y el 26 de agosto de 2019. En una gira maratoniana que comprendía 255 conciertos en seis continentes, Sheeran actuó ante 8.882.182 espectadores, por lo que es también la **gira musical con mayor asistencia**.

La canción más reproducida en Spotify en 24 horas

El 24 de diciembre de 2019, el éxito navideño de Mariah Carey (EE.UU.) *All I Want for Christmas Is You* se escuchó 12.028.987 veces en *streaming*. Tres días antes, el tema de Carey, en la foto junto a Michael Empric de GWR, le supuso a la intérprete su decimonoveno n.º 1 de la lista Hot 100 de *Billboard*, convirtiendo a Carey en la **solista con más sencillos en llegar al n.º 1 de EE.UU.**

La artista más joven en ganar los «cuatro grandes» premios Grammy

Billie Eilish (EE.UU., n. el 18 de diciembre de 2001) tenía 18 años y 39 días cuando el 26 de enero de 2020 se alzó con los cuatro principales premios Grammy. Ganó el galardón al álbum del año con *When We All Fall Asleep, Where Do We Go?*, el **álbum más reproducido en Spotify (actualidad)**, con 6.000 millones de reproducciones en 2019. También logró los premios a la canción del año, a la grabación del año y al mejor artista nuevo, convirtiéndose en la tercera persona en lograr este hito, después de Christopher Cross (1981) y de Adele (2012).

El 13 de febrero de 2020, con 18 años y 57 días, Eilish lanzó el tema musical para la próxima película del agente 007, *Sin tiempo para morir* (R.U./EE.UU.; ver pág. 195), y se convirtió en la **artista más joven en grabar un tema para una película de *James Bond***.

La artista con más nominaciones a los Grammy

Beyoncé (EE.UU.) ha sido nominada 70 veces a los Grammy (incluyendo las 13 nominaciones cuando era integrante de Destiny's Child) y ha ganado 24 premios. Recibió cuatro nominaciones en la 62.ª ceremonia de entrega de los Grammy, celebrada el 26 de enero de 2020, y se hizo con el premio a la mejor película musical con *Homecoming* (EE.UU., 2019), un documental centrado en uno de sus conciertos.

El álbum en volver a ser n.º 1 en el R.U. tras más tiempo

Abbey Road, de los Beatles (R.U.) tardó 49 años y 252 días en volver a lo más alto de la lista de los álbumes más vendidos del R.U. Inicialmente, se mantuvo durante 17 semanas en el n.º 1, hasta el 31 de enero de 1970, y en 2019, una reedición para conmemorar su 50 aniversario, que incluía temas inéditos descartados de las sesiones de grabación de 1969, alcanzó el n.º 1 el 10 de octubre.

Televisión

La estrella de telenovelas que ha interpretado más tiempo el mismo personaje

El actor británico William Roache interpreta a Ken Barlow en *Coronation Street* (ITV, R.U.) desde el primer episodio, emitido el 9 de diciembre de 1960 (detalle). El 7 de febrero de 2020, 59 años y 61 días después, apareció en el episodio 10.000. *Coronation Street* ostenta el récord de la **telenovela que lleva más tiempo en antena**. Se ha programado un especial para diciembre de 2020 para celebrar su 60 aniversario.

El presentador de televisión mejor pagado

Según las estimaciones de *Forbes*, entre el 1 de julio de 2018 y el 1 de julio de 2019, el Dr. Phil McGraw (EE.UU.) ganó 95 millones de $.

La estrella de las entrevistas Ellen DeGeneres (EE.UU.) es la **presentadora de televisión mejor pagada** (80,5 millones de $ en ese mismo período).

La carrera más larga como presentador del mismo concurso

Desde el 5 de septiembre de 1983, Pat Sajak (EE.UU.) presenta la edición estadounidense del concurso *La rueda de la fortuna*; un total de 36 años y 167 días a 19 de febrero de 2020.

La serie de animación que lleva más tiempo en antena

El 5 de octubre de 1969, se estrenó la serie de anime *Sazae-san* (Japón), que continua en antena a marzo de 2020. La **comedia de situación de dibujos animados que lleva más tiempo en antena** es *Los Simpson* (FOX, EE.UU.), cuya familia protagonista forma parte del Salón de la Fama de GWR (ver págs. 210-11).

Más Premios Primetime Emmy a...

• **La mejor serie dramática**: cinco series estadounidenses han recibido este galardón cuatro veces: *Juego de tronos* (HBO, 2015-16, 2018-19), *Mad Men* (AMC, 2008-11), *El ala oeste de la Casa Blanca* (NBC, 2000-03), *La ley de Los Ángeles* (NBC, 1987, 1989-91) y *Canción triste de Hill Street* (NBC, 1981-84).
• **Una serie dramática**: tras los 12 galardones cosechados en la 71.ª edición de 2019, *Juego de tronos* suma la cifra récord de 59. También estableció el récord de **más candidaturas a los Emmy en un año** (drama): 32.

La maratón de entrevistas más larga (equipo)

Entre el 12 y el 15 de noviembre de 2019, Sebastian Meinberg y Ariane Alter (ambos de Alemania) realizaron un programa de entrevistas que duró 72 h, 5 min y 11 s. La pareja de incansables presentadores dieron la bienvenida a distintos invitados en el plató de *Das schaffst du nie!* en Ismaning, Alemania.

El éxito de *Juego de tronos* contribuyó a que HBO estableciera en la ceremonia de 2019 el récord de **más candidaturas a los premios Emmy de un canal de televisión en un solo año**: 137. Otras dos series de HBO, *Chernóbil* (ver pág. siguiente) y *Barry*, sumaron 19 y 17 candidaturas respectivamente.

Más premios Nickelodeon Kids 'Choice a una serie de animación

Bob Esponja (Nickelodeon, EE.UU.) se ha alzado 16 veces con el premio a la «serie de animación favorita» en los Kids 'Choice Awards, las últimas 11 ocasiones de forma consecutiva. Su victoria más reciente se produjo en la 32.ª ceremonia, celebrada el 23 de marzo de 2019.

Más dinero recaudado en Kickstarter para un proyecto televisivo

Entre el 4 de marzo y el 17 de abril de 2019, un equipo de *Critical Role* (EE.UU.), un programa de juegos de rol de mesa semanal, recaudó 11.385.449 $ en promesas de financiación de 88.887 mecenas. El objetivo era financiar la serie de animación de 10 episodios *The Legend of Vox Machina*. Cuando se lanzó este proyecto de micromecenazgo, el objetivo era recaudar 750.000 $.

Edna se convirtió en «Dame» en la película de 1974 *Barry McKenzie Holds His Own*. El entonces primer ministro australiano, que hace una aparición en la película, le otorgó el título.

El personaje interpretado más tiempo por el mismo actor

A 31 de diciembre de 2019, el cómico y actor galardonado con un premio Tony Barry Humphries (Australia) había interpretado a Dame Edna Everage durante 64 años y 12 días. El 19 de diciembre de 1955, Humphries hizo su debut como la entonces Sra. Everage mientras estaba de gira con la Union Company Repertory Theatre de la Universidad de Melbourne. Everage, que hoy ostenta el título honorífico de «Dame», ha disfrutado de una carrera estable en la televisión, el teatro y el cine, y sigue actuando a pesar de haber anunciado su retirada en varias ocasiones.

La puntuación más alta de una serie de televisión en Metacritic

Estos son los programas de televisión mejor valorados de la última década según Metacritic. Se calcula un porcentaje promedio («Metascore») según los comentarios de críticos profesionales. En esta tabla, esa nota viene seguida de las calificaciones de los usuarios (sobre 10).

Año	Programa	Metascore	Usuarios
2020	*BoJack Horseman* (Netflix, EE.UU.; arriba a la izquierda): Temporada 6,5	9,3	9,2
2019	*Fleabag* (BBC, R.U.; arriba a la derecha): Temporada 2	9,6	8,7
2018	*Planet Earth: Blue Planet II* (BBC, R.U.)	9,7	8,2
2017	*The Leftovers* (HBO, EE.UU.): Temporada 3	9,8	9,1
2016	*Rectify* (Sundance TV, EE.UU.): Temporada 4	9,9	8,7
2015	*Fargo* (FX, EE.UU.): Temporada 2	9,6	9,2
2014	*Juego de tronos* (HBO, EE.UU.): Temporada 4	9,4	9,2
2013	*Enlightened* (HBO, EE.UU.): Temporada 2	9,5	7,6
2012	*Breaking Bad* (AMC, EE.UU.): Temporada 5	9,9	9,6
2011	*Breaking Bad* (AMC, EE.UU.): Temporada 4	9,6	9,5

Fuente: Metacritic.com

La serie de televisión de estreno más solicitada

Chernóbil (HBO, EE.UU.), estrenada el 6 de mayo de 2019, llegó a 3,140 DEx/c (expresiones de demanda per cápita). La serie gira en torno al desastre ocurrido en la central nuclear soviética del mismo nombre en abril de 1986 (ver pág. 139) y la posterior operación de limpieza.

La **serie de televisión de superhéroes más solicitada** es *The Flash* (The CW, EE.UU.), con 5,674 DEx/c. Un rayo radiactivo alcanza al héroe, Barry Allen (interpretado por Grant Gustin, detalle), y lo dota de una velocidad sobrehumana.

Las series de TV más demandadas

Género	Programa	DEx/c
Basada en un libro y general	*Juego de tronos* (HBO, EE.UU.)	12,686
De origen digital	*Stranger Things* (Netflix, EE.UU.)	7,357
Drama de ciencia ficción	*Stranger Things*	7,357
Basada en la adaptación de un cómic	*The Walking Dead* (AMC, EE.UU.)	5,727
Acción y aventura	*The Flash* (The CW, EE.UU.)	5,674
Comedia	*The Big Bang Theory* (CBS, EE.UU.)	4,991
Comedia de situación	*The Big Bang Theory*	4,991
Drama adolescente	*Riverdale* (The CW, EE.UU.)	4,553
Drama médico	*Anatomía de Grey* (ABC, EE.UU.)	4,307
Remake de una serie	*Shameless* (Showtime, EE.UU.)	3,978
Serie de animación	*Rick y Morty* (Adult Swim, EE.UU.)	3,859
Drama legal	*Suits* (USA Network, EE.UU.)	3,694
Horror	*American Horror Story* (FX, EE.UU.)	3,471
Programa infantil	*Bob Esponja* (Nickelodeon, EE.UU.)	3,319
Basada en la adaptación de una película	*Westworld* (HBO, EE.UU.)	3,263
Anime	*One-Punch Man* (TV Tokyo, Japón)	2,990
Reality	*The Voice* (NBC, EE.UU.)	2,936
Programa de variedades	*The Daily Show* (Comedy Central, EE.UU.)	2,546
Drama romántico	*Outlander* (Starz, EE.UU.)	2,515
Telenovela	*Dynasty* (The CW, EE.UU.)	2,262
Documental	*Planeta Tierra* (BBC, R.U.)	1,395

Fuente: Parrot Analytics. Cifras actualizadas a 18 de febrero de 2020

¿Qué significa DEx/c?

Para evaluar la demanda multiplataforma de las series de televisión, GWR ha recurrido a Parrot Analytics, especialistas en análisis de datos. Esta empresa ha ideado un sistema de «medición de la demanda de contenidos para la televisión» que cuantifica los modos en que los espectadores siguen los programas de televisión. Analizan todo, desde la transmisión de vídeos en *streaming* hasta los *hashtags* y los «me gusta» en redes sociales. Cuanto más esfuerzo (es decir, tiempo) recibe un programa de televisión, mejor es ponderado. El valor «expresiones de demanda per cápita» (DEx/c) representa la media de seguimiento diario de un programa en un período determinado por cada 100 personas de la audiencia global.

Más Premios Primetime Emmy al...

- **Mejor presentador de un *reality* o programa de competición**: cuatro, para RuPaul Charles (EE.UU., arriba) por *RuPaul's Drag Race* (Logo TV, VH1; EE.UU.); lo comparte con Jeff Probst, por el programa de la CBS *Survivor* (ambos de EE.UU.).
- **Programa original en línea-*streaming***: 16, por *The Marvelous Mrs. Maisel* (Prime Video, EE.UU.), protagonizado por Rachel Brosnahan (derecha).

La serie de televisión más demandada

Según los especialistas en análisis de datos de Parrot Analytics, en 2019, *Juego de tronos* (HBO, EE.UU.) volvió a erigirse como la serie más popular, con una calificación de 12,686 DEx/c. La serie, que se inspira en el conjunto de novelas de fantasía heroica *Canción de hielo y fuego* de George R. R. Martin, se estrenó en 2011 y concluyó en mayo de 2019.

Redes sociales

▶ **Más vídeos de un músico en alcanzar mil millones de visualizaciones en YouTube**
A fecha de febrero de 2019, la estrella puertorriqueña del pop Ozuna contaba con siete vídeos musicales en YouTube con más de mil millones de visualizaciones cada uno. Además, comparte el récord de **más semanas en el n.º 1 de la lista Top Latin Albums de** *Billboard* **(hombres)**. Su *Odisea* (2017) estuvo en lo más alto de la lista durante 46 semanas, igual que *X 100PRE* (2018), del también cantante de reguetón Bad Bunny (alias artístico de Benito Antonio Martínez Ocasio, Puerto Rico).

El vídeo más visto en internet
El vídeo musical de *Despacito*, de Luis Fonsi con la colaboración de Daddy Yankee (ambos de Puerto Rico), se mantiene como el más visto, con 6.731.095.978 visualizaciones. También es el **primer vídeo de YouTube en alcanzar las 5.000 millones de visualizaciones**, cifra lograda el 4 de abril de 2018.

El vídeo musical más visto en YouTube en 24 horas
Boy with Luv, que el grupo coreano BTS interpreta en colaboración con Halsey (EE.UU.), está reconocido oficialmente por YouTube como el vídeo musical con más visualizaciones en un día: 74,6 millones el 12 de abril de 2019. Tres meses después, sin embargo, transcendió que *Paagal*, del rapero indio Badshah (n. Aditya Singh), había

acumulado 75 millones de visualizaciones en 24 horas tras su publicación en YouTube el 10 de julio de 2019. La polémica se desató cuando se rumoreó que «Badshah y sus representantes habían adquirido anuncios de Google y YouTube con el vídeo enlazado o que dirigían a los fans a él de algún otro modo», con lo que inflaban la cifra de visualizaciones de forma artificial. «Comprar visualizaciones» se ha convertido en una práctica habitual en la industria de la música, por lo que YouTube podría estar reevaluando el método para contabilizarlas.

La imagen con más «me gusta» en Instagram
La fotografía más popular en la red social para compartir imágenes es la de un huevo moteado de color marrón, con más de 54,3 millones de «me gusta» a 13 de abril de 2020. Fue publicada por primera vez el 4 de enero de 2019 por Egg Gang, con la intención de ayudar a la gente que sufre estrés y ansiedad a causa de las presiones de las redes sociales.

El pato más seguido en Instagram
La cuenta «minnesotaduck», de *Ben Afquack* y su dueño Derek Johnson (EE.UU.), acumula 79.068 seguidores. El pato pequinés se hizo viral por primera vez con un vídeo en el que aparecía repiqueteando con sus patas.
La ▶ **gata más seguida en Instagram** es *Nala*, con 4.360.373 fans. Esta gata mezcla de siamesa y persa pasó de la miseria a la gloria: fue adoptada de una protectora de animales en Los Ángeles, California, EE.UU., y ahora vive con Varisiri Pookie Methachittiphan y Shannon Ellis (ambos de EE.UU.).

El mayor número de seguidores en TikTok
Charli D'Amelio (EE.UU.) se convirtió en la **primera persona con 50 millones de seguidores en TikTok** el 22 de abril de 2020. A 30 de abril, contaba con 52.037.851 fans. Alcanzó el primer puesto en tan solo 10 meses, y había empezado a publicar vídeos de baile en la plataforma en verano de 2019.
El **hombre más seguido en TikTok** es Zach King (EE.UU.). Sus vídeos de lo que él llama «magia digital» cuentan con el respaldo de 42.023.513 seguidores.

El *youtuber* que genera más ingresos (actual)
Según los cálculos de *Forbes*, Ryan Kaji (alias de Ryan Guan, EE.UU.) obtuvo unos ingresos netos de 26 millones de $ durante los 12 meses precedentes al 1 de junio de 2019. Este niño de 8 años saltó a la fama con su canal de *unboxing* «Ryan ToysReview». Ahora renombrado como «Ryan's World», incluye también salidas en familia y divertidas demostraciones de ciencia; a 1 de mayo de 2020 contaba con 24,8 millones de suscriptores.

Las 10 estrellas de YouTube con mayores ingresos en 2018-19

Nombre	Ingresos	Temática
Ryan Kaji (EE.UU., izquierda)	26 m de $	Niños
Dude Perfect (EE.UU.)	20 m de $	Deportes y acrobacias
Anastasia Radzinskaya (Rusia, abajo)	18 m de $	Niños
Rhett & Link (Rhett McLaughlin y Charles Lincoln Neal, ambos de EE.UU.)	17,5 m de $	Comedia
Jeffree Star (Jeffrey Lynn Steininger Jr., EE.UU.)	17 m de $	Maquillaje
«Preston» (Preston Arsement, EE.UU.)	14 m de $	Videojuegos
«PewDiePie» (Felix Kjellberg, Suecia)	13 m de $	Videojuegos
«Markiplier» (Mark Fischbach, EE.UU.)	13 m de $	Videojuegos
«DanTDM» (Daniel Middleton, R.U.)	12 m de $	Videojuegos
«VanossGaming» (Evan Fong, Canadá)	11,5 m de $	Videojuegos

Fuente: Forbes; *conversiones a 1 de junio de 2019*

Anastasia nació con una parálisis cerebral. Sus padres empezaron a grabar vídeos de ella para informar a los amigos y familiares sobre su estado de salud, lo que dio lugar a una serie de canales de YouTube muy populares.

El entusiasmo que despertó el debut de los protagonistas de *Friends* en Instagram probablemente se debió a los rumores sobre un programa especial por el 25.º aniversario de la serie.

El canal de Mixer más seguido

El jugador de videojuegos profesional «Ninja» (alias de Richard Tyler Blevins, EE.UU.) tiene 3.039.855 seguidores. «Ninja» cambió Twitch por Mixer de Microsoft el 1 de agosto de 2019, y su canal se convirtió enseguida en el más popular. A pesar de su marcha, sigue conservando el **canal de Twitch más seguido**, con más de 14,7 millones de fans.

Con 59.432.637 visualizaciones, también es el **canal de Mixer más visto**, superando por muy poco al jugador de videojuegos español David Cánovas Martínez, más conocido como «TheGrefg».

La persona con más «me gusta» en Facebook (mujeres)

La cantante Shakira (n. Shakira Isabel Mebarak Ripoll, Colombia) cuenta con 99.930.971 «me gusta» en Facebook. Para la **persona con más «me gusta» en Facebook**, ver abajo.

El menor tiempo en alcanzar un millón de seguidores en Instagram

La actriz Jennifer Aniston (EE.UU.) alcanzó el millón de seguidores en 5 h y 16 min el 15 de octubre de 2019. La cifra subió a los 5 millones de seguidores 12 h después de su primera publicación, un selfi con los otros protagonistas de la serie *Friends*: Lisa Kudrow, Courteney Cox, Matt LeBlanc, Matthew Perry y David Schwimmer. El 6 de febrero de 2020, Perry (detalle) se convirtió en el último del grupo en unirse a Instagram, y logró 4,4 millones de seguidores en un día.

El canal de YouTube con más suscriptores

El sello discográfico y productora cinematográfica T-Series (India) ha acumulado más de 138 millones de suscriptores. Otros *youtubers* que han encabezado sus respectivas categorías, según SocialBlade, son:
• **Comedia**: «PewDiePie» (Suecia, ver tabla de la pág. anterior); 104 millones de suscriptores.
• **Videojuegos**: «Fernanfloo» (Luis Fernando Flores Alvarado, El Salvador); 35,9 millones de suscriptores.
• **Música**: Justin Bieber (Canadá); 53,5 millones de suscriptores.
• **Mascotas y animales**: «Brave Wilderness», dirigido por Coyote Peterson (EE.UU.); 15,9 millones de suscriptores.
• **Ciencia y tecnología**: «Vsauce», dirigido por Michael Stevens (EE.UU.); 15,6 millones de suscriptores.

El menor tiempo en lograr un millón de seguidores en TikTok

El 25 de septiembre de 2019, la banda coreana BTS tardó tan solo 3 h y 31 min en acumular un millón de fans en TikTok. La aplicación permite a los usuarios colgar sus vídeos caseros (desde coreografías y actuaciones de *playback* hasta trucos de magia y *parkour*) y ver los de otros intérpretes. Los vídeos tienen una duración límite de 15 s, aunque los usuarios pueden unirlos y crear un único archivo de un minuto.

Más seguidores en Twitter

El expresidente de EE.UU. Barack Obama es la persona con más seguidores en Twitter: 116.397.276. La estrella del pop canadiense Justin Bieber ocupa actualmente el segundo lugar, con 111.255.013 seguidores.

La anterior poseedora del récord, la cantante y compositora estadounidense Katy Perry (n. Katheryn Hudson), ocupa el tercer puesto de la lista, aunque con sus 108.506.809 fans sigue siendo la **mujer con más seguidores en Twitter**.

Más seguidores en Weibo

La presentadora de televisión, cantante y actriz Xie Na (China) cuenta con 125.332.618 fans en la web china de *microblogging*, como confirmaron representantes de Weibo el 25 de abril de 2020.

El **hombre más seguido en Weibo** es la estrella televisiva He Jiong (China), con 118.812.459 fans en la misma fecha. Ha presentado el programa televisivo de variedades *Happy Camp* durante más de 20 años.

El lugar con más seguidores en Twitter

La cuenta de Twitter del Museo de Arte Moderno (@MuseumModernArt) de la ciudad de Nueva York, EE.UU., cuenta con 5.381.330 seguidores, y supera por poco a los de la Galería Tate, del R.U.

El vídeo musical más visto de un artista en YouTube en 24 horas

El 27 de abril de 2019, el vídeo «ME!», de Taylor Swift (EE.UU.), registró 65,2 millones de visualizaciones. Colabora en el vídeo Brendon Urie, de Panic! at the Disco.

El mayor número de seguidores en Instagram (mujeres)

La cantante y compositora Ariana Grande (EE.UU.) cuenta con 182.260.250 seguidores en Instagram.

El delantero de fútbol Cristiano Ronaldo (Portugal) cuenta con el **mayor número de seguidores en Instagram** (214.941.702). Gracias a su gran éxito con el Manchester United y el Real Madrid, Ronaldo se ha convertido también en la **persona con más «me gusta» en Facebook**, con 122.525.916 pulgares levantados.

Ariana Grande también es la **artista musical con más suscriptores en YouTube (mujeres)**, con más de 40,6 millones de fans.

Juguetes y juegos

El cromo de *Pokémon* más caro vendido en una subasta

El 23 de octubre de 2019, se vendió un ejemplar del cromo de tipo Trainer Promo Hologram «Pikachu Illustrator» por 195.000 $ en Weiss Auctions, Nueva York, EE.UU. Diseñado por el creador de Pikachu, Atsuko Nishida, es una de las 39 copias realizadas en 1998.

El juego de mesa más antiguo

Se han encontrado tableros de senet (o «juego de pasar») en tumbas de la época predinástica en Abidos, en el actual Egipto, que se remontan al año 3500 a.C. Dos jugadores movían un conjunto de hasta siete piezas por un tablero con tres filas de 10 casillas. Este juego ancestral con connotaciones religiosas representa el viaje para reunirse con el dios Sol. Gana el jugador que consigue sacar antes todas sus piezas del tablero.

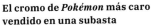

El juego de persecución más multitudinario

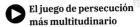

El 16 de septiembre de 2019, Fischer's y Fans of Fischer (ambos de Japón) reunieron a 10.908 personas en un juego de persecución en Suita, Osaka, Japón.

La **maratón de Laser Tag más larga** duró 26 h y 40 s. Celebrada del 22 al 23 de agosto de 2019, la organizó Zap Zone en Canton, Michigan, EE.UU.

El juego de mesa más grande

El DKT es un juego similar al Monopoly en el que el objetivo es pagar un préstamo inicial. El 22 de noviembre de 2019, Junge Wirtschaft Steiermark, Wirtschaftskammer Steiermark, Bernd Liebminger y Christoph Kovacic (todos de Austria) presentaron en Graz, Austria, un tablero de DKT de 1.006,4 m², unas 13.400 veces más grande que uno de tamaño estándar.

La colección más grande de juegos de Monopoly

A 5 de septiembre de 2018, Neil Scallan (R.U.) poseía 2.249 juegos de Monopoly, tal como pudo confirmarse en Crawley, West Sussex, R.U. Neil comenzó a reunir ediciones locales de este juego de mesa como recuerdos de sus vacaciones.

Menos movimientos para completar un cubo de Rubik

Sebastiano Tronto (Italia) resolvió un cubo de 3 × 3 × 3 en 16 movimientos durante el FMC («Fewest Evento Moves Count»), celebrado del 15 al 16 de junio de 2019.

El cubo de Rubik más grande

El 18 de noviembre de 2019, Tony Fisher (R.U.), fan del cubo de Rubik, presentó una versión extragrande de este clásico rompecabezas con unas aristas de 2,022 m de largo en Ipswich, Suffolk, R.U. Tony necesitó unas 330 horas para crear este gran cubo, completamente funcional, con piezas de plástico, cartón, muelles y resina.

La pieza de ajedrez más cara vendida en una subasta

100 %

El 2 de julio de 2019, se vendió en la sala de Sotheby's de Londres, R.U., una figura de un «guardián» del siglo XII tallada en marfil de morsa por 930.415 $. Un anticuario la había comprado en 1964 por apenas 14 $. Equivalente a la torre, el guardián era una de las cinco piezas extraviadas mucho tiempo atrás pertenecientes al llamado Ajedrez de la isla de Lewis, un tesoro descubierto en esa isla escocesa en marzo de 1831. Lo más probable es que su origen sea nórdico.

Más participantes en la construcción de la maqueta de una ciudad con bloques de LEGO® en ocho horas

El 22 de septiembre de 2019, 1.025 personas construyeron un paisaje urbano con unos 380.000 bloques de LEGO en Shanghái, China. Playable Design y Shanghai Tower, el segundo edificio más alto del mundo (ambos de China), se encargaron de supervisar el reto.

El set de LEGO más grande de...

• **Un diorama**: 21,04 m², realizado por Edgaras Račinskas (Lituania) y Abhinav Sarangi (India) en LEGO House, en Billund, Dinamarca, el 23 de junio de 2019. La maqueta incluía unas 540 habitaciones en miniatura reunidas en una única escena con motivo del lanzamiento de *Tower*, un nuevo juego para móviles de LEGO.

• **Notre Dame**: 2,72 × 3,78 × 1,43 m, construida por Ivan Angeli en un evento organizado por Wystawa Klocków (ambos de Polonia). Se presentó en la capital de Polonia, Varsovia, el 9 de enero de 2020. Este homenaje a la icónica catedral arrasada por el fuego en abril de 2019 requirió de más de 400.000 bloques de LEGO.

Más personas resolviendo cubos de Rubik con una sola mano

El 23 de diciembre de 2019, 610 niños de la escuela de primaria Chaoyang (China) resolvieron cada uno un cubo de Rubik de 3 × 3 × 3 con una mano en la Capital Normal University, Pekín, China. Todos eran alumnos de primero a sexto curso. Es tradición de la escuela que los estudiantes aprendan a resolver este famoso rompecabezas ideado por Ernő Rubik.

Récords de velocidad de la World Cube Association

Récord	Individual	Poseedor	Media	Poseedor
3 × 3 × 3	3,47	Yusheng Du (China)	5,53	Feliks Zemdegs (Australia)
2 × 2 × 2	0,49	Maciej Czapiewski (Polonia)	1,21	Martin Vædele Egdal (Dinamarca)
4 × 4 × 4	17,42	Sebastian Weyer (Alemania)	21,11	Max Park (EE.UU.)
5 × 5 × 5	34,92	Max Park	39,65	Max Park
6 × 6 × 6	1:09,51	Max Park	1:15,90	Max Park
7 × 7 × 7	1:40,89	Max Park	1:46:57	Max Park
3 × 3 × 3 a ciegas	15,50	Max Hilliard (EE.UU.)	18,18	Jeff Park (EE.UU.)
3 × 3 × 3 con menos movimientos	16	Sebastiano Tronto (Italia)	21	Cale Schoon (EE.UU.)
3 × 3 × 3 con una mano	6,82	Max Park	9,42	Max Park
3 × 3 × 3 con los pies	15,56	Mohammed Aiman Koli (India)	19,90	Lim Hung (Malasia)
Clock	3,29	Suen Ming Chi (China)	4,38	Yunhao Lou (China)
Megaminx	27,22	Juan Pablo Huanqui (Perú)	30,39	Juan Pablo Huanqui
Pyraminx	0,91	Dominik Górny (Polonia)	1,86	Tymon Kolasiński (Polonia)
Skewb	0,93	Andrew Huang (Austria)	2,03	Łukasz Burliga (Polonia)
Square-1	4,95	Jackey Zheng (EE.UU.)	6,54	Vicenzo Guerino Cecchini (Brasil)
4 × 4 × 4 a ciegas	1:02,51	Stanley Chapel (EE.UU.)	1:08,76	Stanley Chapel
5 × 5 × 5 a ciegas	2:21,62	Stanley Chapel	2:27,63	Stanley Chapel
3 × 3 × 3 más veces a ciegas*	Graham Siggins (EE.UU.) resolvió 59 de 60 cubos en una hora (59:46).			

*Cifras actualizadas a 14 de febrero de 2020. Tiempos en min,s. *No existen medias en esta categoría.*

La figura de *Star Wars* más cara vendida en una subasta en línea

El 7 de noviembre de 2019, una figura de juguete del cazarrecompensas Boba Fett, de la saga *Star Wars*, se vendió por 185.850 $ en Hake's Auctions. En 1979, el fabricante de juguetes Kenner diseñó un prototipo de este personaje impulsado por un motor a reacción que finalmente no se puso a la venta. Casi todos los prototipos se destruyeron y pocos han llegado al mercado.

El más rápido en repartir una baraja de cartas

El 6 de enero de 2019, Arpit Lall (India) repartió una baraja de cartas entre cuatro montones en 16,92 s en Chhattisgarh, India.

La maratón de ajedrez más larga

Hallvard Haug Flatebø y Sjur Ferkingstad (ambos de Noruega) jugaron al ajedrez durante 56 h, 9 min y 37 s en Haugesund, Noruega, del 9 al 11 de noviembre de 2018. Ambos son aficionados al ajedrez «blitz», en el que las partidas no duran más de 20 min.

Más puntos en la clasificación de ajedrecistas

En mayo de 2014, el maestro noruego Magnus Carlsen sumaba 2.882 puntos en la clasificación de la FIDE (Federación Internacional de Ajedrez), marca que igualó en agosto de 2019. A 17 de febrero de 2020, era el número 1 del mundo, algo que había logrado por primera vez 10 años antes.

100 %

La pista de Hot Wheels más larga

Con el fin de promover la educación CTIM entre sus empleados y sus familias, el 24 de agosto de 2019, la empresa de ingeniería Alfred Benesch & Co. (EE.UU.) construyó una pista de Hot Wheels de 663,3 m de longitud que descendía por una colina en Foster Township, Pensilvania, EE.UU.

En el Chicago Auto Show de Illinois, EE.UU., el 5 de febrero de 2020, un coche prototipo realizó siete bucles seguidos en una pista de 10,3 m, el **mayor número de bucles enlazados en una pista de Hot Wheels**. Hot Wheels y Jaguar Land Rover organizaron el evento, y Mike Zarnock (todos de EE.UU.), «historiador de Hot Wheels» y presentador del canal de YouTube Hot Wheels TV, construyó la pista.

La mayor distancia recorrida caminando descalzo sobre bloques de LEGO®

El 14 de noviembre de 2019, Salacnib Sonny Molina (EE.UU.) caminó 3,86 km sobre bloques de LEGO en Woodstock, Illinois, EE.UU. Quiso batir este récord en honor a su padre, fallecido a principios de año.

Sonny también tiene el récord de **más días consecutivos corriendo una maratón descalzo**: 11, del 3 al 13 de junio de 2018.

Más piezas de jenga apiladas en vertical en un único bloque

El 24 de enero de 2019, Tai Star Valianti (EE.UU.) equilibró con todo cuidado un total de 353 piezas de jenga en un único bloque invertido en la biblioteca de Safford City-Graham County, Arizona, EE.UU. La tarea requería un pulso extremadamente firme, y el proceso fue lento: Tai se tomó varios descansos de 30 s mientras construía la torre antes de seguir apilando piezas.

Más fichas de dominó colocadas en vertical en un minuto

El 14 de julio de 2019, Rob Vegter-Kruze (Países Bajos) colocó 80 fichas de dominó en vertical en Winschoten, Países Bajos. Según el reglamento, las fichas cayeron a continuación realizando con éxito el efecto dominó.

El récord de **más fichas de dominó apiladas** es 1.120, logrado por Alexander Bendikov (Rusia) en Sebastopol, Crimea, el 18 de mayo de 2019.

Más aviones de papel hechos por un equipo en una hora

El 21 de agosto de 2019, 703 personas de la AXA China Region Insurance Company (Hong Kong) hicieron 12.026 aviones de papel con capacidad para volar, en Hong Kong, China.

El menor tiempo en construir el *Halcón Milenario* de *Star Wars* de LEGO

Johannes Roesch, Kathi Stutz, Ralf Johannes y Gabriel Cabrera Parra (todos de Alemania) construyeron el *Halcón Milenario* de LEGO (modelo #75192) en 2 h, 51 min y 47 s. Esta construcción rapidísima tuvo lugar en Walldorf, Alemania, el 18 de julio de 2019. El *Halcón* se compone de 7.541 piezas, que lo convierten en el **set de LEGO más grande disponible comercialmente**.

Las icónicas «mandíbulas» frontales del *Halcón* albergaban originalmente una cápsula de escape. Como se cuenta en *Han Solo: una historia de Star Wars* (EE.UU., 2018), Han se deshizo de la unidad y se olvidó de reemplazarla.

Recopilatorio

Más Kid's Choice Awards de Nickelodeon

En la 32.ª edición de los Kid's Choice Awards, celebrada el 23 de marzo de 2019, la cantante y actriz estadounidense Selena Gomez obtuvo su 11.º «Blimp». Recibió este último galardón, a la voz femenina preferida en una película de animación, por su interpretación de Mavis en *Hotel Transilvania 3: Unas vacaciones monstruosas* (EE.UU., 2018). Con este nuevo reconocimiento, igualó al actor estadounidense Will Smith, aunque hay quien podría sostener que Selena lo supera, ya que dos de los premios de Smith son honoríficos.

La ceremonia de entrega de premios infantiles televisada desde hace más tiempo

Los Kid's Choice Awards de Nickelodeon (ViacomCBS, EE.UU.) se estrenaron el 18 de abril de 1988 y la última ceremonia se televisó el 2 de mayo de 2020 (32 años después). Ante la pandemia por COVID-19, en 2020 se celebró virtualmente.

Los más buscados...

Al final de cada año, Google (el **motor de búsqueda más grande del mundo**) publica su informe anual *Trends*, donde revela las búsquedas más populares de los doce meses previos. Algunos de los temas más buscados en 2019 fueron:
Hombres y **absoluto**: el jugador de fútbol americano Antonio Brown (EE.UU.).
Mujeres: la cantante Billie Eilish (EE.UU., ver pág. 201).
Película: *Vengadores: Endgame* (EE.UU., 2019; ver pág. 195).
Programa de televisión: *Juego de Tronos* (HBO, EE.UU., ver pág. 203).

Más votos del público en un programa de televisión

Entre el 29 y el 31 de marzo de 2020, los espectadores de *Big Brother Brasil 20* (Globo, Brasil) emitieron 1.532.944.337 votos, con los que pulverizaron el récord de 132.311.283 votos recibidos durante la final de la 11.ª edición de *American Idol*

(FOX, EE.UU.) del 22-23 de marzo de 2012.

El musical más longevo del West End

Hay dos espectáculos que compiten por este título.
El fantasma de la ópera se representa en el Her Majesty's Theatre del West End londinense desde que se estrenara el 9 de octubre de 1986, hace 32 años.
Los miserables se estrenó en el West End en el Palace Theatre el 5 de diciembre de 1985, pero ha cambiado de ubicación en varias ocasiones. Bajó el telón el 13 de julio de 2019, después de 33 años. Fue sustituido por una versión orquestal

Más accesorios funcionales en un traje de *cosplay*

Keith Dinsmore (EE.UU.) se viste con regularidad con un traje de Batman (el superhéroe que combate el crimen en Gotham) que incluye 30 dispositivos totalmente funcionales, como se confirmó en Portland, Maine, EE.UU., el 24 de mayo de 2019. Entre los accesorios destaca un batarang, un casco con Bluetooth, un dispositivo de rastreo, un equipo de huellas dactilares y, por supuesto, una batseñal portátil.

El grupo de música con más seguidores en Songkick

La banda de *rock* Coldplay (R.U., cuyo vocalista es Chris Martin; arriba) tenía 3.840.257 seguidores en el sitio web de música en vivo Songkick, a 25 de febrero de 2020.
En esa misma fecha, el **artista con más seguidores** en total era Rihanna (n. Robyn Rihanna Fenty, Barbados), con 3.867.117 fans.

La productora ejecutiva de Hollywood más joven

Cuando la comedia *Pequeño gran problema* (EE.UU.) se estrenó el 12 de abril de 2019, su protagonista y productora ejecutiva, Marsai Martin (EE.UU., n. el 14 de agosto de 2004), solo tenía 14 años y 241 días. *Pequeño gran problema* narra la historia de una jefa dominante que vuelve a la niñez. A Martin se le ocurrió la idea mientras rodaba la serie de televisión *Black-ish* (ABC, EE.UU.).

El festival de música con más ingresos brutos (actualidad)

El Outside Lands Music & Arts Festival (abajo), celebrado en el Golden Gate Park de San Francisco, California, EE.UU., del 9 al 11 de agosto de 2019, generó 29.634.734 dólares, que lo convirtieron en el festival más taquillero del año. En el evento participaron Paul Simon, Childish Gambino y Twenty One Pilots.
Lollapalooza Brasil (detalle) fue el **festival de música con más entradas vendidas (actualidad)**: 246.000. Con un cartel que incluía a Arctic Monkeys, Kings of Leon y Sam Smith, se celebró en el Autódromo de Interlagos de São Paulo, Brasil, del 5 al 7 de abril de 2019. Ambos récords se basan en los datos registrados por *Pollstar*, una revista dedicada a la música en vivo.

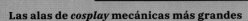

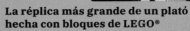

Nathan Sawaya, el creador de este extraordinario montaje, cuenta con varios récords gracias a las maquetas de LEGO a tamaño real de objetos tan variopintos como el Batmovil, diversos superhéroes y un esqueleto de *T. rex*.

Las alas de *cosplay* mecánicas más grandes

Andy Holt (EE.UU.) creó un par de alas con una envergadura de 5,84 m para su versión del Hombre Halcón, el superhéroe de DC Comics. Las alas se mueven gracias a actuadores lineales controlados con un mando portátil. Se midieron en Irvine, California, EE.UU., el 24 de octubre de 2019.

en el Gielgud Theatre antes de reaparecer el 16 de enero de 2020 en el Sondheim Theatre. El 16 de marzo, todos los teatros de Londres cerraron sus puertas debido al confinamiento ante la pandemia por COVID-19.

El escritor con mayores ingresos anuales (absoluto)

Según las cifras más recientes publicadas por *Forbes*, la autora de *Harry Potter*, J.K. Rowling (R.U., ver abajo), ganó 92 millones de $ entre el 1 de junio de 2018 y el 1 de junio de 2019.

El **escritor con mayores ingresos (hombres)** es James Patterson (EE.UU.), que ganó 70 millones de $.

El locutor de radio con mayores ingresos anuales

Según *Forbes*, Howard Stern (EE.UU.) ganó 93 millones de $ entre el 1 de junio de 2018 y el 1 de junio de 2019.

La nota vocal más prolongada en una canción (grabación de estudio)

Una interpretación del clásico de Benard Ighner *Everything*

Must Change, grabada por el cantante y «*coach* musical de las estrellas» Tee Green (R.U.) el 27 de marzo de 2011, concluye con una nota sostenida que dura unos extenuantes 39 s.

Más números rotulados de una serie de cómics

A 6 de noviembre de 2019, el rotulista Tom Orzechowski (EE.UU.) había rotulado 301 de los 302 números publicados de *Spawn* (Image Comics) desde su lanzamiento en 1992. También trabaja en *Uncanny X-Men*, de Marvel.

La producción teatral más rápida

El 16 de febrero de 2020, Rubber Chicken Theatre (R.U.) representó *The Wedding Singer* tras solo 11 h y 59 min de ensayos. Actuaron ante 370 personas, el aforo completo del Macrobert Arts Centre de la Universidad de Stirling, R.U.

La réplica más grande de un plató hecha con bloques de LEGO®

El 19 de octubre de 2019, abrió las puertas en Las Vegas, Nevada, EE.UU., una recreación de 62,75 m² de la famosa cafetería Central Perk de la serie televisiva *Friends*. Construida por el artista de LEGO Nathan Sawaya por encargo de Warner Bros. (ambos de EE.UU.), contiene casi un millón de bloques.

La obra de teatro de Broadway más taquillera

Harry Potter y el legado maldito es la obra de teatro (no musical) que ha generado más ingresos brutos en Broadway: 174.056.581 $ a 8 de marzo de 2020. Escrita por Jack Thorne a partir de una historia original del propio Thorne, J.K. Rowling (derecha) y John Tiffany (todos de R.U.), narra la vida adulta del Niño Mago. En la actualidad, James Snyder (izquierda) interpreta el papel protagonista.

A 8 de marzo de 2020, la obra había despachado 1.324.815 entradas durante un total de 783 representaciones en Broadway.

SALÓN DE LA FAMA

LOS **Simpson**

Durante 30 años, *Los Simpson* (FOX, EE.UU.) ha reflejado de forma satírica el estilo de vida estadounidense. Homer, Marge, Bart, Lisa y Maggie se han convertido en personajes tan populares, que han conquistado el mundo desde un pequeño pueblo.

Los Simpson hicieron su debut en televisión su debut en cortometrajes en 1987 en una serie de cortometrajes animados para el programa *The Tracey Ullman Show*. Son una creación de su propia familia Show (EE.UU., a la derecha), quien les puso los nombres de los miembros de su propia serie Groening (EE.UU., a la derecha), la familia familia. El 17 de diciembre de 1989, la familia. El 17 de diciembre de su propia serie Simpson empezó a disfrutar de «Sin blanca Navidad». *Los Simpson* logró un reconocimiento en horario estelar con el episodio «Sin blanca inmediato, y todo el mundo se familiarizó con sus en 1997, superó a personajes y frases recurrentes (ABC, EE.UU.) como *Los Picapiedra* (ABC, EE.UU.) como la **comedia de situación de mayor duración**: a personajes y frases recurrentes, se habían emitido la **comedia de situación de dibujos animados de 2020**, se habían emitido 19 de abril de 2020, en 31 temporadas.

680 episodios en 31 temporadas.

En 2000, la familia Simpson recibió uno de los mayores reconocimientos del mundo del espectáculo: su propia estrella en el Paseo de la Fama de Hollywood. La serie sigue ganándose el aplauso de la crítica y, en septiembre de 2019, amplió a 34 su récord de **más premios Primetime Emmy ganados por una serie de televisión de dibujos animados**.

Los Simpson también se ha hecho muy popular por sus cameos de personajes famosos, desde Katy Perry a Stephen Hawking. A 22 de abril de 2020, la serie 810 estrellas invitadas: habían pasado por la serie **en una serie de cameos en una serie de televisión**. Incluso a las celebridades en la serie para compartir la **mayor cantidad de cameos en la cúspide de su carrera** les encanta tener un papel secundario en la serie más conocida de Springfield. tiempo en la pantalla con la familia más conocida de Springfield.

«No me importan los premios, pero salir en el GWR es genial.»

La expresión típica de Homer «d'oh» en inglés («¡ouch!») se incluyó en el Oxford English Dictionary en 2001.

Descubre más cosas sobre los Simpson en la sección del Salón de la Fama en www.guinnessworldrecords.com/2021.

MATT GROENING

2

Los actores de doblaje que ponen voz a la familia Simpson son Carlos Ysbert (Homer), Margarita Bazán (Marge), Sara Vivas (Bart) e Isacha de Francia (Lisa). Maggie rara vez habla, pero Maggie hace con el chupete son algunos de los ruidos que hace la serie, Matt Groening cortesía del creador de la serie.

3

4

5

1: Springfield llega a la gran pantalla con *Los Simpson: la película* (EE.UU., 2007).

2: Bart y compañía tal y como aparecieron por primera vez en 1987. En 2014, estos protoSimpson regresaron para un cameo fantasmal en el episodio «La casa-árbol del terror XXV».

3: Interior del Springsonian Museum, de la dueño de la **colección de artículos de *Los Simpson* más grande:** 2.580 a 2008.

4: El gran fan de *Los Simpson* Michael Baxter Cameron Gibbs (Australia), ostenta el récord de **más personajes de dibujos animados tatuados:** 203.

5: El 13 de octubre de 2019, la estrella de *Aquaman* Jason Momoa hizo su debut en la serie con un cameo.

Deportes

Más goles marcados en fases finales de la Copa Mundial de la FIFA

Ningún futbolista ha marcado más tantos en fases finales de la Copa Mundial de la FIFA que la icónica número 10 de la selección de Brasil, Marta (Marta Vieira da Silva). El 18 de junio de 2019, elevó su récord hasta los 17 goles tras convertir un penalti decisivo contra Italia, con lo que superaba al delantero alemán Miroslav Klose, que suma 16 goles. Marta inauguró su cuenta personal en su debut en la Copa Mundial el 21 de septiembre de 2003, con apenas 17 años, y ganó la Bota de Oro en 2007 con siete tantos. En total, ha conseguido anotar en cinco torneos, el **mayor número de fases finales de la Copa Mundial de la FIFA marcando algún gol**, récord que comparte con la canadiense Christine Sinclair. Marta también ostenta el récord de **más premios The Best FIFA a la mejor jugadora**: seis, entre 2006 y 2018 (detalle). Su rival más cercana es Birgit Prinz, tres veces ganadora en 2003-05, cuando el galardón recibía el nombre de Jugadora Mundial de la FIFA.

Marta desarrolló sus habilidades jugando en la calle con pelotas de fútbol improvisadas hechas con bolsas de plástico.

Fútbol

Más goles como internacional

Entre el 14 de marzo de 2000 y el 4 de febrero de 2020, Christine Sinclair marcó 186 goles con la selección de Canadá. El 29 de enero de 2020, superó el récord **femenino** de Abby Wambach de 184 con un doblete contra San Cristóbal y Nieves (arriba). El récord **masculino** lo ostenta el iraní Ali Daei con 109. El currículum de Sinclair incluye también el récord de **más goles en el torneo olímpico de fútbol femenino**: seis, en Londres 2012.

Más victorias como internacional (hombres)

A 18 de diciembre de 2019, Sergio Ramos (España) sumaba 126 victorias en partidos internacionales oficiales, sin contar las conseguidas tras tandas de penaltis. Este defensor implacable tenía 18 años cuando debutó con la selección en un encuentro contra China en el que España venció por 3-0. El 10 de junio de 2019, superó el récord de Iker Casillas de 121 victorias con el triunfo de España ante Suecia por 3-0.

Más participaciones en la fase final de la Copa Mundial Femenina de Fútbol

El 9 de junio de 2019, Miraildes Maciel Mota, conocida como Formiga (Brasil, n. el 3 de marzo de 1978) disputó su séptima fase final de una Copa Mundial. El 23 de junio, se convirtió en la **jugadora más veterana en jugar en una Copa Mundial Femenina de la FIFA**: 41 años y 112 días.

Más goles en la Copa Mundial de Fútbol Playa de la FIFA

El 22 de noviembre de 2019, el portugués João Victor Saraiva, conocido como Madjer, marcó su gol 88 en la Copa Mundial de Fútbol Playa de la FIFA en la arrolladora victoria de Portugal sobre Nigeria por 10-1 en Luque, Paraguay. A sus 42 años, Saraiva disputó su noveno torneo de la Copa Mundial, trofeo que levantó por segunda vez antes de anunciar su retirada de la selección.

Más partidos jugados en la Copa Mundial de Fútbol Playa de la FIFA

Entre 2006 y 2019, el portero brasileño Jenílson Brito Rodrigues, conocido como Mão, disputó 50 partidos en la Copa Mundial de Fútbol Playa de la FIFA. El 28 de noviembre de 2019, celebró su 50.º partido anotando un gol frente a Rusia.

Más títulos de la Bundesliga (individual)

El extremo Franck Ribéry (Francia) se aseguró su noveno título de la liga alemana con el Bayern de Múnich la temporada 2018/19. Tras 12 años en el club, Ribéry fichó por la Fiorentina italiana en agosto de 2019.

Con esta última victoria, el Bayern amplió a siete su récord de **más títulos de la Bundesliga consecutivos**. Los bávaros también ostentan el récord de **más títulos de liga de la primera división alemana**: 29, desde 1931/32.

Más goles en una temporada en la Chinese Super League

Eran Zahavi (Israel), jugador del Guangzhou R&F, marcó 29 tantos en la temporada 2019 de la Chinese Super League.

El 30 de mayo de 2019, Haaland marcó nueve goles en un partido contra Honduras en la Copa Mundial de la FIFA Sub-20.

La trayectoria internacional más larga (hombres)

A 17 de noviembre de 2019, el capitán andorrano Ildefonso Lima Solà acumulaba 22 años y 148 días como internacional. Hizo su debut el 22 de junio de 1997 en el segundo encuentro oficial de su país, una derrota por 4-1 contra Estonia en la que consiguió marcar. Lima, que suma un total de 127 partidos internacionales, es el segundo andorrano después de Óscar Sonejee en superar la marca de las 100 capitanías.

El *hat-trick* más rápido en el debut en un partido de la Bundesliga

El 18 de enero de 2020, Erling Braut Haaland (Noruega) marcó tres goles al Augsburgo en 19 min y 48 s en su primer partido con el Borussia Dortmund. Salió del banquillo en la segunda parte y solo necesitó tocar diez veces el balón para lograr tres goles en la victoria de su equipo por 5-3. Haaland (n. el 21 de julio de 2000) se convirtió en el segundo jugador más joven en marcar un *hat-trick* en la liga alemana, después de que el jugador del Eintracht de Frankfurt Walter Bechtold lo lograra con 19 años en 1965.

El goleador más joven en un partido de la Liga de Campeones de la UEFA

El 10 de diciembre de 2019, el jugador del FC Barcelona Ansu Fati (España, n. en Guinea-Bisáu el 31 de octubre de 2002; izquierda) marcó un gol contra el Inter de Milán con 17 años y 40 días en Milán, Italia. El extremo es el tercer goleador más joven en la historia de La Liga y el **jugador más joven en marcar y dar una asistencia en un partido de La Liga**: 16 años y 318 días, contra el Valencia, el 14 de septiembre de 2019.

Más premios Balón de Oro

El Balón de Oro es un premio anual otorgado por *France Football* (conjuntamente con la FIFA en 2010-15) que reconoce al mejor jugador de la temporada anterior. El 2 de diciembre de 2019, Lionel Messi (Argentina) recibió su sexto trofeo, uno más que su rival Cristiano Ronaldo. En 2019, Messi marcó 46 goles y dio 17 asistencias con el FC Barcelona y la selección de Argentina.

Más victorias en la Copa Mundial Femenina de la FIFA

El 7 de julio de 2019, EE.UU. se aseguró su cuarta Copa Mundial Femenina tras derrotar en la final 2-0 a los Países Bajos en Lyon, Francia. La proclamada Jugadora del Partido, Megan Rapinoe (n. el 5 de julio de 1985, detalle de la derecha), se convirtió en la **goleadora más veterana en una final de la Copa Mundial Femenina**, con 34 años y 2 días.

EE.UU. hizo trizas los libros de récords de la Copa Mundial Femenina de la FIFA en la edición de 2019 con los hitos de **más victorias consecutivas** (12, a lo largo de dos torneos), **más goles en un torneo** (26) y la **victoria más amplia** (13-0, contra Tailandia, el 11 de junio de 2019).

Más goles en la Liga de Campeones Femenina de la UEFA

Del 26 de septiembre de 2012 al 30 de octubre de 2019, Ada Hegerberg (Noruega) había marcado 53 goles como jugadora del Stabæk, el 1. FFC Turbine Potsdam y el Olympique de Lyon femenino. Superó el récord de 51 de Anja Mittag en su 50.ª aparición en la competición.

Una de las compañeras de equipo de Hegerberg, Wendie Renard (Francia), ostenta el récord de **más partidos en la Liga de Campeones Femenina de la UEFA**: 85, entre el 9 de agosto de 2007 y el 16 de octubre de 2019.

Más goles en la Major League Soccer (MLS)

Entre el 30 de agosto de 2006 y el 6 de octubre de 2019, Chris Wondolowski (EE.UU.) marcó 159 goles como jugador del Houston Dynamo y del San José Earthquakes. El 18 de mayo de 2019, superó los 145 goles que Landon Donovan anotó en toda su carrera con cuatro goles contra el Chicago Fire.

También en 2019, Carlos Vela (México) logró el récord de **más goles en una temporada de la MLS**: 34, con Los Ángeles FC. Josef Martínez (Venezuela) logró el récord de **más partidos consecutivos marcando en la MLS**: 15, con el Atlanta United, del 24 de mayo al 18 de septiembre. No se tienen en cuenta los tres partidos que Martínez se perdió por tener que jugar con la selección de Venezuela.

Más victorias consecutivas en la primera división inglesa

Entre el 27 de octubre de 2019 y el 24 de febrero de 2020, el Liverpool sumó 18 victorias de liga seguidas, e igualaba la marca del Manchester City lograda entre el 26 de agosto y el 27 de diciembre de 2017. Aunque su racha terminó con una derrota por 3-0 contra el Watford el 29 de febrero de 2020, todo hacía indicar que el Liverpool lograría su primer título de liga desde 1989/90 cuando la pandemia por COVID-19 obligó a detener la temporada 2019/20 de la EPL.

Más goles en la English Premier League (EPL) de un jugador extranjero

A 8 de marzo de 2020, Sergio Agüero (Argentina), jugador del Manchester City, había marcado 180 goles en la liga inglesa. El 12 de enero de 2020 superó la cifra de 175 de Thierry Henry tras lograr un triplete contra el Aston Villa, que también le dio el récord de **más *hat-tricks* en la EPL**: 12.

La victoria más amplia como visitante en un partido de la primera división inglesa

El 25 de octubre de 2019, el Leicester City arrolló al Southampton 0-9 en el St Mary's Stadium de Hampshire, R.U., la mayor goleada como visitante en la primera división de la Football League.

EE.UU. solo encajó tres goles y nunca fue por detrás en el marcador durante la Copa Mundial Femenina de 2019.

Fútbol americano

Todos los récords hacen referencia a la National Football League (NFL) y todos sus titulares son estadounidenses, a menos que se indique de otro modo.

El quarterback en alcanzar 40.000 yardas de pase más rápido

El 20 de octubre de 2019, el jugador de los Detroit Lions Matthew Stafford alcanzó 40.000 yardas de pase en su partido n.º 147, cuatro menos que el récord previo de Matt Ryan, de los Atlanta Falcons.

Menos pérdidas de balón en una temporada (equipo)

Los New Orleans Saints tuvieron ocho pérdidas de balón en 16 partidos en 2019. El récord anterior era de 10.

Más pases de touchdown en toda una carrera

Entre 2001 y 2019, Drew Brees lanzó 547 pases de touchdown en temporada regular con los San Diego Chargers y los New Orleans Saints. El 16 de diciembre de 2019, superó el récord de Peyton Manning de 539 durante la victoria de los Saints sobre Indianápolis por 34-7.

Brees también estableció el récord de **mayor porcentaje de finalización en un partido**: 96,7%. Sus pases fueron exitosos en 29 de 30 intentos.

Más recepciones de pases en una temporada

El ala abierta Michael Thomas atrapó 149 pases como jugador de los New Orleans Saints en la temporada 2019. El récord anterior de 143, establecido por el jugador de Indianápolis Marvin Harrison, estaba vigente desde 2002.

La primera recepción más larga

El 8 de diciembre de 2019, el jugador de los Atlanta Falcons Olamide Zaccheaus logró un touchdown de 93 yardas en su primera recepción en el día de su debut en la NFL. Su equipo derrotó a los Carolina Panthers por 40-20.

Más participaciones consecutivas en playoffs (equipo)

El 4 de enero de 2020, los New England Patriots disfrutaron de su undécima aparición consecutiva en playoffs. A pesar de caer derrotados por 20-13 frente los Tennessee Titans, el quarterback Tom Brady amplió sus récords en **playoffs** de **más partidos** (41), **pases de touchdown** (73), **pases completados** (1.025) y **yardas de pase** (11.388).

El jugador más joven en alcanzar 50 capturas

El 8 de diciembre de 2019, Danielle Hunter (Jamaica, n. el 29 de octubre de 1994) logró la 50.ª captura de su carrera con 25 años y 40 días. Hunter, ala defensiva de los Minnesota Vikings, superó el récord anterior de Robert Quinn (25 años y 167 días, establecido en 2015) durante la victoria de Minnesota sobre los Detroit Lions por 20-7.

Más yardas ganadas a la carrera en una temporada por un quarterback

El jugador de los Baltimore Ravens Lamar Jackson ganó 1.206 yardas a la carrera durante la temporada 2019. Superaba así la marca de Michael Vick de 1.039, establecida en 2006. Jackson, quien también lideró la clasificación de pases de touchdown (36), se convirtió en el segundo jugador de todos los tiempos en ser elegido por unanimidad ganador del premio al Jugador Más Valioso (MVP) de la NFL.

Más puntos en toda la carrera

Entre 1996 y 2019, el pateador Adam Vinatieri anotó 2.673 puntos como jugador de los New England Patriots y de los Indianapolis Colts. Vinatieri también tiene el récord de **más goles de campo ejecutados**: 715. El 17 de noviembre de 2019, superó el total de Morten Andersen de 709 en la victoria de los Colts sobre Jacksonville por 33-13.

El jugador más pesado en atrapar un pase de touchdown en un partido de temporada regular

Con 157 kg de peso, el placador defensivo de los Tampa Bay Buccaneers Vita Vea atrapó un pase de touchdown en el partido que enfrentó a su equipo contra los Atlanta Falcons el 24 de noviembre de 2019.

El 19 de enero de 2020, Dennis Kelly, jugador de los Tennessee Titans de 145 kg, estableció el récord de los **playoffs** en el partido que enfrentó a su equipo contra los Kansas City Chiefs.

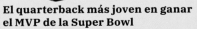

El quarterback más joven en ganar el MVP de la Super Bowl

Patrick Mahomes (n. el 17 de septiembre de 1995) tenía 24 años y 138 días cuando fue nombrado MVP de la Super Bowl LIV el 2 de febrero de 2020. El quarterback de los Kansas City Chiefs condujo a su equipo hasta la victoria sobre los San Francisco 49ers por 31-20.

El 12 de enero de 2020, Mahomes igualó el récord de Doug Williams de **más pases de touchdown realizados en un cuarto de un partido de playoffs**. Sumó cuatro en el segundo cuarto y contribuyó así a la remontada y victoria de los Chiefs sobre los Houston Texans por 51-31.

Las únicas franquicias todavía existentes que jugaron en la primera temporada de la NFL en 1920 son los Arizona Cardinals (entonces los Chicago Cardinals) y los Chicago Bears (como los Decatur Staleys).

Hockey sobre hielo

Todos los récords hacen referencia a la National Hockey League (NHL) y todos sus titulares son estadounidenses, a menos que se indique de otro modo.

El portero más veterano en ganar en su debut en la temporada regular

El 22 de febrero de 2020, el jugador de los Carolina Hurricanes David Ayres (Canadá, n. el 12 de agosto de 1977) tuvo un debut de ensueño en la NHL a los 42 años y 194 días con la victoria por 6-3 sobre los Toronto Maple Leafs en Ontario, Canadá. Exjugador de ligas menores y portero suplente de emergencia de los Maple Leafs, debutó con los Hurricanes a raíz de la lesión de sus otros dos porteros.

Más temporadas terminando como máximo goleador

Alex Ovechkin (Rusia) finalizó la temporada 2018/19 como máximo goleador de la NHL por octava vez, con 51 tantos. De esta forma, el extremo de los Washington Capitals superó al siete veces máximo goleador Bobby Hull.

El 29 de octubre de 2019, Ovechkin amplió su récord de **más goles en la prórroga durante la temporada regular** a 23 tras la victoria sobre los Toronto Maple Leafs por 4-3.

Más saques neutrales ganados en toda la carrera

A 17 de febrero de 2020, Patrice Bergeron (Canadá) había ganado 11.976 saques neutrales con los Boston Bruins desde la temporada 2005/06, cuando la NHL comenzó a registrar estadísticas oficiales de estos cara a cara.

Más porteros usados en una temporada

Los Philadelphia Flyers contaron con ocho porteros en la temporada 2018/19: Brian Elliott, Carter Hart, Calvin Pickard, Cam Talbot (todos de Canadá), Michal Neuvirth (República Checa), Anthony Stolarz, Alex Lyon y Mike McKenna.

Más puntos ganados por un equipo sin llegar a los playoffs

Tres equipos han ganado 96 puntos sin llegar a los playoffs: los Boston Bruins (2014/15), los Florida Panthers (2017/18) y los Montreal Canadiens (Canadá, 2018/19).

Más disparos bloqueados en toda la carrera

A 17 de febrero de 2020, el jugador de los Chicago Blackhawks Brent Seabrook (Canadá, arriba en el centro) había bloqueado 1.998 disparos. La NHL comenzó a registrar estadísticas oficiales sobre este lance del juego la temporada 2005/06. Seabrook ha jugado más de 1.000 partidos junto a Duncan Keith, la primera pareja de defensas en lograr este hito en la historia de la NHL.

La mayor racha de victorias de un portero novato como visitante

Entre el 4 de octubre de 2019 y el 31 de enero de 2020, el jugador de los Washington Capitals Ilya Samsonov (Rusia) ganó 10 partidos consecutivos como visitante durante su primera temporada en la NHL. Ilya debutó en un encuentro contra los New York Islanders disputado en el Nassau Colisseum de Uniondale. Detuvo 25 disparos y los Capitals ganaron por 2-1.

Más victorias en una temporada (equipo)

Los Tampa Bay Lightning ganaron 62 partidos en la temporada 2018/19 e igualaron la marca de los Detroit Red Wings de 1995/96. Se hicieron con el Trofeo de los Presidentes por primera vez, pero los Columbus Blue Jackets los barrieron por 4-0 en la primera ronda de los playoffs de la Stanley Cup.

Más apariciones en el Game 7

El 12 de junio de 2019, el defensa de los Boston Bruins Zdeno Chára (Eslovaquia) jugó por 14.ª vez el decisivo séptimo partido de los playoffs de la Stanley Cup. Los Bruins cayeron derrotados ante los St. Louis Blues en el séptimo partido de la final de la Stanley Cup.

En el sexto partido, el 9 de junio, Chára (n. el 18 de marzo de 1977) se convirtió en el **defensa más veterano en marcar en las Cup Finals**: 42 años y 83 días.

Récords por equipos en la temporada regular de la NHL

Más...	Cantidad	Equipo	Temporada
Puntos en la clasificación	132	Montreal Canadiens (Canadá)	1976/77
Goles	446	Edmonton Oilers (Canadá)	1983/84
Asistencias	738	Edmonton Oilers	1985/86
Empates	24	Philadelphia Flyers	1969/70
Derrotas	71	San Jose Sharks	1992/93
Tandas de penaltis	21	Washington Capitals	2013/14
Victorias por penaltis	15	Edmonton Oilers	2007/08

Baloncesto

La primera jugadora de la WNBA en lograr un «50-40-90» en una temporada

En 2019, la jugadora de las Washington Mystics Elena Delle Donne logró un 51,5 % de acierto en tiros de dos puntos (220 de 427), un 43 % en triples (52 de 121) y un 97,4 % en tiros libres (114 de 117). Se convertía así en la novena persona en lograr un «50-40-90» en una temporada, tras otros ocho jugadores de la NBA. Su porcentaje en tiros libres es el mejor de los nueve.

Todos los récords hacen referencia a la National Basketball Association (NBA) y todos los equipos y jugadores son estadounidenses, a menos que se indique de otro modo.

Más distinciones al MVP de una final ganados con equipos diferentes

En 2019, Kawhi Leonard logró su segunda distinción al jugador más valioso (MVP) de una final de la NBA con los Toronto Raptors; en 2014 ya lo había conseguido con los San Antonio Spurs. Igualaba así a Kareem Abdul-Jabbar (Milwaukee Bucks y Los Angeles Lakers) y a LeBron James (Miami Heat y Cleveland Cavaliers).

El partido de playoffs más largo

El 3 de mayo de 2019, los Portland Trail Blazers superaron a los Denver Nuggets 140-137 tras cuatro prórrogas en el tercer partido de la semifinal de la conferencia Oeste. El 21 de marzo de 1953, los Boston Celtics y los Syracuse Nationals también jugaron cuatro prórrogas.

Más partidos ganados por un entrenador

A 10 de marzo de 2020, Gregg Popovich había acumulado 1.442 victorias (170 de ellas en los playoffs) como entrenador de los San Antonio Spurs. El 13 de abril de 2019, superó la marca de Lenny Wilkens de 1.412. Popovich es el **entrenador que ha dirigido más tiempo al mismo equipo**: la temporada 2019/20 de la NBA fue su 24.ª con los Spurs.

Más puntos anotados en un cuarto de un partido de playoffs (equipo)

El 15 de abril de 2019, los Philadelphia 76ers anotaron 51 puntos en el tercer cuarto del segundo partido de su eliminatoria de playoffs de la conferencia Este contra los Brooklyn Nets. Igualaban así los 51 puntos de Los Angeles Lakers en el último cuarto de su partido contra los Detroit Pistons, disputado el 31 de marzo de 1962.

El récord de **más puntos anotados en un cuarto de un partido de una final (equipo)** son 49, por Cleveland Cavaliers, el 9 de junio de 2017. El de **más puntos anotados en un cuarto (equipo)** son 58, por Buffalo Braves, el 20 de octubre de 1972.

La mayor remontada en la historia de los playoffs

El 15 de abril de 2019, los LA Clippers remontaron 31 puntos y derrotaron a los Golden State Warriors por 135-131 en el segundo partido de la primera ronda en la conferencia Oeste. Superaban así los 29 puntos de desventaja que los Lakers recuperaron contra los Seattle Supersonics en el cuarto partido de las semifinales de la conferencia Oeste de 1989.

Más puntos anotados en un partido por un jugador suplente

El 9 de abril de 2019, el jugador de los Phoenix Suns Jamal Crawford (n. el 20 de marzo de 1980) anotó 51 puntos saliendo desde el banquillo en la derrota de su equipo ante los Dallas Mavericks por 120-109. Fue la marca más alta desde los primeros registros en la temporada 1970/71. Con 39 años y 20 días, se convirtió en el **jugador más veterano en anotar más de 50 puntos en un partido**.

Más hermanos jugando en el mismo partido

El 28 de diciembre de 2019, los hermanos Justin, Jrue y Aaron Holiday coincidieron en la cancha en el partido de los New Orleans Pelicans contra los Indiana Pacers. Jrue, jugador de los Pelicans, pudo alardear de la victoria por 120-98.

Más dobles-dobles en toda la carrera en la WNBA

El 14 de julio de 2019, Sylvia Fowles logró su 158.º doble-doble en la victoria de las Minnesota Lynx sobre las Phoenix Mercury por 75-62. Terminó con 14 puntos y 13 rebotes.

Más triples anotados en un partido de la WNBA (individual)

El 8 de septiembre de 2019, la jugadora de las Indiana Fever Kelsey Mitchell encestó nueve triples en la victoria de su equipo sobre las Connecticut Sun por 104-76. Igualaba así la hazaña de la jugadora de las Washington Mystics Kristi Toliver del 10 de septiembre de 2017.

El récord de **más triples en un partido de la WNBA (equipo)** es 18, logrado el 18 de agosto de 2019 por las Washington Mystics contra las Indiana Fever en Washington, D.C., EE.UU.

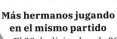

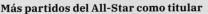

Más partidos del All-Star como titular

Entre el 20 de febrero de 2005 y el 16 de febrero de 2020, LeBron James ha sido titular en 16 partidos consecutivos del All-Star. Arrebató el récord absoluto de Kobe Bryant (detalle), a quien se le rindieron numerosos homenajes después de su fallecimiento en un accidente de helicóptero el 26 de enero de 2020. Bryant comparte con Bob Pettit el récord de **más premios MVP del All-Star**: cuatro, en 2002, 2007, 2009 y 2011. Este premio lleva ahora el nombre de Bryant en homenaje a sus logros.

Béisbol

Más partidos consecutivos anotando al menos un home run (equipos)

Entre el 26 de mayo y el 30 de junio de 2019, los New York Yankees lograron home runs en 31 partidos consecutivos. El último fue frente a los Boston Red Sox en el estadio de Londres, R.U.

La racha de **más partidos consecutivos anotando al menos un home run al inicio de una temporada (equipos)** es de 20, logrado por los Seattle Mariners en 2019, que hicieron añicos el récord anterior de 14 (Cleveland Indians, 2002).

Más turnos como bateador sin golpear la pelota

En las temporadas 2018 y 2019, Chris Davis, de los Baltimore Orioles, estableció el récord de la era moderna (posterior a 1900) con 54 turnos consecutivos como bateador sin golpear la pelota entre el 15 de septiembre de 2018 y el 13 de abril de 2019. Con esta marca, Davis batía el récord no deseado de 46 turnos al bate consecutivos establecido por Eugenio Vélez en 2010-11.

El jugador mejor pagado

El 18 de diciembre de 2019, el lanzador Gerrit Cole se unió a los New York Yankees procedente de los Houston Astros con un contrato por nueve años y 324 millones de $ (36 millones de $ anuales). El salario medio anual de Cole supera así el récord anterior de la MLB de 35,5 millones de $ por temporada de Mike Strout, outfielder de Los Angeles Angels, desde que firmó un contrato por 12 años el 20 de marzo de 2019.

Menos entradas de un lanzador para alcanzar 1.500 strikeouts

Entre el 8 de junio de 2010 y el 2 de mayo de 2019, Stephen Strasburg, jugador de los Washington Nationals, eliminó a 1.500 bateadores en 1.272 entradas y 1/3. En un debut inolvidable, logró 14 strikeouts en un partido contra los Pittsburgh Pirates. Posteriormente, ha tenido que sobreponerse a las lesiones para alcanzar esta cifra histórica antes que cualquier otro jugador.

Todos los récords hacen referencia a la Major League Baseball (MLB) y todos los equipos y jugadores son estadounidenses, a menos que se indique de otro modo.

Menos entradas de un jugador para alcanzar 2.000 strikeouts

Chris Sale eliminó a 2.000 bateadores en 1.626 entradas. El 13 de agosto de 2019 batió el récord anterior de Pedro Martínez de 1.711 entradas y 1/3 cuando eliminó al jugador de Cleveland Oscar Mercado mientras lanzaba para los Boston Red Sox.

Más partidos consecutivos sin puntuar de un lanzador

Del 15 de agosto de 2018 al 24 de mayo de 2019, el jugador de los Houston Astros Ryan Pressly pasó por una racha de 38 entradas sin puntuar a lo largo de 40 partidos. Superaba así la marca de 38 partidos establecida por el jugador de los Atlanta Braves Craig Kimbrel entre el 14 de junio y el 8 de septiembre de 2011.

Más partidos consecutivos de la World Series logrando un home run

El 22 de octubre de 2019, el jugador de los Houston Astros George Springer completó una carrera en una sola jugada por quinto partido consecutivo en las World Series contra los Washington Nationals en el Minute Maid Park, Houston, Texas, EE.UU. Frente al lanzador Tanner Rainey, bateó la pelota y la lanzó fuera del campo en el juego 1. Superó por un home run a los miembros del Salón de la Fama Reggie Jackson y Lou Gehrig.

Los anteriores home runs de Springer llegaron durante las World Series de 2017, cuando también igualó el récord de **más home runs en una World Series**: cinco, marca que comparte con Jackson (en 1977) y Chase Utley (en 2009).

Más home runs en un partido (total)

El 10 de junio de 2019, los Arizona Diamondbacks y los Philadelfia Phillies sumaron 13 home runs en el Citizens Bank Park en Philadelfia, Pensilvania, EE.UU. Los D-backs lograron ocho, por cinco de los Phillies, y ganaron el partido por 13-8.

Menos partidos para lograr 10 home runs

Después de un solo turno como bateador en 2018, entre el 1 y el 16 de agosto de 2019 Aristides Aquino (República Dominicana), de los Cincinnati Reds, sumó una racha de 10 home runs en sus primeros 16 partidos en la MLB, tres de ellos contra los Chicago Cubs. Apodado *The Punisher* (el castigador), superaba así la marca de 17 partidos establecida por el jugador de los Philadelphia Phillies Rhys Hoskins en 2017.

El jugador que ha formado parte de más equipos en una temporada

El 4 de agosto de 2018, Oliver Drake se situó en al montículo como jugador de los Minnesota Twins, su quinto equipo diferente de la temporada. Al arrancar la competición, este lanzador diestro formaba parte de los Milwaukee Brewers, que lo vendió a los Cleveland Indians el 5 de mayo. Posteriormente, lanzó para Los Angeles Angels y los Toronto Blue Jays antes de unirse a Minnesota.

Más home runs en una temporada de un debutante

Pete Alonso sumó 53 home runs para los New York Mets en su debut en la MLB durante la temporada 2019. Este primera base, apodado Oso Polar por su gran potencia, superó la marca de 52 home runs establecida en 2017 por Aaron Judge durante el penúltimo día de la temporada regular, cuando lanzó una bola a 149 km/h y 126 m de distancia en el estadio Citi Field de Nueva York, EE.UU.

El 8 de julio, Pete Alonso ganó el Home Run Derby de 2019. Superó a Vladimir Guerrero Jr. en la final por un ajustado 23-22.

Rugby

Más victorias en el Hong Kong Sevens

El Hong Kong Sevens, que se disputa desde 1976, está considerado el torneo más prestigioso del circuito de la Serie Mundial de Rugby 7. El 7 de abril de 2019, Fiyi se aseguró su quinto título consecutivo y decimonoveno en total tras derrotar a Francia por 21-7. El rival que le sigue a menos distancia, Nueva Zelanda, lo ha ganado 11 veces. Fiyi es el campeón olímpico vigente de Rugby 7 tras su victoria en Río 2016.

Más ensayos anotados en la Copa de Campeones

El 24 de noviembre de 2019, Chris Ashton (R.U.) anotó su 40.º ensayo en la máxima competición europea de rugby (anteriormente conocida como Copa Heineken). Había sumado ocho para los Northampton Saints, 29 para los Saracens, dos para el RC Toulon y, más recientemente, uno para los Sale Sharks.

Más participaciones en torneos de la Serie Mundial de Rugby 7

James Rodwell (R.U.) jugó con Inglaterra 93 torneos de 2009 a 2019. Superó el récord de 89 de D. J. Forbes en Hamilton, Nueva Zelanda.

A 11 de febrero de 2020, el récord de **más participaciones en torneos de la Serie Mundial de Rugby 7 (mujeres)** eran las 219 de Kayla Moleschi (Canadá).

> Whitelock es el jugador en alcanzar 100 partidos internacionales de Rugby Union más rápido: 8 años y 67 días desde su debut.

Más partidos consecutivos ganados en la Copa del Mundo de Rugby

Entre el 9 de septiembre de 2011 y el 19 de octubre de 2019, el segunda línea de los All Black Sam Whitelock (Nueva Zelanda) ganó 18 partidos de la Copa del Mundo de Rugby, trofeo que levantó en 2011 y 2015. Su racha terminó en la semifinal de 2019 disputada el 26 de octubre, en la que Nueva Zelanda cayó ante Inglaterra por 19-7.

Más partidos en la Copa del Mundo de Rugby

El 22 de septiembre de 2019, Sergio Parisse formó parte de la selección italiana que ganó a Namibia por 47-22. Era su quinta participación consecutiva desde 2003 en el mundial, igualando al samoano Brian Lima (1991-2007) y al italiano Mauro Bergamasco (1999-2015).

Parisse también ostenta el récord de **más partidos en el Torneo de las Cinco/Seis Naciones**: 69. El 2 de febrero de 2019, superó los 65 encuentros diputados por el centrocampista irlandés Brian O'Driscoll.

Más hermanos anotando un ensayo en un partido de la Copa del Mundo de Rugby

El 2 de octubre de 2019, Beauden, Jordie y Scott Barrett lograron anotar en la victoria de Nueva Zelanda sobre Canadá por 63-0 en un encuentro disputado en Ōita, Japón. Se convirtieron en el primer trío de hermanos en jugar como titulares en un partido de la Copa del Mudo de Rugby desde que Elisi, Manu y Fe'ao Vunipola jugaron con Tonga contra Escocia el 30 de mayo de 1995.

El tanto a botepronto más rápido de la Copa del Mundo de Rugby

El galés Dan Biggar (R.U.) logró un tanto a botepronto tras apenas 36 s de juego en el partido que enfrentó a su selección contra Australia en el estadio de Tokio, Japón, el 29 de septiembre de 2019. Gales venció por un ajustado 29-25.

Más partidos en la National Rugby League

A 21 de marzo de 2020, Cameron Smith (Australia) había jugado 413 partidos con los Melbourne Storm en la NRL. El 13 de julio de 2019, fue el primer jugador en alcanzar los 400 partidos en un encuentro en el que derrotaron a los Cronulla-Sutherland Sharks. Smith también ostenta el récord de **más puntos en la NRL en toda la carrera**: 2.616. Ha logrado 45 ensayos y 1.216 transformaciones.

Más victorias en la Copa del Mundo de Rugby

El 2 de noviembre de 2019, Sudáfrica levantó la copa Webb Ellis por tercera vez después de una contundente victoria sobre Inglaterra por 32-12 en Yokohama, Japón. Tras los títulos de 1995 y 2007, igualaba así la hazaña de Nueva Zelanda (1987, 2011 y 2015). De manera sorprendente, los Springboks todavía no han concedido un ensayo en una final de una Copa del Mundo.

La jugadora más joven en participar en una final de la Challenge Cup

Hollie Dodd (R.U., n. el 26 de julio de 2003) tenía 16 años y un día cuando disputó la final de la Challenge Cup Femenina el 27 de julio de 2019 en Greater Manchester, R.U. Dodd fue campeona nacional de bailes de salón antes de estrenarse en la liga de rugby. Su equipo, el Castleford Tigers, perdió ante el Leeds Rhinos por 16-10.

Tenis

El mayor premio en metálico ganado en un solo torneo

El 3 de noviembre de 2019, Ashleigh Barty (Australia) derrotó a Elina Svitolina por 6-4 y 6-3 y se alzó con el título de la Women's Tennis Association Finals que le reportó un premio de 4,42 millones de dólares. La número 1 del mundo se convirtió en la quinta debutante en ganar el torneo, disputado en 2019 en el Bay Sports Center de Shenzhen, China.

La jugadora más joven en acceder al cuadro principal de Wimbledon procedente de las rondas previas (individual, era Open)

El 27 de junio de 2019, Cori *Coco* Gauff (EE.UU., n. el 13 de marzo de 2004) se clasificó para el cuadro final de Wimbledon, en Londres, R.U., con 15 años y 106 días, en el que derrotó a Venus Williams, cinco veces campeona de este torneo, antes de caer en la cuarta ronda.

Más victorias en partidos individuales de Grand Slam

A 28 de enero de 2020, Roger Federer (Suiza) había ganado 362 partidos individuales en Wimbledon, Roland Garros y los abiertos de Australia y EE.UU. Tras derrotar a Kei Nishikori en Wimbledon el 10 de julio de 2019, Federer se convirtió en el **primer jugador en ganar 100 partidos individuales en un torneo de Grand Slam**. De acuerdo con las estimaciones de *Forbes*, Federer ganó 93,4 millones de dólares en el año natural que finalizó el 1 de junio de 2019, la **mayor ganancia anual de un jugador de tenis de todos los tiempos**.

El récord de **más títulos de torneos de tenis (hombres)** es 109, establecido por Jimmy Connors (EE.UU.) entre 1972 y 1996.

Más títulos individuales del Abierto de Australia (hombres)

El 2 de febrero de 2020, Novak Djokovic (Serbia) se alzó con su octavo título en Melbourne Park tras derrotar a Dominic Thiem en cinco sets. Djokovic también se convirtió en el **primer tenista en ganar un torneo de Grand Slam de la era Open en tres décadas diferentes**. Ganó su primer Abierto de Australia en 2008 y sumó 15 Grand Slams en la década de 2010.

El decimoséptimo grande de Djokovic lo dejó a solo tres del récord de **más títulos individuales de Grand Slam (hombres)**: 20, en poder del suizo Roger Federer (ver abajo).

La final individual de Wimbledon más larga

El 14 de julio de 2019, Novak Djokovic y Roger Federer disputaron una final que duró 4 h y 57 min. Djokovic salvó dos puntos de partido al resto antes de ganar por 7-6, 1-6, 7-6, 4-6 y 13-12 en la **primera final individual masculina de Grand Slam con un tie-break en el último set**.

Más torneos individuales de Grand Slam jugados de manera consecutiva

El Abierto de Australia 2020 fue testigo de la 72.ª participación consecutiva en un torneo de Grand Slam de Feliciano López (España). Su carrera comenzó en Roland Garros en 2002.

El récord de **más torneos individuales de Grand Slam jugados** es 85, establecido por Venus Williams (EE.UU.) entre 1997 y 2020.

Más títulos individuales de torneos Masters 1000 de la ATP

Rafael Nadal (España) ha ganado 35 torneos del Tour Masters 1000 de la Asociación de Tenistas Profesionales (ATP). Su éxito más reciente llegó el 11 de agosto de 2019 en la Copa Rogers, cuando derrotó al ruso Daniil Medvedev por 6-3 y 6-0 en la final. Nadal también ostenta el récord de **más años consecutivos ganando un título de la ATP**: 17 (2004-2020).

El primer jugador sordo en ganar un partido del cuadro principal en un torneo del ATP Tour

El 20 de agosto de 2019, Lee Duck-hee (Corea del Sur) derrotó a Henri Laaksonen por 7-6 y 6-1 en la primera ronda del Abierto de Winston-Salem en la Universidad Wake Forest, Carolina del Norte, EE.UU. El sonido que hace una pelota de tenis al impactar contra la raqueta puede dar pistas a un jugador sobre el tipo de golpe de su rival, algo que Lee suple visualizando los movimientos de sus oponentes y cómo impactan la pelota.

Más títulos de Grand Slam en sillas de ruedas

Shingo Kunieda (Japón) se impuso en el torneo individual del Abierto de Australia 2020 y sumó su 44.º Grand Slam en silla de ruedas (23 títulos individuales y 21 en dobles). Kunieda igualó así el récord de Esther Vergeer (Países Bajos), quien sumó 21 títulos individuales y 23 en dobles entre 2002 y 2012.

Más tiempo transcurrido para volver a disputar una final individual de Grand Slam

El 7 de septiembre de 2019, en el Abierto de EE.UU., Serena Williams (EE.UU., n. el 26 de septiembre de 1981) alcanzó su 33.ª final individual de Grand Slam 19 años y 361 días después de la primera, el 11 de septiembre de 1999. Perdió por 6-3 y 7-5 frente a la jugadora de 19 años Bianca Andreescu (Canadá, n. el 16 de junio de 2000), el partido con **mayor diferencia de edad en una final individual de Grand Slam (era Open)**: 18 años y 264 días.

de 2014, logro que la convierte en la **campeona mundial de boxeo con cuatro cinturones invicta durante más tiempo**: 5 años y 78 días a 30 de noviembre de 2019.

> Pacquiao es el único boxeador que ha logrado un título mundial en cuatro décadas diferentes.

Más medallas de oro individuales ganadas en el Campeonato Mundial de la IBJJF

En 2019, Marcus Almeida (Brasil) logró sus títulos 12.º y 13.º en el Campeonato Mundial de la Federación Internacional de Jiu Jitsu Brasileño (conocido como los Mundiales). Ha ganado siete títulos de peso superpesado y dos de clase abierta.

El récord de **más medallas de oro individuales** (mujeres) es nueve, establecido por Beatriz Mesquita (Brasil) entre 2012 y 2019. Ha logrado siete títulos de peso ligero y dos de clase abierta.

Más medallas de oro ganadas en el IJF World Tour

El 24 de octubre de 2019, Majlinda Kelmendi (Kosovo) ganó su decimoctava medalla de oro en el World Tour de la Federación Internacional de Judo en el Grand Slam de Abu Dabi. Kelmendi ha logrado todos sus títulos en la categoría femenina de -52 kg.

La **mayor cantidad de medallas ganadas en el IJF World Tour** es 36, logradas por Urantsetseg Munkhbat (Mongolia) del 17 de diciembre de 2010 al 8 de febrero de 2020: 11 oros, 11 platas y 14 bronces en las categorías femeninas de -48 kg y -52 kg.

El campeón mundial de boxeo de peso wélter más veterano

El 20 de julio de 2019, Manny Pacquiao (Filipinas, n. el 17 de diciembre de 1978) se alzó con el título de peso wélter de la WBA con 40 años y 215 días, tras una victoria por decisión no unánime sobre Keith Thurman. Es uno de los boxeadores más laureados y ostenta el récord de más títulos mundiales en diferentes categorías de peso: ocho.

El campeón mundial de boxeo invicto en más combates

El 25 de octubre de 2019, Wanheng Menayothin, también conocido como Chayaphon Moonsri, (Tailandia) elevó su récord profesional hasta las 54 victorias en 54 combates. Venció a Simphiwe Khonco en su defensa número 12 del título de peso mínimo de la WBC.

La **campeona de boxeo invicta en más combates** es Cecilia Bræhkus (Noruega, n. en Colombia), que suma 36 victorias. Cecilia posee los cinturones de peso wélter de la WBO, la WBA, la IBF y la WBC desde el 13 de septiembre

Menos combates para ganar invicta cuatro cinturones de campeona mundial de boxeo

El 13 de abril de 2019, Claressa Shields (EE.UU.) derrotó a la campeona de la WBO, Christina Hammer, y se convirtió en campeona invicta de peso medio en su noveno combate profesional. Antes de pasarse al peso medio, Shields ya había ganado dos cinturones de peso supermedio tras cuatro combates. El 10 de enero de 2020, añadió a su palmarés los títulos de peso superwélter de la WBC y la WBO tras derrotar a Ivana Habazin, lo que supone el récord de **menos combates para convertirse en campeona mundial de boxeo en tres categorías**.

El ippon más rápido en el IJF World Tour

En judo, un «ippon» es un punto ganador con un movimiento decisivo. El 21 de septiembre de 2019, Sharofiddin Boltaboev (Uzbekistán) ganó un combate de segunda ronda contra Nai Rigaqi en la categoría de -81 kg con una proyección tai otoshi perfecta en 2,88 s en el IJF Grand Prix de Tashkent, Uzbekistán, donde se haría con su primera medalla de oro en el IJF World Tour.

La medallista más veterana en una prueba de la IJF World Tour

El 12 de julio de 2019, Sabrina Filzmoser (Austria, n. el 12 de junio de 1980) ganó el bronce en la categoría femenina de -57 kg con 39 años y 30 días en el IJF Budapest Grand Prix disputado en Hungría.

El **medallista de oro más veterano** es Miklós Ungvári (Hungría, n. el 15 de octubre de 1980): 37 años y 300 días, el 11 de agosto de 2018.

> No contenta con dominar el boxeo femenino, Shields estaba considerando pasarse a las artes marciales mixtas en 2020.

Más títulos de sable en el Campeonato Mundial de Esgrima (mujeres)

El 20 de julio de 2019, Olga Kharlan (Ucrania) ganó su cuarto título mundial tras derrotar a Sofya Velikaya por 15 a 14 en Budapest, Hungría. Kharlan ya se había impuesto en 2013-14 y 2017. Junto con florete y espada, sable es una de las tres disciplinas de la esgrima moderna.

Más defensas exitosas del título del ONE Championship

El 13 de octubre de 2019, Bibiano Fernandes (Brasil) defendió con éxito su título de peso gallo del ONE Championship por octava vez.

En la misma prueba, la peso átomo Angela Lee (Singapur, n. en Canadá) elevó el récord **femenino** a cuatro tras derrotar en quinta ronda a Xiong Jingnan.

Más títulos en el Campeonato Mundial de Taekwondo (mujeres)

En el Campeonato Mundial de Taekwondo 2019, Bianca Walkden (R.U.) ganó su tercer título de campeona mundial de peso pesado con una controvertida victoria sobre Shuyin Zheng tras provocar una serie sanciones que llevaron a la descalificación de su rival. Walkden igualaba la marca de las tricampeonas mundiales Jung Myoung-sook, Cho Hyang-mi (ambas de Corea del Sur) y Brigitte Yagüe (España).

Más medallas de oro ganadas en la Karate1 Premier League

El 24 de enero de 2020, Ryo Kiyuna (Japón) se alzó con su decimonovena medalla de oro en kata masculino en la liga regulada por la Federación Mundial de Karate (WKF). Desde 2012, solo había sufrido dos derrotas en 21 competiciones. Kiyuna también ostenta el récord de **más victorias en kata masculino en el Campeonato Mundial de Karate de la WKF**: tres consecutivas, en 2014-18, marca que iguala la lograda por su mentor Tsuguo Sakumoto (Japón, 1984-88), Michaël Milon (Francia, 1994-96, 2000) y Luca Valdesi (Italia, 2004-08).

El récord de **más medallas ganadas en la Karate1 Premier League** es 35, establecido por Sandra Sánchez (España) en kata femenino entre el 10 de enero de 2014 y el 28 de febrero de 2020. Cuenta con 17 oros, dos menos que Kiyuna.

El reinado más prolongado como yokozuna

Hakuhō Shō (Japón; n. Munkhbat Davaajargal, Mongolia) ocupó el primer puesto de la clasificación de sumo durante 76 *basho* (torneos) consecutivos desde julio de 2007 hasta marzo de 2020. La racha más larga anterior fue de 63, lograda por Kitanoumi Toshimitsu entre 1974 y 1985.

En el *basho* de Primavera de 2020 celebrado en Osaka, Japón, Hakuhō elevó su récord de **más victorias en la máxima categoría del sumo** a 44. Supuso su segundo título desde que obtuvo la ciudadanía japonesa.

Más victorias (mujeres)

El 14 de diciembre de 2019, Amanda Nunes (Brasil, arriba a la derecha) ganó su 12.º combate del Ultimate Fighting Championship (UFC) tras derrotar a Germaine de Randamie por decisión unánime en el UFC 245. Era la décima victoria seguida de Nunes, el récord de **más combates ganados de forma consecutiva (mujeres)**.

Campeona vigente de peso gallo y peso pluma, Nunes es también la **primera luchadora en ostentar dos títulos simultáneamente**.

Más victorias

Entre el 5 de febrero de 2011 y el 4 de mayo de 2019, Donald *Cowboy* Cerrone (EE.UU.) se alzó con la victoria en el octágono en 23 ocasiones. El 4 de mayo de 2019, logró su 23.ª victoria por decisión unánime sobre Al Iaquinta en Ottawa, Ontario, Canadá.

El 15 de febrero de 2020, Jim Miller (EE.UU.) igualó el récord de Cerrone de **más peleas**: 34.

Más victorias por sumisión

Entre el 1 de agosto de 2010 y el 14 de marzo de 2020, Charles Oliveira (Brasil) forzó el abandono de 14 rivales. La victoria por sumisión más reciente tuvo lugar en la UFC Fight Night 170, en Brasilia, Brasil, donde derrotó a Kevin Lee. Era su 16.ª victoria antes de que sonara la campana, el récord de **más finalizaciones**, compartido con Donald Cerrone.

Más victorias (combates por el título)

El 8 de febrero de 2020, Jon *Bones* Jones (EE.UU.) ganó por decisión unánime su 14.º combate por el título frente a Dominick Reyes en el UFC 247. Superaba así por una victoria el récord que compartía con Georges St-Pierre (Canadá). Hasta la fecha, Jones ha ganado todos los combates por el título en los que ha peleado, además de otra victoria en el UFC 214, un combate que se declaró nulo porque Jones infringió las normas antidopaje de la UFC.

Más nocauts consecutivos (mujeres)

El 18 de octubre de 2019, Maycee Barber (EE.UU.) derrotó por KO a su tercera rival consecutiva en su tercera pelea de la UFC. Conocida como *The Future*, igualaba la hazaña de Cris Cyborg (Brasil/EE.UU., n. Cristiane Justino Venâncio).

Más tiempo total de combate

A 21 de diciembre de 2019, Frankie Edgar (EE.UU.) había pasado un total de 7 h, 15 min y 51 s peleando en el octágono. Había disputado 26 combates y logrado 17 victorias.

Más títulos mundiales simultáneos de diferentes categorías de peso

El 8 de junio de 2019, el campeón de peso mosca Henry Cejudo (EE.UU.) venció a Marlon Moraes en la pelea por el título de peso gallo. Cejudo, el **primer atleta en ganar un título olímpico y un título mundial de la UFC**, igualaba a Conor McGregor (Irlanda), Daniel Cormier (EE.UU.) y Amanda Nunes.

Mayor asistencia

El 6 de octubre de 2019, el UFC 243 atrajo a 57.127 aficionados al Marvel Stadium de Melbourne, Victoria, Australia. El récord anterior de asistencia también se había establecido en ese mismo escenario.

Más golpes significativos asestados

Max Holloway (EE.UU.) ha asestado 2.071 golpes significativos en 22 combates de la UFC. En el UFC 231, disputad[o] el 8 de diciembre de 2018, el peso pluma Holloway estableció el récord de **más golpes significativos asesta[dos] en un combate**: 290, contra Brian Ortega[. De] acuerdo con FightM[...] los golpes significa[tivos] son «todos los golp[es] asestados a distan[cia] y los golpes dados [con] fuerza abrazand[o al] oponente y en el [...]

Las victorias más rápidas en la UFC

El más rápido...	Tiempo	Poseedor del récord	Rival
Nocaut	5 s	Jorge Masvidal (EE.UU.)	Ben Askren
Nocaut (mujeres)	16 s	Ronda Rousey (EE.UU.)	Alexis Davis
		Germaine de Randamie (Países Bajos)	Aspen Ladd
Combate por el título	13 s	Conor McGregor (Irlanda)	José Aldo
Combate por el título (sumisión)	14 s	Ronda Rousey	Cat Zingano

Críquet

Más carreras sumadas por una pareja por el décimo wicket para lograr la victoria en un partido de élite

El 16 de febrero de 2019, Kusal Perera y Vishwa Fernando (ambos de Sri Lanka) llevaron a su equipo a una victoria inesperada contra Sudáfrica con una racha ininterrumpida de 78 carreras en Kingsmead, Durban, Sudáfrica. Perera sumó 67, Fernando, seis; y Sri Lanka ganó por un wicket.

Más wickets logrados en un solo over

Tres jugadores han sumado cinco wickets con seis bolas en un partido: Neil Wagner (Nueva Zelanda), para Otago en Plunket Shield el 6 de abril de 2011; Al-Amin Hossain (Bangladés), para UCB-BCB XI en la Victory Day T20 Cup el 26 de diciembre de 2013; y Abhimanyu Mithun (India), para el Karnataka en el Syed Mushtaq Ali Trophy el 29 de noviembre de 2019.

Más centenas en una Copa Mundial de Críquet

El opener de India Rohit Sharma anotó cinco centenas en nueve partidos en la Copa Mundial de Críquet 2019. Su puntuación más alta fue de 140, lograda contra Pakistán el 16 de junio. Terminó el torneo con una media de 81 carreras, mientras que su total de 648 fue la tercera cifra más alta de todos los tiempos. El récord de **más carreras en una Copa Mundial de Críquet** es 673, establecido por Sachin Tendulkar (India) en 2003.

Más carreras en un partido Twenty20 (T20) Internacional (mujeres)

El 2 de octubre de 2019, Alyssa Healy (Australia) anotó 148 not out en un partido T20 contra Sri Lanka en Nueva Gales del Sur, Australia. Sus números incluían 19 cuatros y 7 seises, en su primera centena en el formato. Logró cifras triples en 46 bolas, solo por detrás de la jugadora de Indias Occidentales Deandra Dottin (38 bolas, contra Sudáfrica el 5 de mayo de 2010), que ostenta el récord de la **centena más rápida en un partido internacional (mujeres)**.

El lanzador más joven en lograr un *hat-trick* en un partido test

El 9 de febrero de 2020, el paquistaní Naseem Shah (n. el 15 de febrero de 2003) sumó tres wickets en tres lanzamientos consecutivos con 16 años y 359 días. Shah se impuso a los bengalíes Najmul Hossain Shanto (lbw), Taijul Islam (lbw) y Mohammad Mahmudullah (caught at slip) en el Cricket Rawalpindi Stadium de Pakistán.

Más seises logrados por jugador en un partido de T20 Internacional

Hazratullah Zazai (Afganistán) sumó 16 seises en 62 entradas de 162 not out en un encuentro contra Irlanda el 23 de febrero de 2019 en Dehradun, India. Junto con su compañero Usman Ghani, logró una racha de inicio de 236 carreras, el **mayor número de carreras logradas por una pareja en un partido de T20 International (hombres)**.

Los mejores números en bowling en un partido de T20 Internacional

El 2 de diciembre de 2019, la nepalí Anjali Chand logró seis wickets sin un solo no run en 13 bolas contra Maldivas de los Juegos del Sudeste Asiático en Pokhara, Nepal. En su debut internacional, logró tres wickets en su primer over y un hat-trick.

La puntuación más alta de un equipo en un partido de T20 Internacional

El 20 de junio de 2019, Uganda Women derrotó a Mali Women por 314 puntos a 2 en un partido del Kwibuka Women's T20 Tournament disputado en el Gahanga International Cricket Stadium de Kigali, Ruanda.

...s wickets logrados ...na Copa Mundial de Críquet

...nzador Mitchell Starc (Australia) se deshizo ...ateadores en 10 partidos, con una ... de 18,59 carreras por wicket, en la Copa ...de Críquet 2019. La cifra incluye los ...ket hauls contra Indias Occidentales el ... contra Nueva Zelanda el 29 de junio. ...junio, entre Australia y Bangladés ...mayor número de carreras en ...la Copa Mundial de Críquet ...Trent Bridge, Nottingham, R.U. ...ntó 381 y ganó por 48 carreras.

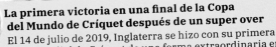

La primera victoria en una final de la Copa del Mundo de Críquet después de un super over

El 14 de julio de 2019, Inglaterra se hizo con su primera Copa Mundial de Críquet de una forma extraordinaria en Lord's in, Londres, R.U. Empatada con Nueva Zelanda a 241 carreras después de 50 overs, ambas selecciones jugaron un «super over» para decidir el ganador. Tras volver a empatar, esta vez a 15 carreras con seis bolas, Inglaterra fue declarada ganadora al haber logrado más boundaries a lo largo del partido (26 frente a 17). Al principio del torneo, el capitán de Inglaterra Eoin Morgan (detalle) había establecido el récord de más seises de un jugador en un partido One-Day International: 17, contra Afganistán, el 18 de junio.

Deportes de pelota

**Más campeonatos mundiales
de fistball masculino**

El fistball es un juego de origen europeo que se remonta a la época romana. Se parece al voleibol, pero la pelota solo puede golpearse con el puño o los brazos (en lugar de con la mano abierta) y puede rebotar después de cada contacto. El 17 de agosto de 2019, Alemania se hizo con su 12.º título de campeona mundial en Winterthur, Suiza, al derrotar a Austria en la final por 4 sets a 0.

**Más victorias consecutivas en el Campeonato
Mundial de Tenis Real femenino**

El 26 de enero de 2019, Claire Fahey (R.U.) se alzó con su quinto título mundial consecutivo de tenis real en categoría individual desde 2011. Derrotó a Isabel Candy por un doble 6-0 en el Ballarat Tennis Club de Victoria, Australia. También ha sido campeona cinco veces en dobles femenino.

**Más títulos individuales
de la ITTF World Tour (hombres)**

Ma Long (China) ha ganado 28 títulos individuales en el World Tour de la Federación Internacional de Tenis de Mesa. El 2 de junio de 2019, Ma, apodado «The Dragon», se alzó con su título más reciente en el China Open. También ostenta el récord de **más victorias en las Grand Finals en categoría individual masculina** con cinco: 2008-09, 2011 y 2015-16.

**Más victorias consecutivas
de la ITTF World Tour Grand
Finals (individual)**

Chen Meng (China) ganó su tercer título consecutivo tras imponerse a Wang Manyu por 4-1 en las Grand Finals de tenis de mesa de 2019. Igualaba así la hazaña de Liu Shiwen (China) en 2011-13.

**Más victorias en el Campeonato Mundial
de Lacrosse en pista cubierta**

El 28 de septiembre de 2019, Canadá ganó su quinta Copa Cockerton por 19-12 contra los Iroquois Nationals en el Langley Events Centre, Columbia Británica, Canadá. Los canadienses han ganado todos los Campeonatos Mundiales de Lacroose en pista cubierta celebrados, y no conocen la derrota en el torneo.

**Más participaciones en torneos
de la Copa Mundial de Netball**

El 12 de julio de 2019, la alero atacante Rhonda John-Davis (Trinidad y Tobago) participó en su sexta Copa Mundial de Netball en la derrota de Trinidad y Tobago frente a Sudáfrica por 76-45.

**Más asistencias en la Copa Mundial
de Baloncesto de la FIBA**

Ricky Rubio (España) aumentó su cuenta de asistencias hasta 130 en la edición disputada en Pekín, China en 2019. Lideró a España en su victoria en el torneo y fue nombrado MVP.

**Más goles en la FINAL4 de la Liga de
Campeones de Balonmano de la EHF femenina**

En la FINAL4 de la Liga de Campeones de Balonmano de la EHF femenina se disputan las semifinales y la final. El 12 de mayo de 2019, Nycke Groot (Países Bajos), del Győri Audi ETO KC, marcó su gol 57 en la FINAL4 contra el Rostov-Don. El equipo de Groot logró la victoria y se alzó con su tercer título consecutivo.

**Más puntos en toda la carrera
en la Major League Lacrosse**

Entre 2001 y 2019, John Grant Jr. (EE.UU.) anotó 631 puntos en la Major League Lacrosse (MLL). Con 44 años, el atacante regresó a la competición con los Denver Outlaws después de tres años. El 8 de junio de 2019, batió el récord de Paul Rabil de 596 puntos en la derrota de Denver ante los Atlanta Blaze por 18-16. También tiene el récord de **más goles en la MLL**: 387.

**Más victorias en la Copa Mundial
de Voleibol femenino**

China logró su quinto título en la Copa Mundial con un 11-0 en la edición de 2019 de este torneo de todos contra todos celebrado en Japón del 14 al 29 de septiembre. Ya había ganado esta competición en 1981, 1985, 2003 y 2015. La capitana Zhu Ting (n.º 2, arriba) se convirtió en la primera jugadora en ser nombrada MVP de la Copa del Mundo en dos ocasiones.

**Más premios
a la Jugadora
del Año de la IHF**

Cristina Neagu (Rumanía) ha sido nombrada Jugadora del Año de la Federación Internacional de Balonmano cuatro veces: en 2010, 2015, 2016 y 2018. Esta lateral izquierdo fue la máxima goleadora de la Liga de Campeones de la EHF de 2017/18: 110 goles con el CSM București.

El récord de **más premios al Jugador del Año de la IHF (hombres)** es tres. Lo comparten Mikkel Hansen (Dinamarca) y Nikola Karabatić (Francia, n. en Yugoslavia).

**Más victorias consecutivas
en la fase final del All-Ireland
de fútbol gaélico**

El 14 de septiembre de 2019, Dublín se alzó con su quinta Sam Maguire Cup consecutiva. Derrotó a Kerry 1-18 a 0-15 en un partido repetido disputado en Croke Park, Dublín, Irlanda.

Kerry todavía puede presumir del récord de **más victorias en la fase final del All-Ireland**: 37 entre 1903 y 2014.

Neagu es la máxima goleadora del Campeonato de Europa de Balonmano femenino con 237 tantos.

Deportes de motor

La parada en boxes más rápida en la Fórmula 1

El 17 de noviembre de 2019, Red Bull Racing (Austria) completó una parada en boxes del coche de Max Verstappen en 1,82 s en el Gran Premio de Brasil. Era la tercera vez que el equipo Red Bull batía el récord esa temporada, que antes había establecido de forma sucesiva en los grandes premios del R.U. y de Alemania.

Más tiempo sin puntuar entre dos carreras de Fórmula 1

El 28 de julio de 2019, Robert Kubica (Polonia) terminó en décimo lugar en el Gran Premio de Alemania de 2019 y puntuó por primera vez en el campeonato desde el 14 de noviembre de 2010, tras 8 años y 256 días. La carrera de Kubica se vio interrumpida por un gravísimo accidente en el rally Ronde di Andora de 2011 que le causó graves heridas y secuelas.

El ganador más joven de una carrera de IndyCar

El 24 de marzo de 2019, Colton Herta (EE.UU., n. el 30 de marzo de 2000) logró la victoria en el IndyCar Classic celebrado en Austin, Texas, EE.UU. con 18 años y 359 días. El 22 de junio de 2019, también se convirtió en la **persona más joven en lograr una** *pole position* **en la IndyCar**: 19 años y 84 días, en el Gran Premio REV Group celebrado en Road America, Elkhart Lake, Wisconsin, EE.UU.

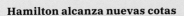

Hamilton alcanza nuevas cotas

En 2019, Lewis Hamilton (R.U.) logró su sexto título mundial de Fórmula 1 con Mercedes. Hamilton persigue el récord de **más campeonatos**: siete, en manos de Michael Schumacher (Alemania, detalle). Otros récords de Schumacher al alcance de Hamilton son los de **más carreras ganadas** (91) y **más victorias en el mismo gran premio**: ocho, en el Gran Premio de Francia, de 1994 a 2006. Hamilton ya posee los récords de **más pole positions** (88) y **más participaciones consecutivas**: 250. No se ha perdido una carrera desde su debut en la Fórmula 1, el 18 de marzo de 2007.

Más *pole positions* en grandes premios de motociclismo en toda una carrera

Entre el 16 de mayo de 2009 y el 19 de octubre de 2019, Marc Márquez (España) fue el más rápido en las rondas de clasificación de 90 grandes premios de motociclismo. El ocho veces campeón del mundo ha logrado 62 veces la *pole* en MotoGP (superando el récord de 58 de Mick Doohan), 14 veces en Moto2 y otras 14 en la categoría de 125 cc.

El constructor con más participaciones en grandes premios de Fórmula 1

Al término de la temporada 2019, Scuderia Ferrari (Italia) había participado en 991 carreras de Fórmula 1. El equipo del «Cavallino Rampante», en alusión a su logotipo, compitió por primera vez en el Gran Premio de Mónaco de 1950.

Ferrari ostenta el récord de **más victorias en grandes premios de Fórmula 1**: 238. Su primer triunfo llegó en el Gran Premio de Gran Bretaña de 1951, con el piloto argentino José Froilán González al volante. El triunfo más reciente se dio en el Gran Premio de Singapur de 2019, a manos de Sebastian Vettel.

La persona más joven en lograr una *pole position* en MotoGP

El 4 de mayo de 2019, Fabio Quartararo (Francia, n. el 20 de abril de 1999) logró el mejor tiempo en la clasificación del Gran Premio de España de MotoGP, en Jerez de la Frontera, España. Con 20 años y 14 días, le arrebató el récord a Marc Márquez (ver a la izquierda).

Más victorias en la NHRA (Clase Pro Stock Motorcycle)

El seis veces campeón de la Pro Stock Motorcycle Andrew Hines (EE.UU.) ganó 56 carreras entre 2002 y el 14 de octubre de 2019.

Más victorias en la National Hot Rod Association

A 3 de febrero de 2020, John Force (EE.UU.) había ganado 151 carreras en la clase Funny Car de las carreras de resistencia de la NHRA. Su primera victoria llegó en junio de 1987, después de nueve temporadas en la competición, y a continuación logró el campeonato en 16 ocasiones, una cifra récord. El 4 de agosto de 2019, Force alcanzó su histórica victoria n.º 150 en los Northwest Nationals (en la imagen).

La primera carrera oficial de la NHRA se celebró en abril de 1953 en el aparcamiento de una feria en Pomona, California, EE.UU.

La carrera en sidecar en el TT Isla de Man más rápida

El 3 de junio de 2019, los hermanos Ben y Tom Birchall (R.U.) completaron una carrera de tres vueltas al circuito del TT Isla de Man en 57 min y 24,005 s en una Honda LCR 600.

Más carreras en el Campeonato Mundial de Rally (individual)

Del 14 de noviembre de 2002 al 13 de febrero de 2020, Jari-Matti Latvala (Finlandia) corrió 209 carreras del Campeonato Mundial de Rally (WRC). El 14 de febrero de 2019, superó el récord de Carlos Sainz (196) en el Rally de Suecia.

Latvala (n. el 3 de abril de 1995) es el **ganador más joven de una carrera del WRC**: 22 años y 313 días (10 de febrero de 2008, Rally de Suecia).

La vuelta más rápida en las 24 horas de Le Mans

El 15 de junio de 2019, Mike Conway (R.U.) completó una vuelta al Circuit de la Sarthe, en Le Mans, Francia, en 3 min y 17,297 s. El Toyota TS050 Hybrid de su equipo lideró gran parte de la carrera, pero perdió la cabeza al final por problemas para cambiar un neumático.

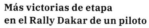

Más victorias en carreras de la NASCAR

Del 14 de mayo de 2004 al 21 de febrero de 2020, Kyle Busch (EE.UU.) ganó 209 carreras con coches de serie entre las tres divisiones de la NASCAR. Busch superó al legendario corredor Richard Petty (EE.UU., detalle), que entre el 28 de febrero de 1960 y el 4 de julio de 1984 se apuntó 200 victorias en la máxima categoría de la NASCAR, las Cup Series, el récord de **más victorias en las Cup Series**. Busch acumula 56 victorias en las Cup Series, y además ostenta los récords de **más victorias en la Xfinity Series** (96) y **más victorias en las Truck Series** (57).

La velocidad más elevada en una carrera Top Fuel de la NHRA (pista de 1.000 pies)

La hija de la leyenda de la NHRA John Force (ver abajo a la izquierda), Brittany Force (EE.UU.), es campeona en la categoría Top Fuel y una corredora récord. El 1 de noviembre de 2019, alcanzó 544,23 km/h en los Dodge NHRA Nationals en Las Vegas, Nevada, EE.UU.

Force también tiene el récord de **mejor tiempo en carrera en una prueba Top Fuel de la NHRA**: 3,623 s, el 14 de septiembre de 2019 en Mohnton, Pensilvania, EE.UU.

La velocidad más elevada en una carrera Pro Mod de la NHRA

El 22 de junio de 2019, Erica Enders (EE.UU.) alcanzó 420,39 km/h durante la calificación en los NHRA Nationals en Norwalk, Ohio, EE.UU. Enders tuvo que escapar de su Chevy Camaro cuando este empezó a arder justo después de la carrera.

El **mejor tiempo en carrera en una prueba Pro Mod de la NHRA** lo ostenta Steve Jackson (EE.UU.): 5,643 s, logrado el 17 de marzo de 2019 en Gainesville, Florida, EE.UU.

Más títulos del Campeonato Mundial de Superbikes

En 2019, el piloto Jonathan Rea (R.U.), del equipo Kawasaki Racing, se alzó con su quinto campeonato mundial consecutivo, superando a Carl Fogarty. Rea también ostenta el récord de **más victorias en carreras del Campeonato Mundial de Superbikes**: 89, del 21 de junio de 2009 al 1 de marzo de 2020.

La primera ganadora del campeonato W Series

Jamie Chadwick (R.U.) ganó la primera edición de la W Series en 2019 con dos victorias en las seis carreras de este campeonato de Fórmula 3 exclusivo para mujeres. Posteriormente, Chadwick se convirtió en piloto de pruebas del equipo de Fórmula 1 Williams. Hasta la fecha, solo dos mujeres se han calificado para una carrera de Fórmula 1, y Lella Lombardi (Italia) ostenta el récord de **más participaciones (mujeres)**: 12 grandes premios entre el 1 de marzo de 1975 y el 15 de agosto de 1976.

Más victorias de etapa en el Rally Dakar de un piloto

Stéphane Peterhansel (Francia) ha ganado 80 etapas de este rally *raid* que desde 1988 se disputa todos los años. En la edición de 2020, celebrada en Arabia Saudí, sumó cuatro victorias. Peterhansel ostenta los récords de **más victorias en el Rally Dakar (motos)**, con seis, y **más victorias en el Rally Dakar (coches)**: siete, con el copiloto Jean-Paul Cottret (Francia).

El récord de **más victorias de un constructor en la categoría de motos en el Rally Dakar** es 18, por KTM (Austria), logradas de forma consecutiva entre 2001 y 2019. En 2008, el rally se canceló.

Más victorias en carreras de Fórmula E

El 13 de julio de 2019, Sébastien Buemi (Suiza) ganó su carrera número 13 como piloto de este campeonato de coches eléctricos en el New York City ePrix. Su primera victoria la obtuvo en la tercera carrera que disputaba en la Fórmula E. Buemi, campeón mundial en 2015/16, también tiene el récord de **más *pole positions* en la Fórmula E**: 14, entre el 10 de enero de 2015 y el 13 de julio de 2019.

Deportes de precisión

Más victorias en el Campeonato Mundial Femenino de Snooker

El 23 de junio de 2019, Reanne Evans (R.U.) se alzó con su duodécimo campeonato mundial tras derrotar a Nutcharut Wongharuthai por 6-3 en el Hi-End Snooker Club de Bangkok, Tailandia. Sus anteriores títulos fueron en 2005-14 y 2016.

Más puntos anotados con 36 flechas en tiro con arco recurvo al aire libre desde 50 m (hombres)

El 6 de octubre de 2019, Kim Woo-jin (Corea del Sur) logró 352 puntos de 360 posibles en la 100.ª Fiesta Nacional del Deporte en Seúl, Corea del Sur. El récord anterior de Kim Kyung-ho (351 puntos) había permanecido vigente 22 años, el récord de tiro con arco al aire libre más duradero.

Más puntos anotados con 72 flechas en tiro con arco recurvo al aire libre desde 70 m (mujeres)

El 10 de junio de 2019, Kang Chae-young (Corea del Sur) logró 692 puntos de 720 posibles en la ronda de clasificación del Campeonato Mundial de Tiro con Arco disputado en Bolduque, Países Bajos. En tiro con arco al aire libre, la ronda de 72 flechas es una fase preliminar para definir los enfrentamientos individuales.

Más centenas en una partida de snooker profesional (individual)

Del 5 al 6 de mayo, Judd Trump (R.U.) sumó siete centenas en su victoria por 18-9 sobre John Higgins en la final del Campeonato Mundial de Snooker 2019. Igualaba así las hazañas de Stephen Hendry (R.U.), en la final del Campeonato de R.U. de 1994, y de Ding Junhui (China), en la semifinal del Campeonato Mundial de Snooker de 2016.

Juntos, Trump y Higgins se combinaron para sumar 11 centenas en una partida de gran puntuación: la **mayor cantidad de centenas logradas en una partida (combinadas)**.

La puntuación más alta en tiro con rifle de aire comprimido desde 10 m en una prueba de la SSF (hombres)

El 30 de agosto de 2019, Yu Haonan (China) ganó su primer oro en la Copa del Mundo de la Federación Internacional de Tiro Deportivo (ISSF) con una puntuación récord de 252,8 en la final masculina de tiro con rifle de aire comprimido desde 10 m. Al tener solo 20 años, también logró el récord mundial júnior. La competición se celebró en el Centro Militar de Tiro Esportivo de Río de Janeiro, Brasil.

El jugador de bolos más veterano en un torneo de la PBA

El 6 de febrero de 2020, Carmen Salvino (EE.UU., n. el 23 de noviembre de 1933) disputó el Torneo de Campeones de la Professional Bowlers Association (PBA) celebrado en el AMF Riviera Lanes, Ohio, EE.UU. con 86 años y 75 días. Miembro fundador de la PBA y 17 veces campeón, Salvino (en la foto en 2019) competía en su 734.ª prueba de la PBA. Se dieron cita 62 participantes y terminó en el puesto 59.º.

Más victorias en la Copa Mundial de Tiro con Arco

Dos arqueros han ganado cinco títulos de la Copa Mundial de Tiro con Arco: Brady Ellison (EE.UU., arriba) en la categoría masculina de arco recurvo en 2010-11, 2014, 2016 y 2019; y Sara López (Colombia, abajo) en la competición femenina en 2014-15 y 2017-19.

Para Ellison, la victoria culminó un año estelar en el que también estableció el récord de **más puntos anotados con 72 flechas en tiro con arco recurvo al aire libre desde 70 m (hombres)**: 702, en la ronda de clasificación de los Juegos Panamericanos, el 7 de agosto de 2019 en Lima, Perú.

En las primeras pruebas olímpicas de tiro con arco, los competidores disparaban contra objetivos colocados sobre postes, e ¡incluso contra aves vivas!

Más puntos anotados en tiro con pistola de aire comprimido paralímpico desde 10 m (SH1)

El 28 de julio de 2019, el tirador indio Rahul Jakhar se llevó el oro en la Copa Mundial de Tiro Paralímpico disputada en Osijek, Croacia, con 240,1 puntos. Los tiradores de la categoría SH1 pueden aguantar ellos mismos el peso de su arma y disparar un rifle o una pistola.

Más títulos en Campeonatos Mundiales de Bolos en Pista Cubierta

Alex Marshall (R.U.) se proclamó campeón del mundo de bolos en pista cubierta en 14 ocasiones entre 1995 y 2019. Logró el récord de **más títulos individuales** (seis), seis títulos de dobles masculinos y dos de dobles mixtos. El 21 de enero de 2019, Marshall se aseguró su 14.º título con una victoria en dobles masculinos junto a Paul Foster en Great Yarmouth, Norfolk, R.U.

Más victorias en la Copa Mosconi

La Copa Mosconi es un torneo anual de billar americano de bola nueve que enfrenta a los equipos masculinos de EE.UU. y Europa. Tras ganar por 11-8 en Las Vegas, Nevada, EE.UU., el equipo americano aventaja al europeo por 13 victorias a 12.

La primera mujer en ganar una partida en el Campeonato Mundial de Dardos de la PDC

El 17 de diciembre de 2019, Fallon Sherrock (R.U.) derrotó a Ted Evetts (3-2) en una partida de primera ronda del Campeonato del Mundo de Dardos de la Professional Darts Corporation en el Alexandra Palace de Londres, R.U. En su camino hacia la victoria, logró seis veces 180 puntos.

Sara López ostenta tres récords mundiales de puntuación en tiro con arco, entre ellos el de **más puntos anotados en una ronda de 1.440 puntos (compuesto, mujeres)**: 1.424.

Golf

Más victorias en el LPGA Tour en un año
Mickey Wright (EE.UU.) ganó 13 títulos, dos torneos mayores incluidos, en la temporada de 1963 de la Ladies Professional Golf Association (LPGA). Se retiró en 1969 con solo 34 años tras ganar 82 títulos del Tour y 13 torneos mayores, y lograr los récords de **más victorias en el Campeonato Femenino de la PGA** (cuatro) y **más victorias en el Abierto de EE.UU. Femenino** (cuatro, empatada con la estadounidense Betsy Rawls). Esta pionera del golf conocida por su icónico swing, murió el 17 de febrero de 2020.

El hoyo más rápido (individual)
El 25 de junio de 2019, cuatro golfistas compitieron en el Real Club de Golf Guadalmina, en Marbella, España, para batir el récord de Rubén Holgado Guerrero de 1 min y 33,4 s en completar un solo hoyo. Para optar al título GWR, el hoyo debía medir al menos 500 yardas, y cada jugador debía terminar con el mismo número de palos con los que había comenzado. Ganó el belga Thomas Detry con un tiempo de 1 min y 29,62 s.

Más victorias en torneos del PGA Tour
El 28 de octubre de 2019, Tiger Woods (EE.UU.) ganó su 82.º título del PGA Tour en el Zozo Championship disputado en Chiba, Japón. Habían pasado veintitrés años desde la primera victoria de Woods, en Las Vegas Invitacional de 1996. Igualaba así la marca de Sam Snead (EE.UU.), cuyo palmarés oficial incluye 82 victorias en el PGA Tour logradas entre 1936 y 1965.

La puntuación total más baja en un Campeonato de la PGA (primeros 36 hoyos)
Brooks Koepka (EE.UU.) llegó al ecuador del Campeonato de la PGA de 2019 con 128 golpes tras completar los dos primeros recorridos en 63 y 65 golpes los días 16 y 17 de mayo de 2019 en Bethpage Black Course, Long Island, Nueva York, EE.UU. En la ronda de apertura igualó la **puntuación más baja en una ronda en el Campeonato de la PGA**, récord que comparten 16 golfistas, y se quedó en 63 golpes en una ronda por segundo año consecutivo. Koepka terminó alzándose con su cuarto torneo mayor, cuando solo contaba con seis victorias en el PGA Tour.

La puntuación total más baja en el Abierto de EE.UU. de un aficionado
El 16 de junio de 2019, Viktor Hovland (Noruega) terminó el Abierto de EE.UU. con 280 golpes (69, 73, 71, 67; 4 bajo par) en Pebble Beach Golf Links, California, EE.UU. Batía así el récord de 282 de Jack Nicklaus en 1960. Hovland se convirtió en profesional poco después.

Mayor margen de victoria en la Copa Solheim (partido four-ball)
Dos parejas han ganado un partido four-ball de la Copa Solheim por 7 y 5 (siete golpes por delante con cinco hoyos por jugar). En 2019, Ally McDonald y Angel Yin (ambas de EE.UU.) vencieron a Anna Nordqvist y Caroline Hedwall e igualaron la marca de Pat Hurst y Rosie Jones (ambas de EE.UU.) contra Lisa Hackney y Sophie Gustafson en 1998.

Más victorias en el Abierto Británico Sénior
El 28 de julio de 2019, Bernhard Langer (Alemania) se aseguró su cuarto Abierto Británico Sénior en el Royal Lytham & St Annes Golf Club de Lancashire, R.U. Terminó con dos golpes de ventaja sobre el segundo clasificado. Con su victoria, Langer aumentaba su cuenta de **más victorias en torneos mayores del PGA Tour Champions** a 11. A 26 de febrero de 2020, también acumulaba las **mayores ganancias en el PGA Tour Champions**: 28.913.842 dólares.

Más victorias en la Walker Cup
Establecida oficialmente en 1922, la bienal Walker Cup es una competición que enfrenta a equipos aficionados de 10 jugadores de EE.UU., Gran Bretaña e Irlanda. EE.UU. logró su 37.ª victoria los días 7 y 8 de septiembre de 2019 en el Royal Liverpool Golf Club de Merseyside, R.U.

El menor margen de victoria en la Copa Solheim
El 15 de septiembre de 2019, Europa consiguió un emocionante triunfo en la Copa Solheim cuando la jugadora invitada Suzann Pettersen embocó un último putt desde 2,1 m que significó la victoria en el torneo. El equipo europeo derrotó al de EE.UU. por 14½ puntos a 13½, un margen de victoria de un solo punto que fue el mismo que logró EE.UU. en la Copa Solheim de 2015, cuando se impuso también por 14½ a 13½.

La puntuación total más baja en el Abierto Británico (primeros 54 hoyos)
Del 18 al 20 de julio de 2019, Shane Lowry (Irlanda) completó las primeras tres jornadas del Abierto Británico con 197 golpes (67, 67, 63; 16 bajo par) en el Royal Portrush, Irlanda del Norte, R.U. Lowry se alzó con la Claret Jug tras un último recorrido de 72 golpes. Para las puntuaciones más bajas en campos con un par de 72 golpes, ver más abajo.

Más hoyos consecutivos sin un bogey
Entre el 3 y el 29 de agosto de 2019, Ko Jin-young (Corea del Sur) jugó 114 hoyos de golf profesional sin dar un solo golpe de más. Superaba así el récord de Tiger Woods de 110 hoyos consecutivos sin cometer un bogey, que estaba vigente desde 2000. La racha histórica de Ko, en la que sumó 41 golpes bajo par, terminó en el noveno hoyo del primer recorrido del Cambia Portland Classic.

Las puntuaciones totales más bajas en torneos mayores

Torneo	Ganador	Año	Par	Puntuación
The Masters	Jordan Spieth (EE.UU.)	2015	-18	270 (64,66,70,70)
	Tiger Woods (EE.UU.)	1997		270 (70,66,65,69)
PGA Championship	Brooks Koepka (EE.UU.)	2018	-16	264 (69,63,66,66)
Abierto de EE.UU.	Rory McIlroy (R.U.)	2011	-16	268 (65,66,68,69)
Abierto Británico	Henrik Stenson (Suecia)	2016	-20	264 (68,65,68,63)

En 2019, el Royal Portrush albergó el Abierto Británico por segunda vez. El campo de St. Andrews, Escocia, R.U., es el que **más veces ha acogido el torneo**: 29.

Atletismo

CAMPEONATO MUNDIAL DE ATLETISMO

La 17.ª edición de la competición mundial bienal de atletismo se celebró en Doha, Qatar, del 27 de septiembre al 6 de octubre de 2019.

El medallista más veterano

Entre 28 y el 29 de septiembre de 2019, João Vieira (Portugal, n. el 20 de febrero de 1976) ganó la medalla de plata en la prueba masculina de 50 km marcha con 43 años y 221 días. Vieira describió la carrera, que debido al calor comenzó a las 23:30, como «infernal».

Más participaciones

Desde 1993, Jesús Ángel García Bragado (España) ha competido 13 ocasiones en la prueba de los 50 km marcha del Campeonato Mundial. Con 49 años, terminó octavo en Doha. García Bragado ha ganado una medalla de oro y tres de plata en los mundiales.

El récord de **más participaciones (mujeres)** es 11, establecido por Susana Feitor (Portugal) en las pruebas de 10 y 20 km marcha entre 1991 y 2011.

La medallista más joven (pruebas de campo)

El 30 de septiembre de 2019, Yaroslava Mahuchikh (Ucrania, n. el 19 de septiembre de 2001) ganó la medalla de plata en la prueba femenina de salto de altura con 18 años y 11 días. La ucraniana coronó así su gran progresión en un año en el que ya se había convertido en la **ganadora más joven de una reunión de la Liga de Diamante** con 17 años y 226 días el 3 de mayo de 2019.

En Doha, Mahuchikh tuvo que conformarse con una plata por detrás de Mariya Lasitskene (Rusia), que hizo una mejor marca de 2,04 m y completó una serie perfecta. Fue el tercer título mundial consecutivo de Lasitskene, el récord de **más medallas de oro en salto (mujeres)**.

El récord de **más medallas de oro en salto (hombres)** es dos, que comparten dos atletas: Javier Sotomayor (Cuba) en 1993 y 1997, y Mutaz Essa Barshim (Qatar) en 2017 y 2019.

Más medallas de oro en la prueba masculina de lanzamiento de martillo del Campeonato Mundial de Atletismo

El 2 de octubre de 2019, Paweł Fajdek (Polonia) logró su cuarto título consecutivo de campeón del mundo. Sus cuatro lanzamientos válidos fueron los más largos de la competición. Pese a su dominio en esta prueba en campeonatos mundiales, a fecha de 2019 Fajdek todavía no había logrado acceder a una final olímpica.

Más medallas de oro en una prueba individual (mujeres)

El 29 de septiembre de 2019, la velocista jamaicana Shelly-Ann Fraser-Pryce se hizo con su cuarto título de campeona mundial de los 100 m. Igualaba así las hazañas de Valerie Adams (Nueva Zelanda), campeona en lanzamiento de peso cuatro veces consecutivas en 2007-13; Brittney Reese (EE.UU.), en salto de longitud en 2009-13 y 2017; y Anita Włodarczyk (Polonia), en lanzamiento de martillo en 2009 y 2013-17.

El récord de **más medallas de oro en una prueba individual (hombres)** es seis, logrado por Sergey Bubka (Ucrania) en salto con pértiga de forma consecutiva entre 1983 y 1997.

Más hermanos en la misma prueba

El 30 de septiembre de 2019, los hermanos Jakob, Filip y Henrik Ingebrigtsen (todos de Noruega) participaron en la final masculina de los 5.000 m. Jakob superó a sus hermanos, pero terminó en quinto lugar y fuera del medallero. Los Ingebrigtsen igualaron así la hazaña de Jonathan, Kevin y Dylan Borlée (todos de Bélgica), que el 15 de agosto de 2013 corrieron el relevo de 4 x 400 m en el 14.º Campeonato Mundial de Atletismo disputado en Moscú, Rusia.

Más medallas de oro ganadas en el Campeonato Mundial de Atletismo

Entre 2005 y 2019, Allyson Felix (EE.UU.) ganó 13 medallas de oro en los mundiales. Superó el récord de Usain Bolt de 11 medallas con su victoria en el relevo mixto 4 × 400 m el 29 de septiembre de 2019. También corrió en las eliminatorias de la prueba femenina de 4 × 400 m, con victoria de EE.UU. El total de 18 medallas que Felix ha logrado en toda su carrera (con tres platas y dos bronces) supone el récord de **más medallas en campeonatos mundiales**.

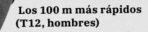

Los 100 m más rápidos (T12, hombres)

El 13 de junio de 2019, Salum Ageze Kashafali (Noruega, n. en la República Democrática del Congo) corrió 100 m en 10,45 s en los Bislett Games, en Oslo, Noruega. Son los 100 m más rápidos de todos los tiempos corridos por un atleta paralímpico. A los 11 años, Kashafali llegó a Noruega como refugiado. Al año siguiente, se le diagnosticó una enfermedad ocular degenerativa. Amante del fútbol, comenzó a correr a los 17 años.

Previamente, el 24 de mayo de 2017, Kashafali batió el récord de 100 m T12 en su primera carrera como atleta paralímpico.

La milla más rápida (mujeres)

El 12 de julio de 2019, Sifan Hassan (Países Bajos, n. en Etiopía) ganó la prueba femenina de la milla con 4 min y 12,33 s en la Liga de Diamante disputada en Mónaco. Batía así el récord de Svetlana Masterkova (4 min y 12,56 s), vigente durante casi 23 años. El 17 de febrero de 2019, Hassan había establecido el récord de los **5 km más rápidos (carrera solo para mujeres)**: 14 min y 44 s, también en Mónaco.

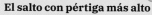

Los 100 m en silla de ruedas más rápidos (T34, mujeres)

El 10 de noviembre de 2019, Hannah Cockroft (R.U.) logró su undécima medalla de oro en un campeonato mundial con con un tiempo de 16,77 s.

Los 200 m más rápidos (T36, mujeres)

El 9 de noviembre de 2019, Shi Yiting (China) batió el récord del mundo en dos ocasiones. Logró un tiempo de 28,54 s en la clasificación de la prueba femenina de los 200 m T36, y de 28,21 s en la final.

Los 400 m más rápidos (T12, hombres)

El 9 de noviembre de 2019, el marroquí Abdeslam Hili batió a su compatriota y excampeón del mundo Mahdi Afri y se hizo con el oro (47,79 s).

El salto con pértiga más alto

El 15 de febrero de 2020, Armand Duplantis (Suecia, n. en EE.UU.) salvó una altura de 6,18 m en el Müller Indoor Grand Prix de Glasgow, R.U. El fin de semana anterior, este joven de 20 años, apodado *Mondo*, había batido el récord de **salto con pértiga en pista cubierta y al aire libre** de Renaud Lavillenie de 6,16 m, y en Glasgow fue capaz de volar un centímetro más alto.

El salto de longitud más largo (T62, mujeres)

El 30 de agosto de 2019, Fleur Jong (Países Bajos) saltó 5,21 m en el World Para Athletics Grand Prix de París, Francia. También corrió los **100 m más rápidos (T62, mujeres)**: 13,16 s (en la imagen), marca que Sara Andrés Barrio (España) mejoró el 12 de noviembre de 2019 con 12,90 s. Jong, que sufrió una doble amputación, protagonizó una recuperación extraordinaria, ya que en marzo de 2019 no podía caminar después de que le tuvieran que operar un trozo de hueso del muñón de su pierna izquierda en 2018.

> Sally Gunnell (R.U.) es la otra única mujer que ha ganado los títulos mundial y olímpico de los 400 m vallas y batido el récord del mundo.

Los 400 m vallas más rápidos (mujeres)

El 4 de octubre de 2019, Dalilah Muhammad (EE.UU.) ganó el oro en el Campeonato Mundial de Atletismo disputado en Doha con un tiempo de 52,16 s. La campeona olímpica mejoraba así su propia marca de 52,20 s, que había establecido en los US Nationals el 28 de julio de 2019. Ese mismo año, Muhammad fue nombrada Atleta Mundial Femenina del Año por la World Athletics (la antigua IAAF).

Los 400 m más rápidos (T62, hombres)

El 15 de noviembre de 2019, Johannes Floors (Alemania) completó una vuelta a la pista en 45,78 s. Cinco días antes, había establecido el récord de los **100 m más rápidos (T62, hombres)** con 10,54 s durante la clasificación, antes de alzarse con otro oro en la final. Floors es un doble amputado que corre con piernas protésicas.

El salto de longitud más largo (T44, hombres)

El 13 de noviembre de 2019, en la final masculina de salto de longitud T64, el atleta Mpumelelo Mhlongo (Sudáfrica) saltó 7,07 m, el récord en la categoría T44. Tuvo que conformarse con la medalla de bronce, ya que el poseedor del récord T64, Markus Rehm (Alemania), se llevó el oro con un salto de 8,17 m. Mhlongo, que está afectado por el síndrome de bandas amnióticas, tiene la pierna derecha más corta y un pie zambo.

El 11 de noviembre de 2019, Mhlongo logró los **100 m más rápidos (T44, hombres)**: 11 s.

El lanzamiento de peso a más distancia (F37, mujeres)

El 9 de noviembre de 2019, Lisa Adams (Nueva Zelanda) ganó la prueba de lanzamiento de peso con una marca de 14,80 m. Fue su primer título mundial, que logró solo dos años después de empezar a practicar este deporte. Adams, que tiene parálisis cerebral, es la hermana de la dos veces campeona olímpica de lanzamiento de peso Valerie Adams (ver página anterior).

El lanzamiento de peso a más distancia (F32, hombres)

El 13 de noviembre de 2019, Li Liu (China) ganó el oro en Dubái con un lanzamiento de 12,05 m. Batió el récord anterior por casi un metro.

CAMPEONATO MUNDIAL DE ATLETISMO PARALÍMPICO

La novena edición de la competición mundial de atletismo paralímpico se celebró del 7 al 15 de noviembre de 2019 en Dubái, Emiratos Árabes Unidos. Para más información, visita **guinnessworldrecords.com**.

Los 100 m más rápidos (T47, hombres)

El 12 de noviembre de 2019, Petrúcio Ferreira dos Santos (Brasil) corrió las eliminatorias de la prueba de 100 m en 10,42 s. En la final, donde logró un tiempo de 10,44 s, se subió a lo más alto de un podio copado por brasileños.

Más títulos de la Liga de Diamante (hombres)

Dos hombres han ganado siete títulos de la Liga de Diamante: el saltador de pértiga Renaud Lavillenie (Francia) en 2010-16 y el triplista Christian Taylor (EE.UU.) en 2012-17 y 2019 (en la imagen). El 6 de septiembre de 2019, Taylor logró su último título con un salto ganador de 17,85 m en la última competición de la temporada, celebrada en Bruselas, Bélgica.

Maratones

Los 50 km más rápidos (mujeres)*

El 1 de septiembre de 2019, Alyson Dixon (R.U.) estableció un tiempo de 3 h, 7 min y 20 s en su primera ultramaratón, que disputó en el Campeonato Mundial de 50 km de la Asociación Internacional de Ultramaratón (IAU) celebrado en Braşov, Rumania. Batía así el récord de Frith van der Merwe de 3 h, 8 min y 39 s, vigente desde 1989.

Solo siete días después, Dixon volvía a establecer un récord, esta vez el de la **media maratón más rápida disfrazada de superheroína**: 1 h, 18 min y 26 s, en el Great North Run disputado en Newcastle, Tyne y Wear, R.U. Dixon vestía un traje original de Wonder Woman.

La maratón más rápida (T46, hombres)

El 19 de enero de 2020, Michael Roeger (Australia) registró un tiempo de 2 h, 19 min y 33 s en la maratón de Houston, Texas, EE.UU. Roeger, que nació sin el antebrazo derecho, se convirtió con su segunda maratón en el primer atleta paralímpico en bajar de la barrera de las 2 h y 20 min.

*Pendiente de ratificación por la IAU

La mayor distancia corrida en 24 horas (mujeres)*

Del 26 al 27 de octubre de 2019, Camille Herron (EE.UU.) corrió 270,116 km en el Campeonato Mundial de 24 horas de la IAU disputado en Albi, Francia, y mejoró su propia marca en unos 8 km. Herron también ostenta los récords de la **mayor distancia corrida en 12 h (mujeres)**: 149,130 km, y de las **100 millas más rápidas (mujeres)**: 12 h, 42 min y 40 s.

La maratón más rápida (mujeres)

El 13 de octubre de 2019, Brigid Kosgei (Kenia) corrió la maratón de Chicago en 2 h, 14 min y 4 s en Illinois, EE.UU. y batió el récord de Paula Radcliffe de 2 h, 15 min y 25 s, vigente desde 2003. Kosgei terminó casi 7 min por delante del resto de competidoras. Su tiempo habría sido el récord absoluto de maratón en 1964.

Las 100 millas más rápidas (hombres)*

El 24 de agosto de 2019, Zach Bitter (EE.UU.) corrió 100 millas en solo 11 h, 19 min y 13 s en la prueba Six Days in the Dome – The Redux disputada en Milwaukee, Wisconsin, EE.UU. Tras batir el récord, Bitter siguió corriendo otros 40 minutos para mejorar su propia marca de la **mayor distancia corrida en 12 h (hombres)***: 168,792 km.

La maratón de Tokio más rápida (mujeres)

El 1 de marzo de 2020, Lonah Chemtai Salpeter (Israel, n. en Kenia) corrió la maratón de Tokio, Japón, en 2 h, 17 min y 45 s, mejorando en 2 min el récord anterior y estableciendo la sexta maratón femenina más rápida de la historia. La participación se limitó a menos de 200 atletas de élite debido a la pandemia por COVID-19.

Virgin LONDON MARATHON money 2020

Con la maratón de Londres 2020 pospuesta tras la pandemia por COVID-19, GWR repasa algunos de los récords establecidos por corredores disfrazados durante los 12 años que llevamos colaborando con la prueba (todos de R.U., a menos que se indique de otro modo):

Personaje de libro (hombres): David Stone, como Drácula en 2012: 2:42:17

Hada (hombres): Martin Hulbert en 2012: 2:49:44

Uniforme escolar (hombres): Steven Nimmo en 2014: 2:50:17

Marinero (hombres): Stephen Richardson en 2013: 2:52:32

Socorrista (hombres): Terry Midgley en 2015: 2:55:54

Soldado romano: David Tomlin en 2012: 2:57:00

Vikingo (hombres): Paul Richards en 2017: 3:03:11

Personaje de Star Wars (hombres): Mathieu Lavedrine, como piloto de un caza Ala-X en 2018: 3:05:27

Botella (hombres): Charlie Long en 2016: 3:09:37

Uniforme de policía: Paul Swan en 2011: 3:09:52

Doctora: Victoria Carter en 2015: 3:13:23

Buzón: Matthew Collins en 2019: 3:14:32

Uniforme escolar (mujeres): Sophie Wood en 2013: 3:14:34

Vestido de novia (mujeres): Sarah Dudgeon en 2014: 3:16:44

Forzudo de circo (hombres): Steven Reading en 2016: 3:19:30

Jugador de críquet: Subhashis Basu en 2015: 3:20:46

Disfraz para dos personas: Michael Odell (Suiza) y Guy Dunscombe, como caballo y jinete en 2018: 3:25:17

El mejor tiempo en el Campeonato Mundial de IRONMAN®

El 12 de octubre de 2019, el alemán Jan Frodeno se alzó con su tercer Campeonato Mundial de IRONMAN con un tiempo de 7 h, 51 min y 13 s en Hawái, EE.UU. Completó los 3,8 km a nado en 47:31, los 180 km en bicicleta en 4:16:03, y la maratón de 42,1 km en 2:42:43.

El ganador más joven de la maratón de Boston en silla de ruedas (hombres)

El 15 de abril de 2019, Daniel Romanchuk (EE.UU., n. el 3 de agosto de 1998) ganó la maratón de Boston en silla de ruedas con 20 años y 255 días, con un tiempo de 1 h, 21 min y 36 s. Celebrada por primera vez el 19 de abril de 1897, la maratón de Boston es la **maratón anual celebrada de forma ininterrumpida más antigua**.

Romanchuk también ostenta los récords masculinos en pista en categoría T54 de los **800 m en silla de ruedas más rápidos** (1 min y 29,66 s, establecido el 16 de junio de 2018) y los **5.000 m en silla de ruedas más rápidos** (9 min y 42,83 s, establecido el 2 de junio de 2019).

La maratón más rápida (T12, hombres)

El 28 de abril de 2019, El Amin Chentouf (Marruecos) corrió la maratón de Londres en 2 h, 21 min y 23 s, y mejoró en 10 s su propio récord en la categoría T12 (atletas con discapacidad visual).

Más victorias en la Great North Run

El 8 de septiembre de 2019, Mo Farah (R.U., n. en Somalia) se alzó con su sexto título consecutivo en la media maratón de R.U. con una mejor marca personal de 59 min y 7 s.

Brigid Kosgei se impuso en la prueba femenina con 1 h, 4 min y 28 s. Sin embargo, dado que la Great North Run no cumple con los estándares de la World Athletics, el récord de la **media maratón más rápida (mujeres)** sigue siendo 1 h, 4 min y 51 s, establecido por Joyciline Jepkosgei (Kenia) el 22 de octubre de 2017 en Valencia, España.

La media maratón más rápida

El 15 de septiembre de 2019, Geoffrey Kamworor (Kenia) ganó la media maratón de Copenhague, Dinamarca, con un tiempo de 58 min y 1 s. Priorizó este intento de récord sobre su participación en el Campeonato Mundial de la IAAF de 2019, y logró como recompensa un tiempo 17 segundos mejor que el récord anterior.

La distancia de la maratón más rápida

El 12 de octubre de 2019, Eliud Kipchoge (Kenia) hizo historia al correr 42,1 km en 1 h, 59 min y 40 s en el INEOS 1:59 Challenge de Viena, Austria. Bajó de la barrera de las 2 horas con la ayuda de 41 liebres que se situaron a su alrededor en formación de «V» invertida. Como no se siguieron las reglas oficiales de la prueba, el récord de la **maratón más rápida** sigue siendo 2 h, 1 min y 39 s, establecido por el propio Kipchoge el 16 de septiembre de 2018 en Berlín, Alemania.

Bruja (mujeres) Nicola Nuttall en 2017: 3:26:13

Traje de graduación (mujeres) Kelly Murphy en 2015: 3:32:08

Zombi (mujeres) Charlotte Österman (Suecia) en 2018: 3:39:25

Hortaliza (mujeres) Lorna Pursglove, como pimiento picante en 2017: 3:41:25

Persona de pan de jengibre (mujeres) Cat Dascendis en 2017: 3:46:55

Traje militar (hombres) Olivier Hamar (Francia) en 2013: 3:47:14

Elvis (mujeres) Elizabeth Sampson en 2019: 3:49:53

Cuerpo astronómico (hombres) Philip Rose, de Sol en 2019: 3:52:40

Tienda de campaña (hombres) Oscar White en 2019: 3:57:05

Mascota (mujeres) Rachel Bown, como Mr. Hippo, de Brain Tumour Support, en 2016: 3:58:57

Zapato (mujeres) Lucie Barney en 2013: 4:40:56

Juego tridimensional (hombres) Bob Johnson, como Mr. Potato en 2018: 4:59:30

Con un hula-hoop Sasha Kenney (Eslovenia) en 2012: 5:05:57

Con muletas John Sandford Hart en 2011: 6:24:48

Artificiero Iain Church en 2015: 6:28:06

Banda de música Huddersfield Marathon Band en 2014: 6:56:48

Natación

Los 100 m espalda S8 más rápidos (mujeres)

En el Campeonato Mundial de Natación Paralímpica 2019 disputado en Londres, R.U., Alice Tai (R.U.) ganó siete medallas de oro, entre ellas la de los 100 m espalda S8 con un tiempo de 1 min y 8,04 s. Alice coronaba así un año estelar: del 6 al 9 de junio de 2019 había establecido siete récords mundiales en una sola reunión en Berlín, Alemania, incluido el de los **50 m libres S8 (mujeres)**: 28,97 s. Tai nació con talipes equinovarus (pie zambo) y ha sido operada más de una docena de veces.

100 m espalda en piscina corta (mujeres)

El 27 de octubre de 2019, Minna Atherton (Australia) estableció el primer récord mundial en una reunión de la Liga Internacional de Natación (ISL) al nadar los 100 m espalda en piscina corta en 54,89 s en Budapest, Hungría. Las carreras en piscina corta se disputan en piscinas de 25 m de largo, mientras que las piscinas olímpicas miden 50 m.

En la Gran Final de la ISL, disputada el 20 de diciembre de 2019, Daiya Seto (Japón) del equipo Energy Standard estableció el récord de los **400 m estilos individual en piscina corta**: 3 min y 54,81 s.

Relevo 4 × 50 m estilos (mixto)

El 5 de diciembre de 2019, el equipo ruso formado por Kliment Kolesnikov (espalda), Vladimir Morozov (braza), Arina Surkova (mariposa) y Maria Kameneva (estilo libre) ganó el oro en el Campeonato de Europa de Natación en Piscina Corta disputado en Glasgow, R.U., con un tiempo de 1 min y 36,22 s.

Los 200 m espalda en piscina olímpica más rápidos (mujeres)

El 26 de julio de 2019, Regan Smith (EE.UU.) hizo un tiempo de 2 min y 3,35 s en el Campeonato Mundial de Gwangju. Esta joven de 17 años estableció tres récords mundiales en tres días. El 28 de julio, nadó los **100 m espalda más rápidos (mujeres)**, con 57,57 s, y además formó parte del equipo que logró el oro en **relevo 4 × 100 m estilos (mujeres)**; ver abajo a la izquierda.

Más récords mundiales de la FINA (actualidad)

A 19 de febrero de 2020, Caeleb Dressel (EE.UU.) había establecido el mejor tiempo en siete pruebas de natación y lograba superar a Michael Phelps, cuyo número de récords mundiales ha bajado de siete a cuatro. El 26 de julio de 2019, Dressel nadó los **100 m mariposa en piscina olímpica más rápidos (hombres)**, 49,50 s, y un día después contribuyó a establecer el récord del **relevo 4 × 100 m libres (mixto)**: 3 min y 19,40 s. El 20 de diciembre de 2019 sumó el de los **50 m libres en piscina corta más rápidos (hombres)**: 20,24 s, en la Gran Final de la ISL disputada en Las Vegas, Nevada, EE.UU.

El relevo 4 × 200 m libres en piscina olímpica más rápido (mujeres)

El 25 de julio de 2019, el equipo australiano (Ariarne Titmus, Madison Wilson, Brianna Throssell y Emma McKeon) ganó la medalla de oro en el Campeonato Mundial con un tiempo de 7 min y 41,50 s. Batía así un récord establecido por China en 2009 durante la llamada «era de los superbañadores», cuando los nadadores podían usar trajes de baño no textiles de baja fricción.

LOS MÁS RÁPIDOS...

200 m mariposa en piscina olímpica (hombres)

El 24 de julio de 2019, Kristóf Milák (Hungría) ganó su primera medalla de oro en un campeonato mundial con un tiempo de 1 min y 50,73 s en Gwangju, Corea del Sur. Batía así el récord de Michael Phelps (1 min y 51,51 s).

En Gwangju cayeron otros récords mundiales, entre ellos el de los **200 m braza en piscina olímpica (hombres)**: 2 min y 6,12 s, por Anton Chupkov (Rusia) el 26 de julio; y el del **relevo 4 × 100 m estilos en piscina olímpica (mujeres)**: 3 min y 50,40 s, por el equipo estadounidense formado por Regan Smith (espalda), Lilly King (braza), Kelsi Dahlia (mariposa) y Simone Manuel (estilo libre) el 28 de julio.

El 25 de julio de 2017, Peaty nadó los 50 m braza en piscina olímpica más rápidos (hombres): 25,95 s.

50 m mariposa S5 (hombres)

El 12 de septiembre de 2019, Lichao Wang (China) nadó un largo en 31,52 s en el Campeonato Mundial de Natación Paralímpica. Dos días más tarde, estableció el récord de los **50 m espalda S5 (hombres)**: 32,59 s. Wang perdió los dos brazos cuando tenía ocho años a consecuencia de un accidente eléctrico.

100 m libres S9 (hombres)

El 9 de septiembre de 2019, Simone Barlaam (Italia) ganó en Londres su cuarta medalla de oro en campeonatos mundiales con un tiempo de 54,10 s. También estableció los récords S9 de los **50 m libres** (24 s) y los **100 m espalda** (1 min y 1,22 s). Barlaam nació con una deficiencia del fémur derecho.

Los 100 m braza en piscina olímpica más rápidos (hombres)

El 21 de julio de 2019, Adam Peaty (R.U.) se impuso en su semifinal de los 100 m braza en el Campeonato Mundial de Natación de la FINA con un tiempo de 56,88 s. Lograba así el objetivo de su «Proyecto 56»: ser el primer nadador en bajar de la barrera de los 57 s. Peaty, el gran dominador de la prueba, logró el título olímpico de 2016, ha establecido los 18 mejores tiempos de todos los tiempos y ha batido el récord mundial en cinco ocasiones.

Deportes acuáticos

La mayor velocidad en vela femenina (milla náutica)

El 10 de junio de 2019, la windsurfista Heidi Ulrich (Suíza) alcanzó una velocidad de 37,62 nudos (69,67 km/h) a lo largo de una milla náutica en el evento Prince of Speed celebrado en La Palme, Francia. El récord fue ratificado por la WSSRC.

La distancia más larga recorrida en apnea dinámica con aletas (mujeres)

El 13 de octubre de 2019, Magdalena Solich-Talanda (Polonia) recorrió 257 m bajo el agua tras una sola inhalación de aire en la competición Hydro Dynamic celebrada en Viena, Austria, y le arrebató el récord a su compatriota Agnieszka Kalska.

La velocidad más alta haciendo kitesurf (hombres, milla náutica)

El 10 de junio de 2019, Roberto Douglas (EE.UU.) alcanzó los 39,04 nudos (72,30 km/h) en 1 milla náutica (1,8 km) en La Palme, Francia.

El 22 de junio y en el mismo evento, Marine Tlattla (Francia) estableció el récord femenino: 35,86 nudos (66,41 km/h). Ambos récords fueron verificados por el World Sailing Speed Record Council (WSSRC).

Más medallas de oro en Campeonatos Mundiales de Piragüismo en Eslalon (mujeres)

Entre 2013 y 2019, Jessica Fox (Australia, n. en Francia) ganó 10 títulos en Campeonatos Mundiales de Piragüismo en Eslalon de la ICF. Siete de sus victorias llegaron en canoa (C1) y kayak individual (K1), la **mayor cantidad de medallas de oro individuales**. Sus otras tres victorias llegaron en C1 por equipos.

Más medallas de oro ganadas en Campeonatos Mundiales de Natación de la FINA (mujeres)

La nadadora artística Svetlana Romashina (Rusia) ha ganado 25 medallas de oro en campeonatos mundiales desde 2005, incluyendo cuatro como reserva. En 2019 se hizo con tres: ejercicio libre individual, ejercicio libre por parejas y ejercicio técnico por parejas. Romashina ha ganado todas las finales mundiales y olímpicas en las que ha competido.

Más victorias en Campeonatos Mundiales de Waterpolo Femenino

El 26 de julio de 2019, EE.UU. selló su sexto título femenino con una victoria sobre España por 11-6 en Gwangju, Corea del Sur. Las estadounidenses se convirtieron en el primer equipo, de ambos géneros, en hacerse con tres medallas de oro consecutivas en el Campeonato Mundial de Natación.

EE.UU. también ostenta el récord de **más victorias en la Liga Mundial de Waterpolo**: 13, entre 2004 y 2019. Serbia ostenta el récord **masculino** con 10 entre 2007 y 2019.

Los 2.000 m en scull individual en remo paralímpico más rápidos (hombres)

El 1 de septiembre de 2019, Roman Polianskyi (Ucrania) ganó la final de PR1 M1X con un tiempo de 9 min y 12,990 s en el Campeonato Mundial de Remo disputado en Linz-Ottensheim, Austria.

El récord de los **2.000 m cuatro con timonel en remo paralímpico más rápidos (mixto)** es 6 min y 49,240 s, establecido por Ellen Buttrick, Giedre Rakauskaite (n. en Lituania), James fox, Oliver Stanhope y el timonel Erin Wysocki-Jones (todos de R.U.) el 29 de agosto de 2019, también en Linz-Ottensheim.

El participante más veterano en disputar la regata Oxford-Cambridge

Desde 1829, Oxford y Cambridge compiten en una carrera anual conocida como la University Boat Race en el río Támesis a su paso por Londres, R.U. El 7 de abril de 2019, James Cracknell (R.U., n. el 5 de mayo de 1972) formó parte del equipo de Cambridge con 46 años y 337 días, diez años más que el anterior remero más veterano. Cambridge venció a Oxford con un tiempo de 16 min y 57 s, su victoria número 84, la **mayor cantidad de victorias en la University Boat Race**.

El 500 m C1 más rápidos (mujeres)

El 23 de agosto de 2019, Alena Nazdrova (Bielorrusia) hizo un tiempo de 2 min y 0,73 s en el Campeonato Mundial de Piragüismo en Aguas Tranquilas de la Federación Internacional de Piragüismo (ICF), en Szeged, Hungría.

La puntuación más alta en eslalon en esquí acuático (mujeres)

El 6 de julio de 2019, Regina Jaquess (EE.UU.) superó una línea de cuatro boyas de 10,25 m de longitud a 55 km/h en Duncanville, Alabama, EE.UU.

> Fox superó a su madre, Myriam, y se convirtió en la piragüista de eslalon con más victorias en campeonatos mundiales.

La mayor profundidad en apnea con peso constante con bialetas (hombres)*

El 1 de enero de 2019, la federación de apnea AIDA estableció nuevas categorías de bialetas en la división de peso constante. El 6 de agosto de 2019, Alexey Molchanov (Rusia) buceó hasta 110 m de profundidad durante la Caribbean Cup celebrada en Roatán, Honduras.

El récord **femenino** es de 92 m, establecido por Alenka Artnik (Eslovenia) el 11 de junio de 2019 en Panglao, Filipinas. Las bialetas son un par de aletas que se calzan por separado, a diferencia de la monoaleta.

*Pendiente de ratificación

Deportes de invierno

Más victorias en pruebas de la Copa del Mundo de la FIS

Entre el 18 de marzo de 2007 y el 8 de febrero de 2020, Amélie Wenger-Reymond (Suiza) logró la victoria en 147 carreras de la Copa del Mundo de la Fédération Internationale de Ski (FIS). Es una de las tres esquiadoras que acumulan 100 victorias en la competición, junto con Marit Bjørgen (114, en esquí de fondo) y Conny Kissling (106, en estilo libre).

Más victorias en el relevo masculino del Campeonato Mundial de Esquí de Orientación

El 24 de marzo de 2019, Rusia se aseguró su décimo título en relevo masculino en Piteå, Suecia. Los rusos han ganado la medalla de oro en esta competición bienal todos los años desde 1998, excepto en 2009 y 2011.

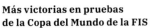

Más victorias en la Copa del Mundo de Esquí Estilo Libre de la FIS (hombres)

Mikaël Kingsbury (Canadá) se hizo con su novena Copa del Mundo de Esquí Estilo Libre consecutiva en 2019/20 después de ganar siete de sus 10 pruebas, que le permitieron asimismo aumentar su récord de **más victorias en pruebas en toda la carrera (hombres)** a 62 (44 en categoría mogul y 18 en el doble mogul).

El 9 de febrero de 2019, Kingsbury igualó el récord de **más medallas de oro en el Campeonato Mundial de Esquí Estilo Libre de la FIS**: cuatro, tantas como las logradas por Kari Traa (Noruega) entre 2001 y 2003 y Jennifer Heil (Canadá) entre 2007 y 2011.

Más medallas de oro en campeonatos mundiales de esquí alpino (hombres)

El 17 de febrero de 2019, Marcel Hirscher (Austria) se alzó con su séptimo título de campeón del mundo tras una victoria en el eslalon masculino de Åre, Suecia. Igualaba así el récord de Anton Sailer (Austria), establecido en 1956-58. Hirscher ha ganado tres veces en eslalon, una en eslalon gigante, otra en la prueba combinada y dos más en la competición por equipos.

En septiembre de 2019, Hirscher anunció su retirada tras una brillante carrera en la que ha logrado el récord de **más títulos en la Copa del Mundo de Esquí Alpino de la FIS**: ocho de forma consecutiva entre 2011/12 y 2018/19.

Más victorias en pruebas de eslalon en la Copa del Mundo de Esquí Alpino de la FIS

Entre el 20 de diciembre de 2012 y el 29 de diciembre de 2019, Mikaela Shiffrin (EE.UU.) logró 43 victorias en pruebas de eslalon en la Copa del Mundo de Esquí Alpino de la FIS. Superó el récord **masculino** de 40 victorias de Ingemar Stenmark (Suecia), el 23 de noviembre de 2019 en Levi, Finlandia.

Más participaciones en pruebas de la Copa del Mundo de Saltos de Esquí de la FIS

Entre el 17 de diciembre de 1988 y el 2 de febrero de 2020, el saltador de esquí Noriaki Kasai (Japón, arriba aparece en una imagen de 2019) había competido en 569 pruebas de la Copa del Mundo de la FIS, con 17 victorias y 63 podios. Kasai también ostenta el récord de **más apariciones en Juegos Olímpicos de Invierno**: ocho, desde Albertville 1992 hasta Pyeongchang 2018.

Más victorias en el Campeonato Mundial de Hockey sobre Hielo Paralímpico

El 4 de mayo de 2019, EE.UU. igualó la marca de Canadá de cuatro campeonatos mundiales con una victoria en la prórroga por 3-2 sobre sus grandes rivales en Ostrava, República Checa. El torneo, conocido como el IPC Ice Sledge Hockey World Championships hasta 2016, se celebró por primera vez en Nynäshamn, Suecia, en 1996.

Los 5.000 m más rápidos en patinaje de velocidad (mujeres)

El 15 de febrero de 2020, Natalya Voronina (Rusia) ganó el oro en el Campeonato Mundial de Patinaje de Velocidad en Distancia Individual de la ISU celebrado en Salt Lake City, Utah, EE.UU., con un tiempo de 6 min y 39,02 s. Mejoraba así el tiempo de Martina Sáblíková de 6 min y 41,18 s.

El 14 de febrero, durante el mundial, Graeme Fish (Canadá) estableció el récord de los **10.000 m más rápidos**: 12 min y 33,86 s.

Y ese mismo día, el equipo japonés, formado por Miho Takagi, Nana Takagi y Ayano Sato, logró el récord de las **seis vueltas en persecución por equipos más rápidas (mujeres)**: 2 min y 50,76 s.

Más medallas de oro en el Campeonato Mundial de Patinaje de Velocidad en Distancia Individual de la ISU

El 15 de febrero de 2020, Sven Kramer (Países Bajos) ganó su vigesimoprimer título en distancia individual. Junto con Douwe de Vries y Marcel Bosker, patinó las **ocho vueltas en persecución por equipos más rápidas**: 3 min y 34,68 s.

El récord de **más medallas de oro (mujeres)** es 16, establecido por Martina Sáblíková (Suiza) entre 2007 y 2020.

Más victorias en el World Team Trophy de la ISU

El ISU World Team Trophy es una competición de patinaje artístico por equipos de ocho patinadores. El 13 de abril de 2019, EE.UU. ganó su cuarto trofeo desde 2009, en Fukuoka, Kyushu, Japón.

Los 500 m más rápidos en patinaje de velocidad en pista corta (mujeres)

El 3 de noviembre de 2019, Kim Boutin (Canadá) se impuso en la ronda de cuartos de final de la Copa del Mundo de Patinaje de Velocidad en Pista Corta con un tiempo de 41,936 s; en Salt Lake City, Utah, EE.UU. Este es uno de los muchos récords de patinaje que se lograron en el Óvalo Olímpico de Utah, donde gracias a la altitud, los patinadores se enfrentan a una menor resistencia del aire, si bien la pista es más difícil y rápida debido a que hay menos oxígeno en el hielo.

El patinaje de velocidad en pista corta comenzó en EE.UU. y Canadá a principios del siglo xx. Se convirtió en una prueba olímpica oficial en 1992.

Más victorias en el Campeonato Mundial Femenino de Bandy

Similar al hockey sobre hielo, en el bandy se enfrentan equipos de 11 jugadores en una pista del tamaño de un campo de fútbol con una pelota en lugar de un disco. Las suecas se aseguraron su noveno título de campeonas del mundo el 22 de febrero de 2020 al derrotar a Rusia por 3-1. Suecia ha ganado todos los torneos excepto el de 2014, cuando perdió ante Rusia por 3-1.

El récord de **más victorias en el Campeonato Mundial Masculino de Bandy** es 14 (Unión Soviética, entre 1957 y 1991).

Más victorias en carreras de skeleton en la Copa del Mundo de la IBSF (hombres)

Entre el 8 de febrero de 2008 y el 15 de febrero de 2020, el letón Martins Dukurs ganó 54 carreras de la Copa del Mundo. En 2019/20 logró su noveno título de la Copa del Mundo de Skeleton tras sumar ocho consecutivamente entre 2009/10 y 2016/17.

La puntuación total más alta en patinaje artístico sobre hielo

Del 22 al 23 de noviembre de 2019, los patinadores artísticos Gabriella Papadakis y Guillaume Cizeron (ambos de Francia) acumularon 226,61 puntos en el NHK Trophy, en Sapporo, Hokkaidō, Japón. Este logro supuso la **puntuación en patinaje sincronizado más alta** (90,03) y la **puntuación en danza libre más alta**: 136,58, por una rutina con la música de *Fama* (detalle).

La puntuación total más alta en patinaje artístico (mujeres)

Del 6 al 7 de diciembre de 2019, Alena Kostornaia (Rusia) ganó la final del Grand Prix de Patinaje Artístico sobre Hielo de la ISU con 247,59 puntos en Turín, Italia. También logró la **puntuación en programa corto más alta (mujeres)**: 85,45.

Además, Nathan Chen (EE.UU.) ganó su tercera final del Grand Prix consecutiva con la **puntuación total más alta (hombres)**: 335,30, que incluye el récord de la **puntuación en estilo libre más alta (hombres)**: 224,92.

El segundo clasificado, Yuzuru Hanyu (Japón), logró el récord de la **puntuación en programa corto más alta (hombres)**: 111,82, el 7 de febrero de 2020 en Seúl, Corea del Sur.

Más títulos individuales de skeleton en Campeonatos del Mundo de la IBSF (mujeres)

Tina Hermann (Alemania) ha ganado tres títulos individuales en campeonatos del mundo de la Federación Internacional de Bobsleigh y Skeleton. Se alzó con el tercero el 29 de febrero de 2020 en Altenberg, Alemania. Hermann también ha ganado dos medallas de oro en la competición por equipos mixtos (2015 y 2016).

Los 1.000 m en patinaje de velocidad más rápidos

El 15 de febrero de 2020, Pavel Kulizhnikov (Rusia) ganó el oro en la prueba masculina de los 1.000 m del Campeonato Mundial de Patinaje de Velocidad en Distancia Individual de la ISU con un tiempo de 1 min y 5,69 s, en Salt Lake City, Utah, EE.UU. Se convirtió en el primer hombre en bajar de 1:06. En palabras del medallista de plata, Kjeld Nuis, Kulizhnikov compite «en su propia liga».

El primer salto cuádruple en una competición de patinaje artístico (mujeres)

El 7 de diciembre de 2019, la patinadora de 15 años Alexandra Trusova (Rusia) ejecutó un salto de cuatro giros en la Final del Grand Prix de Patinaje Artístico de la ISU celebrado en Turín, Italia. Trusova está a la vanguardia de un grupo de jóvenes patinadoras que han revolucionado el deporte añadiendo a sus rutinas saltos más acrobáticos y exigentes. En la tabla de abajo te listamos los primeros saltos cuádruples por tipo.

Trusova debutó como sénior por todo lo alto el 21 de septiembre de 2019, al convertirse en la primera patinadora en lograr tres saltos cuádruples en una rutina.

Los primeros saltos cuádruples en patinaje artístico

Salto cuádruple	Fecha	Patinador	Lugar
Bucle picado (hombres)	25 mar 1988	Kurt Browning (Canadá)	Budapest, Hungría
Salchow (hombres)	7 mar 1998	Timothy Goebel (EE.UU.)	Lausana, Suiza
Salchow (mujeres)	14 dic 2002	Miki Ando (Japón)	La Haya, Países Bajos
Lutz (hombres)	16 sep 2011	Brandon Mroz (EE.UU.)	Colorado Springs, EE.UU.
Flip (hombres)	22 abr 2016	Shoma Uno (Japón)	Spokane, EE.UU.
Bucle (hombres)	30 sep 2016	Yuzuru Hanyu (Japón)	Montreal, Canadá
Bucle picado (mujeres)	10 mar 2018	Alexandra Trusova	Sofía, Bulgaria
Lutz (mujeres)	12 oct 2018	Alexandra Trusova	Ereván, Armenia

Ciclismo

Los 200 m lanzados más rápidos (mujeres)

El 5 de septiembre de 2019, Kelsey Mitchell (Canadá) ganó esta prueba de esprint en 10,154 s en el Campeonato Panamericano de Ciclismo en Pista celebrado en Cochabamba, Bolivia.

Al día siguiente, Nicholas Paul (Trinidad y Tobago) estableció el récord de los **200 m lanzados más rápidos (hombres)**: 9,100 s. Los 2.558 m de altitud de Cochabamba se traducen en una menor resistencia al aire, lo que permite a los ciclistas ir más rápido.

Los 4 km en persecución por equipos más rápidos (hombres)*

El 27 de febrero de 2020, el equipo danés formado por Lasse Norman Hansen, Julius Johansen, Frederik Madsen y Rasmus Pedersen ganó el oro en el Campeonato del Mundo de Ciclismo en Pista de la UCI con un tiempo de 3 min y 44,672 s. El equipo batió el récord mundial tres veces en dos días en Berlín, Alemania: durante la calificación, en la primera ronda y, como colofón, en la final.

La mayor distancia recorrida en una hora con arrancada en parado

El 16 de abril de 2019, Victor Campenaerts (Bélgica) pulverizó uno de los récords más prestigiosos del ciclismo en pista cuando recorrió 55,089 km en 60 min en Aguascalientes, México, 563 m más que la distancia recorrida por Bradley Wiggins el 7 de junio de 2015, una marca que había resistido otros nueve intentos por superarla.

Los 750 m esprint por equipos más rápidos (hombres)*

El 26 de febrero de 2020, los neerlandeses Jeffrey Hoogland, Harrie Lavreysen y Roy van den Berg dieron tres vueltas a un velódromo en 41,225 s en el Campeonato Mundial de Ciclismo en Pista de la UCI disputado en Berlín, Alemania.

Los 200 m C1 lanzados más rápidos (hombres)*

El 31 de enero de 2020, Ricardo Ten Argilés (España) ganó el oro en el Campeonato Mundial de Ciclismo en Pista Paralímpico en Milton, Ontario, Canadá (12,325 s). A raíz de un accidente en su infancia, a Ricardo le amputaron ambos brazos y una pierna por debajo de la rodilla.

El ganador más joven de una prueba de la UCI World Tour

El 3 de agosto de 2019, Remco Evenepoel (Bélgica, n. el 25 de enero de 2000) ganó la Clásica de San Sebastián, España, con 19 años y 190 días. Se convirtió en el tercer ganador más joven de una clásica ciclista, después de que Victor Fastre (18 años y 362 días) y Georges Ronsse (19 años y 102 días) vencieran en la Lieja-Bastogne-Lieja en 1909 y 1925, respectivamente.

Más victorias en la clasificación por puntos del Tour de Francia

Desde 1953, se otorgan puntos a los corredores del Tour de Francia de acuerdo con su posición final en cada etapa, con puntos extra en disputa en esprints intermedios. Peter Sagan (Eslovaquia) se ha impuesto en esta clasificación siete veces: en 2012-16 y 2018-19.

Sagan también amplió su récord de **más victorias de etapa del Tour de Suiza** a 17. El 17 de junio, ganó la tercera etapa de la edición de 2019, y mantiene su récord de ganar al menos una todos los años en los que ha competido.

Los 200 m C3 contrarreloj más rápidos (mujeres)*

El 31 de enero de 2020, Wang Xiaomei (China) estableció un tiempo de 12,853 s en el Campeonato Mundial de Ciclismo en Pista Paralímpico. Batía así el récord de 13,250 s logrado por Paige Greco el año anterior (ver abajo).

La puntuación más alta en ciclismo artístico (hombres, individual)

El 5 de octubre de 2019, Lukas Kohl (Alemania) sumó 214,10 puntos en su rutina en el Masters de Alemania en Weil im Schönbuch, Alemania.

El récord **femenino individual** es 195,35 puntos, establecido por Milena Slupina (Alemania) el 7 de septiembre de 2019 en el Masters de Alemania en Murg, Alemania.

Más títulos de Cross Country del Campeonato Mundial de Ciclismo de Montaña de la UCI (hombres)

Nino Schurter (Suiza) se ha proclamado campeón del mundo de esta modalidad en ocho ocasiones: 2009, 2012-13 y 2015-19. El 31 de agosto de 2019, se aseguró su quinto título consecutivo en el circuito de Mont-Sainte-Anne, Quebec, Canadá.

En 2019, Schurter igualó la marca de Julien Absalon (Francia) de **más títulos de Cross Country de la Copa del Mundo de Bicicleta de Montaña de la UCI**: siete.

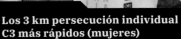

Los 3 km persecución individual C3 más rápidos (mujeres)

El 14 de marzo de 2019, Paige Greco (Australia) estableció un tiempo de 4 min y 0,026 s durante la calificación de los 3 km persecución individual C3 en el Campeonato Mundial de Ciclismo Paralímpico 2019 disputado en Apeldoorn, Países Bajos. Greco, afectada de parálisis cerebral, estableció tres récords mundiales en dos días, incluyendo el de los **500 m contrarreloj C3 (mujeres)**: 39,442 s, el 15 de marzo.

*Pendiente de ratificación por la Unión Ciclista Internacional (UCI)

X Games

Más medallas en deportes de verano (mujeres)

La skater Letícia Bufoni (Brasil) ganó 11 medallas entre 2010 y 2019: cinco oros, tres platas y tres bronces, todas menos una en Skateboard Street. El 1 de junio de 2019, Bufoni se alzó con su quinto oro y su undécima medalla en total en los X Games de Shanghái 2019, China.

Bufoni comparte el récord de **más medallas de oro de Skateboard Street (mujeres)** con cuatro, junto con Elissa Steamer (EE.UU.), quien triunfó en 2004-2006 y 2008.

Más medallas de oro de Skateboard Street

El 2 de junio de 2019, en los X Games de Shanghái, Nyjah Huston (EE.UU.) ganó su décimo título de Skateboard Street desde 2011 con una puntuación en la ronda final de 94,00. Huston también ha ganado el oro en Real Street (Los Ángeles 2012) y por la Mejor Pirueta (Mineápolis 2019), así como cuatro platas y dos bronces.

Más medallas de oro consecutivas de Moto X

El 1 de agosto de 2019, el piloto Jarryd McNeil (Australia) salvó una altura de 12,1 m en los X Games de Mineápolis y se aseguró su cuarto oro consecutivo en la competición de Step Up.

El récord de **más medallas de Moto X** es 19, logrado por Nate Adams (EE.UU.) entre los X Games de Los Ángeles 2003 y los X Games de Austin 2015.

Más medallas de oro en BMX Street

Garrett Reynolds (EE.UU.) sumó 11 oros en BMX Street entre 2008 y 2019. Ganó el primero en su estreno en la competición, a los 18 años, y desde entonces, ha subido al podio en todas las pruebas de los X Games. Su palmarés de 15 medallas incluye dos platas y un bronce, así como un oro en Real BMX en 2016.

El primer 1.260 en una tabla de skate

El 3 de agosto de 2019, Mitchie Brusco (EE.UU.) completó un 1.260 (tres rotaciones y media en el aire) en la competición de Skateboard Big Air de los X Games en Mineápolis. A pesar de su innovadora pirueta, tuvo que conformarse con la plata por detrás de Elliot Sloan en el estadio US Bank de Minesota, EE.UU.

El **primer 900** sigue siendo uno de los momentos más icónicos de la historia de los X Games. El 27 de junio de 1999, la leyenda del skateboard Tony Hawk (EE.UU.) realizó dos rotaciones y media en los X Games Five de San Francisco, California, EE.UU.

El 26 de marzo de 2012, Tom Schaar (EE.UU.) realizó el **primer 1.080** en Woodward West, Tehachapi, California, EE.UU., con solo 12 años.

Más medallas de oro de Snowboard Slopestyle

En los X Games de Aspen 2020, Jamie Anderson (EE.UU.) se hizo con su sexto oro después de haber triunfado en esta modalidad en 2007-08, 2012-13 y 2018.

Anderson ostenta el récord de **más medallas en los X Games (mujeres)** con 17, solo tres menos que Marc McMorris (ver derecha), que posee el récord absoluto en deportes de invierno.

Más medallas de esquí

Henrik Harlaut (Suecia) ganó 12 medallas de esquí (siete oros y cinco platas) de 2013 a 2020. El 24 de enero de 2020, superó a Tanner Hall (11) al ganar en Esquí Big Air en los X Games de Aspen.

Más medallas ganadas por un adolescente

El 26 de enero de 2020, Kelly Sildaru (Estonia, n. el 17 de febrero de 2002) se hizo con su novena medalla en los X Games con 17 años y 343 días. Igualaba así a Shaun White (EE.UU., n. el 3 de septiembre de 1986), quien, el 28 de enero de 2006, ganó su novena medalla en los X Games de Invierno 10 con 19 años y 147 días, y a Nyjah Huston (EE.UU., n. el 30 de noviembre de 1994), quien hizo lo mismo con 19 años y 190 días en los X Games de Austin, el 8 de junio de 2014.

El palmarés de Sildaru incluye el récord de **más medallas en unos X Games de Invierno (mujeres)**: tres, en los X Games de Aspen 2019, donde igualó la hazaña de Jennie Waara (Suecia) de 1997.

Más medallas en disciplinas de invierno

Del 7 al 8 de marzo de 2020, en los X Games de Noruega, el snowboarder Mark McMorris (Canadá) se hizo con una medalla de oro en Big Air y otra de plata en Slopestyle, elevando a 20 su palmarés en los X Games. Superaba así el total de 18 establecido por Shaun White (EE.UU.), aunque este todavía posee el récord de **más medallas de oro en disciplinas de invierno**: 13. Lo que hace que los logros de McMorris sean aún más extraordinarios es que tuvo que pelear por su vida después de un grave accidente en 2017 que le causó numerosas lesiones internas.

La medallista más joven

El 2 de agosto de 2019, Cocona Hiraki (Japón, n. el 26 de agosto de 2008) tenía 10 años y 341 días cuando se hizo con una medalla de plata en la prueba femenina de Skateboard en los X Games de Mineápolis. Hiraki terminó segunda por detrás de Misugu Okamoto, de 13 años, en el enfrentamiento entre contendientes más jóvenes de la historia de los X Games.

El competidor más joven

Gui Khury (Brasil, n. el 18 de diciembre de 2008) tenía solo 10 años y 225 días cuando compitió en la ronda de eliminación de Skateboard Vert en los X Games de Mineápolis el 31 de julio de 2019. Khury realizó su primer 900 (dos giros y medio en el aire) con ocho años, que repitió en Mineápolis en su estreno en los X Games.

Recopilatorio

Más Campeonatos Mundiales de floorball femenino

El 15 de diciembre de 2019, Suecia se alzó en Neuchatel con su noveno título mundial con una victoria en la prórroga por 3-2 contra la anfitriona, Suiza. Durante el torneo, la delantera sueca Anna Wijk estableció un nuevo récord de **más puntos en Campeonatos Mundiales de floorball femenino**: 88, logrados desde 2009.

Los 15 m en escalada de velocidad más rápidos (mujeres)

El 19 de octubre de 2019, Aries Susanti Rahayu (Indonesia) escaló 15 m en 6,995 s en Xiamen, China. Derrotó a la anterior poseedora del récord, Song Yi Ling, en la final de la Copa del Mundo de la Federación Internacional de Escalada Deportiva.

Los 100 m por superficie en natación con aletas más rápidos (mujeres)

El 27 de junio de 2019, Ekaterina Mikhailushkina (Rusia) nadó 100 m en 38,06 s en el Campeonato de Europa de Natación con Aletas de la CMAS en Ioannina, Grecia. En natación con aletas por superficie se emplea una monoaleta y una máscara de esnórquel.

En la misma competición, Zuzana Hraskova (Eslovaquia) estableció el récord de los **400 m con bialetas en natación con aletas más rápidos (mujeres)**: 3 min y 44,65 s, el 29 de junio.

Los 200 m en arrastre de maniquí de la ILSF más rápidos (mujeres)

Prue Davies (Australia) paró el cronómetro en 2 min y 20,05 en la Copa de Alemania 2019 en Warendorf, el 23 de noviembre. Los participantes tienen que bucear, recuperar un maniquí y remolcarlo hasta la meta. La Federación Internacional de Salvamento y Socorrismo (ILSF) supervisa la competición.

Más medallas de oro ganadas por un país en un Campeonato Mundial de la IWF

China ganó 29 oros en el Campeonato Mundial 2019 de la Federación Internacional de Halterofilia celebrado en Pattaya, Tailandia, e igualaba así su récord de 1997. Seis halterófilos ganaron los tres oros de sus categorías (arrancada, dos tiempos y total). Entre ellos se contaban la impresionante Li Wenwen (izquierda), quien con 19 años estableció el récord de **más peso total en +87 kg (mujeres)**, con 332 kg, y Li Fabin (abajo), quien estableció el récord de **más peso total en 61 kg (hombres)**: 318 kg.

El récord individual de medallas de oro es 22, establecido por el soviético Vasily Alekseyev y por Naim Süleymanoğlu (Bulgaria/Turquía).

Más victorias en el Campeonato Mundial de Optimist

Los veleros ligeros de la clase Optimist son embarcaciones para un solo tripulante utilizadas por niños de hasta 15 años. El 15 de julio de 2019, Marco Gradoni (Italia) ganó su tercer campeonato mundial consecutivo a los 15 años de edad. Como reconocimiento, fue elegido Regatista Mundial del Año el 29 de octubre de 2019, y se convirtió en la persona más joven en lograr el galardón.

El mayor peso levantado en halterofilia paralímpica (-107 kg, hombres)

El 18 de julio de 2019, Sodnompiljee Enkhbayar (Mongolia) levantó 247 kg en los Campeonatos del Mundo de Halterofilia Paralímpica en Nur-Sultan, Kazajistán.

También se batieron récords en las categorías de **-41 kg (mujeres)**: 104,5 kg, por Zhe Cui (China) el 13 de julio; y **-79 kg (mujeres)**: 142 kg, por Bose Omolayo (Nigeria) el 17 de julio. El 18 de julio, Folashade Oluwafemiayo (Nigeria) estableció el récord de **-86 kg (mujeres)**: 150 kg.

Más victorias consecutivas en carreras de caballos de obstáculos

Entre el 10 de octubre de 2015 y el 27 de abril de 2019, *Altior*, un purasangre entrenado por Nicky Henderson, cinco veces ganador del premio Champion Trainer, venció en 19 carreras de obstáculos consecutivas. Con su victoria en la Celebration Chase, en Sandown, Surrey, R.U., superaba el récord de 18 de *Big Buck*. La racha terminó el 23 de noviembre de 2019, al ser derrotado por *Cyrname*.

El primer matrimonio formado por campeones del mundo de squash

El 15 de noviembre de 2019, Tarek Momen (Egipto) se proclamó campeón del mundo 2019/20 de la Asociación profesional de Squash (PSA) en Doha, Qatar. Igualaba así la hazaña de su esposa, Raneem El Welily (Egipto), campeona mundial de la PSA el 17 de diciembre de 2017.

Más títulos en el concurso general individual del Campeonato Mundial de Gimnasia Rítmica

Dina Averina (Rusia) se alzó con su tercer título mundial consecutivo en el concurso general en 2019. Averina se unió a un ilustre elenco de tricampeonas formado por Maria Gigova, Maria Petrova (ambas de Bulgaria), Yevgeniya Kanayeva y Yana Kudryavtseva (ambas de Rusia).

Más títulos individuales de bádminton en una temporada (hombres)

Entre el 3 de marzo y el 15 de diciembre de 2019, Kento Momota (Japón) logró 11 títulos individuales. Entre sus victorias se contaron el All England Open Badminton Championships, el Campeonato Mundial de la Federación Mundial de Bádminton (BWF) y las BWF World Tour Finals, donde Momota superó el récord de 10 títulos en una misma temporada de Lee Chong Wei en 2010.

Más medallas individuales ganadas en categoría femenina en el Campeonato Mundial de Bádminton

P. V. Sindhu (India) y Zhang Ning (China) han conseguido cinco medallas en categoría femenina en campeonatos mundiales. Sindhu igualó a Ning con su primera medalla de oro en la final de 38 min que disputó contra Nozomi Okuhara el 25 de agosto de 2019.

MÁS VICTORIAS EN EL...

Campeonato Mundial de Trampolín (títulos individuales consecutivos en categoría masculina)

El 1 de diciembre de 2019, Gao Lei (China) logró su cuarto título mundial individual consecutivo en categoría masculina en Tokio, Japón, y superaba el récord que compartía con Alexander Moskalenko, quien ganó tres en 1990-1994.

Campeonato Mundial de Korfball

El 10 de agosto de 2019, Países Bajos selló su décimo Campeonato Mundial de Korfball tras derrotar a Bélgica por 31-18 en Durban, Sudáfrica. Ambas selecciones se han encontrado en todas las finales desde que se iniciara la competición en 1978. Países Bajos las ha ganado todas excepto la de 1991.

Campeonato Mundial de Orientación de Larga Distancia (hombres)

El 14 de agosto de 2019, Olav Lundanes (Noruega) ganó su sexto título de larga distancia. Terminó la prueba de 16,6 km de longitud, que incluía 26 controles, en un tiempo de 1 h, 30 min y 9 s en Østfold, Noruega. Fue la cuarta victoria consecutiva de Lundanes en la competición, previamente conocida como «individual» o «larga distancia»

Red Bull Cliff Diving World Series (hombres)

Gary Hunt (R.U.) se alzó con su octavo título tras ganar cinco de las siete pruebas celebradas en 2019. Subcampeón en 2009, 2013 y 2017, nunca ha terminado por debajo del segundo puesto.

El ganador en más ocasiones de la medalla Norm Smith de la AFL

Al jugador considerado el «mejor en el terreno de juego» de la Australian Football League Grand Final se le concede la medalla Norm Smith. El 28 de septiembre de 2019, el jugador de Richmond Dustin Martin ganó su segunda medalla en tres años, e igualó la hazaña lograda por Gary Ayres, Andrew McLeod y Luke Hodge (todos de Australia).

Antes de empezar a saltar desde acantilados, Iffland pasó tres años actuando como saltadora acrobática en cruceros.

Más victorias en la Red Bull Cliff Diving World Series (mujeres)

En 2019, Rhiannan Iffland (Australia) logró su cuarto título consecutivo en las Red Bull Cliff Diving World Series tras protagonizar la primera temporada invicta de todos los tiempos. Ganó las siete competiciones que se disputaron. Iffland, quien en el pasado había competido en salto de trampolín, logró su primera victoria en 2016, el año que debutó en la competición como saltadora invitada por la organización.

Iffland se lanza desde un saliente de un acantilado a la Laguna Pequeña de la isla de Miniloc, Filipinas, durante la Cliff Diving World Series 2019.

Cuando ejecuta el Biles II, o triple doble, Simone se eleva en el aire aproximadamente dos veces su propia altura.

SALÓN DE LA FAMA

Simone Biles

Con tan solo 23 años, Simone Biles (EE.UU.) se ha convertido en una de las grandes gimnastas. Combina estilo, precisión y potencia explosiva. Y no contenta con dominar los límites de lo posible en su deporte, la estadounidense está redefiniendo los límites de lo posible en su deporte.

Simone nació el 14 de marzo de 1997 y se inició en la gimnasia Artística a los 6 años. A los 16, ganó dos oros en el Campeonato Mundial de Gimnasia Artística 2013. En 2019, se convirtió en la tercera mujer en ganar cinco oros en un único Campeonato Mundial en un total de 19 en toda su carrera: el récord de **más títulos mundiales en competición individual general** en toda su carrera: el récord de **gimnasia artística general** (en la foto), para sumar un total de 19 en toda su carrera: el récord de **más campeonatos mundiales en competición**, Simone suma la mayor **cantidad de medallas en la historia de los campeonatos mundiales**: 25.

Si a eso le sumamos el récord de **más títulos en competición**, lo **más medallas de oro en campeonatos mundiales de los campeonatos mundiales** incluye asimismo el récord de tres platas y tres bronces, Simone suma la mayor **cantidad de medallas en la historia de los campeonatos mundiales** (cinco).

Más allá de las medallas, Simone da nombre a cuatro elementos, lo que demuestra su afán por que la gimnasia siga evolucionando. Reciente mortal extendido dio a conocer el Biles (H), y el Biles II, un doble salto mortal hacia atrás con triple pirueta.

En los Juegos Olímpicos de Tokio 2020, Simone intentará sumar más medallas a los cuatro oros y un bronce que ganó en Río 2016. El récord de **más medallas de oro olímpicas (mujeres)** es nueve, que ostenta la gimnasta soviética Larisa Latynina. ¿Podrá Simone acercarse a esta cifra y volver a hacer historia?

Descubre más cosas sobre Simone en la sección del Salón de la Fama en **www.guinnessworldrecords.com/2021.**

1: Simone dominó la competición en los Juegos Olímpicos de 2016, donde logró el **concurso mayor margen de victoria en el concurso general en unos 11.00. (mujeres):** 2.100. Simone

2: El 11 de agosto de 2019, en el Campeonato Nacional de Gimnasia de EE.UU., Simone realizó el **primer triple doble femenino**...

3: ... y dos días antes logró el **primer doble campeonato femenino... el primer doble de salida en barra de equilibrio.**

4: Simone con su primer premio Laureus en 2017.

5: En 2013, celebrando con 16 años el oro en su World Sports a la deportista del año en su primer Campeonato Mundial.

Simone ha ganado tres veces el premio Laureus a la deportista del año, en 2017 (en la imagen), con el prestigioso Serena Williams (EE. UU.) lo World Sports, 2019 y 2020. Es una galardón en más de una han hecho. Solo la tenista Serena Williams: cuatro (2003, 2010, ocasión en más ocasiones: cuatro **premios Laureus** ha ganado en más de una. Es una **récord de más partidos del año.** 2016 y 2018), el **récord de más partidos del año.** **World Sports a la deportista del año.**

COLABORADORES

Guinness World Records 2021 se ha elaborado gracias a la participación del público, pero también a la información proporcionada por una red global de instituciones y expertos a los que queremos expresar nuestro agradecimiento. Puedes encontrar la lista completa en www.guinnessworldrecords.com/about-us/partners.

8000ers.com
Eberhard Jurgalski ha desarrollado el sistema «Elevation Equality», un método de clasificación de montañas y cordilleras. Su sitio web se ha convertido en la fuente principal de estadísticas de altitud de las cordilleras del Himalaya y del Karakórum.

Administración Nacional Oceánica y Atmosférica
La NOAA trabaja en mantener al público informado acerca de los cambios en el entorno, y su ámbito de actuación abarca desde la superficie del sol hasta las profundidades del fondo de los océanos. Las tareas que realiza incluyen las previsiones meteorológicas diarias, las alertas de fuertes tormentas y la vigilancia del clima para la gestión pesquera, la restauración costera y el apoyo al comercio marítimo.

Archaeology in the Community
Fundada por la Dra. Alexandra Jones, esta organización sin ánimo de lucro con sede en Washington, D.C., EE.UU., promueve el estudio y la comprensión pública del patrimonio arqueológico a través de programas de educación informal y actos comunitarios.

Asociación Británica de Ultraligeros
Aprobada por la Autoridad de Aviación Civil, la BMAA defiende los intereses de los pilotos y aficionados a los ultraligeros de Reino Unido. La preside Rob Hughes, quien también es vicepresidente primero de la Comisión de Ultraligeros y Paramotores de la FAI.

Asociación Internacional de Natación en Aguas Heladas
Fundada por Ram Barkai, la IISA se formó en 2009 con el objetivo de formalizar la natación en aguas heladas. Ha establecido un conjunto de reglas para garantizar la máxima seguridad y regular la práctica de la natación en términos de distancias, tiempo y condiciones.

Asociación Internacional de Slackline
El objetivo de la ISA es apoyar y desarrollar comunidades de practicantes de *slackline* de todos los tamaños, así como regular el *slackline* como deporte de competición.

Asociación Mineralógica Internacional
La IMA cuenta como miembros con 39 sociedades de los cinco continentes. Las tareas que tienen encomendadas abarcan desde la racionalización de la nomenclatura y clasificación de los minerales hasta la preservación del patrimonio mineralógico.

Asociación Mundial de Apilamiento Deportivo
Como organismo oficial mundial que regula el pasatiempo del apilamiento deportivo, la WSSA promueve la estandarización y el avance en las reglas, los récords y las competiciones de la disciplina.

Asociación Mundial de Natación en Aguas Abiertas
Fundada por Steven Munatones en 2005, la WOWSA es la asociación internacional que regula el deporte de la natación en aguas abiertas. Proporciona membresías y programas de certificación e impulsa publicaciones y recursos en línea.

Campeonato Nacional de Verduras Gigantes CANNA UK
Cada mes de septiembre, Martyn Davis da la bienvenida a los participantes en el Malvern Autumn Show que se celebra en Worcestershire, R.U. Martyn comprueba que las verduras cumplen con los estrictos criterios de la competición y se pesan de forma adecuada.

Centro H J Lutcher Stark para la Cultura Física y el Deporte
Con sede en la Universidad de Texas, Austin, EE.UU., el Centro Stark está dirigido por el profesor Jan Todd y alberga la colección dedicada a la cultura física más importante del mundo.

Channel Swimming Association
Desde 1927, la CSA se encarga de regular la natación en el canal de la Mancha y dar apoyo logístico a los nadadores que cruzan el paso de Calais. La organización solo reconoce las travesías a nado realizadas bajo sus reglas y con la presencia de observadores que hayan sido designados por ella.

Comisión Mundial de Áreas Protegidas de la IUCN
La WCPA de la UICN es la red principal de expertos en áreas protegidas de todo el mundo. Administrada a través del Programa Mundial de Áreas Protegidas de la UICN, cuenta con más de 2.500 miembros de 140 países.

Consejo de Edificios Altos y Hábitat Urbano
El Consejo de Edificios Altos y Hábitat Urbano (CTBUH), con sede en Chicago, Illinois, EE.UU., es la organización profesional más relevante a nivel mundial dedicada al diseño, construcción y explotación de edificios altos y de las ciudades del futuro.

Desert Research Institute
El Dr. Nick Lancaster es profesor e investigador emérito del Desert Research Institute (DRI), en Nevada, EE.UU., de las especialidades de geomorfología del desierto e impactos del cambio climático en regiones desérticas.

DogFest
DogFest es el festival de verano para perros más importante de Reino Unido, y se celebra cada año en tres escenarios distintos. Los visitantes pueden participar en actividades como buceo en el muelle y flyball. En 2019, GWR participó en el evento con su espectáculo en directo «Record Barkers» en busca de nuevos talentos caninos.

ESPN X Games
Desde su inicio en 1995, ESPN X Games se han convertido en la competición más importante de deportes de acción. En ella participan los mejores atletas de deportes de acción de verano en BMX, Skateboard y Moto X, así como la flor y nata del esquí, el snowboard y las motos de nieve en sus pruebas de invierno.

Fundación Megafauna Marina
La MMF se creó en 2009 para investigar, proteger y conservar en todo el mundo las poblaciones de megafauna marina amenazadas. Entre los gigantes marinos de los que se ocupan se encuentran las ballenas, los tiburones, las rayas y las tortugas marinas.

Fundación para la Educación Ambiental
Con sede en Dinamarca y socios en 77 países, la FEE es la organización más grande del mundo de su clase. Sus programas Llave Verde y Bandera Azul promueven la protección de los recursos naturales y están reconocidos a nivel mundial.

Gareth Jones' Lab
GJL realiza investigaciones sobre ecología, biología de la conservación y comportamiento animal, y dedica especial atención a los murciélagos. El profesor Jones ha publicado alrededor de 300 artículos científicos, y su trabajo aborda desde la acústica hasta el seguimiento de los movimientos de los animales.

Great Pumpkin Commonwealth
La GPC se encarga de promover la afición por el cultivo de calabazas gigantes, así como de otras verduras de tamaño prodigioso, junto con el establecimiento de normas y reglamentos que aseguren la calidad de las hortalizas y la limpieza de la competición en todo el mundo.

Grupo Especializado en Pequeños Mamíferos de la UICN SSC
El Grupo Especializado en Pequeños Mamíferos (perteneciente a la Unión Internacional para la Conservación de la Naturaleza) es una red global de científicos y conservacionistas amantes de los roedores, las musarañas, los topos, los erizos y los escandentios.

Grupo de Investigación en Gerontología
Fundado en 1990, la misión del GRG es frenar y finalmente revertir el envejecimiento a través de la aplicación y el intercambio del conocimiento científico. También mantiene la mayor base de datos de supercentenarios (personas mayores de 110 años), una división que Robert Young se encarga de gestionar.

Instituto de Zoología de la ZSL
El Instituto de Zoología es la división de investigación académica de la Sociedad Zoológica de Londres, R.U. Se trata de un centro de investigación de fama mundial a la vanguardia de la ciencia de la conservación.

Instituto Scott de Investigación Polar
El SPRI de la Universidad de Cambridge, R.U., se fundó en 1920 en memoria de los hombres que murieron durante la expedición del capitán Scott al Polo Sur de 1910-13. Sus recursos, entre los que se cuenta una extensa biblioteca, abarcan todo el Ártico y la Antártida.

Laboratorio de Sismología de Berkeley
El profesor Michael Manga es catedrático de Ciencias de la Tierra y de los Planetas en UC Berkeley, California, EE.UU., donde también tiene su sede el Laboratorio de Sismología de Berkeley. Está especializado en erupciones volcánicas y géiseres en la Tierra y otros planetas.

Metacritic
Desde 2001, Metacritic filtra las opiniones de los expertos en entretenimiento más respetados y fiables del mundo y las presenta por medio de clasificaciones de fácil comprensión de películas, música, juegos y TV.

MonumentalTrees.com
Tim Bekaert es el administrador de MonumentalTrees.com, una comunidad digital donde aparecen listados decenas de miles de árboles monumentales, y en la que pueden encontrarse fotografías, medidas de circunferencia y altura, y la ubicación de especímenes extraordinarios a menudo sin documentar.

Museo de Historia Natural de Viena
El Dr. Ludovic Ferriere es un geólogo experto en meteoritos y cráteres de impacto. Es el conservador jefe de las prestigiosas colecciones de meteoritos e impactitas del Museo de Historia Natural de Viena, Austria.

Museo Nacional de Computación
El Museo Nacional de Computación en Bletchley Park, Oxfordshire, R.U., es una organización benéfica independiente que alberga una extensa colección de ordenadores históricos en funcionamiento, como *Colossus*, el **primer ordenador capaz de descifrar códigos**, y el *WITCH*, el **ordenador digital en funcionamiento más antiguo**.

National Pet Show
El National Pet Show de Reino Unido es un evento anual que se celebra cada mes de noviembre en el Centro Nacional de Exposiciones de Birmingham. En él participan todo tipo de profesionales de los animales domésticos expertos en perros, gatos, pájaros, reptiles, roedores, ganado e incluso insectos.

Ocean Rowing Society
La ORS fue fundada en 1983 por Kenneth F. Crutchlow y Peter Bird, a los que más tarde se unieron Tom Lynch y Tatiana Rezvaya Crutchlow. Mantiene un registro de todos los intentos de travesías oceánicas a remo, así como de grandes cuerpos de agua. La sociedad también clasifica, verifica y adjudica los logros en remo oceánico.

Organización Meteorológica Mundial
El Dr. Randall Cerveny es profesor de Ciencias Geográficas especializado en meteorología y clima. Ocupa el cargo de relator de meteorología y climatología extrema de la OMM desde 2007.

Parrot Analytics
La empresa Parrot Analytics es líder mundial en análisis de demanda de contenidos en el moderno negocio de la televisión multiplataforma. En la actualidad, rastrea más de 1.500 millones de expresiones diarias de demanda en más de 100 idiomas.

Paul Zimnisky Diamond Analytics
Paul Zimnisky es líder mundial en análisis de la industria del diamante. Instituciones financieras, gobiernos y universidades recurren a sus investigaciones.

Real Jardín Botánico de Kew
El Real Jardín Botánico de Kew es una organización científica de fama mundial cuya reputación internacional se asienta en sus excepcionales colecciones y su experiencia científica en diversidad vegetal, conservación y desarrollo sostenible. Fue declarado Patrimonio de la Humanidad por la UNESCO en 2003.

Roller Coaster DataBase
La RCDB es un repositorio de estadísticas sobre parques temáticos iniciado por Duane Marden en 1996. A día de hoy, reúne datos de más de 5.000 montañas rusas. GWR trabaja en estrecha colaboración con el investigador de RCDB Justin Garvanovic.

School of Ants Australia
La Dra. Kirsti Abbott es una ecóloga que dirige la School of Ants en Australia, un proyecto de ciencia ciudadana que tiene el objetivo de documentar y entender la diversidad y distribución de las hormigas en los entornos urbanos.

Sociedad Americana de Ictiólogos y Herpetólogos
La ASIH, fundada en 1913, se dedica al estudio científico de peces, anfibios y reptiles. Los objetivos principales de la sociedad son aumentar el conocimiento sobre estos organismos y apoyar a los jóvenes científicos que trabajan en estos campos.

Sociedad Internacional de Limnología
Fundada en 1922, la SIL se dedica al estudio de las aguas continentales (como lagos, ríos y mares interiores), y cuenta con unos 1.250 miembros de 70 países. La Dra. Tamar Zohary es su secretaria general y tesorera desde 2013.

Sociedad Nacional de Espeleología
La NSS es una organización sin ánimo de lucro dedicada al estudio científico, la exploración, la protección y la conservación de cuevas y karst.

Speedrun.com
Speedrun.com proporciona tablas de clasificación, foros y otros recursos a los aficionados al *speed-running* (jugar a un videojuego con la intención de completarlo lo más rápido posible). El sitio cuenta con una base de datos de más de 930.000 carreras en 16.648 juegos.

The Cornell Lab
Dirigido por el Dr. Holger Klinck, el Centro de Conservación de Bioacústica del Laboratorio de Ornitología Cornell, en Ithaca, Nueva York, EE.UU., reúne a un equipo de científicos, ingenieros y estudiantes que trabajan en una amplia variedad de proyectos de investigación en bioacústica terrestre, acuática y marina.

The International Cat Association
TICA® es el registro genético de gatos domésticos y con pedigrí más extenso del mundo. Promueve la salud y el bienestar de todos los gatos domésticos a través de la educación, y proporciona atención a los propietarios de millones de gatos de todo el mundo.

The Numbers
The-Numbers.com es la base de datos sobre información financiera de la industria del cine más grande de internet, con datos sobre más de 38.000 películas y 160.000 personas del mundo del celuloide. Fundada en 1997 por Bruce Nash, actualmente registra más de 8 millones de visitas todos los años.

UK Timing Association
La UKTA se fundó en 2013 cuando el personal de Straightliners Ltd y SPEE3D Ltd unieron sus fuerzas para mejorar y promover los récords de velocidad en tierra en Gran Bretaña y Europa. Asegura que los contendientes en velocidad terrestre compitan bajo las mismas normas.

Universidad de Liverpool: Integrative Genomics of Ageing Group
El Dr. João Pedro de Magalhães dirige el Integrative Genomics of Ageing Group de la Universidad de Liverpool, R.U. Las investigaciones del grupo se centran en la comprensión de los mecanismos genéticos, celulares y moleculares del envejecimiento. También creó AnAge, una base de datos que incluye a los animales más longevos que viven en cautividad.

Universidad del Sur de California
El primatólogo Dr. Craig Stanford es profesor de Antropología y Ciencias Biológicas en la Universidad del Sur de California, EE.UU. Ha desarrollado investigaciones de campo sobre primates en África del Este, Asia y Sudamérica.

University College London: The Bartlett School of Architecture
Iain Borden es profesor de Arquitectura y Cultura Urbana en The Bartlett, University College London, R.U. Ha escrito más de 100 libros y artículos sobre estos temas, así como varios títulos sobre arquitectos, edificios y ciudades.

VGChartz
Fundada en 2005 por Brett Walton, VGChartz es una empresa de investigación y análisis de negocios. Publica más de 7.000 estimaciones semanales únicas relacionadas con las ventas de *hardware* y *software* de videojuegos, y cuenta con una base de datos de juegos en continuo crecimiento con más de 40.000 títulos.

Whale and Dolphin Conservation
La WDC es una organización benéfica global líder en el ámbito de la conservación y protección de ballenas y delfines. Defiende a los cetáceos de las muchas amenazas a las que se enfrentan por medio de campañas informativas, grupos de presión, asesoramiento a gobiernos, proyectos de conservación, investigación de campo y tareas de rescate.

World Cube Association
La WCA rige las competiciones de rompecabezas mecánicos en los que hay que mover grupos de piezas, como el cubo de Rubik. Su objetivo es aumentar el número de competiciones y llegar a más países y gente, asegurando el juego limpio y la igualdad de condiciones.

World Memory Sports Council
Tony Buzan y Raymond Keene OBE fundaron en 1991 el deporte mental de la memoria. Desde entonces, las 10 disciplinas que dieron forma a la primera competición han sido adoptadas en todo el mundo como la base de los torneos de memoria.

World Sailing Speed Record Council
El WSSRC recibió el reconocimiento de la International Yacht Racing Union (hoy conocida como la Federación Internacional de Vela) en 1972. Su consejo de expertos está formado por miembros de Australia, Francia, Gran Bretaña y EE.UU.

World Surf League
La WSL se dedica a la organización de las mejores pruebas de surf en los mejores lugares. Promueve el mejor surf del mundo desde 1976, y todos los años se encarga de la celebración de más de 180 pruebas internacionales.

World UltraCycling Association
La WUCA (anteriormente llamada UMCA) es una organización sin ánimo de lucro dedicada al apoyo del ultraciclismo en todo el mundo. Dispone del mayor repositorio con información sobre récords ciclistas logrados con cualquier tipo de bicicleta, y certifica los récords de sus miembros.

Sistema Solar
Claire Andreoli, Mark Aston, Ravi Kumar Kopparapu, Timur Kryachko, Catherine l´Hostis y Marc Fulconis, Jonathan McDowell, Carolyn Porco, Peter Schultz y Scott S. Sheppard

Naturaleza
Nikolai Aladin, Andrew Baldwin, Nellie Barnett, Michael Caldwell, Anton Chakhmouradian, Karen China, Peter Clarkson, Gerardo Aguirre Díaz, Wenyuan Fan, Rory Flood, Mike Fromm, Robert Headland, Vincent Johan van Hinsberg, Robert Holzworth, Dan Laffoley, Mathieu Morlighem, David Peterson, Simon Poppinga, Stephen Pyne, Alan Robock, Ryan Said, Marc Schallenberg, Roger Seymour, John Sinton, Jon Slate, John Smellie, David J. Smith, Thomas Speck, Chris Stokes, Brian Toon, Maximillian Van Wyk de Vries y Paul Williams

Animales
Tycho Anker-Nilssen, Joseph Bump, Chris Carbone, Dan Challender, William Crampton, Phil Currie, Dyan deNapoli, Tanya Detto, Coen Elemans, Christo Fabricius, Peter Flood, Eva Fuglei, Semyon Grigoriev, Adam Hartstone-Rose, Matthew Hayward, Jutta Heuer, Craig Hilton-Taylor, Dominique Homberger, Blanca Huertas, Simon Ingram, Paul Johnsgard, Stephen Kajiura, Alec Lackmann, Robin Moule, Christopher Murray, Mark O'Shea, Aniruddh D Patel, W. Scott persons, Robert Pitman, Grigory Potapov, Liz Sandeman, Kate Sanders, Karl P. N Shuker, Heather Sohl, Katharina Sperling, Arnaud Tarroux, Samuel Turvey, Oliver Wearn, Richard Weigl, Becky Williams, Alan Wilson, Harald Wolf, Trevor digno y Jhala Yadvendradev

Seres humanos
Edward Bell, Donald Rau, Nancy Segal, Kira Westaway y Robert Young

Recordmanía/Contra el reloj
Andrew Aldridge, Martyn Davis, Todd Kline e Ian Woodcock

Aventureros
Ned Denison, Thaneswar Guragai, Rob Hughes, Steve Jones, Pádraig Mallon, Richard Meredith-Hardy, David Monks y Larry Oslund

Cultura y sociedad
Amanda Abrell, Stuart Ackland, Alexis Albion, Alaia Berriozabal, Aliza Bran, Lauren Clement, Mike Dunn, Marshall Gerometta, Sophie Bachet Granados, Hannah Hess, Ioanna Iordanou, Alexandra Jones, Darren Julien, «Matt L», Peter Marsters, Valerie Miller, Chris Moran, Alistair Pike, Harro Ranter, Barry Roche y Monique Turner

Cultura popular/Videojuegos
Dick Fiddy, Jane Klain, Dan Peel, James Proud y Matthew White

Tecnología
Evan Ackerman, Michael Blakemore, Inge Buytaert, Martin Campbell-Kelly, Jessie Clark, Nigel Crowe, Stephen Fleming, Justin Garvanovic, Andrew Good, Veselin Kostov, Judi Lalor, Beck Lockwood, Beatriz Alcalá López, Sam Mason, Fran Read, Gary Settles, Jules Tipler, Richard Wynne y Hua Zhao

Deportes
Tom Beckerlegge, Grace Coryell, David Fischer y Matthew White

AGRADECIMIENTOS

Editor Jefe
Craig Glenday

Editores de maquetación
Tom Beckerlegge y
Rob Dimery

Editor sénior
Adam Millward

Editor
Ben Hollingum

Corrector de pruebas y comprobación de datos
Matthew White

Directora editorial y de producción
Jane Boatfield

Director de fotografía y diseño
Fran Morales

Documentación fotográfica
Alice Jessop

Diseño
Paul Wylie-Deacon y
Rob Wilson de 55design.co.uk

Directora de producción
Patricia Magill

Coordinador de producción
Thomas McCurdy

Asesores de producción
Roger Hawkins y
Florian Seyfert

Diseño de la cubierta
Rod Hunt

Índice
Marie Lorimer

Director de contenidos visuales
Michael Whitty

Fotografías originales
Mustapha Azab, Adam
Bettcher, Michael Bowles,
Peter Gaunt, Paul Michael
Hughes, Craig Mitchelldyer,
Johanna Morales
Rodríguez, Kevin Scott
Ramos y Alex Rumford

Reprografía
Res Kahraman de Born Group

Impresión y encuadernación
MOHN Media Mohndruck
GmbH, Gütersloh, Alemania

Coordinación editorial de la versión española
LT Servicios Lingüísticos
y Editoriales, S.L.

Traducción
Montserrat Asensio,
Lluïsa Moreno y
Daniel Montsech

Los récords se establecen para ser batidos. Si encuentras alguno
que, en tu opinión, puedas superar, cuéntanoslo y formula una
solicitud de récord. Averigua cómo hacerlo. Eso sí: antes de
intentarlo, debes ponerte en contacto con nosotros.

Visita nuestro sitio web oficial (www.guinnessworldrecords.com)
para conocer noticias sobre nuevos récords y contemplar algunos
vídeos sobre diversos intentos. También puedes unirte a la
comunidad virtual del Guinness World Records.

Sostenibilidad
Los árboles que se han empleado para imprimir
Guinness World Records 2021 se seleccionan
cuidadosamente de los bosques gestionados para
evitar la devastación del paisaje.

El papel utilizado para esta edición fue fabricado
por Stora Enso Veitsiluoto, Finlandia. La planta
de producción dispone de la certificación PEFC

PEFC
PEFC/04-31-1033

minus 52% CO2

de Cadena de Custodia, y su actividad cuenta con la acreditación
del sistema de gestión medioambiental ISO para garantizar una
producción sostenible.

Gracias al uso innovador de la tecnología para la combinación de
calor y energía, se emitió hasta un 52 % menos de CO_2 al imprimir
este producto en comparación con el uso de energía convencional.

Guinness World Records Limited aplica un sistema de
comprobación muy riguroso para verificar todos los récords.
Sin embargo, aunque ponemos el máximo empeño en garantizar
la exactitud, Guinness World Records Limited no se hace
responsable de los posibles errores que contenga esta obra.
Agradecemos todos aquellos comentarios de nuestros lectores
que contribuyan a una mayor exactitud de los datos.

Guinness World Records Limited utiliza preferentemente
el sistema métrico decimal, excepto en ciertas unidades de otros
sistemas de medición universalmente aceptadas y en algunos
datos deportivos. Cuando se especifica una fecha, todos los
valores monetarios se calculan según el tipo de cambio vigente
en el momento; cuando únicamente se especifica el año, la
conversión se establece con arreglo al tipo de cambio vigente el
31 de diciembre de ese año.

Al intentar batir o establecer récords se deben solicitar siempre
los consejos oportunos. Cualquier tentativa de récord es
responsabilidad exclusiva del aspirante. Guinness World Records
Limited se reserva por completo el derecho a incluir o no un
determinado intento de récord en cualquiera de sus publicaciones.
La posesión de un récord del Guinness World Records no garantiza
su aparición en ninguna publicación del *Guinness World Records*.

OFFICIALLY
AMAZING

THE JIM PATTISON GROUP

Presidente mundial:
Alistair Richards
Servicios profesionales
Alison Ozanne
Finanzas: Jusna Begum, Elizabeth
Bishop, Jess Blake, Lisa Gibbs, Lucy
Hyland, Kimberley Jones, Maryana
Lovell, Sutha Ramachandran,
Jamie Sheppard, Scott Shore y
Andrew Wood
Departamento jurídico: Raymond
Marshall, Kaori Minami y Mehreen
Moghul
**RR.HH., gestión cultural y oficina
de administración:** Jackie Angus,
Alexandra Ledin, Stephanie Lunn,
Swarna Pillai y Monika Tilani
TI y Operaciones
Rob Howe
Análisis de datos: Kevin Allen
Medios digitales: Veronica Irons y
Alex Waldu
TI: Céline Bacon, Manu Bassi, John
Cvitanovic, Diogo Gomes, Karen Lean,
Benjamin Mclean, Cenk Selim y Alpha
Serrant-Defoe
Dirección central de récords: Lewis
Blakeman, Adam Brown, Megan
Bruce, Betsy Cunnett, Tara El Kashef,
Mark McKinley, Sheila Mella Suárez,
Will Munford, Emma Salt, Will Sinden,
Luke Wakeham y Dave Wilson

Contenido y producto
Katie Forde
Marca y gestión de producto: Lucy
Acfield, Juliet Dawson, Rebecca Lam,
Emily Osborn y Louise Toms
Generación de demanda:
James Alexander-Dann
Diseño: Fran Morales y Alisa Zaytseva
Contenidos visuales: Sam
Birch-Machin, Karen Gilchrist, Jesse
Hargrave, Matthew Musson, Joseph
O'Neil, Catherine Pearce, Alan
Pixsley, Jonathan Whitton y Michael
Whitty
Página web y redes sociales:
Aitana Marín, Dominic Punt,
Connie Suggitt y Dan Thorne

Comunicaciones corporativas
Sam Fay y Doug Male

Creatividad
Paul O'Neill

Publicación
Nadine Causey
Editorial: Craig Glenday,
Ben Hollingum y Adam Millward

Marketing: Nicholas Brookes
y Lauren Johns
RR. PP.: Jessica Dawes,
Amber-Georgina Gill
y Jessica Spillane
Producción: Jane Boatfield,
Patricia Magill y
Thomas McCurdy
Ventas: Helene Navarre
y Joel Smith

Asesoría de Pekín
Marco Frigatti
Marca y marketing de contenidos:
Echo Zhan
Gestión de cuentas de clientes:
Catherine Gao, Chloe Liu,
Tina Ran, Amelia Wang,
Elaine Wang, Ivy Wang y Jin Yu
Marketing comercial: Theresa Gao,
Lorraine Lin y Karen Pan
Producción de eventos: Fay Jiang
y Reggy Lu
Departamento jurídico: Paul
Nightingale y Jiayi Teng
**RR. HH., gestión cultural y oficina
de administración:** Crystal Xu,
Joan Zhong y Nina Zhou
RR. PP.: Yvonne Zhang
Dirección de récords: Ted Li,
Vanessa Tao, Charles Wharton,
Angela Wu y Alicia Zhao

Asesoría de Dubái
Talal Omar
Marca y marketing de contenidos:
Mohamad Kaddoura
Gestión de cuentas de clientes:
Naser Batat, Mohammad Kiswani
y Kamel Yassin
Marketing comercial:
Shaddy Gaad
Producción de eventos:
Daniel Hickson
**RR. HH., gestión cultural y oficina
de administración:** Monisha Bimal
RR. PP.: Hassan Alibrahim
Dirección de récords: Reem
Al Ghussain y Karen Hamzeh

Asesoría de Londres
Neil Foster
Gestión de cuentas de clientes:
Nicholas Adams, Tom Albrecht,
Sonia Chadha-Nihal, Fay Edwards,
Soma Huy, Irina Nohailic,
Sam Prosser y Nikhil Shukla
Producción de eventos:
Fiona Gruchy-Craven
Marketing comercial: Stine McNeillis,
Iliyan Stoychev y Amanda Tang
RR. PP.: Lisa Lambert

Dirección de récords:
Andrew Fanning, Matilda Hagne,
Paul Hillman, Daniel Kidane,
Christopher Lynch y
Francesca Raggi

Asesoría de Miami
Carlos Martinez
Gestión de cuentas de clientes:
John David, Carolina Guanabara-Hall,
Ralph Hannah, Jaime Rodriguez
Marketing comercial: Laura Angel
y Luisa Fernanda Sanchez
RR. PP.: Alice Pagán
Dirección de récords: Raquel Assis,
Maria Fernanda De la Vega Diaz y
Joana Weiss

Asesoría de Nueva York
Alistair Richards
Marca y marketing de contenidos:
Nick Adams, Michael Furnari,
Claire Elise Stephens y Kristen
Stephenson
Gestión de cuentas de clientes:
Mackenzie Berry, Brittany Carpenter,
Justin Frable, Danielle Levy, Nicole
Pando, Kim Partrick y Michelle
Santucci
Marketing comercial:
Billy George, Morganna Nickoff,
Jete' Roach y Rachel Silver
Producción de eventos: Dan Reyes
**RR. HH., gestión cultural y oficina
de administración:** Jennifer Olson
RR. PP.: Rachel Gluck, Amanda
Marcus y Liz Montoya
Dirección de récords:
Spencer Cammarano, Chrissy
Fernandez, Maddison Kulish,
Ryan Masserano, Hannah Ortman,
Callie Smith y Kaitlin Vesper

Asesoría de Tokio
Kaoru Ishikawa
Marca y marketing de contenidos:
Masakazu Senda
Gestión de cuentas de clientes:
Minami Ito, Wei Liang, Takuro
Maruyama, Yumiko Nakagawa
y Masamichi Yazaki
Marketing comercial: Momoko
Cunneen y Aya McMillan,
Hiroyuki Tanaka y Eri Yuhira
Producción de eventos: Yuki Uebo
**RR. HH., gestión cultural y oficina
de administración:** Emiko Yamamoto
RR. PP.: Kazami Kamioka
Dirección de récords: Aki Ichikawa,
Mai McMillan, Momoko Omori,
Naomi-Emily Sakai, Koma Satoh
y Lala Teranishi

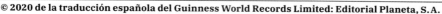

Créditos fotográficos

1 Paul Michael Hughes/GWR; **2** Rod Hunt, Shutterstock, Paul Michael Hughes/GWR; **3** Paul Michael Hughes/GWR, Shutterstock, Alamy, Getty, Hake's Auctions; **7** Getty; **8** Rod Hunt, Brett D. Meister; **9** Michael Bowles/GWR; **10** Shutterstock, Alamy; **11** The Lions Share, Olin Feuerbacher/USFWS, Alamy, Shutterstock; **12** Shutterstock; **14** NASA/JPL, NASA, NASA/USGS/Arizona State University/Carnegie Institution of Washington/JHUAPL; **15** JAXA/ISAS/DARTS/Damia Bouic, RISDE, Shutterstock, JPL/NASA; **16** Glenn Schneider, Gregory H. Revera, NASA, Paul van Hoeydonck, Shutterstock; **18** NASA/JPL-Caltech/University of Arizona, NASA/JPL/USGS, Shutterstock, NASA; **19** ESA/DLR/FU Berlin, NASA/Goddard Space Flight Center Scientific Visualization Studio, NASA/JPL/Cornell University, Maas Digital LLC; **20** NASA/JPL, NASA/JPL/DLR, NASA/ESA & John T. Clark; **21** NASA/JPL, NASA, NASA/JPL-Caltech/SwRI/MSSS/Gerald Eichstädt, Seán Doran; **22** NASA/JPL-Caltech/Space Science Institute, Scott S. Sheppard; **23** NASA/JPL-Caltech Space Science, NASA/JPL, NASA/JPL-Caltech/Space Science Institute, NASA/JPL/Space Science Institute; **24** NASA/JPL-Caltech, NASA/JPL/USGS, NASA/JPL/Kevin M. Gill/Jason Major, Alamy, NASA/JPL; **25** NASA/JPL, NASA; **26** JAXA, NASA, ESA; **27** NASA/Johns Hopkins Applied Physics Laboratory, Yulia Zhulikova, NASA/ESA/D. Jewitt/J. DePasquale, Shutterstock; **28** Ranald Mackechnie/GWR, NASA; **29** Christina Korp; **30-31** Shutterstock; **32** Getty, Alamy, Shutterstock, Expedition with Steve Backshall, UKTV Dave; **33** Alamy, Shutterstock; **34** Shutterstock, Alamy; **35** Alamy, Shutterstock; **36** Shutterstock, Yuzhen Yan/Department of Geosciences, Princeton University, Alamy; **37** NASA, Christian Pondella/Red Bull Content Pool, NWS Aberdeen, SD, Alamy; **38** Getty, Alamy, NOAA; **39** Anton Yankovyi, NASA, Getty, Shutterstock; **40** Alamy, Shutterstock, Getty; **41** Getty, Alamy, Shutterstock; **42** Lou Jost, Alamy; **43** Shutterstock, MFdeS, Alamy; **44** Alamy; **45** Shutterstock; **46** Rod Hunt, Alamy, Shutterstock, Getty; **47** Pavel Novak; **48-49** Ben Beaden/Australia Zoo; **50** Alamy, Shutterstock; **51** A. Fifis/Ifremer, B. Trapp/agefotostock, Alamy, Shutterstock, Rod Hunt; **52** Shutterstock, Alamy; **53** Getty, Alamy, Rod Hunt, Shutterstock; **54** Alamy, Shutterstock, Getty; **55** Charles J. Sharp, Shutterstock, Alamy; **56** Alamy, Shutterstock; **57** Alamy, Mark V. Erdmann/BluePlanetArchive.com, Shutterstock; **58** Alamy, Shutterstock; **59** Erin Buxton, Alamy, Shutterstock; **60** Anthony Thillien, Paul Michael Hughes/GWR, Shutterstock, Alamy; **61** Alamy, Shutterstock; **62** Rod Hunt; **63** Kevin Scott Ramos/GWR; **64** Shutterstock, Matthias Wittlinger/Ulm University, Alamy; **65** Amanda Kelley, Anselmo d'Affonseca/Instituto Nacional de Pesquisas da Amazônia; **66** Jane Goodall Institute, Robert Ratzer, Shutterstock, Michael Neugebauer, Alamy; **68-69** Kevin Scott Ramos/GWR, Rod Hunt; **70** Getty, Shutterstock; **71** College of Physicians of Philadelphia, SWNS, Shutterstock; **72** Kevin Scott Ramos/GWR, James Ellerker/GWR, Getty, Paul Michael Hughes/GWR; **73** Getty, Shutterstock; **74** Kevin Scott Ramos/GWR, James Ellerker/GWR, Rod Hunt, Getty; **75** Ranald Mackechnie/GWR, Lorne Campbell/Guzelian, Paul Michael Hughes/GWR; **76** Tom Stromme/Tribune, Paul Michael Hughes/GWR, Getty, Rod Hunt; **77** Richard Bradbury/GWR, Maria Elisa Duque/GWR, Johanna Morales Rodríguez/GWR, Getty; **78** Paul Michael Hughes/GWR; **79** Paul Michael Hughes/GWR; **80** Getty, Ryan Schude/GWR; **81** Alamy, Shutterstock; **83** Getty, Adam Bettcher/GWR, Rod Hunt; **84** John Wright/GWR, Paul Michael Hughes/GWR; **85** Dinore Aniruddhasingh, Daw Photography; **86-87** Paul Michael Hughes/GWR; **88** Ranald Mackechnie/GWR, Shutterstock; **89** Paul Michael Hughes/GWR; **90** Paul Michael Hughes/GWR; **91** Paul Michael Hughes/GWR, Eigil Korsager, Shutterstock; **92** Richard Bradbury/GWR; **93** Paul Michael Hughes/GWR; **94** Mustapha Azab/GWR, Rod Hunt; **95** Paul Michael Hughes/GWR, Shutterstock; **96** Alamy, Paul Michael Hughes/GWR, Getty, Rod Hunt; **97** Kevin Scott Ramos/GWR, Paul Michael Hughes/GWR, John Wright/GWR; **98-99** Kevin Scott Ramos/GWR; **100** Alamy, Stuart Purfield; **101** Shutterstock, Rod Hunt; **102** Harald Stampfer, Paul Michael Hughes/GWR; **103** Paul Michael Hughes/GWR; **104** Shutterstock; **105** Shutterstock; **108** Kevin Scott Ramos/GWR; **109** Shutterstock; **110** Ryan Schude/GWR, John Wright/GWR; **111** Unrah Jones/Courtesy Sotheby's, SCP Auctions, Alamy, Kevin Scott Ramos/GWR; **112** Marialivia Sciacca; **113** Shutterstock; **114** Katie Klercker; **115** Josef Holic, Alex Rumford/GWR; **116** Paul Fishwick; **117** Drew Gardner/GWR, Miguel Quintanilla; **120** Tom Lovelock/Silverhub for Prudential RideLondon, Alp Baranok, Paul Michael Hughes/GWR, Rod Hunt; **122** Getty, Shattner Kanjiranthigal Joy, Richard Bradbury/GWR, Rod Hunt; **123** Getty; **124** Shutterstock, Getty; **126-127** Getty; **128** Alamy, Fabio Buitrago, Reuters, Getty, Shutterstock; **129** Ratno Sardi/Griffith University, Maxime Aubert, SWNS, Shutterstock; **130** Rod Hunt; **131** Alamy, Shutterstock; **132** MIT Architecture Machine Group, Germanisches Nationalmuseum, Shutterstock; **133** Rod Hunt, Bridgeman Images, Shutterstock; **135** Getty, Mark Bowen/Scripps National Spelling Bee, Kevin Scott Ramos/GWR, Shutterstock, Rod Hunt; **136** USAF, Getty; **137** The History Center, Central Intelligence Agency, Shutterstock; **138** NOAA, Alamy, Getty, Shutterstock; **139** Reuters, Getty, Shutterstock, Alamy; **140** Rod Hunt, Shutterstock, Manistee Fire Dept., Getty; **141** Alamy, Shutterstock; **142** The Trustees of the Natural History Museum, *TIME*, Rod Hunt; **143** Getty, Shutterstock, Alamy; **144** Rod Hunt, Shutterstock, Chris Garrison, Lotus Eyes Photography; **146** Alamy, Shutterstock; **147** Shutterstock; **148** SWNS, Kelvin Trautman, U.S. Air Force, Shutterstock; **149** Gabe Souza, Getty, NOAA, Shutterstock; **150** Alamy, Shutterstock; **151** Shutterstock, Alamy, Getty; **152** Ben Duffy, Shutterstock; **153** Shutterstock, Getty, Alamy; **154** Alamy, Getty; **155** Alamy, Shutterstock, Getty; **156** Rod Hunt, Shutterstock; **157** Dean Coopman, Shutterstock; **158** Adrian Lam, Getty, Shutterstock; **159** Talisker Whisky Atlantic Challenge/Atlantic Campaigns, Hamish Frost, Alamy, Tamara Stubbs; **160** The Five Deeps Expedition; **161** The Five Deeps Expedition, Rod Hunt; **162** JCB; **163** JCB; **164** Alamy, Shutterstock; **165** Shutterstock; **166** Richard Bradbury/GWR; **167** Volkswagen, Porsche, STE/Bart van Overbeeke, Shutterstock, Rod Hunt; **168** Shutterstock, NASA, Greenpoint Technologies; **169** Shutterstock, SS United States Conservancy; **170** Shutterstock; **171** Alamy, Shutterstock; **172** James Ellerker/GWR, Rod Hunt, Ranald Mackechnie/GWR, Paul Michael Hughes/GWR, Richard Bradbury/GWR; **173** Richard Bradbury/GWR, Paul Michael Hughes/GWR; **174** The Metropolitan Museum of Art; **175** Lingdong Huang, Pau Fabregat, ESO/C. Malin, EHT Collaboration; **176** Bloodhound LSR, Shutterstock, fotoswiss/cattaneo, JCB; **177** Paul Michael Hughes/GWR, Alamy, Rod Hunt; **178** Getty; **179** *Fortnite*; **180** Speedrun.com; **181** Shutterstock; **183** Alamy; **185** Getty, Matt Schmucker; **188** Riot Games, Rod Hunt, Shanghai Dragons; **190** Paul Michael Hughes/GWR, Alamy; **191** Paul Michael Hughes/GWR, Phil Penman/News Licensing, Shutterstock, Rod Hunt; **194** Brinkhoff-Mögenburg, Deen van Meer, Rod Hunt, Shutterstock, Alamy; **195** Alamy, Shutterstock; **196** Shutterstock, Alamy, Disney; **197** Shutterstock, Disney, Alamy; **198** Courtesy of Bonhams, Shutterstock, Alamy, Courtesy of RM Sotheby's; **199** Shutterstock, Courtesy of Profiles in History, Alamy, Courtesy of Bonhams; **200** Alamy, Getty, Shutterstock; **201** Denise Truscello, Shutterstock, Getty, Alamy; **202** Shutterstock, Alamy, Rod Hunt; **203** Shutterstock, Alamy; **204** Getty, Kevin Scott Ramos/GWR; **205** Getty, Shutterstock; **206** Rod Hunt, Getty, Shutterstock; **207** Shutterstock, Paul Michael Hughes/GWR; **208** Shutterstock, Will Wohler, Josh Withers, Getty; **209** Matthew Murphy, Getty; **210** Alamy; **211** Alamy; **212-13** Getty, Rod Hunt; **214** Getty, Shutterstock; **215** Shutterstock, Getty; **216** Alamy, Shutterstock, Getty; **217** Shutterstock, Getty; **218** Shutterstock, Getty; **219** Alamy, Shutterstock, Getty; **220** Getty, Shutterstock; **221** Getty, Alamy, Shutterstock; **222** Shutterstock; **223** Shutterstock, Getty; **224** Getty, Shutterstock; **225** Getty, Alamy; **226** Shutterstock, Getty, Alamy; **227** NHRA, Getty, Gold and Goose/LAT Images, Alamy; **228** ISSF Sports, Alamy, Alan Petersime, Getty; **229** Getty, Shutterstock; **230** Getty, Alamy; **231** D. Echelard, Getty, Shutterstock; **232** IAU, Athletics Australia, Shutterstock; **233** Shutterstock, Alamy; **234** Alamy, Shutterstock; **235** Marius van de Leur, Getty, Alamy, Alex St. Jean; **236** Getty, World Para Ice Hockey, Shutterstock; **237** Alamy, Shutterstock; **238** Getty, Shutterstock, Simon Wilkinson/SWpix.com; **239** ESPN Images; **240** Getty, Matias Capizzano, IWF, Alamy; **241** Getty, Dean Treml/Red Bull Content Pool; **242** Alamy, Shutterstock; **243** Alamy, Shutterstock; **244** Rod Hunt; **246** Rod Hunt; **248** Rod Hunt; **252** Rod Hunt

Adjudicadores oficiales

Camila Borenstein, Joanne Brent, Jack Brockbank, Sarah Casson, Dong Cheng, Swapnil Dangarikar, Casey DeSantis, Brittany Dunn, Kanzy El Defrawy, Michael Empric, Pete Fairbairn, Victor Fenes, Christina Flounders Conlon, Fumika Fujibuchi, Ahmed Gabr, John Garland, Andrew Glass, Sofia Greenacre, Iris Hou, Louis Jelinek, Andrea Karidis, Kazuyoshi Kirimura, Lena Kuhlmann, Maggie Luo, Solvej Malouf, Mike Marcotte, Ma Mengjia, Shaifali Mishra, Rishi Nath, Anna Orford, Kellie Parise, Pravin Patel, Justin Patterson, Glenn Pollard, Natalia Ramirez, Stephanie Randall, Cassie Ren, Susana Reyes, Philip Robertson, Paulina Sapinska, Tomomi Sekioka, Hiroaki Shino, Lucia Sinigagliesi, Tyler Smith, Brian Sobel, Richard Stenning, Şeyda Subaşı Gemici, Carlos Tapia Rosas, Lorenzo Veltri, Xiong Wen y Peter Yang

Agradecimientos

55 Design Ltd (Hayley Wylie-Deacon, Tobias Wylie-Deacon, Rueben Wylie-Deacon, Linda Wylie, Vidette Burniston, Lewis Burniston), After Party Studios (Richard Mansell, Callum McGinley, Joshua Barrett, Matt Hart, Ben Doyle), Agent Fox Media (Rick Mayston), Ahrani Logan, Alexandra Boanta, Andrew Davies, ATN Event Staffing US, Banijay Germany (Steffen Donsbach, Sven Meurer, Sina Oschmann), Banijay Group (Carlotta Rossi Spencer, Joris Gijsbertse, Elodie Hannedouche), Banijay Italy (Gabriela Ventura, Esther Rem, Francesca De Gaetano, Maria Spreafico, David Torrisi, Giulia Arcano, Riccardo Favato, Alessandra Guerra, Giorgia Sonnino, Elena Traversa, Silvia Gambarana, Simona Frau, Silvia Gambarana, Popi Albera), Blue Kangaroo (Paul Richards), Brett Haase, Bruce Reynolds, Campaign UK (Sarah Virani), Canada Running Series, Codex Solutions Ltd, D&AD (Sammi Vaughan), Dan Biddle, Daniel Chalk, Dude Perfect, Entertainment Tonight, FJT Logistics Ltd (Ray Harper, Gavin Hennessy), Games Press, Georgia Young, Gianluca Schappei, Giraffe Insights (Maxine Fox and Sadie Buckingham), Gracie Lewis, Highlights, the Hilditch family (Lorraine, Mirren, Amber & Tony), ICM (Michael Kagan), Inspired Media (Liam Campbell), Integrated Colour Editions Europe Ltd (Roger Hawkins, Susie Hawkins), Jack Lewis, Jonathan Glazier, Jordan Hughes, LA Marathon (Rafael Sands), *Let's Make a Deal*, *Live with Kelly and Ryan* (Photos: David M. Russell, ABC Entertainment); Lorenzo Bevilaqua, ABC Entertainment); Andrea Lizcano, ABC Entertainment), Mariah Carey, Caesar's Palace (Photos: Denise Truscello), Mina Choe, Mohn Media (Theo Loechter, Fynn-Luca Lüttig, Christin Moeck, Jonas Schneider, Jeanette Sio, Reinhild Regragui), Normanno Pisani, Orchard TV (Robert Light, Adrian Jones, Rhidian Evans, Bleddyn Rhys), Orla Langton, Prestige Design, Production Suite (Beverley Williams), Rachael Greaves, Rebecca Buchanan-Smith, Ripley Entertainment (Steve Campbell, John Corcoran, Ryan DeSear, Suzanne DeSear, Megan Goldrick, Rick Richmond, Andy Taylor, Christie Coyle, William Anthony, Sophia Smith), Ripley's Believe It or Not! Times Square, Rob Partis, S4C (Rhodri ap Dyfrig, Tomos Hughes), Sally Wilkins, Science North (Guy Labine, Julie Moskalyk, Ashley Larose, Troy Rainville, Kirsti Kivinen, Michael Tremblay, Roger Brouillette, Emily Macdonald, Darla Stoddart, Bryen McGuire), Stora Enso Veitsiluoto, Tee Green, The Drum (Gordon Young), The Lion's Share, Todd McFarlane and Image Comics, United Nations Development Programme (Boaz Paldi), Victoria Grimsell, *Wheel of Fortune* y YouGov

Código de países

ABW	Aruba
AFG	Afganistán
AGO	Angola
AIA	Anguila
ALB	Albania
AND	Andorra
ANT	Antillas Holandesas
ARG	Argentina
ARM	Armenia
ASM	Samoa Estadounidense
ATA	Antártida
ATF	Territorios Franceses del Sur
ATG	Antigua y Barbuda
AUS	Australia
AUT	Austria
AZE	Azerbaiyán
BDI	Burundi
BEL	Bélgica
BEN	Benín
BFA	Burkina Faso
BGD	Bangladés
BGR	Bulgaria
BHR	Bahréin
BHS	Bahamas
BIH	Bosnia-Herzegovina
BLR	Bielorrusia
BLZ	Belice
BMU	Bermudas
BOL	Bolivia
BRA	Brasil
BRB	Barbados
BRN	Brunéi Darussalam
BTN	Bután
BVT	Isla de Bouvet
BWA	Botsuana
CAF	República Centroafricana
CAN	Canadá
CCK	Islas Cocos (Keeling)
CHE	Suiza
CHL	Chile
CHN	China
CIV	Costa de Marfil
CMR	Camerún
COD	República Democrática del Congo
COG	Congo
COK	Islas Cook
COL	Colombia
COM	Comoras
CPV	Cabo Verde
CRI	Costa Rica
CUB	Cuba
CXR	Islas de Navidad
CYM	Islas Caimán
CYP	Chipre
CZE	República Checa
DEU	Alemania
DJI	Yibuti
DMA	Dominica
DNK	Dinamarca
DOM	República Dominicana
DZA	Argelia
ECU	Ecuador
EE.UU.	Estados Unidos de América
EGY	Egipto
ERI	Eritrea
ESH	Sáhara Occidental
ESP	España
EST	Estonia
ETH	Etiopía
FIN	Finlandia
FJI	Fiyi
FLK	Islas Malvinas
FRA	Francia
FRG	República Federal de Alemania
FRO	Islas Feroe
FSM	Estados Federados de Micronesia
GAB	Gabón
GEO	Georgia
GHA	Ghana
GIB	Gibraltar
GIN	Guinea
GLP	Guadalupe
GMB	Gambia
GNB	Guinea-Bissau
GNQ	Guinea Ecuatorial
GRC	Grecia
GRD	Granada
GRL	Groenlandia
GTM	Guatemala
GUF	Guayana Francesa
GUM	Guam
GUY	Guyana
HKG	Hong Kong
HMD	Islas Heard y McDonald
HND	Honduras
HRV	Croacia (Hrvatska)
HTI	Haití
HUN	Hungría
IDN	Indonesia
IND	India
IOT	Territorio Británico del Océano Índico
IRL	Irlanda
IRN	Irán
IRQ	Irak
ISL	Islandia
ISR	Israel
ITA	Italia
JAM	Jamaica
JOR	Jordania
JPN	Japón
KAZ	Kazajistán
KEN	Kenia
KGZ	Kirguistán
KHM	Camboya
KIR	Kiribati
KNA	San Cristóbal y Nieves
KOR	República de Corea
KWT	Kuwait
LAO	Laos
LBN	Líbano
LBR	Liberia
LBY	Jamahiriya Árabe de Libia
LCA	Santa Lucía
LIE	Liechtenstein
LKA	Sri Lanka
LSO	Lesoto
LTU	Lituania
LUX	Luxemburgo
LVA	Letonia
MAC	Macao
MAR	Marruecos
MCO	Mónaco
MDA	Moldavia
MDG	Madagascar
MDV	Maldivas
MEX	México
MHL	Islas Marshall
MKD	Macedonia
MLI	Mali
MLT	Malta
MMR	Myanmar (Birmania)
MNE	Montenegro
MNG	Mongolia
MNP	Islas Marianas del Norte
MOZ	Mozambique
MRT	Mauritania
MSR	Montserrat
MTQ	Martinica
MUS	Mauricio
MWI	Malaui
MYS	Malasia
MYT	Mayotte
NAM	Namibia
NCL	Nueva Caledonia
NER	Níger
NFK	Islas Norfolk
NGA	Nigeria
NIC	Nicaragua
NIU	Niue
NLD	Países Bajos
NOR	Noruega
NPL	Nepal
NRU	Nauru
NZ	Nueva Zelanda
OMN	Omán
PAK	Pakistán
PAN	Panamá
PCN	Islas Pitcairn
PER	Perú
PHL	Filipinas
PLW	Palau
PNG	Papúa-Nueva Guinea
POL	Polonia
PRI	Puerto Rico
PRK	Corea, República Popular Democrática de Corea
PRT	Portugal
PRY	Paraguay
PYF	Polinesia Francesa
QAT	Qatar
REU	Reunión
ROM	Rumanía
R.U.	Reino Unido
RUS	Federación Rusa
RWA	Ruanda
SAU	Arabia Saudí
SDN	Sudán
SEN	Senegal
SGP	Singapur
SGS	Islas Georgias del Sur y Sándwich del Sur
SHN	Santa Helena
SJM	Islas Svalbard y Jan Mayen
SLB	Islas Salomón
SLE	Sierra Leona
SLV	El Salvador
SMR	San Marino
SOM	Somalia
SPM	San Pedro y Miquelón
SRB	Serbia
SSD	Sudán del Sur
STP	Santo Tomé y Príncipe
SUR	Surinam
SVK	Eslovaquia
SVN	Eslovenia
SWE	Suecia
SWZ	Suazilandia
SYC	Seychelles
SYR	República Árabe de Siria
TCA	Islas Turcas y Caicos
TCD	Chad
TGO	Togo
THA	Tailandia
TJK	Tayikistán
TKL	Tokelau
TKM	Turkmenistán
TMP	Timor Oriental
TON	Tonga
TPE	China Taipéi
TTO	Trinidad y Tobago
TUN	Túnez
TUR	Turquía
TUV	Tuvalu
TZA	Tanzania
UAE	Emiratos Árabes Unidos
UGA	Uganda
UKR	Ucrania
UMI	Islas Menores de EE.UU.
URY	Uruguay
UZB	Uzbekistán
VAT	Santa Sede (Ciudad del Vaticano)
VCT	San Vicente y las Granadinas
VEN	Venezuela
VGB	Islas Vírgenes (de R.U.)
VIR	Islas Vírgenes (de EE.UU.)
VNM	Vietnam
VUT	Vanuatu
WLF	Islas Wallis y Futuna
WSM	Samoa
YEM	Yemen
ZAF	Sudáfrica
ZMB	Zambia
ZWE	Zimbabue

Última hora

Las siguientes entradas fueron aprobadas y añadidas a nuestra base de datos después de la fecha de cierre oficial para la presentación de candidaturas de este año.

Más toques a un balón de fútbol en un minuto con lastres de 5 kg en los tobillos
El 1 de marzo de 2019, el futbolista de *freestyle* Ben Nuttall (R.U.) dio 217 toques a un balón de fútbol en 60 min llevando lastres de 5 kg en los tobillos. La proeza tuvo lugar durante un evento de GWR en Facebook Live en Londres, R.U.

La frase más larga escrita con móviles
Realme (India) escribió la frase «Proud to be young» (Orgulloso de ser joven) con 1.024 teléfonos móviles en Nueva Delhi, India, el 16 de marzo de 2019.

La palabra más larga escrita con dados
Realty ONE Group (EE.UU.) recreó su logo «ONE» usando 11.111 dados en el MGM Grand Hotel de Las Vegas, Nevada, EE.UU., el 25 de marzo de 2019. Más de 200 empleados participaron en el proyecto, que necesitó más de 100 horas de planificación y otras seis de ejecución.

Más nacionalidades en un entrenamiento de fútbol
El 31 de mayo de 2019, Gazprom Football for Friendship (Rusia) reunió a jugadores de fútbol de 57 países distintos en Madrid, España. La sesión tuvo lugar el día antes de que la ciudad albergara la final de la Liga de Campeones de la UEFA.

El castillo de arena más alto
Skulptura Projects GmbH (Alemania) esculpió un castillo de arena de 17,65 m de altura en Binz, Alemania, el 5 de junio de 2019.

Más cincuentenas consecutivas anotadas por un capitán en un Campeonato Mundial de la ICC (hombres)
El capitán de India, Virat Kohli, logró cinco medias centenas consecutivas durante el Campeonato Mundial de Críquet de 2019 disputado en Inglaterra y Gales entre el 9 y el 30 de junio. Sus anotaciones de 82 (contra Australia), 77 (contra Pakistán), 67 (contra Afganistán), 72 (contra Indias Occidentales) y 66 (contra Inglaterra) lo ayudaron a sumar un total de 443 carreras en nueve partidos.

La bañera más larga
Koop-Brinkmann GmbH (Alemania) presentó una bañera de 19,47 m de longitud en Drebber, Alemania, el 7 de julio de 2019. Un equipo de 20 personas trabajó durante más de dos meses en la fabricación de la colosal bañera.

La pedalera multiefectos para guitarra más grande
Sweetwater Sound y Rob Scallon (ambos de EE.UU.) desvelaron una pedalera con 319 efectos en Fort Wayne, Indiana, EE.UU., el 9 de julio de 2019.

La nota vocal más aguda (hombres)
Amirhossein Molaei (Irán) cantó un Fa7 sostenido (5,989 Hz) en Teherán, Irán, el 31 de julio de 2019.

Más trilladoras funcionando simultáneamente
François Latour (Canadá) empleó 243 trilladoras a la vez en St. Albert, Ontario, Canadá, el 11 de agosto de 2019.

La escayola ortopédica más grande
NorthShore Orthopaedic & Spine Institute (EE.UU.) presentó una escayola para pierna de 1,99 m³ en Skokie, Illinois, EE.UU., el 24 de agosto de 2019.

El queso más caro vendido en una subasta
El 25 de agosto de 2019, el Consejo Regulador D.O.P. Cabrales (España) vendió un bloque de queso de Cabrales (un queso azul semiduro y de sabor muy intenso) por 20.500 euros en Asturias, España.

Más luces LED iluminadas simultáneamente
Iulius Town (Rumanía) consiguió que el público asistente a un concierto iluminara 7.235 pulseras con luces LED en Timisoara, Rumanía, el 31 de agosto de 2019.

La distancia más larga recorrida bailando la conga
El 4 de septiembre de 2019, 10 personas bailaron la conga a lo largo de 22,4 km en Bournemouth, Dorset, R.U. Los bailarines fueron Jonathan Dunne, Zoe Meaton, Jemma Finlay, Jo Bridle-Brown, Seb Ridout, Rachael Eastment, Mark Kearns, Heidi Dempsey, Janet Brassington y Sally Duckmanton (todos de R.U.).

El tobogán de agua más largo
El parque temático Sim Leisure ESCAPE (Malasia) estrenó un tobogán de agua de 1.111 m de longitud en Penang, Malasia, el 6 de septiembre de 2019. El tobogán cuenta con anillas dobles, para que los bañistas puedan deslizarse en parejas.

La sesión fotográfica canina más grande
Nestlé Purina PetCare (Rusia) reunió 710 perros para una sesión fotográfica en Moscú, Rusia, el 14 de septiembre de 2019.

La tarta Tatin más grande
La ciudad de Lamotte-Beuvron (Francia) presentó una tarta Tatin de 308 kg de peso en Sologne, Francia, el 15 de septiembre de 2019. El evento se organizó para celebrar el 120.º aniversario de la tarta, ideada en el Hotel Tatin de esa ciudad.

El parque acuático hinchable más grande
PT Ecomarine Indo Pelago (India) y Wibit Sports GmbH (Alemania) construyeron un parque acuático hinchable de 28.900 m³ en Bali, Indonesia, como se verificó el 19 de septiembre de 2019.

Más tipos de letra identificados en un minuto
Mahgul Faheem (Pakistán) identificó correctamente 37 tipos de letra en 60 s en Karachi, Pakistán, el 20 de septiembre de 2019.

La tabla de embutidos y quesos más larga
Datassential (EE.UU.) preparó una tabla de embutidos y quesos de 45,73 m de longitud en Chicago, Illinois, EE.UU., el 24 de septiembre de 2019. Dos personas tardaron 24 h en llenar la tabla con más de 180 kg de embutido, queso y otras delicias.

El arancino más grande
METRO Italia Cash and Carry S.p.A. (Italia) elaboró una croqueta de pasta de arroz de 32,72 kg en Catania, Italia, el 5 de octubre de 2019. Luego la donó a un banco de alimentos.

Más personas con chalecos reflectantes
El 10 de octubre de 2019 (el Día mundial de la salud mental), 2.499 personas se pusieron chalecos reflectantes en un evento organizado por Mental Health Australia (Australia). La concentración tuvo lugar en Townsville, Queensland, Australia. Los chalecos fueron una donación de la cadena de bricolaje Bunnings Warehouse.

Más personas zumbando simultáneamente
La Delaware State University (EE.UU.) reunió a 1.661 alumnos y exalumnos para que emitieran un zumbido a la vez el 19 de octubre de 2019. La hazaña se logró en Dover, Delaware, EE.UU.

Ese mismo día, este grupo de alumnos también logró el récord de **más personas blandiendo un dedo de gomaespuma simultáneamente**: 1.709.

El sello postal especial más grande
El 30 de octubre de 2019, y para conmemorar el 85.º aniversario de la primera aparición del Pato Donald, The Walt Disney Company Italia emitió un sello postal de 4,11 m². Se presentó en Lucca, Italia, y mostraba a Donald en su automóvil con la península italiana al fondo.

La danza popular filipina más numerosa
El 31 de octubre de 2019, la provincia de Sorsogón, en Filipinas, reunió a 7.127 bailarines para que danzaran una Pantomima sa Tinampo.

La mayor apertura bucal
Phillip Angus (EE.UU.) puede distanciar 9,52 cm sus incisivos superiores de los inferiores, como se verificó en Boyertown, Pensilvania, EE.UU., el 5 de noviembre de 2019.

El taller de Papá Noel más antiguo
El World Famous Grotto Ltd. funciona en Liverpool, R.U., desde hace 123 años, como se confirmó el 16 de noviembre de 2019.

Más flexiones sobre las yemas de los dedos con un lastre de 27,2 kg
El 17 de noviembre de 2019, Irfan Mehsood (Pakistán) hizo 39 flexiones apoyado sobre las yemas de los dedos en Dera Ismail Khan, Pakistán. Llevaba un lastre de 27,2 kg a la espalda.

La maratón de hula-hoop más larga
Jenny Doan (Australia) hizo girar un hula-hoop durante 100 horas en Chicago, Illinois, EE.UU., del 19 al 23 de noviembre de 2019. La hazaña sirvió para recaudar dinero para Mental Health America, que promueve el bienestar mental y ayuda a personas con enfermedades mentales.

La hilera de billetes más larga
El 11 de diciembre de 2019, Beauséjour Family Crisis Resource Centre (Canadá) montó una fila de 7.435,57 m de longitud con 50.206 billetes de dólar en Moncton, New Brunswick, Canadá. El récord recaudó 189.673 dólares, que se destinaron a la construcción de un refugio para víctimas de violencia de género.

El brindis por relevos más largo
Una fila de 1.300 participantes intervino en un brindis organizado por Coca-Cola Thailand en Siam Square, Bangkok, Tailandia, el 12 de diciembre de 2019. A cada participante le sirvieron una selección de platos locales y una botella de Coca-Cola para brindar.

Más personas abrazando a peluches simultáneamente
Maxicare Healthcare Corporation (Filipinas) reunió a 654 personas para que abrazaran a peluches en SM by the Bay en Pásay, Filipinas, el 15 de diciembre de 2019.

Los 10 km en aguas abiertas más rápidos (un brazo)
El 19 de diciembre de 2019, Elham Sadat Asghari (Irán) nadó 10 km usando un solo brazo en 4 horas, 58 minutos y 32 segundos en Chabahar, Irán.

El recorrido en automóvil eléctrico a mayor altitud
Un Hyundai Kona eléctrico construido por Hyundai Motor

El récord de la **mayor apertura bucal** cambió dos veces mientras se elaboraba el *Guinness World Records 2021*. En la pág. 74 puedes ver una fotografía a tamaño real del anterior poseedor del récord.

India ascendió 5.771 m sobre el nivel del mar en el paso de Sawula, Región autónoma del Tíbet, China, el 8 de enero de 2020. El recorrido de 925 km sobre un terreno rocoso y cubierto de nieve duró ocho días, entre fuertes vientos y temperaturas bajo cero.

La persona de más edad en esquiar a ambos polos

Zdeněk Chvoj (República Checa, n. el 16 de marzo de 1948) llegó al Polo Sur el 12 de enero de 2020 con 71 años y 302 días. Antes había esquiado al Polo Norte, al que llegó el 20 de abril de 2018, en un viaje especialmente arduo en el que tuvo que atravesar aguas abiertas y esquivar osos polares.

La ración de judías y arroz más grande

El Departamento de Turismo y de Aviación Civil de Himachal Pradesh (India) sirvió una ración de judías y arroz de 1.995 kg en el pueblo de Tattapani en Mandi, India, el 14 de enero de 2020.

La tarta más larga

El 15 de enero de 2020, la Bakers Association Kerala (India) presentó un bizcocho cubierto de chocolate de 5,3 km de longitud en Thrissur, en Kerala, India. Una vez ratificado el récord, los asistentes disfrutaron de la tarta.

La torre de huevos más alta

Mohammed Abelhameed Mohammed Muqbel (Yemen) apiló tres huevos (uno sobre el otro) en Kuala Lumpur, Malasia, el 16 de enero de 2020. Tras horas de práctica, pudo disponer los tres huevos de modo que el centro de gravedad combinado estuviera justo sobre la pequeñísima base de la pila.

La salsa para untar por capas más grande

BUSH'S® Beans (EE.UU.) preparó una salsa para untar de 493 kg de peso, ratificados en Illinois, Chicago, EE.UU., el 17 de enero de 2020. Superpuso diez salsas por capas de BUSH, la una sobre la otra: Veggie, Cuban, Caprese, Loaded Baked Potato, Buffalo Chicken, Mediterranean, Fiesta, Spicy, Barbecue y Classic.

El piloto más joven en ganar una carrera de Fórmula E

Maximilian Günther (Alemania, n. el 2 de julio de 1997) ganó el ePrix de Santiago a los 22 años y 200 días de edad en Santiago de Chile, Chile, el 18 de enero de 2020. Este campeonato es para monoplazas eléctricos.

Menos tiempo en modelar a ciegas cinco figuras con globos

Con los ojos vendados, Ryan Tracey (Irlanda) solo necesitó 43,64 s para hacer un perro, una espada, un caracol, una flor y una oruga con globos en el escenario de *Britain's Got Talent* en Londres, R.U. el 20 de enero de 2020.

La cena de Burns más multitudinaria

El 24 de enero de 2020, 926 personas se reunieron para una cena de Burns organizada por Scotmid Co-op (R.U.) en Edimburgo, R.U. La cena, una celebración tradicional de la vida y la obra del poeta nacional escocés Robert Burns, formó parte de la celebración del 160.º aniversario de Scotmid's.

La primera abeja polinizadora conocida

El 29 de enero de 2020, la revista *Paleodiversity* informó del descubrimiento de un diminuto espécimen hembra de la nueva especie *Discoscapa apicula*. Se encontró en Myanmar, incrustada en un trozo de ámbar de aprox. 100 millones de años de antigüedad, de mediados del Cretácico. Los científicos han deducido que la abeja se quedó enganchada en resina que luego se endureció y se convirtió en ámbar, en el que quedó atrapada.

La barra de chocolate y frutos secos más larga

El 31 de enero de 2020, Hershey (EE.UU.) produjo una barra de REESE'S Take 5 superlativa, que llegó a pesar 2,695 kg. Este récord se ratificó en la ciudad epónima y sede de la empresa en Pensilvania, EE.UU., y batió a una gigantesca barra de SNICKERS® de Mars Wrigley que acababa de conseguir el récord. La barra de chocolate y frutos secos se elaboró para el primer anuncio de REESE'S en la Super Bowl.

El jamón más caro

A 3 de febrero de 2020, Taishi Co., Ltd. de Japón tenía a la venta un jamón de bellota ibérico por 1.429.000 yenes (13.183 $).

El bhaji de cebolla más grande

Oli Khan y un equipo de Surma Takeaway Stevenage (ambos de R.U.) elaboraron un bhaji de cebolla de 175,48 kg en Londres, R.U. el 4 de febrero de 2020.

La emisión más septentrional de un anuncio por internet

El 7 de febrero de 2020, Europa Plus CJSC y SINTEC Lubricants (ambos de Rusia) llevaron a cabo una emisión por internet a 78,06208 °N en Barentsburg, Noruega.

Más personas haciendo botellas sensoriales simultáneamente

Las botellas sensoriales son un recurso para ayudar a personas con trastornos del desarrollo a calmar la respiración y a regular la emoción. Damar Services Inc. (EE.UU.) reunió a 662 personas para que hicieran botellas sensoriales en Indianápolis, Indiana, EE.UU., el 8 de febrero de 2020.

El triple salto más largo en pista cubierta (mujeres)

Yulimar Rojas (Venezuela) logró un triple salto de 15,43 m en el Meeting Villa de Madrid, España, el 21 de febrero de 2020.

Más personas haciendo el baile de *Baby shark*

Trudel Alliance SEC (Canadá) reunió a 782 personas para que bailaran *Baby Shark* el 23 de febrero de 2020. El evento formó parte del FDL Fest en el Fleur de Lys Centre Commercial en Quebec, Canadá.

El primer animal multicelular anaeróbico

El parásito *Henneguya salminicola* es una diminuta especie multicelular de mixosporano (un parásito de peces acuático). A diferencia de todos los demás animales, sus células no contienen mitocondrias, los orgánulos que transforman el oxígeno en energía. Obtiene su energía mediante medios anaeróbicos (sin oxígeno) y probablemente de su especie huésped, el salmón de Alaska. El descubrimiento se describió en la revista *PNAS* el 24 de febrero de 2020.

La fila de tortitas más larga

Kenwood Ltd. (R.U.) sirvió una fila de tortitas de 130,84 m de longitud en el Tottenham Hotspur Stadium de Londres, R.U., el 25 de febrero de 2020.

Luego, The Felix Project, una organización que combate el desperdicio de alimentos y el hambre, se encargó de repartirlas.

La carrera profesional como cirujano más dilatada

Mambet Mamakeev (Kirguistán) ejerció de cirujano durante 67 años y 181 días, como se verificó el 29 de febrero de 2020 en Biskek, Kirguistán. La dilatada trayectoria del doctor Mamakeev se ha visto reconocida con el prestigioso título de Ciudadano Honorífico de la República de Kirguistán.

La barra de proteínas más grande

Grenade® Ltd. (R.U.) sirvió una barra de proteínas de 239 kg en Solihull, West Midlands, R.U., el 4 de marzo de 2020.

La distancia más larga recorrida en 12 horas tirando de un vehículo (equipos)

Entre el 4 y el 5 de marzo de 2020, un equipo del 3 Regiment Royal Logistic Corps (R.U.) tiró de una furgoneta a lo largo de 76,38 km en Blenheim Palace, Oxfordshire, R.U. La furgoneta pesaba casi 1,8 toneladas y el equipo trabajó por turnos.

El lanzamiento de peso más largo (F37, mujeres)

La paratleta Lisa Adams (Nueva Zelanda) lanzó un peso a 15,28 m de distancia el 7 de marzo de 2020. Competía en la categoría F37 en los New Zealand Track & Field Championships celebrados en Christchurch, Nueva Zelanda.

El panda rojo en cautividad más longevo

Cuando falleció el 10 de marzo de 2020, *Taylor* (n. el 7 de junio de 1998), un panda rojo o menor (*Ailurus fulgens*), tenía 21 años y 227 días de edad. En libertad, la esperanza de vida de esta especie es de unos 10 años. *Taylor* vivió en ZooMontana, en Billings, EE.UU.

El dinosaurio más pequeño

A partir de un cráneo aislado que se encontró en el norte de Myanmar, se ha estipulado que la recién descubierta especie *Oculudentavis khaungraae* («pájaro ojo-diente») es el dinosaurio mesozoico más pequeño conocido. Según los hallazgos, publicados en *Nature* el 11 de marzo de 2020, este dinosaurio aviario era del mismo tamaño que el **pájaro más pequeño** actual, el pájaro mosca (*Mellisuga helenae*), cuyos machos pueden medir 57 mm, con la cola y el pico incluidos, y pesar menos de 2 g.

La maratón de un programa de entrevistas más larga

Alexandru Raducanu presentó un programa televisivo de entrevistas que se prolongó 72 h y 18 min en el Canal 33 Network SRL (ambos de Rumanía) en Bucarest, Rumanía, entre el 14 y el 17 de marzo de 2020.

Más tuneladoras funcionando simultáneamente en un mismo proyecto

La empresa rusa JSC Mosinzhproekt operó 23 tuneladoras simultáneamente en las obras del Metro de Moscú el 18 de marzo de 2020.

El rompeolas más largo

Daewoo Engineering & Construction Co. Ltd. (Corea del Sur), GCPI (Irak) y TECHNITAL (Italia) construyeron un rompeolas de 14,523 km de longitud en el Al Faw Grand Port de Basora, Irak, como se confirmó el 2 de abril de 2020.

El macaco Rhesus en cautividad más longevo

Una macaco Rhesus (*Macaca mulatta*) llamada *Isoko* (residente en el Zoológico Municipal de Kioto, Japón), celebró su 42.º cumpleaños el 15 de abril de 2020. La esperanza de vida media de la especie es de 30 años. Su predecesor vivió 40 años.

El concierto en un videojuego más multitudinario

El evento «Astronomical» organizado por *Fortnite* (Epic Games, 2017) y Travis Scott (ambos de EE.UU.) atrajo a 12,3 millones de espectadores el 24 de abril de 2020.

Más clientes en un pub virtual

Crowdfunder (R.U.) convocó a 6.321 personas al «The Covid Arms» el 1 de mayo de 2020. Para poder ser tenidos en cuenta para el récord, los clientes tenían que comprar una pinta virtual. El evento recaudó 32.000 libras esterlinas para el National Emergencies Trust Coronavirus Appeal y fue un esfuerzo para reunir virtualmente a la población durante el confinamiento en R.U. y apoyar a los pubs locales. ¡Salud!

En una cena de Burns típica, se suele cenar *haggis* (asadura de oveja o cordero) con puré de tubérculos (colinabo y nabo amarillo) y patatas. Y para acabar de redondear, todo se riega con un vaso de whisky.

¿Dónde está **Wadlow**?

Hemos querido que la portada del libro de este año fuera distinta... Para celebrar el tema «Descubre tu mundo», le hemos pedido al galardonado ilustrador Rod Hunt que creara una metrópolis superlativa y la poblara con tantos protagonistas de nuestros récords como le fuera posible.

Rod es célebre por sus abigarrados dibujos de estilo retro, muy ricos en colores y detalles. Tal y como puedes comprobar, ha estado a la altura del reto y ha logrado incluir a unas 200 personas de récord, como Robert Wadlow (EE.UU.), **el hombre más alto de la historia.** Aunque Wadlow medía 272 cm de altura, su mini avatar (derecha) es algo más difícil de divisar.

A continuación, encontrarás otras 20 personas de récord que aparecen en la portada y la contraportada del libro (en las guardas encontrarás una versión sin texto). ¿Cuánto tardas en encontrarlas a todas?

Si quieres disfrutar de una versión interactiva de la portada que enumera a todos los protagonistas, visita **guinnessworldrecords.com/2021**.

La cresta mohicana más alta

Joseph Grisamore (EE.UU.): 108,2 cm. Ver pág. 83

Más medallas en campeonatos mundiales de gimnasia artística

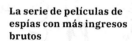

Simone Biles (EE.UU.): 25. Ver pág. 242

La serie de películas de espías con más ingresos brutos

James Bond (R.U./EE.UU.): 7.110 millones de dólares. Ver pág. 195

El eructo más ruidoso

Paul Hunn (R.U.): 109,9 decibelios. Ver pág. 82

La circunnavegación de Australia en velero más rápida

Lisa Blair (Australia): 58 días, 2 h y 25 min. Ver pág. 157

El primero en alcanzar los puntos a mayor y menor altitud de la Tierra

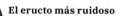

Victor Vescovo (EE.UU.). Ver pág. 160

La mujer más joven con una barba completa

Harnaam Kaur (R.U., n. el 29 de noviembre de 1990): 24 años y 282 días. Ver pág. 72

El hombre más bajo (con movilidad)

Edward *Niño* Hernández (Colombia): 72,1 cm. Ver pág. 77

El salto en silla de ruedas desde una rampa más largo

Aaron Fotheringham (EE.UU.): 21,35 m. Ver pág. 124

La cadena de envoltorios de chicle más larga

Hecha por Gary Duschl (EE.UU.): 32,55 km. Ver pág. 98

El cartógrafo por dron más joven

Nathan Lu (EE.UU., n. el 25 de septiembre de 2004): 14 años y 202 días. Ver pág. 132

El cuarto de baño más rápido

Construido por Edd China (R.U.): 68 km/h. Ver pág. 172

Más dinero recaudado por una caminata

Capitán Tom Moore (R.U.): 40,82 millones de dólares. Ver pág. 80

La mujer más baja

Jyoti Amge (India): 62,6 cm. Ver pág. 84

La mayor distancia esquiada en la Antártida en solitario, sin apoyo y sin asistencia

Richard Parks (R.U.): 3.700 km. Ver pág. 159

El estudio más largo sobre primates

Iniciado por Jane Goodall (R.U.): 60 años. Ver pág. 66

El competidor más joven de los X Games

Gui Khury (Brasil, n. el 18 de diciembre de 2008): 10 años y 225 días. Ver pág. 239

El cabello más largo

Xie Qiuping (China): 5,627 m. Ver pág. 83

El jugador más joven en ganar un millón de dólares en un torneo de videojuegos

Jaden Ashman (R.U.): 15 años y 229 días. Ver pág. 190

El gato doméstico más largo

Barivel (Italia): 120 cm. Ver pág. 62

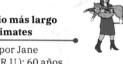

Acerca del ilustrador

A Rod Hunt le apasionan los cómics desde que era niño. Lo inspiraron a empezar a dibujar y, cuando llegó a la adolescencia, ya pensaba seriamente en dedicarse profesionalmente a la ilustración. A lo largo de los años, Rod ha ido perfeccionando su técnica artística. Primero reflexiona sobre el proyecto y hace esbozos sencillos a lápiz, luego hace un dibujo más completo. Finalmente, lo escanea con el ordenador y lo construye capa a capa mediante programas de ilustración digital.

Descubre más acerca de Rod y de sus maravillosas ilustraciones en **rodhunt.com**.